■2025年度高等学校受験用

江戸川女子高等学校

収録内容

★この問題集は以下の収録内容となっています。また、編集の都合上、解説、解答用紙を省略させていただいている場合もございますのでご了承ください。

（○印は収録、－印は未収録）

入試問題と解説・解答の収録内容			解答用紙
2024年度	B推薦	英語・数学・国語 （英語科は、英語・国語）	○
	一般	英語・数学・国語 （英語科は、英語・国語）	○
2023年度	B推薦	英語・数学・国語 （英語科は、英語・国語）	○
	一般	英語・数学・国語 （英語科は、英語・国語）	○
2022年度	B推薦	英語・数学・国語 （英語科は、英語・国語）	○
	一般	英語・数学・国語 （英語科は、英語・国語）	○
2021年度	B推薦	英語・数学・国語 （英語科は、英語・国語）	○
	一般	英語・数学・国語 （英語科は、英語・国語）	○
2020年度	B推薦	英語・数学・国語 （英語科は、英語・国語）	○

★当問題集のバックナンバーは在庫がございません。あらかじめご了承ください。

●凡例●

【英語】

≪解答≫

〔　〕　①別解

②置き換え可能な語句（なお下線は置き換える箇所が２語以上の場合）

(例) I am〔I'm〕glad〔happy〕to ~

（　）　省略可能な言葉

≪解説≫

1, 2… 本文の段落（ただし本文が会話文の場合は話者の１つの発言）

〔　〕　置き換え可能な語句（なお〔　〕の前の下線は置き換える箇所が 2 語以上の場合）

（　）　①省略が可能な言葉

(例)「(数が) いくつかの」

②単語・代名詞の意味

(例)「彼（＝警察官）が叫んだ」

③言い換え可能な言葉

(例)「いやなにおいがするなべにはふたをするべきだ（＝くさいものにはふたをしろ)」

//　訳文と解説の区切り

cf.　比較・参照

≒　ほぼ同じ意味

【数学】

≪解答≫

〔　〕　別解

≪解説≫

（　）　補足的指示

(例)（右図１参照）など

〔　〕　①公式の文字部分

(例)〔長方形の面積〕=〔縦〕×〔横〕

②面積・体積を表す場合

(例)〔立方体 ABCDEFGH〕

∴　ゆえに

≒　約、およそ

【社会】

≪解答≫

〔　〕　別解

（　）　省略可能な語

＿＿＿　使用を指示された語句

≪解説≫

〔　〕　別称・略称

(例) 政府開発援助〔ODA〕

（　）　①年号

(例) 壬申の乱が起きた（672 年)。

②意味・補足的説明

(例) 資本収支（海外への投資など)

【理科】

≪解答≫

〔　〕　別解

（　）　省略可能な語

＿＿＿　使用を指示された語句

≪解説≫

〔　〕　公式の文字部分

（　）　①単位

②補足的説明

③同義・言い換え可能な言葉

(例) カエルの子（オタマジャクシ)

≒　約、およそ

【国語】

≪解答≫

〔　〕　別解

（　）　省略してもよい言葉

＿＿＿　使用を指示された語句

≪解説≫

〈　〉　課題文中の空所部分（現代語訳・通釈・書き下し文)

（　）　①引用文の指示語の内容

(例)「それ（＝過去の経験）が ～」

②選択肢の正誤を示す場合

(例)（ア，ウ…×）

③現代語訳で主語などを補った部分

(例)（女は）出てきた。

／　漢詩の書き下し文・現代語訳の改行部分

江戸川女子高等学校

所在地	〒133-8552 東京都江戸川区東小岩5-22-1
電　話	03-3659-1241
ホームページ	https://www.edojo.jp/
交通案内	JR総武線 小岩駅より徒歩10分，京成線 江戸川駅より徒歩15分

普通科
英語科

女子

くわしい情報は
ホームページへ

応募状況

年度	募集数	受験数	合格数	倍率
2024	普通 100名	帰国　16名	11名	1.5倍
		推A　32名	29名	1.1倍
		推B 313名	281名	1.1倍
		一般　64名	49名	1.3倍
	英語　50名	帰国　8名	8名	1.0倍
		推A　10名	10名	1.0倍
		推B　22名	20名	1.1倍
		一般　13名	9名	1.4倍
2023	普通 100名	帰国　14名	12名	1.2倍
		推A　36名	33名	1.1倍
		推B 303名	275名	1.1倍
		一般　82名	72名	1.1倍
	英語　50名	帰国　8名	6名	1.3倍
		推A　5名	5名	1.0倍
		推B　18名	16名	1.1倍
		一般　11名	10名	1.1倍
2022	普通 100名	帰国　15名	13名	1.2倍
		推A　32名	29名	1.1倍
		推B 301名	271名	1.1倍
		一般　95名	81名	1.2倍
	英語　50名	帰国　19名	15名	1.3倍
		推A　7名	6名	1.2倍
		推B　18名	15名	1.2倍
		一般　15名	9名	1.7倍

＊スライド合格を含み，普通科の受験数・合格数はⅡ・Ⅲ類の合計。
＊一般は１回・２回の合計。
＊帰国生の募集数は若干名。

試験科目（参考用：2024年度入試）

A推薦：国語・数学・英語，面接（個人）
B推薦・一般：【普通科】国語・数学・英語／【英語科】国語・英語・リスニング

教育方針

本校は，新しい時代にふさわしい「教養ある堅実な女性の育成」を目標に，誠実・明朗・喜働の三つの柱を基本として教育を行い，「自立できる人」の育成に努めている。

特色

国公立・難関私立大および医学部への進学を目指す「普通科Ⅲ類」，難関私立大への進学を目指す「普通科Ⅱ類」，難関国公私立大文系を目指す「英語科」の３コースを設置。２学期制・45分授業を採用し，演習や講習を取り入れることによって，学校のカリキュラムの中で，大学受験に対応できる学力を身につけていく。

また，英語教育の実践の場として，海外研修を数多く設定。普通科の修学旅行はカナダ，英語科の語学研修ではニュージーランド，イギリス，オーストラリアから選択できる。英語科では１年間の留学制度（留学先の単位を認定。３年間で卒業可能）もある。また，全校対象のオーストラリア短期留学もある。

大学合格実績（2023年3月）

一橋大１名，北海道大１名，東北大２名，筑波大２名，千葉大11名，お茶の水女子大４名，東京医科歯科大３名，東京外国語大２名，東京学芸大３名，埼玉大１名，東京都立大１名，防衛医科大１名，早稲田大28名，慶應義塾大14名，上智大15名，東京理科大14名，明治大31名，青山学院大13名，立教大46名，中央大15名，法政大25名，学習院大14名ほか

編集部注―本書の内容は2024年5月現在のものであり，変更されている場合があります。正確な情報は，学校のホームページ等で必ずご確認ください。

出題傾向と今後への対策　英語

出題内容

	2024		2023		2022	
	B推	一般	B推	一般	B推	一般
大問数	6	6	6	6	6	6
小問数	50	56	60	44	44	49
放送問題 大問(小問)数	5 (35)	5 (35)	4 (31)	4 (25)	5 (38)	5 (30)

◎B推薦と一般の出題構成はほぼ同じである。英語科に課される放送問題(30分)は，普通科はない。共通問題の筆記試験は，大問数6題，小問数45～60問である。構成は，音声問題が1題，単語・文法問題または適語補充が1題，整序結合1題，対話文読解1題，長文読解2題。

2024年度の出題状況

《B推薦》

A～E放送問題
A単語の発音・アクセント
B和文英訳―部分記述
C長文読解総合―対話文
D整序結合
E長文読解―内容真偽―説明文
F長文読解総合―ノンフィクション

《一　般》

A～E放送問題
A単語の発音
B単語の関連知識
C整序結合
D長文読解―語形変化―対話文
E長文読解―内容真偽―エッセー
F長文読解総合―説明文

解答形式

《B推薦》	記　述／マーク／併　用
《一　般》	記　述／マーク／併　用

出題傾向

長文読解は，課題文はやや短めだが，読み応えのあるものが選ばれている。ジャンルは説明文やエッセーが多い。設問は空所補充，内容真偽，英文解釈などである。文法題は適語補充・語形変化の出題率が高い。音声問題は発音・アクセントが問われる。記述式なので，単語や英文の正確さや，日本語の表現力が問われる。

今後への対策

まずは教科書を読み込み3年間で学ぶ基本単語や基本例文を音読して全部覚えよう。次に実際に問題集を1冊決めて繰り返し解いてみよう。日頃の学習で疑問が生じたら辞書や参考書で調べるか，先生に質問するなどして早く解決しよう。最後に過去問を解き傾向をつかもう。放送問題はラジオなどの講座を利用し英文を毎日聞こう。

◆◆◆◆◆ 英語出題分野一覧表 ◆◆◆◆◆

分野 ＼ 年度			2022		2023		2024		2025予想※	
			B推	一般	B推	一般	B推	一般	B推	一般
音声	放送問題		(★)	(★)	(★)	(★)	(★)	(★)	◎	◎
音声	単語の発音・アクセント		●	●	●		●	●	◎	◎
音声	文の区切り・強勢・抑揚									
語彙・文法	単語の意味・綴り・関連知識			●		■		●		◎
語彙・文法	適語(句)選択・補充		●		●				◎	
語彙・文法	書き換え・同意文完成				●	■			△	△
語彙・文法	語形変化		●	●	■		■	★	◎	◎
語彙・文法	用法選択									
語彙・文法	正誤問題・誤文訂正				●			●	△	△
語彙・文法	その他									
作文	整序結合		●	■	■	■	■	■	◎	◎
作文	日本語英訳	適語(句)・適文選択	●							
作文	日本語英訳	部分・完全記述				●	●		△	△
作文	条件作文									
作文	テーマ作文									
会話文	適文選択				●				△	
会話文	適語(句)選択・補充			■	★	■			◎	◎
会話文	その他									
長文読解	内容把握	主題・表題								
長文読解	内容把握	内容真偽	■	■	■	■	■	■	◎	◎
長文読解	内容把握	内容一致・要約文完成			●				△	
長文読解	内容把握	文脈・要旨把握	●	●	●				◎	△
長文読解	内容把握	英問英答								
長文読解	適語(句)選択・補充		★	■	■	■	★	■	◎	◎
長文読解	適文選択・補充					●				△
長文読解	文(章)整序									
長文読解	英文・語句解釈(指示語など)		●	●	●	●	●	■	◎	◎
長文読解	その他(適所選択)				●				△	

●印：1～5問出題，■印：6～10問出題，★印：11問以上出題。
※予想欄　◎印：出題されると思われるもの。　△印：出題されるかもしれないもの。

出題傾向と今後への対策 数学

出題内容

2024年度

《B推薦》

大問３題，20問の出題。[1]は小問集合で，数と式，方程式，データの活用，関数，確率，図形から14問。[2]は特殊・新傾向問題で，推理に関するもの。[3]は平面図形で，円と接線についての計量題３問。

《一 般》

大問３題，20問の出題。[1]は小問集合で，数と式，方程式，データの活用，関数，場合の数，図形から14問。[2]はさいころを用いた確率題３問。[3]は空間図形で，ひし形の面積や，回転体の表面積や体積を求めるもの。

2023年度

《B推薦》

大問３題，20問の出題。[1]は小問集合で，数と式，データの活用，関数，確率，方程式，図形から14問。[2]は関数で，一次関数に関するもの。[3]は空間図形で，正四角錐と立方体についての計量題３問。

《一 般》

大問３題，20問の出題。[1]は小問集合で，数と式，データの活用，関数，確率，方程式，図形から14問。[2]は方程式の応用問題。解を利用したもの。[3]は関数で，放物線と図形に関する問題。等積変形を利用して，三角形の面積を求めるもの。

作…作図問題　証…証明問題　グ…グラフ作成問題

解答形式

《B推薦》　記 述／マーク／併 用

《一 般》　記 述／マーク／併 用

出題傾向

大問３題，総設問20問前後の出題となっている。[1]は小問集合で，15問程度。各分野から出題。基礎・基本を問うもの中心。[2]以降は，関数，図形，確率から出題されることが多い。比較的オーソドックスな内容で，ふだんの学習の成果が試される。なお，2021年度入試では選択問題が見られた。

今後への対策

まずは，教科書や基本問題集を使って，基礎，基本を定着させること。定理や公式は正しく覚え，使えるように。次に，標準レベルの問題集でレベルアップを。できるだけ多くの問題に接し，いろいろな考え方や解法を身につけていこう。計算練習もおろそかにしないように。数学は，日々の積み重ねが大事である。

◆◆◆◆◆ 数学出題分野一覧表 ◆◆◆◆◆

分野	年度	2022		2023		2024		2025予想※	
		B推	一般	B推	一般	B推	一般	B推	一般
数と式	計算，因数分解	★	★	★	★	★	★	◎	◎
	数の性質，数の表し方	■	●	●	●	●		◎	◎
	文字式の利用，等式変形			●				△	
	方程式の解法，解の利用	■	■	●	●	●	●	◎	◎
	方程式の応用	■			★			△	△
関　数	比例・反比例，一次関数			★		●		△	△
	関数$y=ax^2$とその他の関数	●	●		★		●	◎	◎
	関数の利用，図形の移動と関数	★	★					△	△
図　形	(平面) 計　量	★	★	■	★	★	■	◎	◎
	(平面) 証明，作図								
	(平面) その他								
	(空間) 計　量	●	●	★		■	★	◎	◎
	(空間) 頂点・辺・面，展開図								
	(空間) その他								
データの活用	場合の数，確率	●	★	●	●	●	★	◎	◎
	データの分析・活用，標本調査			●	■	●	●	△	△
その他	不 等 式								
	特殊・新傾向問題など					★			
	融合問題								

●印：１問出題，■印：２問出題，★印：３問以上出題。
※予想欄　◎印：出題されると思われるもの。　△印：出題されるかもしれないもの。

出題傾向と今後への対策　国語

出題内容

2024年度

《B推薦》

小　説　／　論説文　／　古　文

課題文　一壁井ユカコ『空への助走』
二國分功一郎『目的への抵抗』
三『大和物語』

《一　般》

論説文　／　小　説　／　古　文

課題文　一佐々木健一『美学への招待』
二湊かなえ『ブロードキャスト』
三『弁内侍日記』

2023年度

《B推薦》

小　説　／　論説文　／　古　文

課題文　一天沢夏月『17歳のラリー』
二周東美材『「未熟さ」の系譜』
三『十訓抄』

《一　般》

論説文　／　小　説　／　古　文

課題文　一古田徹也『いつもの言葉を哲学する』
二藤井清美『明治ガールズ』
三『古今著聞集』

解答形式

《B推薦》　記　述／マーク／併　用

《一　般》　記　述／マーク／併　用

出題傾向

設問は，現代文の読解問題にそれぞれ10問程度，古文の読解問題に５～11問付されており，全体で30問弱の出題となっている。また，そのうちの７割以上が，内容理解に関する設問となっている。現代文の課題文は，著名な作家や学者の作品からの出典が目立つ。また，古文の課題文は，平安・鎌倉時代の作品が選ばれることが多い。

今後への対策

内容理解に関する設問の全体に占める割合が高いので，基本的な読解力を身につけるよう，問題集を数多くこなすのがよい。その際，論理的文章と文学的文章を偏りなく勉強すること。また，40字程度の記述式の解答を書けるように訓練しておくことも大事である。国語の知識については，文法や語句関連などについて，復習しておこう。

◆◆◆◆◆ 国語出題分野一覧表 ◆◆◆◆◆

分野		年度	2022 B推	2022 一般	2023 B推	2023 一般	2024 B推	2024 一般	2025予想※ B推	2025予想※ 一般
現代文	論説文 説明文	主題・要旨	●	●	●	●	●	●	◎	◎
		文脈・接続語・指示語・段落関係	●		●	●	●	●	◎	◎
		文章内容	●	●	●	●	●	●	◎	◎
		表　現				●		●		◎
	随筆 日記 手紙	主題・要旨								
		文脈・接続語・指示語・段落関係								
		文章内容								
		表　現								
		心　情								
	小　説	主題・要旨					●		△	
		文脈・接続語・指示語・段落関係						●		△
		文章内容	●	●	●	●	●	●	◎	◎
		表　現	●	●	●	●		●	◎	◎
		心　情								
		状況・情景								
韻文	詩	内容理解								
		形式・技法								
	俳句 和歌 短歌	内容理解					●	●	△	△
		技　法								
古典	古　文	古語・内容理解・現代語訳	●	●	●	●	●	●	◎	◎
		古典の知識・古典文法	●		●	●	●	●	◎	◎
	漢　文	（漢詩を含む）								
国語の知識	漢字 語句	漢　字	●	●	●	●	●	●	◎	◎
		語句・四字熟語		●		●	●	●	△	◎
		慣用句・ことわざ・故事成語	●		●		●		◎	
		熟語の構成・漢字の知識								
	文　法	品　詞	●		●		●		◎	
		ことばの単位・文の組み立て		●		●	●	●	△	◎
		敬語・表現技法								
	文学史		●		●	●	●	●	◎	◎
作文・文章の構成・資料										
その他										

※予想欄　◎印：出題されると思われるもの。　△印：出題されるかもしれないもの。

合格を勝ち取るための

本書の使い方

本書に掲載されている過去問をご覧になって，「難しそう」と感じたかもしれません。でも，大丈夫。ほとんどの受験生が同じように感じるのです。高校入試の出題範囲は中学校の定期テストに比べて広いですし，残りの中学校生活で学ぶはずの，まだ習っていない内容からも出題されているかもしれません。

ですから，初めて本書に取り組む際には，点数を気にする必要はありません。点数は本番で取れればいいのです。

過去問で重要なのは「間違えること」です。自分の弱点を知るために，過去問に取り組むのです。当然，間違った問題をそのままにしておいては意味がありません。

本書には，長年にわたって高校受験に関わってきたベテランスタッフによる詳細な解説がついています。間違えた問題は重点的に解説を読み，何度も解きなおしてください。時にはもう一度，教科書で復習するのもよいでしょう。

別冊として，抜き取って使える解答用紙を収録しました。表示してあるように拡大コピーをとれば，実際の入試と同じ条件で，何度でも過去問に取り組むことができます。特に記述問題では解答欄の大きさがヒントになる場合があります。そうした，本番で使える受験テクニックの練習ができるのも，本書の強みです。

前のページにある「出題傾向と今後への対策」もよく読んで，本校の出題傾向に慣れておきましょう。

2025年度 高校受験用

江戸川女子高等学校　5年間スーパー過去問

をご購入の皆様へ

お詫び

本書、江戸川女子高等学校の入試問題につきまして、誠に申し訳ございませんが、以下の問題文は著作権上の問題により掲載することができません。設問と解説、解答は掲載してございますので、ご必要とされる方は原典をご参照くださいますよう、お願い申し上げます。

記

2021年度　B推薦　英語　F　の問題文

以上

株式会社　声の教育社　編集部

2024年度 江戸川女子高等学校（B推薦）

【英　語】リスニングは，英語科の受験生のみに出題されます。

リスニング　（30分）〈満点：100点〉〈編集部注：放送文は未公表につき掲載してありません。〉

（注意）放送終了後５分で解答用紙を回収します。

※試験開始５分後から英文が流れます。それまで問題を読んでおきなさい。英文は２度ずつ読まれます。

A　ある英単語を説明する英文が５題読まれます。その英文が表す単語を解答欄に記入しなさい。なお、各語の最初の文字は解答欄に与えられています。

B　５つの英文の対話とそれぞれの最後の文に対する応答の英文がａ～ｃまで３つ読まれます。２人の自然な会話になるように、受け答えとして最も適切なものを選び、記号で解答欄に記入しなさい。

C　読まれる英文について、次の英文が内容に一致する場合は○、しない場合は×を答えなさい。

1. The Sahara is the world's second-largest desert.
2. In the driest parts of the Sahara, it can rain once every fifty years.
3. The Nile River flows through the Sahara, but it can support less than a hundred small villages.
4. 10,000 years ago, the Sahara had forests, grasslands, rivers, and lakes.
5. The Sahara began to dry out around 4,000 years ago.

D　以下、食品ロスが環境や経済に与える影響についての記事に関する英文が読まれます。英文の空欄（ 1 ）～（ 10 ）に入る語句（1語とはかぎりません）を解答欄に記入しなさい。

One of the most serious（ 1 ）facing the world now is（ 2 ）and waste. According to the United Nations, approximately 1.3 billion tons of food is（ 3 ）away every year. By working on this problem, we can help solve worldwide issues such as global warming and（ 4 ）recession.

For a start, we can reduce emissions of CO_2 and thus contribute to the stabilization of the（ 5 ）. Greenhouse gas is emitted when we produce, process, and dispose of food. According to recent research, that（ 6 ）to 8% of the total greenhouse gas emissions. So, reducing surplus food can help（ 7 ）global warming.

In（ 8 ）, we are spending more money than necessary on surplus food. If we produced only as much food as we need, we could save（ 9 ）750 billion dollars per year.

In（ 10 ）, for the sake of both humans and nature, we need to make food loss and waste unacceptable. If everyone involved in the production and consumption of food changes their practices, this problem can surely be overcome.

E　以下は読まれる英文の内容をまとめたものです。空所に適語を入れなさい。

筆者は、（ 1 ）年前に初めて来日した。当時の日本のお金は現在のものとは違っていた。（ 2 ）円札が今よりも大きかった。その時には日本に（ 3 ）か月間しかいなかったが、数年後再び来日した。その時には、500円（ 4 ）の代わりに500円硬貨が使われていたことに（ 5 ）が、間もなく慣れた。

（ 6 ）年前くらいに、筆者は「500円硬貨ルール」というものを決めた。それは500円硬貨を手に入れて、使わずに家に戻った時は、それを特別な（ 7 ）に入れなければいけないルールだった。

最近、（ 8 ）硬貨を初めて数えてみたら、（ 9 ）万円くらいあって、筆者は（ 10 ）。

ライティング （50分）〈満点：100点〉

A 次の各組の単語について、1 ～ 3 は下線部の発音が、4，5 はアクセントの位置が他と異なるものを選び、記号で答えなさい。

1.	a. boat	b. only	c. though	d. caught
2.	a. earth	b. breathe	c. month	d. third
3.	a. country	b. won	c. stand	d. glove
4.	a. el-e-va-tor	b. en-er-gy	c. ba-nan-a	d. ham-burg-er
5.	a. nec-es-sar-y	b. mu-se-um	c. choc-o-late	d. vol-ley-ball

B 次の各文の空所に適語を入れなさい。

1. 私は数学も理科も好きではありません。
I like (　　) math (　　) science.

2. 彼女は今までに北海道へ行ったことがありますか。
(　　) she ever (　　) to Hokkaido?

3. 私は彼女にその映画を見てもらいたい。
I would (　　) her (　　) see the movie.

4. 彼の目は涙でいっぱいでした。
His eyes (　　)(　　) with tears.

5. 電車を待っている女の人は私の先生です。
The woman (　　)(　　) a train is my teacher.

C　次の会話文を読み、設問に答えなさい。

Jack：Hey, Keiko.

Keiko：Guess（ w ア ）, Jack. I saw（ s イ ）very interesting last Sunday.

Jack：What are you talking about?

Keiko：Monkeys（ t ウ ）a bath in a hot spring.

Jack：Monkeys in a hot spring?（ W エ ）was that?

Keiko：I went to Nagano last Sunday and stopped at a tourist spot.

Jack：A（ z オ ）?

Keiko：No. There's a hot spring and local monkeys come down and take a bath in it.

Jack：（ N カ ）way!

Keiko：Yes! They are the only monkeys in the world（ t キ ）bathe in a hot spring.

Jack：*Nihon-zaru* live in the northernmost habitat of all monkys in the world,（ d ク ）they?

Keiko：Yes. But even for them, the winter is cold（　　）（　　）make them feel like warming themselves up in a hot spring.

1. 空所（ ア ）～（ ク ）に適語を入れなさい。ただし、カッコ内に指定してある文字で始めること。

2. 下線部が「冬は温泉に入って体を温めたくなるほど寒いのね」という意味になるように空所に適語を入れなさい。

D　次の各文のカッコ内の語を並べ替えて、日本文の意味の英文を完成させなさい。ただし、下線を引かれた語は文脈から適切な形にかえなさい。なお、文頭に来る語も小文字にしてあります。

1. あなたは誰がこの詩を書いたと思いますか。
（ do / you / poem / think / write / who / this)?

2. このアプリのおかげで彼はドイツ語が上手に話せるようになりました。
（ speak / a / app / him / German / this / made / of / good).

3. 私たちが今朝飲んだ紅茶はスリランカ産のものです。
（ is / this / the / drink / morning / from / we / tea) Sri Lanka.

4. 最後にオフィスを出るときはドアにかぎをかけ忘れないでください。
（ don't / door / leave / when / forget / lock / you / the) the office last.

5. カナダの人口は、日本の人口よりもずっと少ない。
（ the / Canada / than / that / small / population / is / much / of) of Japan.

E　次の英文を読み、下の英文が内容と一致すれば○、しなければ×を解答用紙に記入しなさい。ただし、すべて○または×とした場合には得点を与えません。

In some parts of the world, children do not have the chance to play *musical instruments. This may be because of a lack of school *facilities, musical instruments, or experienced teachers. Japan's Yamaha Corporation is trying to help with its School Project, which was started in 2015 to *improve musical education for children who have never seen a musical instrument up close.

Yamaha *provides musical instruments, learning materials, and teacher-training sessions to elementary schools, mainly in emerging countries. The training and curriculum provided by Yamaha allow students to learn to play instruments such as recorders, keyboard harmonicas, and portable keyboards.

Yamaha offers the program in Malaysia, Indonesia, Vietnam, India, Brazil, and *the United Arab Emirates. In some countries, the company *integrates local music into its teaching materials. Yamaha says the program is helping to provide musical education to children in more than 4,000 schools in the world.

The Japanese government has been helping Egypt in its effort to improve the quality of the education provided to its children. Following this effort, Yamaha is now trying to improve musical education at Egyptian elementary schools. Yamaha's goal is to communicate the joy of playing musical instruments to as many children as possible, through *spreading instrumental music education in schools.

It has been shown that playing a musical instrument *benefits children in many ways. It is said that it helps with their studies *generally and improves such things as *concentration, as well as learning to *cooperate with others. Providing musical education to children is a great way to make their lives a little richer and the world a little better.

*注　musical instrument 楽器　facility 設備　improve 改善する　provide 提供する
The United Arab Emirates アラブ首長国連邦　integrate 統合する　spread 広げる
benefit 役立つ　generally 一般に　concentration 集中力　cooperate 協力する

1. In all parts of the world, every child has access and the opportunity to play musical instruments.
2. The goal of Yamaha's School Project is to serve the needs of children who have never encountered a musical instrument in their lives.
3. Yamaha provides teacher-training sessions mainly in developed countries.
4. The curriculum provided by Yamaha allows students to learn to play the guitar and the drums.
5. Yamaha's program is available in countries like Malaysia, Brazil, and the United Arab Emirates.
6. Yamaha makes an effort to integrate native music into its teaching materials in certain nations.
7. Yamaha's program is present in over 10,000 schools worldwide.
8. The Japanese government has been supporting Yamaha in its efforts to spread music education in Egypt.
9. Playing a musical instrument has been shown to improve concentration and cooperation among children.

F　次の英文を読み、設問に答えなさい。

Today, Taylor Swift (1) (most / world / singers / of / in / the / the / is / one / popular) and is also a cover model for fashion magazines. (2) But she was not always so popular.

Taylor Swift began singing country music in Pennsylvania (a) she was eleven. Country music is an older form of music in the USA that is usually enjoyed by adults. Maybe this is (b) other kids at her school thought she was strange for singing country music. Over time, these friends stopped ①(talk) to her.

One day, she invited many of her friends to go to the shopping center, but all of them said they were busy. So, Taylor went with her mother. When they got there, they saw all the girls shopping together without Taylor. Soon after that, (3) Taylor began eating lunch at school alone.

Taylor asked her parents ②(take) her to Nashville, a city in Tennessee, (c) many country singers and musicians worked. Her parents decided to move there (4) to (ア) her (イ) her dream (ウ) true. Taylor's parents were right to believe she could succeed. At age fourteen, she got a *contract with RCA records, a major music company.

RCA wanted Taylor to sing other people's songs until she was an adult. Taylor did not like (5) this. She wanted to write and sing her own songs about her life and the boys she dated. The record company did not think older country fans would want to hear a teenage girl talk about her life.

Taylor ③(leave) RCA and joined a smaller record company that *released her records. Her music became very popular with teenagers as (d) as older country music fans. Soon, Taylor ④(consider) a major pop star, and young people who did not (e) listen to country loved her music too.

One day she returned to Pennsylvania to do a concert. Girls from her old school came to the concert and were ⑤(excite) ⑥(see) her. They treated her like a star, and seemed (6) (calling / have / had / forgotten / stopped / to / that / they) her in junior high school. Taylor realized her life had changed.

*注　contract 契約　　release 発売する

1. 空所 (a) ～ (e) に入れるのに適切な語を下から選んで書きなさい。
normally / many / only / well / what / when / where / why

2. ①～⑥のカッコ内の語を文脈から考えて正しい形に変えなさい。ただし、答えは1語とはかぎりません。

3. 下線部(1)のカッコ内の語句を正しい語順に並べ替えなさい。

4. 下線部(2)を和訳しなさい。

5.　下線部(3)の理由として最も適切なものを選び、記号で答えなさい。

ア．周りの友人が、有名なスターに話しかけることを遠慮するようになったから。

イ．自分の人生の経験を曲にするために色々と考える時間が欲しかったから。

ウ．自分が学校の中で周りから孤立している状態にあることに気がついたから。

エ．両親からテネシーに行く前に友人と仲良くしすぎないように忠告されたから。

6.　下線部(4)が「彼女が夢を実現するのを助けるために」という意味になるようにそれぞれのカッコ内に語を入れるときの組み合わせとしてふさわしいものを番号で答えなさい。

① make – help – come　　② make – come – help

③ help – make – come　　④ help – come – make

⑤ come – make – help　　⑥ come – help – make

7.　下線部(5)の具体的な内容を日本語で書きなさい。

8.　下線部(6)のカッコ内の語句を正しい語順に並べ替えなさい。

【数　学】（50分）〈満点：100点〉

1 次の問いに答えなさい。

(1) $-\dfrac{1}{2}-\dfrac{7}{5}\times\dfrac{25}{6}\div\left(-\dfrac{7}{3}\right)^2$ を計算しなさい。

(2) $\dfrac{5x-3y}{8}-\dfrac{x+y}{2}$ を計算しなさい。

(3) $\dfrac{2}{3}x^3y^2\times\dfrac{7}{2}y\div\left(-\dfrac{7}{3}x\right)^2$ を計算しなさい。

(4) $(\sqrt{3}+2+\sqrt{6})^2-(\sqrt{3}-2+\sqrt{6})^2$ を計算しなさい。

(5) $a+b=\sqrt{3}-\sqrt{2}$，$a-b=\sqrt{3}+\sqrt{2}$ のとき，$(2a-b)^2-(a-2b)^2$ の値を求めなさい。

(6) $2x^2y^2-16xy^2+32y^2$ を因数分解しなさい。

(7) 方程式 $(2x-3)^2-10(2x-3)+25=0$ を解きなさい。

(8) $\sqrt{2024+1}=\boxed{\text{ア}}$ より，2024を素因数分解すると，$2^3\times\boxed{\text{イ}}\times\boxed{\text{ウ}}$ となる。
$\boxed{\text{ア}}$～$\boxed{\text{ウ}}$ にあてはまる自然数を求めなさい。ただし，$\boxed{\text{イ}}<\boxed{\text{ウ}}$ とする。

(9) 右の資料は，あるクラスの数学のテストの成績を表した度数分布表である。このデータを箱ひげ図で表したときに適切なものを次のア～エから選びなさい。

階級（点）	度数（人）
以上　未満	
0 ～ 10	1
10 ～ 20	0
20 ～ 30	2
30 ～ 40	0
40 ～ 50	8
50 ～ 60	14
60 ～ 70	9
70 ～ 80	3
80 ～ 90	1
90 ～ 100	2
計	40

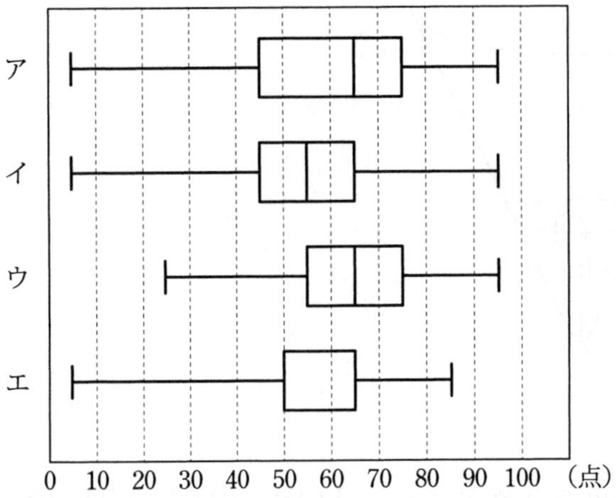

(10) 3点A (1, 1)，B (11, −4)，C (−7, a) が一直線上にあるとき，定数aの値を求めなさい。

(11) 大中小3個のサイコロを同時に投げるとき，目の和が8になる場合は何通りあるか求めなさい。

(12) 下の図において，$\angle x$の大きさを求めなさい。ただし，同じ印を付けた角度は等しいとする。

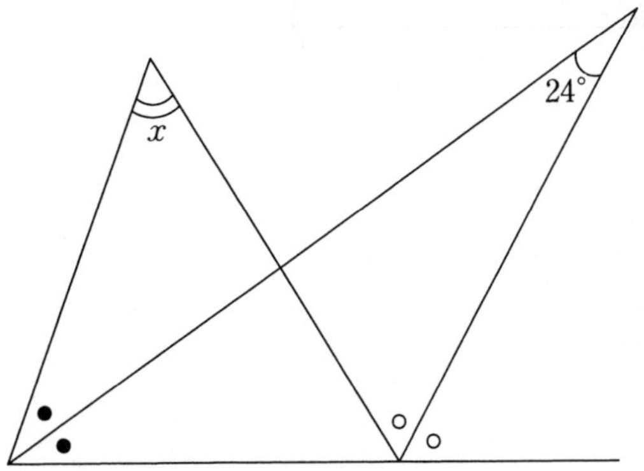

(13)　下の図のような円錐の容器に 200 cm^3 の水を入れたところ，水面の高さは 8 cm になった。水面をさらに 4 cm 高くするには，何 cm^3 の水を加えればよいか答えなさい。

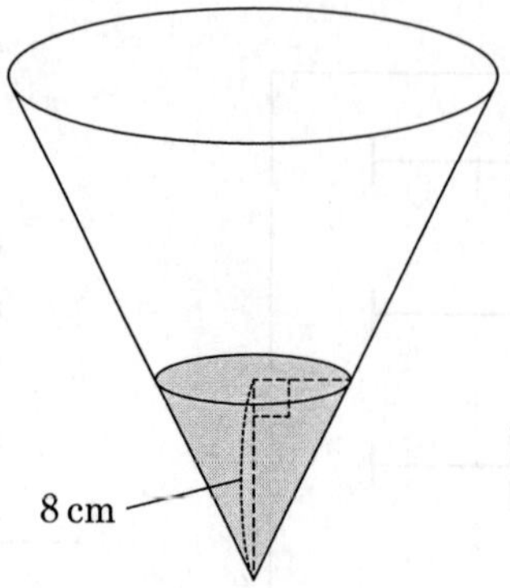

(14)　下の図は，1 辺の長さが 4 cm の立方体 ABCD - EFGH である。辺 AB，AD の中点をそれぞれ M，N とする。このとき，立体 AMN - EFH の体積を求めなさい。

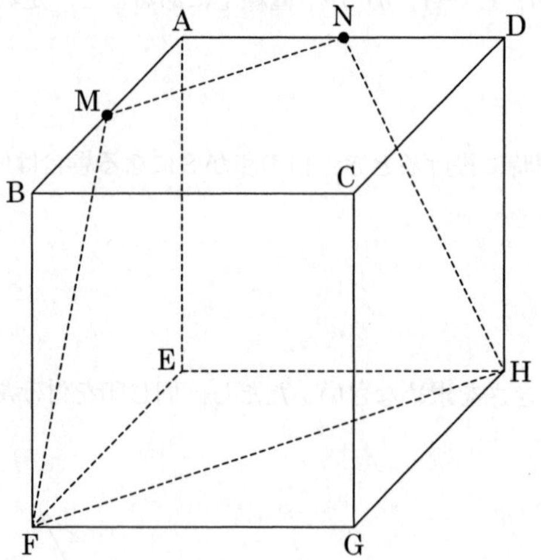

2 先生が可奈さんと美里さんに問題を出しました。文章を読んで，後の問いに答えなさい。

【問題 1】

ある人が，猫とネズミを連れて，大きなチーズを運んでいます。この人がそばにいれば，猫はネズミを襲わず，ネズミはチーズを食べません。しかし，この人がそばを離れてしまうと，猫はネズミを襲い，ネズミはチーズを食べてしまいます。また，猫はチーズには興味を示しません。
この人が川を渡ろうとしていますが，小さな舟が 1 艘しかなく，その舟にはこの人の他には猫かネズミかチーズのいずれか 1 つしか乗せられないとします。

先生：この人は最低何回川を渡れば，猫もネズミもチーズも無事に対岸へ移せるでしょうか？

可奈：この問題面白そうじゃない？美里も一緒に考えようよ。

美里：そうね！でも難しそうだわ。

先生：具体的にイメージして考えてみて。最初に何を運べばいいかな？

美里：（　①　）を運べば，残す 2 つのものは無事だわ。

可奈：確かに！そのあとは自分だけ戻ってきて……わかった！答えは最低（　②　）回だわ！

【問題 2】

3 枚のカード A，B，C のうち，1 枚が当たりです。カードに書かれていることのうち，1 つだけが正しいとします。

A	B	C
このカードは はずれです	C のカードは はずれです	このカードは 当たりです

先生：さあ、当たりはどれでしょう？

美里：これも順番に考えていけばいいはず。もし A が正しいとすると……わかったわ！当たりは（　③　）よ！

先生：素晴らしい！

⑴　①に入るものを，猫，ネズミ，チーズのうちから１つ選び，答えなさい。

⑵　②に入る数を答えなさい。

⑶　③に入るものを，A，B，Cのカードのうちから１つ選び，答えなさい。

3　下の図の半径 3cm の円 O について，点 A，B は直径の両端となっている。

また，$\overset{\frown}{AC}=\overset{\frown}{CD}=\overset{\frown}{DB}$ であり，点Bにおける円の接線を ℓ，ℓ と直線 AC との交点を P，ℓ と直線 AD との交点を Q とする。このとき，次の問いに答えなさい。

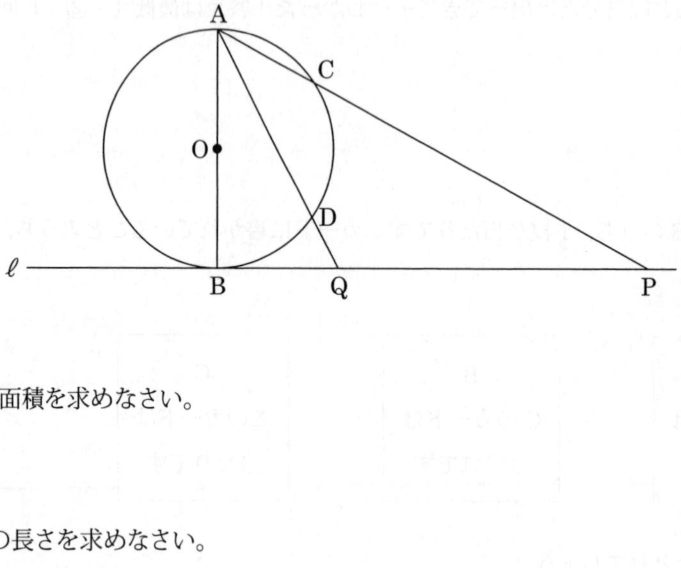

⑴　△ABP の面積を求めなさい。

⑵　線分 PQ の長さを求めなさい。

⑶　△BCQ の面積を求めなさい。

歌ったものである。
ウ　「檜垣の御」が、年老いて落ちぶれてしまった我が身の悲しみを歌ったものである。
エ　「檜垣の御」が、長い間一人きりで暮らしていた寂しさを歌ったものである。
オ　「ある人」が、「檜垣の御」の変わり果てた姿を「野大弐」に知らせるために詠んだ歌である。

えが広まるまでに時間がかかると感じている。

エ　ソクラテスは、人々が嫌がることをあえて言うことで、社会を正しい方向に導くことができると考えている。

問8　傍線部②「それは実は行政権が非常に強力であるからです」とあるが、なぜ法律の執行機関にすぎない行政が強い力を持つのか。四十五字以内で説明しなさい。

三

次の文章を読んで、後の問いに答えなさい。

筑紫にありける①※檜垣《ひがき》の御といひけるは、※いと②らうあり、をかしくて、世を経《へ》たる者になむありける。年月かくてありわたりけるを、※純友《すみとも》が騒ぎにあひて、家も焼け滅び、物の具もみな取られ果てて、③いみじくなりにけり。

かかりとも知らで、※野大弐《やだいに》、討手《うて》の使《つかひ》に下りたまひて、それが家のありしわたりをたづねて、「檜垣の御といひけむ人に、いかで会はむ。いづくにか住むらむ」と④のたまへば、「このわたりになむ住みはべりし」など、供なる人も言ひけり。「あはれ、かかる騒ぎに、いかがなりにけむ。⑤訪ねてしがな」と、のたまひけるほどに、頭白き嫗《おうな》の、水汲めるなむ、前よりあやしきやうなる家に入りける。ある人ありて、「これなむ檜垣の御」と言ひけり。いみじくあはれがりたまひて、呼ばすれど、⑥恥ぢて来で、かくなむ言へりける。

⑦むばたまのわが黒髪は白川の水はくむまでなりにけるかな

と詠みたりければ、あはれがりて、着たりける※袙《あこめ》一襲《ひとかさ》脱《ぬ》ぎてなむやりける。

（『大和物語』による）

※「檜垣の御」…歌や踊りで人々を楽しませていた女性。

※「いとらうあり、をかしくて、世を経たる者になむありける」…たいそうさまざまなことに経験を積み、うらやましいほどの風流な生活をしている者であった。

※「純友が騒ぎ」…平安時代中期、藤原純友が西国でおこした反乱。

※「野大弐」…平安中期の貴族で、藤原純友の乱の鎮圧を行った。

※「袙」…装束に用いる衣服の一種。

問1　『大和物語』は平安時代に作られた物語であるが、平安時代に作られた作品ではないものを一つ選び、記号で答えなさい。

ア『竹取物語』　イ『源氏物語』

ウ『雨月物語』　エ『伊勢物語』

問2　傍線部②「らうあり」を現代仮名遣いに直しなさい。

問3　傍線部④「のたまへば」、⑥「恥ぢて来で」はそれぞれ誰の動作か。次から選び、記号で答えなさい。

ア「檜垣の御」　イ「野大弐」

ウ「供なる人」　エ「ある人」

問4　傍線部③「いみじくなりにけり」、⑤「訪ねてしがな」の解釈として最も適当なものを後から選び、記号で答えなさい。

③「いみじくなりにけり」

ア　病気で亡くなってしまった。

イ　不自由のない生活を送っていた。

ウ　みじめな境遇になってしまった。

エ　働いてお金を稼いでいた。

⑤「訪ねてしがな」

ア　訪ねるのは無理だろう。

イ　訪ねたいなあ。

ウ　訪ねたらよいのに。

エ　訪ねてみてはどうか。

問5　傍線部①「檜垣の御」と同じ人物を指す言葉を本文から四字で抜き出しなさい。

問6　傍線部⑦の和歌の解釈として正しいものを次から選び、記号で答えなさい。

ア「野大弐」が、年老いてしまった「檜垣の御」に再会した悲哀を歌ったものである。

イ「野大弐」が、ようやく再会できた「檜垣の御」への思いを

問1　傍線部ⓐ「従属」、ⓑ「顕著」、ⓒ「頻発」の読みを平仮名で答えなさい。

問2　傍線部①「この原則にはなかなか興味深いところがあります」とあるが、ここに含まれていない品詞を次から一つ選び、記号で答えなさい。

ア　名詞　　イ　副詞　　ウ　形容動詞　　エ　連体詞

問3　この文章からは次の一文が抜けている。入れるのにふさわしい部分をＡ～Ｄから選び、記号で答えなさい。

つまり、この法律は青天の霹靂《へきれき》ではなくて、それまでのヴァイマル期の政治の帰結であったわけです。

問4　傍線部③「更に、法律は文章ですから必ず解釈の余地があります」とあるが、法律に「解釈の余地」が存在することによって起こる問題点とは何か。最も適当なものを次から選び、記号で答えなさい。

ア　事案の重大さによっては法律を無視した判断をしてしまう点。
イ　立法権が定めた意図と異なる形で法律を解釈してしまう点。
ウ　法律の内容が正しく理解されず、誤って解釈してしまう点。
エ　行政の担い手が自分にとって都合の良い法律を作り出してしまう点。

問5　空欄Ⅰ、Ⅱに当てはまる語句を本文中からそれぞれ三字で抜き出しなさい。

問6　傍線部④「二〇世紀に起こった例外状態の最悪の事例」について、次の問いに答えなさい。

(1)　これは具体的にはどんな事例か。「～という事例。」につながる形で本文中から二十五字程度で探し、最初と最後の三字を抜き出しなさい。

(2)　このような事態が成立してしまった理由について、筆者の考えを説明したのが次の文である。空欄に当てはまる語を本文中から三十五字以内で探し、最初と最後の三字を抜き出しなさい。

ヴァイマル期のドイツ国民が［　　　］に疑問を抱かなくなったため。

問7　傍線部⑤「社会の『虻』としてのアガンベンの発言に僕が注目するのもそうした理由からなのです」とあるが、これは筆者が本文より前の部分で引用している古代ギリシャのソクラテスの発言を受けたものである。これを読み、後の問いに答えなさい。

わたしは、何のことはない、少し滑稽《こっけい》な言い方になるけれども、神によってこのポリス（社会）に付着させられているものなのだ。それはちょうど、ここに一匹の馬があるとして、これは素姓のよい、大きな馬なのだが、大きいために、かえって普通よりにぶいところがあって、目をさましているのには、なにか虻《あぶ》のようなものが必要だという、そういう場合に当たるのです。つまり神は、わたしをちょうどその虻のようなものとして、このポリスに付着させたのではないかと、わたしには思われるのです。つまりわたしは、あなたがたを目ざめさせるのに、各人一人一人に、どこへでもついて行って、膝《ひざ》をまじえて、全日、説得したり、非難したりすることを、少しも止めないものなのです。

(1)　傍線部⑤「社会の『虻』」とあるが、「社会」における「虻」とは具体的には何を指すか。ソクラテスの発言を参考にし、本文中から三字で抜き出しなさい。

(2)　ソクラテスの考えに合致するものを次から選び、記号で答えなさい。

ア　ソクラテスは、自分は神に選ばれた存在であり、人々を導く役目を負って生まれてきたと考えている。
イ　ソクラテスは自分の役割を、社会に疑問を投げかけることで、人々に考えるきっかけを与える存在だと自覚している。
ウ　ソクラテスは、未だ社会が成熟していないため、正しい考にすぎません。閣議決定に法的根拠はない。ところが、マスコミは既にそれによって何か重大な案件が決定されたかのように報道している。そのことに慣れきってしまっているからです。

行政権が立法権の手を逃れていく事態が着実に進行している。では、なぜその事態の深刻さをそこまで強調する必要があるのでしょうか。それはアガンベンのみならず、政治や法律を研究している人ならば誰でも知っている、④二〇世紀に起こった例外状態の最悪の事例が存在するからです。それがナチスという事例に他なりません。

教科書などでは、「ヒットラーが一九三三年に独裁体制を確立した」という言い方がなされていると思いますが、これは具体的にはどういうことかと言うと、政府という行政機関を正式な立法機関にする法律が可決されたということなんですね。いわゆる「全権委任法」です。何の前提知識もなければ、そのことの重大さは理解できないかもしれませんが、ここまでの説明を聞いてくださった皆さんにはお分かりいただけるはずです。行政権には強大な権力がある。だからこそ、行政権は立法権に従属するという原則が必要である。確かに法律には限界があるにせよ、なんとかして行政を管理する政治体制が必要である。ところがナチスはそれを乗り越える体制を作ってしまった。

これはある意味では「行政の夢」とでも呼ぶべきものの実現でもあります。行政は常に法律に縛られている。だからそこにはどうしても、「自分たちでルールを決められたらどんなに楽であろうか」という想いが生まれてしまう。行政に携わっている人の誰もがそんなことを考えているわけではありません。ただ、行政は構造的に抱いてもおかしくない位置に置かれている。[A]

では、戦前のドイツでなぜこのような法律が通ってしまったのか。それには前史があります。ナチスが政権を握る前、一九一九年から一九三三年までのドイツの政治体制はヴァイマル共和国と呼ばれますが、その十数年の間、ドイツの政治は混乱を極めていて、議会で物事を決めるということが全くできなくなっていました。議会で物事を決められないのでどうしたかというと、ヴァイマル憲法に定められていた大統領緊急令を使って法律を通すようになっていたのです。さらには内閣や政府官僚に議会が権限を委託する授権法の利用もⓒ頻発していました。フランツ・ノイマンという政治学者はナチス体制を同時代的に分析した有名な本の中で、ヴァイマル期のドイツの議会は立法権を独占することに余りにも熱心でなさすぎたと指摘しています。[B]

その結果どうなったかというと、ヴァイマル期のドイツ国民は、議会が法律をつくらないこと、立法府が法府としての役割を果たさないことに完全に慣れきってしまいました。その延長線上に一九三三年の「全権委任法」があるのです。[C]

僕らは二〇世紀にこれを最悪の事態として学んだはずでした。行政にフリーハンドを与えてはいけない。立法府である議会が必ず自らの役割を果たさねばならない。そう学んだはずでした。しかしその教訓は今や忘れられつつあるのではないか。アガンベンはナチスの強制収容所についても鋭い研究を残してきた哲学者です。例外状態に対して警鐘を鳴らすアガンベンは、ナチス・ドイツにおいて行政権が立法権を獲得した恐ろしい歴史を常に念頭に置いているはずです。[D]

コロナ危機からナチスまで話を広げるのは大げさだと思われるかもしれません。ただ、ヴァイマル期のドイツ国民もだんだんと例外状態に慣れていったのです。現在の状況についても、結局は何も起こらなかったということになるかもしれないし、もちろんそれが望ましい。けれども、可能性としてそこまで考えておかなければ、後で大変なことになるかもしれない。実際、我々は歴史を通してそのことを知っている。⑤社会の「※虻《あぶ》」としてのアガンベンの発言に僕が注目するのもそうした理由からなのです。

（國分功一郎「目的への抵抗」による）

※「アガンベン」…イタリアの哲学者。

※「虻」…あぶ科の昆虫。メスは人や牛馬などの血を吸う。

ようにも思えますが、今説明した立法権と行政権の関係から見てみると、①この原則にはなかなか興味深いところがあります。立法権は行政権に対して優位に置かれているのだとしたら、立法権と行政権は互いに独立しているだけでなく、行政権が立法権にⓐ従属する関係にあると考えられます。司法権の独立の必要性というのはある意味では最も理解しやすいことで、法律的な裁きの公正性を保つために、裁判所をあらゆる権力から独立させるということですね。しかし、立法権と行政権の関係はなかなかに複雑です。

なぜ立法権と行政権の分立を言う必要があるのか。②それは実は行政権が非常に強力であるからです。確かにルールを定めることのできる立法権は強力です。そして原則的にはこの強力な権力に行政権は従属している。行政はその意味では単なる執行機関に過ぎないとも言える。

しかし、法律で定められることには実際には限界があります。たとえば、公共の建物についての法律を作ることはできます。けれども、その法律で建物一つひとつの場所や形を定めることはできません。外交についての法律を作って、誰が外交の責任者であるのかを定めることはできます。けれども、外交の内容を法律で定めることはできません。そうやって考えていくと、現場で個別案件を一つひとつ処理していく行政には、実は大きな決定権があることが分かってきます。行政は法律によってきめられた内容を粛々《しゅくしゅく》と実行しているだけではない。立法が決定して、行政が実行するだけではない。行政は様々なことを決定しているのです。

ここには法律というものがもつ原理的な困難が現れています。法律は一般的な内容を定めることしかできません。ですから、個別的な内容はそれを実施する現場で決定されることになる。③更に、法律は文章ですから必ず解釈の余地があります。機械的に適用できる法文などありえません。

さて、現場では様々な事情によって物事が決められていきます。そうすると、どういう事態が想像できますか。立法権によってルールを決めていたはずなのに、行政権の担い手によって、思いも寄らない方向に解釈がなされたり、法律を作った時点では想定もしていなかったことがまるで法律に従っているかのように実施されたりすることが起こりうるということです。

こうして、行政によるその場その場の法解釈や措置が積み重ねられることで、［ Ⅰ ］が、事実上、［ Ⅱ ］による管理を逃れていってしまう状態が、冒頭より言及している例外状態に他なりません。

ある意味で、例外状態の発生は避けがたいとも言えます。また、例外状態が発生しているかどうかは、白か黒かで判断できるものではなくて、度合いを伴っているとも言えるでしょう。この件については行政権が立法権の手をやや離れてしまっているとか、かなり離れてしまっているとかいったことがありうる。だからこそ、原則が法律家によって絶えず確認される必要があるのです。

※アガンベンは次のように訴えています。「コロナ危機において甚大な権利制限が行われている。いかなる法的諸装置によってのことなのか？　永続的な例外状態によってなのか？　憲法の諸規定が遵守されているか確かめるのは法律家たちの任務だが、法律家たちは沈黙している。Quare silete jurstæ in munere vestro?〔法律家たちよ、なぜ自分の任務について沈黙しているのか？〕」

コロナ危機において外出制限などは基本的に各国の政府の決定で行われました。それに対しアガンベンは、そうした決定が憲法に違反しているのではないかと問題提起しています。しかし多くの人達が、緊急事態だからという理由でその点にはもはや関心を持たなくなってしまっている。例外状態に我々が「以前から慣れきってしまっている」。

これは日本においてもⓑ顕著です。日本でも国民が例外状態に慣れきってしまっている。最も分かりやすい例は、「閣議決定」の当然視です。「これこれのことが閣議決定された」と報道されることがよくありますが、あれは政府の閣僚が集まって方針が決められた

⑤「気色ばむ」
ア　怒りを顔にあらわすこと。
イ　突然の出来事に驚くこと。
ウ　冷淡な態度をとること。
エ　あきれて言葉が出ないこと。

問4　傍線部①「新しい学校に転校でもしてきたみたいな、帰属意識の薄さみたいなものを抱えて廊下を歩いていると」とあるが、「高杉」がこのように感じるのはなぜか。最も適当なものを次から選び、記号で答えなさい。
ア　久々に会った友人たちが、変わってしまったように感じたから。
イ　部活動がない学校生活に、どことなく違和感があったから。
ウ　部活動を引退したことに、大きな悲しみを感じていたから。
エ　「赤緒」への気持ちが、夏休み前とは変わったように感じたから。

問5　傍線部④「いつものようにカメラを胸の前でしっかり持ったはっちが自分より背の高い五人を目を丸くして見あげている」とあるが、この時点では何が起こっているのかわかっていない「はっち」が自分の置かれている事態に気付いたのはどの行動、もしくは発言がきっかけか。傍線部Ａ～Ｄの中から選びなさい。

問6　傍線部⑦「はっちが目を丸くして口をつぐんだ」とあるが、この時の「はっち」の様子として最も近いものを次の中から選び、記号で答えなさい。
ア　自分では思いもよらなかったことを「赤緒」に言われ、驚いて何も言えなくなってしまった様子。
イ　「赤緒」のあまりの剣幕に怯《おび》えてしまい、恐怖のあまり口を開くことさえできなくなってしまった様子。
ウ　「赤緒」のためにやったことを否定されてしまい、不満に思って言い返そうとしている様子。
エ　怒りに任せた一方的な発言で「赤緒」に責められ、何も言えずただ呆然としている様子。

問7　次のア～エは生徒たちがこの文章を読んで話し合いをしているものである。本文の内容に合致していないものを一つ選び、記号で答えなさい。
ア　Ａさん「『はっち』は壁新聞に載せた『赤緒』の写真を良い写真だと思ったけれど、『赤緒』にとっては見られたくない姿だった。そのことに『はっち』が気付けなかったことで『赤緒』を傷つけてしまったね」
イ　Ｂさん「『高杉』も『はっち』と同じく、あの写真のことを良い写真だと思っているよね。『赤緒』の前では『はっち』をかばうことは出来なかったけれど……」
ウ　Ｃさん「『高杉』は壁新聞をはがしたくないと思っているけど、『赤緒』の指示で仕方なくはがしているね。『はっち』と同じく、たくさんの人にあの写真を見て欲しいと思っているはずだよ」
エ　Ｄさん「でも『高杉』たちが壁新聞を見る前に出てきた『なにやら含み笑いを残して階段を上っていく三人組』は、『赤緒』のあの写真を良い写真だとは思っていないと思うな」

問8　傍線部⑥「あの写真ひっでよう撮れたで（＝あの写真とてもよく撮れたから）、みんなに見て欲しいって――」とあるが、「はっち」が「みんなに見て欲しい」と思ったのは「赤緒」のどんな姿か。四十字以内で説明しなさい。

二

次の文章は、筆者が大学生に向けて行った「新型コロナウイルス感染症対策から考える行政権力の問題」という講話を文章にしたものの一節である。これを読んで、後の問いに答えなさい。

皆さんもご存じの通り、三権分立という有名な原則があります。権力を数個の機関に分散させる権力分立の考えに則《のっと》って、立法と司法と行政の三つの権力の独立を求める原則です。当たり前のことのたちがまわりから加勢する。そこまで言われてはっちもやっと自分が吊《つ》るしあげられている事態を理解したようだった。さっと顔から血の気が引いた。

「えっ……？　ちっ違うよ、待って赤緒ちゃん、わたしはみんなに……」

「人の変顔隠し撮りして笑いものにするなんて最低な趣味やな。気持ちわる」

弁明しようとしたはっちを赤緒が辛辣《しんらつ》な口調で遮る。ところがはっちも意外な頑固さで譲ろうとせず、しどろもどろになりつつも言い募る。

「ちっ違うよ、ぜっぜんぜん変やないよ、いい写真やよ。負けたときにあんなふうにいっぱい悔しがれるんは、赤緒ちゃんがひっでテニス頑張ってたでやよ。モテる自慢したいとか、ほんだけでやれることやないよ。わたしそれをみんなに……」

「誰がいつそんなこと頼んだの!?」

突然激昂《げっこう》した赤緒の裏返った声が教室に響いた。

「人が見られたないもん学校中に晒《さら》して、ほんで面白いの!?」

⑦はっちが目を丸くして口をつぐんだ。

静まり返った教室に自分の声がまだ反響する中、赤緒がふいと顔を背けた。「梓……」という寺川たちの気遣わしげな声にも応えず、戸口で立ち尽くしている高杉のほうに早足で歩いてくる。

「……潤五。あれ剝《は》がしたいで、手伝ってくれる？」

顔を伏せて小さな声で言い、廊下へでていった。

「あ、ああ……」

赤緒に続く前に高杉は一度教室を振り返った。はっちは石になったように固まっていた。蒼《あお》ざめて強張った顔で赤緒がいた場所を見つめたまま、けれど、まだなにか言いたそうに唇が動いた。ほやけど……いい写真やよ……。

予鈴が鳴ったので踊り場の掲示板の前で足をとめていた生徒たちは捌《は》けていた。いつも新聞を貼っているのがはっちなのか、それとも新聞担当の教師なのか他の誰かなのかは知らないが、その誰かが貼るときには椅子か脚立《きゃたつ》に乗って留めたのであろう画鋲《がびょう》に、高杉は背伸びをすれば手が届く。

画鋲を外すとき、間近で赤緒の泣き顔をもう一度見ることになった。

だよな、はっち。心の中で同意の呟きを漏らす。あの場ではっちを庇《かば》えなかった自分の度胸のなさに、後ろめたさを覚えながら。

……おれもこの写真、いいと思うよ。これまではっちが撮ってきた赤緒の写真のどれよりも、おれは一番これがいいと思った。

赤緒が自分で変顔と言ったとおり、正直本当にひどい顔だった。自他ともに認める赤緒の整った顔が見る影もないほど不細工になり果てていた。けれど今まで知っていた赤緒のいろいろな顔の中で、高杉が一番惹《ひ》きつけられた顔だった。

やべぇ……やっぱり、気になる。心臓がきゅっと、今まで鳴ったことのない音を立てた。

（壁井ユカコ『空への助走　福蜂工業高校運動部』による）

※「県中」「北信越」…「県中」は県大会、「北信越」は北信越大会のこと。

問1　傍線部ⓐ「ムジュン」、ⓑ「モゾウシ」、ⓒ「キョウレツ」を正しく漢字で書きなさい。

問2　傍線部②「しかし県中の敗戦後に見たあの姿を高杉はどうしても重ねてしまう」という文章はいくつの文節に分けることができるか。漢数字で答えなさい。

問3　傍線部③「鼻につく」、⑤「気色ばむ」の本文における意味として最も適当なものを一つ選び、記号で答えなさい。

③「鼻につく」

ア　相手を冷たくあしらうこと。
イ　他人の目をひきつけること。
ウ　興ざめした顔つきをすること。
エ　うっとうしくて嫌な感じがすること。

も思わないことに微妙に拍子抜けしているというⓐムジュンした感情を抱いている自分がいる。

「ほらあっち見ねやー。掲示板に人集まってるで、壁新聞でたんでないの？　きっと男バレの北信越の記事がトップやわ」

高杉の肩に摑《つか》まってつま先立ちで額に手をかざした赤緒の（だからおまえのそういう仕草が狙ってるっていうんだよ）視線をなぞると、教室へと向かう生徒たちが階段の踊り場で足をとめていた。

人だかりの最前列をちょうど離れたグループがいた。同じクラスの女子三人だ。こちらに気づいて三人組が「あ」という顔をし、意味ありげに視線を交わしあった。

なにやら含み笑いを残して階段を上っていく三人組を高杉は顔をしかめて見送り、掲示板のほうに目を戻した。

最前列がいなくなったので、高杉の目線からなら他の生徒たちの頭越しに余裕で掲示板を見ることができた。大判のⓑモゾウシが掲示板の高いところに貼られていた。夏休み中に制作していたのか、やはり壁新聞の新しい号だ。赤緒の予想どおりトップで扱われているのは男子バレー部の県大会突破および北信越大会の記事——しかし高杉がⓒキョウレツに目を吸い寄せられたのは、その隣の、自分たちの記事の半分の扱いで載っているほうだった。

「……はっち……」

掠《かす》れた声で呟《つぶや》いた。

軟式テニス部の敗退を伝える見だしとともに、赤緒のアップの写真が大きく載っていた。あのときはっちが夢中で撮っていた——不細工なほどに顔を歪《ゆが》め、涙をぐしゃぐしゃに垂れ流し、食いしばった歯を剝《む》き、鼻水まで垂らして、一人、夕暮れのコートに這いつくばっている赤緒が——。

「……なに……これ……」

高杉に遅れて掲示板を視界に捉えた赤緒が呟いた。と、唐突に身をひるがえして駆け出したので「赤緒⁉」と高杉は驚いて振り返った。スカートなのも構わず男子顔負けの一段飛ばしで赤緒の姿はあっという間に階段の上に消えていった。

あとを追って高杉も三階に着いたとき、赤緒は３—３の教室の戸口で立ちどまっていた。

「あか……」

赤緒の後ろに立って教室の中に目をやり、高杉は言葉を切った。

寺川たち赤緒グループの女子三人と高杉の仲間の男子二人が、教室の後ろの壁にはっちを追い詰めて取り囲んでいた。④いつものようにカメラを胸の前でしっかり持ったはっちが自分より背の高い五人を目を丸くして見あげている。

Ａ「どういうつもりやの。今まで梓に目ぇかけてもらっといて、あんな写真載せるなんて」

寺川が中心になってはっちに詰め寄る。

「あ、壁新聞のこと……？」

なんの話をされているのか今悟ったようなはっちのリアクションに寺川たちが⑤気色ばむ。クラスの〝声がでかい〟グループ五人に取り囲まれながら、驚いたことに、はっちはたいして萎縮《いしゅく》していなかった。それどころか嬉しそうに顔を輝かせすらして言いだした。

「⑥あの写真ひっでよう撮れたで、みんなに見て欲しいって——」

Ｂ男の一人が壁を蹴りつけた。すぐ脇で轟音《ごうおん》を立てられてはっちがさすがに凍りついた。

「あっ……梓」

戸口に立っている赤緒に寺川たちが気づき、なんとなく気まずい顔になってはっちの包囲網をゆるめた。「新聞見てもた……？」

Ｃ無言のまま赤緒が教室に踏み入った。寺川たちがあけた場所に赤緒が入り、正面に立つ。

「赤緒ちゃん、おはよう……」未《いま》だいまいちなにを責められているのか理解していない顔ではっちが笑いかけたが、

Ｄ「ゴシップ記者でも気取ってるんか？」

冷ややかな赤緒の声に、ふにゃんとゆるんだ顔が固まった。「ほやほや。ちょっと写真うまいでって調子乗ってんでないの？」寺川

二〇二四年度 江戸川女子高等学校（B推薦）

【国語】（五〇分）〈満点：一〇〇点〉

一 次の文章を読んで、後の問いに答えなさい。

> 中学三年でバレー部の部長である「高杉潤五《じゅんご》」は大会に負けて部を引退した日の帰り道、「赤緒梓《あずさ》」が一人きりでテニスコートにたたずんでいるのを見かける。「赤緒」は軟式テニス部で県内トップクラスの実力者であったが、県大会の初戦で敗退してしまった。「赤緒」はテニスコートに両手をつき、拳《こぶし》を地面に叩きつけながら号泣していた。「高杉」はそんな「赤緒」の姿に動揺し声をかけられず、偶然その場に居合わせた写真部の「はっち」は一心不乱にその様子を写真に収めていた。「高杉」はその時の話を「赤緒」にすることができないまま夏休みを終えた。

夏休みがあけて二学期初日。

朝練を終えてぎりぎりの時間に体育館側から校舎に入って教室に走るのが日常になっていたので、登校する生徒の姿が一番多い時間に普通に昇降口で上履きに履き替えて教室に向かうというルートにどうも違和感があった。①新しい学校に転校でもしてきたみたいな、帰属意識の薄さみたいなものを抱えて廊下を歩いていると、

「潤ー五っ。おはよっ」

と、きゃらきゃらした声とともに背中を叩かれた。

「おう……おはよ」

「なんか潤五見んのひさしぶりやと思ったら、休み中いっぺんも会ってえんかったんでない？」

「ああ、ほういやほやったか」

「なんやその言い方。冷たいんでないのー？」

赤緒が肩をくっつけるように横に並んできた。愛用の赤い水玉のリュックサックを背負っているが、なにか足りないように見えると思ったらラケットバッグを持っていないからだ。

「ラケット持たんで学校来んの、なんか変な感じやわー。なにしに来たんやろって感じー」

「勉強しに来たんやろ」

「なんやもう急に偉そーに受験生っぽいこと言いだして。潤五かって荷物少ないとなんか忘れもんしてきた気ぃせん？」

赤緒がぺらぺら話す声に一学期とべつだん変わらない態度で応じながら、※県中のことをなにか言ったほうがいいのかと頭の半分で迷っている。しかし赤緒からも男子バレー部の県中や※北信越での結果を話題にしてこない以上こっちからも切りだすきっかけがない。

赤緒の様子は以前と同じに見えた。自分に自信がある女子特有のテンションできゃらきゃらとよく喋った。②しかし県中の敗戦後に見たあの姿を高杉はどうしても重ねてしまう。北信越大会で負けて帰ってきたあと、夏休みの残りにやることもなくなって（って受験勉強しなきゃいけないんだが）家でぼうっとしていると、ふと気づくといつも赤緒のことを考えていた。

いや、グループではあるがそれ以上ではないという関係でずっとやってきて、いまさらそういう空気をだすのもなんか、無理だろ？ 少なくとも今のグループの中じゃ。卒業するまであと最低半年は。いやいや卒業したらつきあえるとか考えてるわけじゃなくて。……って待て、おれなに急に慌ててんの？

「潤五？　もぉー潤五！　梓の話聞いてえんの？」

視界の横から赤緒が顔を差し込んできた。頬をぷくっと膨らませて上目遣いに見あげられてもそういう仕草がかわいいってわかってやってるのを知ってると、やっぱり別に……なんとも思わねーよな……。いつもどおり③鼻につくだけでドキッともしない。なんだ、前と同じでいられるじゃないか……とほっとしつつも、結局なんと

英語解答

〔放送問題〕

A 1 nose 2 population
3 eraser 4 September
5 friend

B 1 a 2 a 3 b 4 b
5 c

C 1 × 2 × 3 ○ 4 ○
5 ×

D 1 problems 2 food loss
3 thrown 4 economic
5 climate 6 amounts
7 prevent 8 addition
9 up to 10 conclusion

E 1 35 2 1万〔10000〕
3 6 4 札〔紙幣〕
5 驚いた〔びっくりした〕
6 20 7 容器
8 ためた〔たまった，蓄えられた〕
9 150 10 喜んだ〔幸せだった〕

〔読解問題〕

A 1 d 2 b 3 c 4 c
5 b

B 1 neither, nor 2 Has, been
3 like, to 4 were filled
5 waiting for

C 1 ア what イ something
ウ taking〔took〕 エ Where
オ zoo カ No キ that〔to〕
ク don't
2 enough to

D 1 Who do you think wrote this poem
2 This app made him a good speaker of German
3 The tea we drank this morning is from
4 Don't forget to lock the door when you leave
5 The population of Canada is much smaller than that

E 1 × 2 ○ 3 × 4 ×
5 ○ 6 ○ 7 × 8 ×
9 ○

F 1 (a) when (b) why
(c) where (d) well
(e) normally
2 ① talking ② to take
③ left ④ was considered
⑤ excited ⑥ to see
3 is one of the most popular singers in the world
4 しかし彼女はいつも〔常に〕それほど人気があったわけではなかった。
5 ウ 6 ③
7 (例)テイラーが大人になるまではほかの人の歌を歌うこと。
8 to have forgotten that they had stopped calling

A～**E**〔放送問題〕放送文未公表

A〔単語の発音・アクセント〕

1．a．boat[ou] b．only[ou] c．though[ou] d．caught[ɔː]
2．a．earth[θ] b．breathe[ð] c．month[θ] d．third[θ]
3．a．country[ʌ] b．won[ʌ] c．stand[æ] d．glove[ʌ]
4．a．él-e-va-tor b．én-er-gy c．ba-nán-a d．hám-burg-er
5．a．néc-es-sar-y b．mu-sé-um c．chóc-o-late d．vól-ley-ball

B〔和文英訳─部分記述〕

1．neither *A* nor *B*「*A*も*B*も～ない」

2．「～へ行ったことがある」という‘経験’は，have/has been to ～ という現在完了で表せる。ここでは主語が３人称単数なので has を使い，主語の前に出して疑問文にする。

3．「〈人〉に～してもらいたい」は‘would like＋人＋to不定詞’や‘want＋人＋to不定詞’で表せる。

4．be filled with ～ で「～でいっぱいである」。ここでは主語が複数で過去の文なので be動詞には were を使う。

5．「～している…」は，‘名詞＋現在分詞(～ing)＋語句’で表せる。　wait for ～「～を待つ」

C〔長文読解総合―対話文〕

≪全訳≫❶ジャック(J)：やあ，ケイコ。❷ケイコ(K)：何か当ててみて，ジャック。私はこの前の日曜日にとてもおもしろいものを見たのよ。❸J：何の話をしてるの？❹K：温泉に入っているサルのことよ。❺J：温泉にサルが？　それはどこで？❻K：この前の日曜日に長野に行って，観光地に立ち寄ったの。❼J：動物園？❽K：ううん。温泉があって，地元のサルが下りてきて，お風呂に入るのよ。❾J：まさか！❿K：それが本当なの！　温泉に入るのは，世界でも彼らだけなのよ。⓫J：ニホンザルは，世界のサルの中で最も北の生息地で暮らしているんだよね？⓬K：ええ。でも彼らにとってさえ，冬は温泉に入って体を温めたくなるほど寒いのね。

1＜適語補充＞ア．Guess what.「何だと思う？」「当ててみて！」　イ．saw の目的語となる名詞で，very interesting のような形容詞句が後ろから修飾する形をとる語として，something が適切。　ウ．「温泉に入っているサル」と考えると現在分詞の taking,「サルが温泉に入った」という文だと考えると過去形の動詞 took が当てはまる。　エ．次に‘場所’を答えていることから，Where が適切。なお，‘時’についてはケイコがすでに「この前の日曜日に」と伝えているので，When は不適切。　オ．ケイコがサルを見た場所について尋ねている。「サル」「観光地」と聞いたジャックが想像した場所として zoo「動物園」が適切。　カ．No way！は聞いた話を信じられないときに言う「まさか」「そんなバカな」を表せる。　キ．空所以下は「温泉に入る唯一のサル」というように the only monkeys を修飾すると判断できるので，関係代名詞 that が適切。または，形容詞的用法の to不定詞と考えて，to を入れてもよい。　ク．「～ですよね」と念を押す言い方は‘isn't, don't など＋主語(代名詞)?’を文末に置く。この文の live を否定形にするときに使うのは don't なので，don't が適切。

2＜和文英訳―適語補充＞「冬は温泉に入って体を温めたくなるほど十分寒い」と読み換え，‘形容詞＋enough to＋動詞の原形’「～するほど(十分)…だ」で表す。

D〔整序結合〕

1．Who wrote this poem？「誰がこの詩を書きましたか」という文の Who の後に do you think を挿入する。Do you know who wrote this poem？「誰がこの詩を書いたか知っていますか」のような Yes か No かを問う文では，Do you know が文頭にくるのに対し，この文のように具体的な答えを求める文では，疑問詞が先にくる。

2．動詞 made が与えられているので，「このアプリは彼をドイツ語の上手な話し手にした」と読み換えて，‘make *A* *B*’「*A*を*B*にする」の文にする。a good speaker of ～ で「～の上手な話し手」なので speak は speaker にする。

3．「私たちが今朝飲んだ紅茶」は，‘名詞＋主語＋動詞’の順に並べ，‘主語＋動詞’が名詞を後ろから修飾する形(目的格の関係代名詞が省略された形)にする。「今朝飲んだ」と過去のことについて話しているので，drink は過去形の drank とする。「～産のものです」は be from ～ で表す。

4．「～するのを忘れないで」を Don't forget to ～ と表し，動詞 lock を to lock とする。「～するとき」は when の後に‘主語＋動詞...’を続ける。

5.「～より…だ」は‘比較級＋than ～’で表す。「～より少ない」とあるので，small を比較級の smaller にする。「ずっと～」と比較級の意味を強める語として，比較級の前に much を置く。the population of Canada「カナダの人口」に対し，「日本の人口」は，the population の繰り返しを避けるため，that of Japan と表す。

E〔長文読解―内容真偽―説明文〕

≪全訳≫❶世界には，子どもたちに楽器を演奏する機会がない地域もある。それは，学校の設備や楽器，経験豊富な教師が不足しているせいかもしれない。日本のヤマハ株式会社は，楽器を間近で見たことがない子どもたちへの音楽教育を改善するため，2015年に開始された「スクールプロジェクト」で支援しようとしている。❷ヤマハは主に新興国の小学校に，楽器や教材，指導者講習会を提供している。ヤマハが提供する研修やカリキュラムのおかげで，生徒たちは，リコーダーや鍵盤ハーモニカ，ポータブルキーボードなどの楽器の演奏を学ぶことができる。❸ヤマハは，マレーシア，インドネシア，ベトナム，インド，ブラジル，アラブ首長国連邦で，このプログラムを提供している。一部の国では，現地の音楽を教材に統合している。ヤマハによると，このプログラムは世界の4000以上の学校で子どもたちに音楽教育を提供するのを助けているということだ。❹日本政府は，子どもたちに提供される教育の質を改善しようというエジプトの取り組みを支援してきた。この取り組みに続き，ヤマハも現在，エジプトの小学校で音楽教育の改善に取り組んでいる。ヤマハの目標は，学校での楽器による音楽教育の普及を通じて，できるだけ多くの子どもたちに楽器を演奏する楽しさを伝えることだ。❺楽器を演奏することは，多くの点で子どもたちに役立つことがわかっている。ほかの人と協力することを学ぶだけでなく，一般的に勉強に役立ち，集中力などを改善するそうだ。子どもたちに音楽教育を提供することは，彼らの人生を少し豊かにし，世界を少し良くするすばらしい方法だ。

＜解説＞1.「世界のあらゆる地域で，全ての子どもが楽器を手にし，演奏する機会がある」…× 第1段落第1文参照。　2.「ヤマハの『スクールプロジェクト』の目標は，人生で楽器に出会ったことのない子どもたちの需要に応えることだ」…○ 第1段落最終文に一致する。　3.「ヤマハは，主に先進国で指導者講習会を提供している」…× 第2段落第1文参照。　4.「ヤマハが提供するカリキュラムにより，生徒たちはギターやドラムの演奏を学ぶことができる」…× 第2段落第2文参照。　5.「ヤマハのプログラムは，マレーシア，ブラジル，アラブ首長国連邦などの国々で受講できる」…○ 第3段落第1文に一致する。　6.「ヤマハは特定の国では，教材にその土地の音楽を統合する取り組みを行っている」…○ 第3段落第2文に一致する。　7.「ヤマハのプログラムは，世界中で1万校以上の学校で実施されている」…× 第3段落最終文参照。　8.「日本政府は，エジプトでの音楽教育の普及に取り組むヤマハを支援している」…× 第4段落第1，2文参照。ヤマハが日本政府の後に続いたとあるが，日本政府がヤマハを支援しているという記述はない。　9.「楽器を演奏することで，子どもたちの集中力や協調性が改善することがわかっている」…○ 最終段落第2文に一致する。

F〔長文読解総合―ノンフィクション〕

≪全訳≫❶今日，テイラー・スウィフトは世界で最も人気のある歌手の1人であり，ファッション誌のカバーモデルでもある。しかし彼女はいつもそれほど人気があったわけではなかった。❷テイラー・スウィフトは11歳のとき，ペンシルベニア州でカントリー・ミュージックを歌い始めた。カントリー・ミュージックは，通常は大人が楽しむアメリカの古い音楽形態だ。たぶんそのせいで，彼女の学校のほかの子どもたちは，彼女がカントリー・ミュージックを歌うのを変だと思っていた。そのうちに，こうした友達は彼女に話しかけるのをやめた。❸ある日，彼女は友達の多くをショッピングセンターに行こうと誘ったが，彼女たちはみんな忙しいと言った。だから，テイラーは母親と一緒に行った。そこに着くと，テイラー以外の女の子たちがみんなで一緒に買い物をしているのが見えた。その後まもなく，テイラーは学校で，１人で昼食を食べるようになった。❹テイラーは両親に，テネシー州の都市であるナッシュビルへ連れていってくれるように頼んだ。そこではたくさんのカントリー歌手やカントリー・ミュージシャンが働いていた。彼女の両親は，彼女が夢をかなえるのを助けるために，そこに引っ越すことに決めた。テイラーの両親が彼女は成功すると信じたのは正しかった。14歳のとき，彼女は大手音楽会社のRCAレコードと契約した。❺RCAは，テイラーが大人になるまでほかの人の曲を歌うことを望んだ。テイラーはこれが気に入らなかった。彼女は，自分の人生やデートした男の子たちについて，自分の曲を書いて歌いたかった。年配のカントリー・ファンは10代の女の子が自分の人生について語るのを聞きたくはないだろう，とレコード会社は考えたのだ。❻テイラーはRCAを離れ，自分のレコードを発売してくれる小さいレコード会社に移籍した。彼女の音楽は，年配のカントリー・ミュージックのファンだけでなく，10代の若者にも大人気となった。まもなく，テイラーはメジャーなポップ・スターと見なされるようになり，ふだんカントリーを聴かない若者たちも彼女の音楽を愛するようになった。
❼ある日，彼女はコンサートをするためにペンシルベニアに戻った。そのコンサートに彼女のかつての学校の女の子たちがやってきて，彼女を見て興奮していた。彼女たちは彼女をスターのように扱い，中学生のときに彼女を呼ぶのをやめたことを忘れているようだった。テイラーは自分の人生が変わったことに気づいた。

1 ＜適語選択＞(a)「11歳のとき」という部分だとわかるので，「～とき」を表す when が適切。 (b)前の文の内容がこの文の内容の‘理由’になっているので，this is why ～「こんなわけで～」とする。 (c)空所以下は Nashville, a city in Tennessee の説明になっているので，and there の意味を表す関係副詞 where が適切。 (d)*B* as well as *A*「*A*だけでなく*B*も」 (e)normally「通常は」

2 ＜語形変化＞①stop ～ing で「～するのをやめる」。 ②‘ask＋人＋to ～’で「〈人〉に～するように頼む」。 ③後にある joined に合わせて過去形にする。 leave－left－left ④テイラーはメジャーなポップスターと「見なされた」という意味になると推測できるので，受け身の意味を持つ過去分詞の considered にする。 ⑤主語は Girls なので「(人が)わくわくして」を意味する excited が適切。 ⑥感情を表す形容詞の後に to不定詞を続けて‘感情の原因’を表し，「彼女を見て興奮した」という文をつくる。

3 ＜整序結合＞与えられた語から，‘one of the＋形容詞の最上級＋複数名詞’「最も～な…の１つ〔１人〕」の形をつくる。前には is，後には in the world を置く。

4 ＜英文和訳＞not always ～ は「いつも〔常に〕～なわけではない」という部分否定を表す。

5 ＜文脈把握＞直前の２文で，その理由が説明されている。テイラーは自分が仲間外れにされているという事実を目撃してしまったのである。

6 ＜適語選択＞‘help＋人＋動詞の原形’で「〈人〉が～するのを助ける」。‘make ～＋動詞の原形’で「～に…させる」。come true で「(夢などが)実現する」。

7 ＜指示語＞この this は直前の文の内容を指しているので，これをまとめる。‘want＋人＋to ～’で「〈人〉に～してほしいと思う」。

8 ＜整序結合＞‘seem to have＋過去分詞’で「～したようだ」，forget that ～ で「～したことを忘れる」となるので，(seemed) to have forgotten that「～したことを忘れた(ようだった)」とつなげる。この後は they had stopped calling her「彼女たちは彼女を呼ぶのをやめた」とする。「彼女を呼ぶのをやめた」のは同じ文の前半にある treated や seemed よりも前のことなので，‘had＋過去分詞’という過去完了になっている。

数学解答

1 (1) $-\dfrac{11}{7}$　(2) $\dfrac{x-7y}{8}$

(3) $\dfrac{3}{7}xy^3$　(4) $8\sqrt{3}+8\sqrt{6}$

(5) 3　(6) $2y^2(x-4)^2$

(7) $x=4$

(8) ア…45　イ…11　ウ…23　(9) イ

(10) 5　(11) 21通り　(12) 48°

(13) 475cm³　(14) $\dfrac{56}{3}$cm³

2 (1) ネズミ　(2) 7　(3) A

3 (1) $18\sqrt{3}$cm²　(2) $4\sqrt{3}$cm

(3) $\dfrac{9\sqrt{3}}{2}$cm²

1〔独立小問集合題〕

(1)＜数の計算＞与式$=-\dfrac{1}{2}-\dfrac{7}{5}\times\dfrac{25}{6}\div\dfrac{49}{9}=-\dfrac{1}{2}-\dfrac{7}{5}\times\dfrac{25}{6}\times\dfrac{9}{49}=-\dfrac{1}{2}-\dfrac{15}{14}=-\dfrac{7}{14}-\dfrac{15}{14}=-\dfrac{22}{14}=-\dfrac{11}{7}$

(2)＜式の計算＞与式$=\dfrac{(5x-3y)-4(x+y)}{8}=\dfrac{5x-3y-4x-4y}{8}=\dfrac{x-7y}{8}$

(3)＜式の計算＞与式$=\dfrac{2}{3}x^3y^2\times\dfrac{7}{2}y\div\dfrac{49}{9}x^2=\dfrac{2x^3y^2}{3}\times\dfrac{7y}{2}\times\dfrac{9}{49x^2}=\dfrac{3}{7}xy^3$

(4)＜数の計算＞$\sqrt{3}+2+\sqrt{6}=A$，$\sqrt{3}-2+\sqrt{6}=B$とおくと，与式$=A^2-B^2=(A-B)(A+B)$と因数分解できる。A，Bをもとに戻すと，与式$=\{(\sqrt{3}+2+\sqrt{6})-(\sqrt{3}-2+\sqrt{6})\}\{(\sqrt{3}+2+\sqrt{6})+(\sqrt{3}-2+\sqrt{6})\}=(\sqrt{3}+2+\sqrt{6}-\sqrt{3}+2-\sqrt{6})(\sqrt{3}+2+\sqrt{6}+\sqrt{3}-2+\sqrt{6})=4(2\sqrt{3}+2\sqrt{6})=8\sqrt{3}+8\sqrt{6}$となる。

(5)＜数の計算＞与式$=4a^2-4ab+b^2-(a^2-4ab+4b^2)=4a^2-4ab+b^2-a^2+4ab-4b^2=3a^2-3b^2=3(a^2-b^2)=3(a+b)(a-b)$と因数分解できる。この式に$a+b=\sqrt{3}-\sqrt{2}$，$a-b=\sqrt{3}+\sqrt{2}$を代入すると，与式$=3(\sqrt{3}-\sqrt{2})(\sqrt{3}+\sqrt{2})=3(3-2)=3\times1=3$となる。

(6)＜式の計算―因数分解＞与式$=2y^2(x^2-8x+16)=2y^2(x-4)^2$

(7)＜二次方程式＞$4x^2-12x+9-20x+30+25=0$，$4x^2-32x+64=0$　両辺を4でわって，$x^2-8x+16=0$，$(x-4)^2=0$　$\therefore x=4$

≪別解≫$2x-3=A$とおくと，与えられた方程式は，$A^2-10A+25=0$となり，左辺を因数分解すると，$(A-5)^2=0$，$A=5$となる。Aをもとに戻すと，$2x-3=5$，$2x=8$　$\therefore x=4$

(8)＜数の性質＞$2024+1=2025=5^2\times9^2=(5\times9)^2=45^2$だから，$\sqrt{2024+1}=\underline{45}$ア となる。また，$2024+1=45^2$より，$2024=45^2-1=(45+1)(45-1)=46\times44=2\times23\times2^2\times11=2^3\times\underline{11}$イ$\times\underline{23}$ウ と素因数分解できる。

(9)＜データの活用―箱ひげ図＞与えられた40人の度数分布表より，最も点数の低い人は0点以上10点未満の階級にいるので，このデータの最小値は0点以上10点未満の階級にあり，最も点数の高い人は90点以上100点未満の階級にいるので，最大値は90点以上100点未満の階級にある。また，中央値は，$40\div2=20$(人)より，点数の低い方から20番目と21番目の平均値であり，50点未満の人数は，$1+0+2+0+8=11$(人)，60点未満の人数は$11+14=25$(人)より，20番目も21番目の人も50点以上60点未満の階級にいる。よって，第2四分位数は50点以上60点未満の階級にある。よって，与えられたデータを表す箱ひげ図は，イである。なお，このデータの第1四分位数は，$20\div2=10$(人)より，点数の低い方から10番目と11番目の平均値であり，この2人とも40点以上50点未満の階級にいるので，この階級にあり，第3四分位数は，$20+10=30$(人)より，点数の低い方から30番目と31番目の平均値であり，2人とも60点以上70点未満の階級にいるので，この階級にある。したがって，イの箱ひげ図と一致する。

⑽<関数—y座標>2点A(1, 1), B(11, −4)を通る直線の傾きは, $\frac{-4-1}{11-1}=\frac{-5}{10}=-\frac{1}{2}$だから, その式は$y=-\frac{1}{2}x+b$とおける。直線ABは, A(1, 1)を通るので, $y=-\frac{1}{2}x+b$に$x=1$, $y=1$を代入すると, $1=-\frac{1}{2}\times1+b$, $b=\frac{3}{2}$となり, その式は$y=-\frac{1}{2}x+\frac{3}{2}$である。直線ABはC(−7, a)を通るので, $y=-\frac{1}{2}x+\frac{3}{2}$に$x=-7$, $y=a$を代入すると, $a=-\frac{1}{2}\times(-7)+\frac{3}{2}=\frac{7}{2}+\frac{3}{2}=\frac{10}{2}=5$となる。

⑾<場合の数—サイコロ>大, 中, 小3個のサイコロを同時に投げて, 出た目の数の和が8となるのは, 1と1と6, 1と2と5, 1と3と4, 2と2と4, 2と3と3の目が出るときである。1と1と6の目が出るとき, (大, 中, 小)=(1, 1, 6), (1, 6, 1), (6, 1, 1)の3通りあり, 同様に2と2と4の目が出るときも, 2と3と3の目が出るときもそれぞれ3通りずつある。1と2と5の目が出るとき, (大, 中, 小)=(1, 2, 5), (1, 5, 2), (2, 1, 5), (2, 5, 1), (5, 1, 2), (5, 2, 1)の6通りあり, 同様に1と3と4の目が出るときも6通りある。よって, 出た目の数の和が8となる場合は, $3\times3+6\times2=9+12=21$(通り)ある。

⑿<平面図形—角度>右図1のように点A〜Eを定め, ∠ABD=∠CBD=$a°$, ∠ACD=∠ECD=$b°$とおく。図1の△DBCで内角と外角の関係より, ∠BDC=∠ECD−∠CBD だから, $24°=b°-a°$, $b°-a°=24°$……①となる。また, △ABCで内角と外角の関係より, ∠BAC=∠ACE−∠ABC だから, $\angle x=2b°-2a°=2(b°-a°)$……②となる。よって, ②に①を代入すると, $\angle x=2\times24°=48°$である。

図1

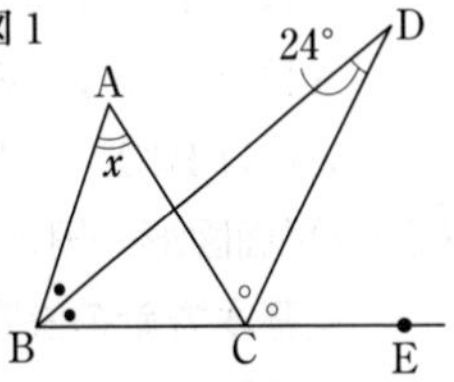

⒀<空間図形—体積>右図2のように, 円錐の容器に200cm³の水を入れ, 水面の高さが8cmになったときの水面の円の中心をO, 水面をさらに4cm高くなるように水を加え, 水面の高さが, 8+4=12(cm)となったときの水面の円の中心をO′とし, 容器の円錐の頂点をPとする。頂点をP, 底面を円Oとする円錐と, 頂点をP, 底面を円O′とする円錐は相似であり, その相似比は水面の高さより, 8:12=2:3となる。これより, この2つの円錐の体積比は, $2^3:3^3=8:27$となるので, 頂点をP, 底面を円Oとする円錐の体積と, 加えた水の体積の比は, 8:(27−8)=8:19である。よって, 加えた水の体積は, $200\times\frac{19}{8}=475$(cm³)である。

図2

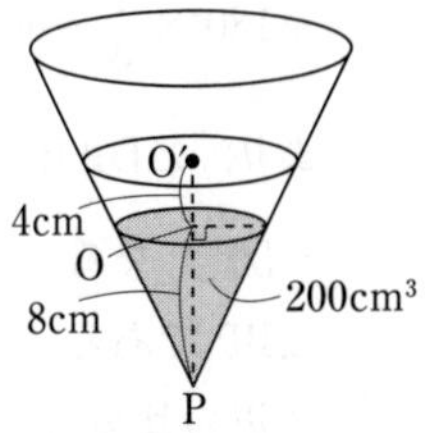

⒁<空間図形—体積>右図3のように, 直線FMと直線EA, 直線HNは1点で交わり, その交点をPとすると, △BFMと△APMは, ∠FBM=∠PAM=90°, BM=AM, 対頂角より, ∠BMF=∠AMP だから, 1組の辺とその両端の角がそれぞれ等しく, △BFM≡△APMとなり, AP=BF=4である。これより, 〔三角錐P-EFH〕$=\frac{1}{3}\times$△EFH×PE$=\frac{1}{3}\times\left(\frac{1}{2}\times4^2\right)\times(4+4)=\frac{64}{3}$, 〔三角錐P-AMN〕$=\frac{1}{3}\times$△AMN×PA$=\frac{1}{3}\times\left(\frac{1}{2}\times2^2\right)\times4=\frac{8}{3}$となる。

図3

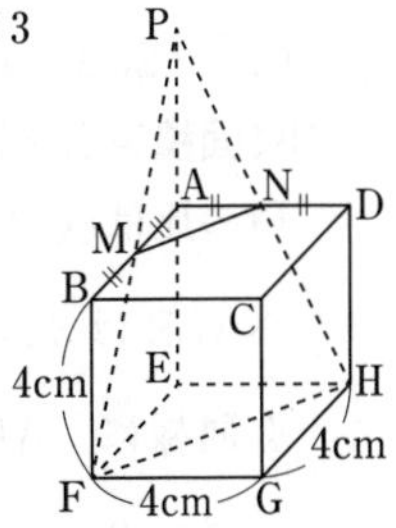

よって, 求める立体AMN-EFHの体積は, 〔三角錐P-EFH〕−〔三角錐P-AMN〕$=\frac{64}{3}-\frac{8}{3}=\frac{56}{3}$(cm³)である。

2〔特殊・新傾向問題―推理〕

(1)<最初に運ぶもの>猫とネズミとチーズのうち2つの組み合わせは，猫とネズミ，猫とチーズ，ネズミとチーズの3組あるが，人がそばを離れてしまってもよい組み合わせは，猫とチーズだけである。よって，最初に運ぶのはネズミである。

(2)<回数>人がそばを離れてしまってもよい2つの組み合わせは，猫とチーズの組み合わせだけであることに注目する。1回目で対岸にネズミを運び，2回目は対岸にネズミを残し，人だけがもとの岸に戻る。3回目はもとの岸に残していた猫とチーズのどちらか一方を対岸に運ぶ。4回目は今運んだもの(猫かチーズ)だけ対岸に残し，ネズミをつれてもとの岸に戻る。5回目はネズミだけをもとの岸に残し，3回目で残していたもの(チーズか猫)を対岸に運ぶ。6回目は対岸に猫とチーズを残し，人だけがもとの岸に戻り，7回目にネズミを対岸に運べば，猫もネズミもチーズも無事に対岸に運ぶことができる。

(3)<当たりのカード>Aが正しいとすると，カードAははずれであり，Bは正しくないので，カードCは当たりとなるが，Cも正しくないので，カードCがはずれとなり，矛盾する。Bが正しいとすると，カードCははずれ，Aは正しくないので，カードAは当たり，Cも正しくないので，カードCははずれとなり，当たりの1枚はカードAと決まる。Cが正しいとすると，カードCは当たり，Aは正しくないので，カードAも当たりとなり，1枚が当たりという条件に反する。よって，正しいのはBで，当たりのカードはAである。

3〔平面図形―円と三角形〕

≪基本方針の決定≫(1)～(3)　3辺の比が$1:2:\sqrt{3}$の直角三角形を利用する。

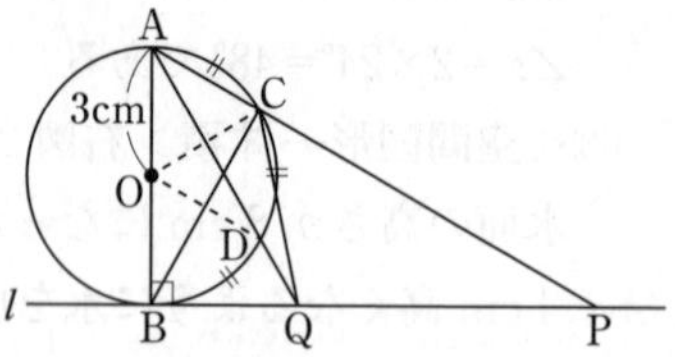

(1)<面積>右図で，$\overset{\frown}{AC}=\overset{\frown}{CD}=\overset{\frown}{DB}$より，$\angle AOC=\angle COD=\angle DOB=180°\times\frac{1}{3}=60°$であるから，$\overset{\frown}{DB}$に対する円周角と中心角の関係より，$\angle DAB=\frac{1}{2}\angle DOB=\frac{1}{2}\times60°=30°$となり，$\angle CAD=\angle DAB=30°$となる。また，直線$l$は点Bで円Oに接しているから，$AB\perp BP$である。よって，$\triangle ABP$は，$\angle BAP=\angle DAB+\angle CAD=30°+30°=60°$，$\angle ABP=90°$より，3辺の比が$1:2:\sqrt{3}$の直角三角形だから，$BP=\sqrt{3}AB=\sqrt{3}\times2\times3=6\sqrt{3}$となる。これより，$\triangle ABP=\frac{1}{2}\times BP\times AB=\frac{1}{2}\times6\sqrt{3}\times6=18\sqrt{3}\,(\mathrm{cm}^2)$である。

(2)<長さ>右上図で，$\triangle ABQ$は，$\angle ABQ=90°$，$\angle BAQ=30°$より，3辺の比が$1:2:\sqrt{3}$の直角三角形だから，$BQ=\frac{1}{\sqrt{3}}AB=\frac{1}{\sqrt{3}}\times6=\frac{6\times\sqrt{3}}{\sqrt{3}\times\sqrt{3}}=\frac{6\sqrt{3}}{3}=2\sqrt{3}$となる。よって，$PQ=BP-BQ=6\sqrt{3}-2\sqrt{3}=4\sqrt{3}\,(\mathrm{cm})$である。

(3)<面積>右上図で，$\triangle CBP$と$\triangle ABP$の底辺をそれぞれCP，APと見ると，高さが等しいから，面積の比は底辺の比に等しい。線分ABは円Oの直径なので，$\angle ACB=90°$で，$\angle BAC=60°$より，$\triangle ACB$は3辺の比が$1:2:\sqrt{3}$の直角三角形だから，$AC=\frac{1}{2}AB=\frac{1}{2}\times6=3$となり，$\triangle ABP$でも同様に，$AP=2AB=2\times6=12$となる。これより，$CP:AP=(AP-AC):AP=(12-3):12=9:12=3:4$である。よって，$\triangle CBP:\triangle ABP=CP:AP=3:4$より，$\triangle CBP=\frac{3}{4}\triangle ABP=\frac{3}{4}\times18\sqrt{3}=\frac{27\sqrt{3}}{2}$となる。同様に，$\triangle BCQ:\triangle CBP=BQ:BP=2\sqrt{3}:6\sqrt{3}=1:3$より，$\triangle BCQ=\frac{1}{3}\triangle CBP=\frac{1}{3}\times\frac{27\sqrt{3}}{2}=\frac{9\sqrt{3}}{2}\,(\mathrm{cm}^2)$である。

国語解答

一 問１　ⓐ　矛盾　ⓑ　模造紙　ⓒ　強烈

問２　十　　問３　③…エ　⑤…ア

問４　イ　　問５　Ｄ　　問６　ア

問７　ウ

問８　一生懸命にテニスに取り組んだからこそ，負けて非常に悔しがっている赤緒の姿。（37字）

二 問１　ⓐ　じゅうぞく　ⓑ　けんちょ　ⓒ　ひんぱつ

問２　ウ　　問３　Ｃ　　問４　イ

問５　Ⅰ　行政権　Ⅱ　立法権

問６　⑴　ナチス～得した［という事例。］

⑵　議会が～いこと

問７　⑴　哲学者　⑵…イ

問８　法律で一般的な内容を定めたとしても，個別的な内容はそれを実施する現場で決定されるから。（43字）

三 問１　ウ　　問２　ろうあり

問３　④…イ　⑥…ア

問４　③…ウ　⑤…イ

問５　頭白き媼　　問６　ウ

一〔小説の読解〕出典：壁井ユカコ『空への助走　福蜂工業高校運動部』。

問１＜漢字＞ⓐ「矛盾」は，二つの物事のつじつまが合わないこと。　ⓑ「模造紙」は，掲示物などの作成に用いる，大判の洋紙のこと。　ⓒ「強烈」は，力や刺激が非常に強くて激しいこと。

問２＜ことばの単位＞文節に区切ると，「しかし／県中の／敗戦後に／見た／あの／姿を／高杉は／どうしても／重ねて／しまう」となる。

問３③**＜慣用句＞**「鼻につく」は，相手の言動などに嫌気がさす，という意味。　⑤**＜語句＞**「気色ばむ」は，怒りの気持ちをあらわにする，という意味。

問４＜文章内容＞部活動があった頃は，「朝練を終えてぎりぎりの時間」に「教室に走る」のが高杉の日常であった。そのため，部活動の引退後，朝練もなくなって，「登校する生徒の姿が一番多い時間」に教室に向かうようになったことに，高杉は「違和感」を覚えたのである。

問５＜文章内容＞はっちは，「赤緒が教室に踏み入った」ときまで，「未だいまいちなにを責められているのか理解していない顔」をしていた。だが，「ゴシップ記者でも気取ってるんか？」と赤緒に言われて，はっちは表情が固まり，さらに「ちょっと写真うまいでって調子乗ってんでないの？」と寺川たちから責められて，「やっと自分が吊るしあげられている事態を理解した」のである。

問６＜文章内容＞はっちは，自分の撮った赤緒の写真は「いい写真」だと信じていた。だが，はっちの思いとは裏腹に，赤緒から「人が見られたないもん学校中に晒して，ほんで面白いの⁉」と言われ，はっちは，その予想外の赤緒の受け止め方に驚いて，口をつぐんでしまったのである。

問７＜要旨＞はっちの撮った写真の中の赤緒は，「整った顔が見る影もないほど不細工になり果てて」おり，三人組の女子たちは，それをおもしろがって「含み笑い」をしたと考えられる（エ…○）。はっちは，壁新聞に載せた赤緒の写真を「いい写真」だと考えているが，赤緒は，「見られたないもん」をさらされたと感じて傷つき，「最低な趣味」だとはっちを責めている（ア…○）。赤緒の泣き顔の写真を，はっちが「いい写真」だと主張したことについて，高杉は，「おれもこの写真，いいと思うよ」と心の中で同意しながら，「あの場ではっちを庇えなかった自分の度胸のなさ」に後ろめたい感じを抱いている（イ…○）。高杉は，心の中で「これまではっちが撮ってきた赤緒の写真のどれより」も，その赤緒の泣き顔の写真が一番いいと考えているが，たくさんの人にその写真を見てほしいとまでは考えていない（ウ…×）。

問８＜文章内容＞はっちの撮った写真の赤緒は，敗退した悔しさで「不細工なほどに顔を歪め，涙をぐしゃぐしゃに垂れ流し～コートに這いつくばって」いた。はっちは，赤緒が「負けたときにあんなふうにいっぱい悔しがれる」のは，テニスをとても「頑張ってた」からだと考え，本気でテニスに打ち込んでいたあかしともいえる赤緒の悔し泣きの姿を，みんなに見てほしいと思ったのである。

二〔論説文の読解―政治・経済学的分野―政治〕出典：國分功一郎『目的への抵抗』。

≪本文の概要≫なぜ三権分立の原則に基づいて，立法権と行政権の分立をいう必要があるかというと，行政権が強い力を持つからである。立法権も強力だが，法律は一般的な内容を定めることしかできないため，現場で個別案件を処理する行政が，大きな決定権を持つ。そうなると，行政によって想定外の法解釈や措置が積み重ねられ，行政権が立法権の手を逃れていく例外状態が発生する。例えば，コロナ危機において，外出制限などは基本的に各国の政府の決定で行われた。だが，多くの人は，緊急事態としてその例外状態に慣れきっている。例外状態に慣れきっているという事態の深刻さを強調する必要があるのは，ナチスの事例があるからである。一九三三年に，政府という行政機関を立法機関にすることを定めた「全権委任法」が可決され，ヒットラーが独裁体制を確立した。ナチスが政権を握る前のヴァイマル共和国の時代，ドイツの政治が混乱を極めて，国民は，議会が法律をつくらず，立法府が法府としての役割を果たさないことに慣れきっていたが，その延長上に「全権委任法」がある。このことから，僕らは行政に自由な裁量を与えず，立法府である議会が，自らの役割を果たさねばならないと学んだ。だが，その教訓は忘れられつつあるのではないか。現在の状況についても，可能性としてナチスの事例を考えておかなければ，後で大変なことになるかもしれない。

問１＜漢字＞ⓐ「従属」は，大きなものや強いものの下につき従うこと。　ⓑ「顕著」は，誰の目から見ても明らかで，目立っていること。　ⓒ「頻発」は，何度も発生すること。

問２＜品詞＞単語に区切ると，「この(連体詞)／原則(名詞)／に(助詞)／は(助詞)／なかなか(副詞)／興味深い(形容詞)／ところ(名詞)／が(助詞)／あり(動詞)／ます(助動詞)」となる。

問３＜文脈＞ヴァイマル期のドイツ国民が「議会が法律をつくらないこと，立法府が法府としての役割を果たさないことに完全に慣れきって」しまったことの延長上に，「全権委任法」があり，言い換えれば「全権委任法」の可決は，「それまでのヴァイマル期の政治の帰結であった」のである。

問４＜文章内容＞法律の文章は機械的に適用できないため，物事の決定は，現場の「様々な事情」に応じて決められる。すると，「立法権によってルールを決めていたはず」なのに，現場の「行政権の担い手」によって，法律が「思いも寄らない方向に解釈」されるという問題が起こりうる。

問５＜文章内容＞「行政権の担い手」が，「その場その場の法解釈や措置」を行って物事を決定していくことで(…Ⅰ)，本来「ルールを決めていた」はずの「立法権の手を逃れていく」可能性がある(…Ⅱ)。

問６＜文章内容＞⑴二〇世紀に「ナチス・ドイツ」が，「政府という行政機関を正式な立法機関にする法律」を制定して「独裁体制を確立」してしまったことは，「行政権が立法権を獲得した」最悪の事例である。　⑵「ナチスが政権を握る前」のヴァイマル共和国の時代，ドイツでは議会で物事を決めることができなくなっていた。ヴァイマル期のドイツ国民が，「議会が法律をつくらないこと，立法府が法府としての役割を果たさないこと」に慣れきってしまった結果，「全権委任法」が制定され，ナチス・ドイツが独裁体制を確立してしまったのである。

問７⑴＜文章内容＞古代ギリシャの哲学者であるソクラテスは，自分は，馬を目覚めさせる「虻」のように，社会の人々を「目ざめさせる」ため，「どこへでもついて行って～説得したり，非難したりする」と述べた。アガンベンもまた，政治の「例外状態」の深刻さについて人々に気づかせるために，「社会の『虻』」となって，現状の問題を訴えた「哲学者」である。　⑵＜**要旨**＞ソクラテスは，自分は「虻のようなもの」であり，人々を「目ざめさせる」役割を持つ存在だと考えた。そして，ソクラテスは，人々と膝を交えて議論して疑問を投げかけ，「説得したり，非難したりすること」によって，人々が今まで気づかなかった問題について考え，思考を深めるきっかけを，つくろうとしたのである。

問８＜文章内容＞法律は，「一般的な内容を定めることしか」できないという原理的な困難を伴う。そのため，立法権によって法律を定めたとしても，「個別的な内容はそれを実施する現場で決定されること」になり，現場で個別案件を対処する行政が，具体的な決定を行うことのできる力を持つようになるのである。

三〔**古文の読解―物語**〕出典：『大和物語』百二十六。

≪現代語訳≫筑紫の国にいた檜垣の御といった者は，たいそうさまざまなことに経験を積み，うらやましいほどの風流な生活をしている者であった。長い年月このようにして過ごし続けていたが，藤原純友が西国で起こした反乱に遭って，家も焼失し，道具類もすっかり奪い尽くされて，みじめな境遇になってしまった。

このような状況であるとも知らずに，野大弐が，討手の使者として(筑紫に)お下りになって，その人の家のあった辺りを訪ねて，「檜垣の御といった人に，どうにかして会いたい。どこに住んでいるのだろうか」とおっしゃると，「この辺りに住んでいました」などと，従者である人も言った。(野大弐が)「ああ，このような戦乱で，どうなってしまったのだろうか。訪ねたいなあ」と，おっしゃったときに，白髪頭の老婆で，水をくんでいる者が，前を通ってみすぼらしい様子の家に入っていった。ある人がいて，「これが檜垣の御(です)」と言った。(野大弐は)たいそう気の毒にお思いになって，(檜垣の御を)呼ばせたけれども，(檜垣の御は)恥じ入って出てこずに，このように言ったのだった。

私の黒かった髪は白くなり，(私は)白川の水をくむほどに落ちぶれてしまったことよ

とよんだので，(野大弐は)気の毒に思って，着ていた袙を一重ね脱いで(檜垣の御に)与えた。

問１＜文学史＞『雨月物語』は，江戸時代に上田秋成によって著された読本。『竹取物語』は，平安時代に成立したつくり物語。『源氏物語』は，平安時代に紫式部によって著された長編物語。『伊勢物語』は，平安時代に成立した歌物語。

問２＜歴史的仮名遣い＞歴史的仮名遣いの「au」は，原則として現代仮名遣いでは「ou」になる。

問３＜古文の内容理解＞④野大弐が「討手の使」として筑紫に下ったときに，檜垣の御を訪ねて，「いづくにか住むらむ」とおっしゃった。　⑥家に入った「頭白き嫗」は，野大弐に檜垣の御であると知られ，呼ばれたが，檜垣の御は，恥じ入って出てこなかった。

問４＜現代語訳＞③ここでの「いみじ」は，ひどいさま。檜垣の御は，戦乱で家が焼け，道具類を全て奪われて，ひどくみじめに落ちぶれてしまったのである。　⑤「～てしがな」は，～したいものだ，という希望を表す。野大弐は，檜垣の御を訪ねたいものだと思ったのである。

問５＜古文の内容理解＞水をくみ，家に入った「頭白き嫗」を見て，ある人が「これなむ檜垣の御」だと，野大弐に教えた。

問６＜和歌の内容理解＞「白川の水」の「白」には，白髪の色と「白川」という川の名の二つの意味が重ねられている。檜垣の御は，かつて風流な生活をしていたにもかかわらず，年老いて髪が白くなり，落ちぶれて「白川の水」をくむ生活をしている今の自分の身の悲しさを歌ったのである。

2024年度 江戸川女子高等学校

【英　語】リスニングは，英語科の受験生のみに出題されます。

リスニング　(30分)〈満点：100点〉〈編集部注：放送文は未公表につき掲載してありません。〉

(注意) 放送終了後５分で解答用紙を回収します。

※試験開始５分後に英文が流れ始めます。それまでに問題を読んでおきなさい。また、英文はすべて２回読まれます。

A　ある英単語を説明する英語の表現が５つ読まれます。その英単語を解答欄に記入しなさい。なお、各語の最初の文字は解答欄に与えられています。

B　５つの英文と、それぞれに対する応答の英文がａ～ｃまで３つ読まれます。２人の自然な会話になるように、応答として最も適当なものを選び、解答欄に記号で記入しなさい。

C　英文を聞き、空欄（１）～（10）に入る英単語を解答欄に記入しなさい。

Green is an important color in nature. It is the color of (1) and the leaves on trees. It is also the color of most growing plants. Sometimes, the word green means young, (2) and growing. Sometimes, it describes something that is not yet ripe or finished. For example, a greenhorn is someone who has no experience or who is new to a (3). In the fifteenth century, a greenhorn was a young cow whose horns had not yet (4). A century or so later, a greenhorn was a soldier who had not yet had any experience in battle. By the (5) century, greenhorn had the meaning it has today---a person who is new in a job. About one hundred years ago, greenhorn was a (6) expression in the American West. Old-timers used it to describe a man who had just (7) from one of the big cities back East. The greenhorn lacked the skills he would need to live in the hard country. Someone who has the (8) to grow plants well is said to have a green thumb. The expression comes from the early nineteen (9). A person with a green thumb seems to have a magic touch that makes plants grow (10) and well.

D　サンタクロースについての英文を聞き、次の文の空欄①～⑩に入れるのに適当な日本語、または数字を解答欄に記入しなさい。

北アメリカや（　①　）では、サンタクロースはその年にいい子にしていた子供にプレゼントを持って来る人である。たいていの子供は、サンタクロースは（　②　）から来ると思っている。誰もサンタクロースの（　③　）を知らない。サンタクロースは赤い服を着て、（　④　）頭のトナカイの引くそりに乗っていると思っている。この（　⑤　）なイメージは誰もが知っているが、それがいつ始まったかを知ってる人は多くない。実際はこの名前は、（　⑥　）にプレゼントを与えた聖ニコラスに由来する。オランダでは、聖ニコラスは（　⑦　）に乗って子供たちのところにやって来た。それが移民と共に（　⑧　）に渡り、冬の夜には暖炉のそばに靴を置くという習慣になり、靴下に変わっていった。サンタクロースは（　⑨　）年のクリスマスカードで初めて赤い服を着て現れた。しかし、後に現れた、サンタクロースがコカコーラの（　⑩　）のビンを持っている広告が、この男性を本当に大衆文化の一部とした。

E　チョコレートについての英文を聞き、次の各文が本文に一致すればT、しなければFを解答欄に記入しなさい。

a.　More than three-fourths of the cocoa of the world comes from the African countries of Ghana and the Ivory Coast.

b.　Many children are working in the production of cocoa under conditions which are gradually improving thanks to the cocoa companies.

c.　Many of the children working on cocoa farms are younger than ten, who are taken from their families, and working with no pay.

d.　The idea of fair trade is supported by some international groups and most of the consumers in developed countries.

e.　There are still nearly 300,000 children working in West Africa, but people involved in fair trade are trying to stop child labor.

ライティング　（50分）〈満点：100点〉

A　各組のうち、下線部の発音が他と異なるものを選び、記号で答えなさい。

1.	a. pain	b. plane	c. break	d. receive
2.	a. funny	b. wood	c. good	d. pudding
3.	a. leader	b. weak	c. cheap	d. pleasure
4.	a. digest	b. danger	c. hunger	d. image
5.	a. rough	b. tough	c. cough	d. though

B　左側の２語の関係を考え、右のカッコ内に入れるのに適当な語を解答欄に記入しなさい。

1.	friend	:	friendly	→	day	:	(　　　)
2.	decide	:	decision	→	act	:	(　　　)
3.	go	:	come	→	take	:	(　　　)
4.	rise	:	raise	→	lie	:	(　　　)
5.	walk	:	walker	→	jog	:	(　　　)

C　各文のカッコ内の語を並べ替えて、日本文の意味の英文を完成させなさい。解答欄にはカッコ内の語のみ書きなさい。なお、文頭に来る語も小文字にしてあります。

1. 学校の帰りにひどいにわか雨に降られた。
We (our, shower, caught, a, were, on, heavy, in) way home from school.

2. 時間が余ればそれについて議論しよう。
Let's (time, it, if, left, discuss, we, some, have).

3. 今日出発するのはあまり良いとは思わない。
I (very, think, idea, it's, don't, a, to, good) start today.

4. 私はこの村で生まれ育った子供の一人だ。
I am (and, the, one, up, of, born, children, brought) here in this village.

5. 彼らは急いで店まで行ったが、着いた１時間前に閉店していた。
They hurried to the store, but (they, hour, closed, an, it, before, arrived, had).

6. 沖縄と北海道ではどちらが住むのに良い所だと思いますか。
(do, is, better, think, place, you, which, a) to live in, Okinawa or Hokkaido?

D 次の会話文を読み、カッコ内の動詞を適当な形（不定詞・分詞・動名詞）に書き換えなさい。

Ken : How was your winter vacation, Mami?

Mami: It was wonderful. My older brother just started studying at a university in Paris, so I went (1 see) him for a week. It is such a beautiful and (2 thrill) place.

Ken : Wow, you are lucky! I have (3 see) it many times in movies and on television. It seems like there are a lot of places (4 visit) there.

Mami: Yes! There are so many museums and historical buildings to see. We walked a lot every day. Even then, there were still some places that we didn't have the time (5 go) to.

Ken : Did you go to the Eiffel Tower? I heard that it is still the tallest tower in Paris, even though it was (6 build) about 130 years ago.

Mami: Yes. I went there on my first day. I wanted to see it so much. The views were (7 amaze). I was very (8 surprise) to find that such an old building had an elevator.

Ken : Did you go to one of the restaurants in the tower? It must be (9 excite) to eat in such a high place.

Mami: No. They were much too expensive for us. Did you know that there is an apartment at the very top of the tower?

Ken : What? I had no idea. Sounds (10 interest)!

Mami: The man who built the Eiffel Tower, Gustave Eiffel, made a secret room for himself. He used it (11 entertain) his friends. For a long time, people were not able to see it, but now, visitors can go inside.

Ken : I would be (12 excite) to visit there someday!

E 次の英文を読み、下の英文が内容と一致すれば○、しなければ×を解答用紙に記入しなさい。ただし、すべて○または×と記入した場合には得点を与えません。

If you want to be good at reading newspapers, you must know how to choose what you should read. There is no one who reads all of a newspaper, so it is very important to choose what to read wisely.

I have a friend who is one of those wise readers. Every day, she reads both the main news stories on the front page and those inside the newspaper. She *skims some of them but reads every word of the stories when she thinks they are important. She also looks at the *editorial page and the sports page. Then she turns to the radio and television news. Sometimes she reads an advertisement that catches her eye.

She has a few guides when she decides which news stories to read carefully and which to skim. She thinks that the story's position in the paper, its *headline, and its *lead are very helpful in deciding whether the news is important and interesting. The big news of the day is in the upper part on the front page. Other important news is also on the front page, but news which is not so important is on the inside pages. The headline tells you *briefly about a story. When you look at the headline, it will tell you what to read. Sometimes the lead tells you all you want to know about a piece of news.

*注　skim ざっと目を通す　editorial page 社説　headline 見出し　lead 書き出し
briefly 簡潔に

1. If you make a right choice of what to read in a newspaper, you will be a good reader.
2. Some people don't need to choose what to read in a newspaper because they read all.
3. A good reader of newspapers skims all the main news stories on the front page.
4. My friend reads a piece of news very carefully if it is important to her.
5. My friend always reads advertisements when she reads a newspaper.
6. My friend decides what to read, helped by a few guides.
7. My friend thinks that the lead of a news story is one of the things telling us its importance.
8. The important news of the day is usually on the front page.
9. A brief news story usually has no headline.
10. Sometimes you know about a piece of news only when you read the lead.

F　税制（taxation）についての次の英文を読み、設問に答えなさい。

Taxation differs from country to country. For example, in the United States and Japan, a tax on cigarettes and alcohol is an important way（ 1 ）the government to get money. This is sometimes called a "*sin tax." In other words, by doing something bad, you do（ 2 ）（ 3 ）: You give money to the government. Yet in Russia, there is almost no tax on tobacco or alcohol.

(A)It often said that taxes will change in the 21st century. There may be new taxes on bank savings and financial *transactions. Trash is likely to be taxed in the future. When you drive your car into a large city, you might have to pay a tax for (B)that. (C)One thing is certain: There will be new taxes for the rich and poor in countries that have fewer and fewer young people to support society.

If you like to save money, you might be *penalized for this in the future. (D)This would encourage people not to hold on to money, but（ α ）it. This might be important in societies such as Japan, where people traditionally save large amounts of money. A strong economy is one in which *"money changes hands" often. Money "grows" in this way.

When you go overseas, you usually exchange yen（ 4 ）another currency, such as dollars or the euro. Not（ 5 ）are tourists a good target for a tax because (E)it is thought what they have money to spend,（ 6 ）it would also help to stop *speculators. Speculators are people with large amounts of money who buy one currency, hold it, and then sell it to make money. Imagine that somebody exchanges ¥10,000,000 at ¥92 per dollar. If he changes this money back to yen at just ¥93 to a dollar, then he has made about ¥(7). Any government would love to get some of this profit.

＊注　sin tax 罪悪税　transaction 取引　penalize 罰する
"money changes hands"「金は天下の回り物」　speculator 投機家

1. 空欄（ 1 ）～（ 6 ）に入れるのに最も適当な語１語を答えなさい。

2. 空欄（ 7 ）に入れるのに適当な数字を選び、記号で答えなさい。
a. 1,000,000　b. 100,000　c. 10,000

3. 空欄（ α ）に入れるのに適当でない語を選び、記号で答えなさい。
a. use　b. make　c. spend

4. 下線部(A)には文法上・語法上の誤りが１か所あります。それを抜き出して訂正しなさい。

5. 下線部(B)の内容を１５字以内の日本語で説明しなさい。句読点は含みません。

6. 下線部(C)の内容を次のように表すとき、空欄（ 1 ）～（ 6 ）に入れるのに適当な表現を答えなさい。
（ 1 ）を支える（ 2 ）がますます（ 3 ）国々では、（ 4 ）人にも（ 5 ）人にも（ 6 ）が課せられるだろう、ということ。

7. 下線部(D)の内容を１５字以内の日本語で説明しなさい。句読点は含みません。

8. 下線部(E)には文法上・語法上の誤りが１か所あります。それを抜き出して訂正しなさい。

【数　学】（50分）〈満点：100点〉

1 次の問いに答えなさい。

(1) $\left(-\frac{5}{3}\right)^2 \times \left(-\frac{6}{5}\right) + \left(-\frac{2}{3}\right)^3 \times \left(\frac{3}{4}\right)^2$ を計算しなさい。

(2) $3x + y - \frac{2x - y}{3}$ を計算しなさい。

(3) $2a^3 \div (-5ab) \times 10ab^3 \div (-2b)^2$ を計算しなさい。

(4) $x = -\frac{1}{2}$，$y = \frac{1}{6}$ のとき，$\frac{1}{3}x^2 y \times (-2x^2 y^3)^2 \div \left(\frac{xy^2}{6}\right)^3$ の値を求めなさい。

(5) $\left(\frac{\sqrt{5} + 1}{2}\right)^2 - \left(\frac{\sqrt{5} - 1}{2}\right)^2$ を計算しなさい。

(6) $a^4 b + 3a^3 b^2 - 4a^2 b^3$ を因数分解しなさい。

(7) 連立方程式 $\begin{cases} \frac{1}{2}x + \frac{3}{8}y = -\frac{1}{4} \\ 4x + y = 2 \end{cases}$ を解きなさい。

(8) $93^2 + 85^2 - 2 \times 93 \times 85 + 82 \times 98$ を計算しなさい。

(9) 下の図は，ある中学校の3年生3クラスの数学テストの点数を箱ひげ図で表したものである。このとき，これらの箱ひげ図から読み取れることとして正しく説明しているものを，次のア～エの中からすべて選びなさい。ただし，3クラスとも生徒の人数は30人ずつである。

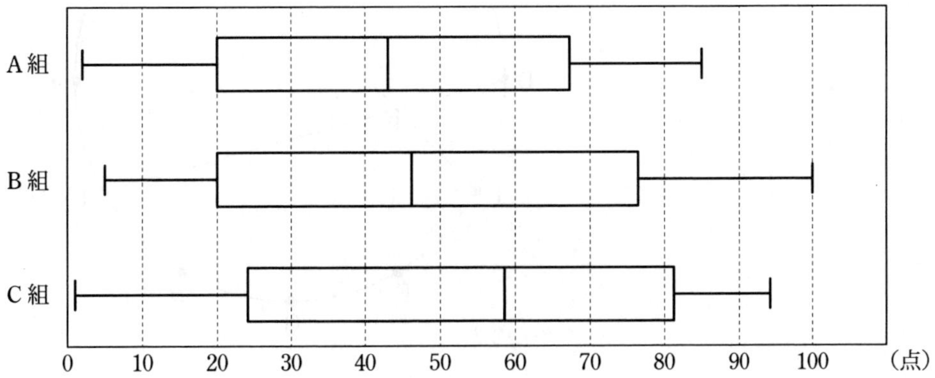

ア　平均点が1番高いクラスはC組である。

イ　学年で最も高い点数の生徒はC組にいる。

ウ　クラスの半分の生徒が50点以上であるクラスがある。

エ　学年全体で，80点以上の生徒は10人以上いる。

(10) xの変域が$-2 \leqq x \leqq 1$である2つの関数$y=-3x^2$，$y=ax+b$ $(a>0)$ のyの変域が一致するような，定数a，bの値を求めなさい。

(11) 5個の数字1，2，3，4，5から異なる3個を選んで3けたの整数を作るとき，3の倍数は何個できるか求めなさい。

⑿　右の図において，点 A ～ L は，円周を 12 等分する点である。DI と EL の交点を P とするとき，∠DPE の大きさを求めなさい。

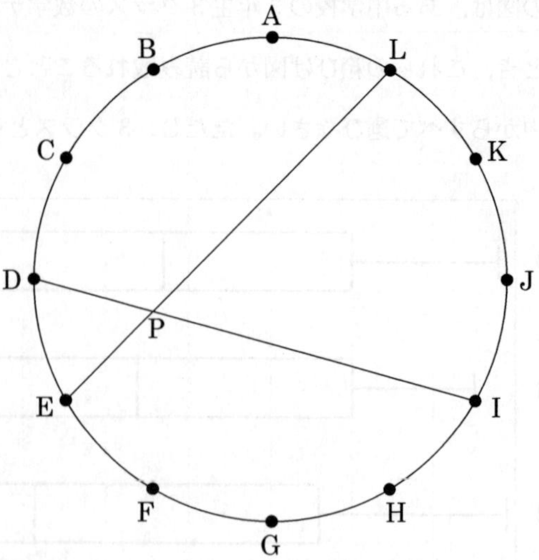

⒀　半径が 6 cm の球がある。体積をかえずに底面の半径が 6 cm の円柱に作りかえた場合，円柱の高さを求めなさい。

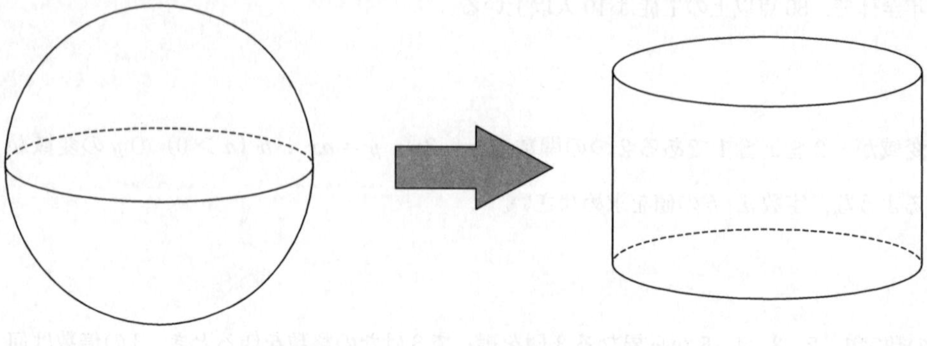

⒁　下の図のように，円錐を底面に平行な平面で，高さが3等分されるように3つの立体に分けた。もとの立体の体積が $540\pi\ \mathrm{cm}^3$ であるとき，真ん中の立体の体積を求めなさい。

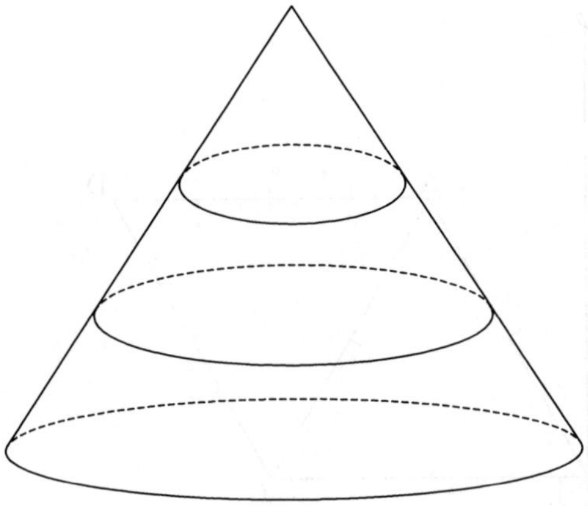

2　立方体が2つあり，立方体Aは6つの面に，3，4，4，5，5，6と数字が書かれており，立方体Bは6つの面に，1，2，4，6，7，8と数字が書かれている。この2つの立方体を同時に投げたとき，次の場合の確率を求めなさい。

⑴　Aの面の数がBの面の数より小さくなる確率。

⑵　出た面の数の積が奇数となる確率。

⑶　出た面の数の積が4の倍数となる確率。

3　下の図は一辺が 6 cm のひし形 ABCD で，対角線 AC も 6 cm である。頂点 B において，直線 ℓ と辺 BC は垂直に交わっている。このとき，次の問いに答えなさい。

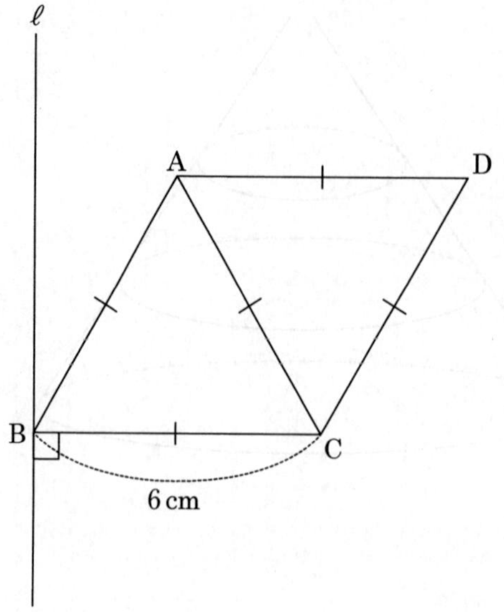

(1)　ひし形 ABCD の面積を求めなさい。

(2)　直線 ℓ を軸としてひし形 ABCD が 360° 回転するとき，線分 AB が作る曲面の面積を求めなさい。

(3)　(2)のとき，ひし形 ABCD が動いてできる立体の体積を求めなさい。

⑦「いかがはべりつる」

ア　どうでしたか

イ　どうしましょうか

ウ　どこで聞きましたか

エ　どなたが弾きましたか

問4　傍線部③「職事ども～さらに道なし」とはどのような様子を述べているのか。最も適当なものを選び、記号で答えなさい。

ア　誰も彼もが大慌てで、騒ぎ立てている様子。

イ　職事たちと衣被たちが、いさかいをしている様子。

ウ　多くの人が出てきていて、混雑している様子。

エ　着飾った職事たちに、衣被たちが見とれている様子。

問5　傍線部⑤「おもしろしとも言へばなかなかなり」は「素晴らしいとも何とも言えず、中途半端で残念だった」という意味だが、「弁内侍」はなぜこのように思ったのか。次の中から最も適当なものを選び、記号で答えなさい。

ア　仕事をしながら、遠くからしか聞くことができなかったから。

イ　中宮様と一緒に聞きたかったのに、それができなかったから。

ウ　「朝倉」という定番の曲で、よく聞き知っていたから。

エ　昔から伝わる名器と比べると、音がくぐもっていたから。

問6　傍線部⑥「こと」とは何のことか。本文中から十字以内で探し、抜き出して答えなさい。

問7　傍線部⑧「申し給ふ」の主語(動作主)は誰か。次の中から最も適当なものを選び、記号で答えなさい。

ア　中宮　　イ　弁内侍　　ウ　大宮大納言　　エ　勾当内侍

問8　傍線部④「大宮大納言琵琶」とあるが、これに対する評価を最も端的に表している十五字以内の言葉を探し、初めと終わりの三字をそれぞれ抜き出しなさい。

問9　傍線部⑨「ひきくらべても」とあるが、ここでは何と何を比べているのか。次の中から最も適当なものを選び、記号で答えなさい。

ア　「清暑堂」と「清涼殿」

イ　「職事」と「衣被」

ウ　「大宮大納言の琵琶」と「花山院大納言の笛」

エ　「牧馬」と「大極殿の琵琶」

問10　本文について説明したものとして最も適当なものを選び、記号で答えなさい。

ア　華やかで雅やかな宮中の生活を、手放しに賛美している。

イ　宮中でのできごとへの、等身大の思いが描かれている。

ウ　宮中行事を後世に伝えるべく、客観的に記録されている。

エ　卯の日の御神楽を引き合いにし、音楽の大切さを伝えている。

問8　傍線部④「それ」とはどういうことか。三十五字以内で書きなさい。

三　次の文章は、鎌倉時代の女流歌人である「※弁内侍《べんのないし》」が宮中に仕えていた時に見聞きしたことを記した日記の中の一部である。この日は宮中の建物の一つである「清暑堂《せいしょどう》」で神に歌や踊りを捧げる「神楽《かぐら》」が行われ、宮中の人々は皆、それを楽しみにしている。これを読み、後の問いに答えなさい。

①卯の日は清暑堂の御神楽なり。「※中宮の御方へ参る道にて②人々聞かばや」とありしかども、※摂政殿候《さぶら》はせ給ひて、いと口《くち》惜《お》し。※清涼殿《せいりょうでん》の方へ立ち出でたれば、③※職事《しきじ》ども立ち並びたり。また※衣被《きぬかずき》かさなりて、さらに道なし。常の御所《ごしょ》の御帳《みちょう》のもとに、※人々の禄《ろく》どもに薫物《たきもの》などして、ほのかに聞きしかば、④大宮大納言琵琶《びわ》、花山院大納言笛、兵衛督　拍子《ひやうえのかみのひやうし》、⑤おもしろしとも言へばなかなかなり。弁内侍、

　雲居《くもゐ》よりなほ遥《はる》かにや聞こゆらん昔にかへす※朝倉の声

⑥ことども果《は》てて、大宮大納言、常の御所へ参り給ひて、勾当《かうたうの》内侍《ないし》殿に、「※牧馬《ぼくば》の音は⑦いかがはべりつる」とありしかば、「かの※大極殿《だいごくでん》の琵琶の音とかやのやうに、いづくまでも曇りなくこそ」と⑧申し給ふも、げに限りなくて、弁内侍、

　いにしへの雲居にひびく琵琶の音に⑨ひきくらべてもなほ限りなし

（「弁内侍日記」より）

※「弁内侍」…本文の作者。「内侍」とは、内裏でおつとめをする女性のこと。
※「中宮の御方」…天皇の正妻である中宮のいらっしゃる部屋。
※「摂政殿」…天皇を補佐する人物。ここでは一条実経。
※「清涼殿」…宮中にある建物の一つ。
※「職事」…内裏で事務を担当する役人。
※「衣被」…見物の一般女性。
※「人々の禄どもに薫物などして」…御神楽の演奏者たちに与える褒美の品にお香の香りをつけている。
※「朝倉」…代表的な神楽歌。
※「牧馬」…大宮大納言が弾いた琵琶の名。名器と言われた。
※「大極殿の琵琶」…「玄上」という名の、琵琶の名器。

問1　本文の出典である「弁内侍日記」について、次の各問いに答えなさい。

a、「弁内侍日記」と同じく、鎌倉時代に成立した作品を次の中から選び、記号で答えなさい。
ア　古事記　イ　竹取物語　ウ　新古今和歌集
エ　好色一代男　オ　奥の細道

b、「弁内侍日記」と同じく、宮廷生活の様子を記している作品を次の中から選び、記号で答えなさい。
ア　万葉集　イ　枕草子　ウ　土佐日記
エ　平家物語　オ　南総里見八犬伝

問2　傍線部①「卯の日」とは、十二支を用いて日付を表した当時の風習に基づいた表現だが、十二支の「卯」の次にくるものを、漢字で書きなさい。

問3　傍線部②「人々聞かばや」、⑦「いかがはべりつる」とはそれぞれどういう意味か。最も適当なものを後から選び、記号で答えなさい。

②「人々聞かばや」
ア　たくさんの人が聞いていますよ
イ　たくさんの人が聞いているのでしょうか
ウ　皆で聞けばいいのに
エ　皆で聞きたいですね

ら全部読んでみようか、とも思えてくる。

三〇〇〇メートル走をイメージしながら。

僕はペットボトルに残っているスポーツドリンクをゴクリと全部飲み干した。

汗をかくようなことは何もしていないのに、頭の芯までじんわりと水分が沁み込んでいくような、懐かしい感覚がして……。

なぜか、⑤ギュッと胸が痛んだ。

（湊　かなえ「ブロードキャスト」より）

※「九分」…コンテストのドラマ部門の規定時間。

※「九分走れ」…かつての圭祐の三〇〇〇メートル走の目標タイム。圭祐は中学生の間、ずっとその時間を意識し続けていた。ベストタイムは九分十七秒だった。

※「良太」…圭祐と同じ中学の陸上部のエースで、ベストタイムは九分〇五秒。

※「鼻の頭をかいてはいない」…正也は困った時に鼻の頭をかく癖がある。

問1　本文中の点線部a～dが連体修飾語ならばア、連用修飾語ならばイと答えなさい。

問2　[X]に入る言葉として最も適当なものを選び、記号で答えなさい。

ア　わくわくする　　イ　退屈

ウ　読まない　　エ　怖い

問3　傍線部①「正也は小さくため息をついた」とあるが、それはなぜか。次の中から最も適当なものを選び、記号で答えなさい。

ア　九分を「序破急」で三分割しようと考えていたが、師匠に否定されてしまったから。

イ　今の自分の脚本にはきちんとした三分割がなく、リズムがないことがわかっているから。

ウ　内容は面白いと認められたが、起承転結ではなく単純な序破急で書いてしまったから。

エ　見ている人を引き付けるような九分間の構成が、自分には漠然ともわからないから。

問4　傍線部②「こういうことなんだろうか」とあるが、「圭祐」は「正也」の考えをどのようなものだと考えたか。それを説明した次の文中の空欄に入る言葉を指定の字数で抜き出して答えなさい。

自分が、風のような[a（十字以内）]をイメージして[b（五字以内）]を身につけていったのと同じように、正也も、[c（十五字以内）]して読んだアドバイスをもらって脚本を書くことで、九分の[d（十字以内）]を体に覚えさせようというもの。

問5　傍線部③「正也が両手を合わせて頭を下げた」とあるが、「正也」の、「圭祐」を放送部に誘おうという決意や覚悟がわかる、「正也」の描写が含まれた一文を探し、初めの五字を抜き出しなさい。

問6　傍線部⑤「ギュッと胸が痛んだ」とあるが、なぜこのように「胸が痛」くなったのか。簡潔に書きなさい。

問7　本文中で描かれている「正也」の人物像を説明したものとして最も適当なものを選び、記号で答えなさい。

ア　普通だったら恥ずかしくなるようなことでも人目を気にせず平気でやる熱心さがある一方、自分を脚本オタクとして自虐的《じぎゃく》に見る卑屈な面も持ち合わせている人物。

イ　本気でドラマ作りをしたいという思いが強すぎて周囲を困惑させることがある一方、相手を褒めておだてて自分の仲間に引き入れようとする、ずる賢さもある人物。

ウ　自分が本気になっているドラマ作りに一心に取り組む純粋さがある一方で、自分の創作技術向上のためには他人を巻きこむこともいとわない、したたかさも持っている人物。

エ　ドラマや脚本に対する自分の思いが溢《あふ》れ、一途で元気な様子を見せる一方、頼りない先輩たちのもとで全国大会に行けるのかと不安になる、繊細さも持ち合わせている人物。

「全九巻のミステリマンガで、探偵が登場するまでに三巻分かかるってどう思う？」

「 X 」

「そういうこと。教本には『序破急』の割合目安は、一対八対一、とか、一対七対二、なんて書いてあるけど、師匠が言うには、物語の流れは意識して区切るものじゃない、らしいんだ」

「師匠？」

「まあ、そこは置いといて。いくら内容がおもしろくても、多くの人を引き付けられる物語になるかどうかは、流れやリズムが重要なんだ。つい、聴き入ってしまう。見入ってしまう。本なら、閉じることができない、っていうような」

　正也はスポーツドリンクをゴクゴクと飲み、キッと表情を引き締めて僕の方を見た。

「俺は完成した九分間というのを経験したことがない。※九分走れって言われたら、ぜいぜい言いながら、ただ走るだけだ。だけど、圭祐の九分間は、ベストパフォーマンスができるよう、極限まで削って完成した芸術品のような時間だと思う」

　※良太の走る姿が頭に浮かんだ。「サバンナの風」というイメージ。その姿を追いながら、初めは無意識に、そして、意識的に頭の中に焼き付けながら、僕は自分の走りを作っていった。②こういうことなんだろうか。

「だから、俺の書いた脚本を圭祐に、三〇〇〇メートル走をイメージしながら読んでもらいたい。最初からとばしすぎて、後半、息切れしてるとか、スパートをかけるタイミングが遅いとか、そういうことを教えてほしい。俺は書くことによって、自分の九分を体に覚えさせていきたいんだ」

　やはり、正也は僕をかいかぶりすぎだ。そもそも、走ることをイメージしながら本を読むことなど、僕にできるのだろうか。

「頼む、放送部に入ってくれ！」

　③正也が両手を合わせて頭を下げた。

　声を褒められた昨日よりも、今の方がなんだか嬉しくて、無理だよ、とは言いたくなかった。

「上手くいくかどうかわからないけど……　他にやりたいこともないし」

　どうやら、僕は本当に放送部に入ってしまいそうだ。

「本当に⁉」

　正也に抱き付かれるんじゃないかと、あわててベンチから立ち上がった。（中略）

「まあ、僕が協力しなくても、そんなに勉強していれば、正也はすごい脚本を書けると思うけどな。それに、僕なんかよりも、先輩たちの方が……」

　役立つアドバイスをしてくれるんじゃないかな、という言葉を飲み込んだ。ヤル気があるのかないのかわからない、三年生の先輩たちのことを思い出す。

「もちろん、④それが目的で放送部に入るようなものだから、先輩たちの脚本も楽しみにしてるよ」

　正也がノートをカバンにしまいながら、黄緑色の脚本の角をひょいとつまんでみせた。僕のカバンにも同じものが入っている。

「大丈夫かな」

　けっきょく、僕の方から言ってしまった。

「想像していた雰囲気とは違ったけど、全国大会常連校だし、去年、ラジオドキュメント部門で全国に行ってるってことは、あの先輩たちが作ったものが選ばれた、ってことだろ。なんか、無駄にはしゃいでるように見えたけど、脚本はちゃんとしてるんじゃないかな」

　明るく答える正也は、※鼻の頭をかいてはいない。どうやら、僕が勝手に心配していただけのようだ。

「だよな。部活紹介してた、声のいい先輩もあそこにはいなかったし。部長の月村先輩はちゃんとしてそうだったし」（中略）

　自分が登場する場面だけ読んでおけばいいかと思っていたけれど、せっかく構成について教えてもらったのだから、それを意識しなが

エ　かつて藝術と呼ばれた作品や現在アートとして扱われている作品を、人々が共有している美的な感覚で見直すことで、藝術とは何かが見えてくるはずである。

問10　傍線部⑤「マルセル・デュシャン」とあるが、「マルセル・デュシャン」が藝術の世界で暴《あば》いたといえるのは、どのような事実か。三十字以内で説明しなさい。

二

次の文章を読み、後の問いに答えなさい。

中学の頃、陸上部で三〇〇〇メートル走の選手だった僕（圭祐《けいすけ》）は、県内有数のスポーツ強豪校である青海学院高校に入学した。陸上部に入部するつもりだったが、合格発表の帰り道に交通事故に遭《あ》い、陸上をあきらめざるを得なくなってしまった。同じ中学出身の正也は、全国大会にも出場している青海学院高校の放送部に入るために受験をし、圭祐を放送部に誘っている。二人で放送部の見学に行くと、五人の三年生の先輩女子からいきなり「テレビドラマのクラスメイト役をやってほしい」と言われ、脚本を渡された。次の文章はその帰り道の場面である。

「電車、何本か遅れていい？」

まだ陽は高い。中学時代なら、部活の時間だ。

僕たちは駅のａ自動販売機でペットボトルのスポーツドリンクを買い、その隣にｂあるベンチに座った。

正也はｃカバンから分厚いノートを取り出した。太いマジックで「創作ノート」と書いてある。多分、ｄ僕なら、遠目で見てもわかるような大きさでタイトルを書かないだろうし、書いたとしたら人前には出さない。

恥ずかしいからだ。

僕の心の中に、小説やマンガなどの創作活動をしている人たちを、オタク扱いする気持ちがあるという証拠でもある。その気持ちは申し訳ないけれど、放送部にも繋《つな》がっている。

要は、僕は放送部に入るのを恥ずかしいと思っている、ということだ。

中学時代、陸上部の後輩の中に、自主トレで、朝晩、家の周囲を走るのが恥ずかしい、と言うヤツがいたことを思い出す。何が恥ずかしいのかさっぱりわからなかった。自分の目標を達成するためにがんばることが、他人の目にどう映ろうが、知ったことではないではないか、と。

それと同じ。本気度の違いだ。

正也は本気でドラマを作りたいと思っている。

正也が開いたページには、数学の道のりや速さの問題を解くときに書くような線図が、二パターン書かれていた。

九センチの横線を「起、承、転、結」と四つに区切ったものと、「序、破、急」と三つに区切ったものだ。どちらも等分ではない。

「物語の基本構成。起承転結は聞いたことがあるよね」

（中略
正也が圭祐に「起、承、転、結」「序、破、急」の構成を説明する。）

「まあ、『転』と『結』の区切りは、曖昧《あいまい》っちゃ曖昧で、その二つをくっつけて、三つに分けたのが、『序破急』なんだ」

正也がノートに書いてあった文字を指さした。

「へえ、こっちは今日初めて知った言葉だけど、今の説明でわかった。起、承、転結、ってことだよな」

「そう。で、※九分のドラマなら、単純に、三分割しやすい『序破急』で構成を考えた方がいいだろうって思ったんだけど……。これが、きっちり三分ごとに区切ればいいってわけじゃないんだな」

①正也は小さくため息をついた。

「なんで？」

に書きなさい。

アートやアーティストとして□という意味。

問5　傍線部②「藝術研究の分野でも、このカタカナ語が使われていました」とあるが、それはなぜか。次の中から最も適当なものを選び、記号で答えなさい。

ア　アートやアーティストという言葉を使うのが、藝術研究分野でも主流となったから。

イ　モダン・アートという言葉は「近代藝術」とも「現代藝術」とも訳せるので、混同されてしまうから。

ウ　モダン・アートを日本語に訳してしまうと、modern art の本質を正しくとらえられないから。

エ　藝術家でありながら藝術家ではないという、曖昧な存在の仕方をうまく表現できるから。

問6　傍線部③「これ」が指す内容としてふさわしくないものを次の中から選び、記号で答えなさい。

ア　絵と言えば富士山や美女が描かれているものだと思うこと。

イ　デパートの三越が猪熊弦一郎デザインの包装紙を使用したこと。

ウ　わけの分からない藝術表現を難しいと感じること。

エ　模様としてならモダン・アートが受け入れられたこと。

問7　傍線部④「いま、《コンテンポラリー・アート》が語られますが〜翻訳しようとはしません」とあるが、それはなぜか。次の中から最も適当なものを選び、記号で答えなさい。

ア　今までの伝統的な藝術作品と同列に扱うことができない表現形式であるため。

イ　さまざまなアートが主張されてきており、それら全てを翻訳することは不可能なため。

ウ　旧来の藝術表現の中にはまったく存在しなかったので、その新しさを表すため。

エ　コンテンポラリー・アートの多くが、西洋のアートを手本としているため。

問8　傍線部⑥「日本語のアートの状態は、英語の art の状況とは異質であり」について、以下の問いに答えなさい。

a　「日本語のアートの状態」とはどのような状態か。次の中から最も適当なものを選び、記号で答えなさい。

ア　アートを藝術、アーティストを藝術家と、そのまま翻訳して受け入れていた状態。

イ　グラス・アートのような藝術と、ボディ・アートのような藝術とは呼べないものを混同している状態。

ウ　わけの分からない表現を、変な絵の代表として「ピカソみたいな」といってさげすんでいた状態。

エ　伝統的な藝術表現とは異なるものを、アートという言葉でひとくくりにしている状態。

b　「英語の art の状況」について説明したのが次の文である。文中の［ア］、［イ］に入る言葉を、どちらも指定の字数で抜き出しなさい。

　さまざまな藝術表現が生まれてくる中で、［ア（六字）］を改めて打ち立てることを目指したが、既に藝術を［イ（十字）］することが不可能だということが分かってしまった状況。

問9　次の中から、本文の主旨を述べたものとして最も適当なものを一つ選び、記号で答えなさい。

ア　アーティストと呼ばれる人々は、美的な価値を生みだすという意味で藝術家と同じ立場にあるので、どちらにも同等に敬意を払っていくことが大切である。

イ　どのような作品が藝術と呼ばれうるかというのは、同時代の人々が判断するのではなく、歴史の文脈の中で、将来の世代が価値づけていくべきなのである。

ウ　いわゆる藝術作品とは異なる、アート作品が数多く生まれている現代では、その線引きが曖昧になってしまっているので、確たる境界線を作りだしていく必要がある。

まな《アート》が主張されてきました。キネティック・アート、コンセプチュアル・アート、オプ・アート、ジャンク・アート、ランド・アート、ライト・アート……。これらは、《藝術》のなかの新しい様式とか、新傾向というような捉え方では処理しきれない異質なものとして、「～アート」と呼ばれたに相違ありません。

[A]、西洋人には漢字とカタカナを使い分けるという便法がない、という c タンジュンな事実を思い起こすことが必要です。かれらにとっては、藝術もアートも等しくartであるほかはありません。そうなると、これほどに異質なものを一つの単語で集約するということ、[B]、artの統一的な概念を作り直すということが、少なくとも美学者にとっては、悩ましい問題となります。

Artのこのような炸裂《さくれつ》状態を生み出したおおもとに、⑤※マルセル・デュシャンがいます。（中略）かれの意図がどうであったかは、大した問題ではありません。注目するひともいなかった小さな出来事を、本気の精神によって問題とした批評家たちによって、これ（マルセル・デュシャンが「泉」という作品を出品したこと）は美術史上の大事件になってゆきました。藝術史の展開に照らして、これは核心をつく問題提起だったと言えます。それは、藝術とは何か、ということを問うていたからです。展覧会に出品して展示されるならば、d 既製品の便器でさえartとなるのではないか、という問いかけです。これを認めるなら、藝術という資格は作品の質によって決まるのではなく、制度によって支えられる、ということになります。

一九五〇年頃には、既に美学者たちは藝術を一つのものとして定義することが不可能である、という考えに至っていました。あるアーティストがこれはアートだと言えば、それがいかに異様な、これまで藝術やアートとされてきたものとは一致しないものであっても、それをアートではないとする根拠はない、ということになります。

そこから、アートの[X]という状態が生まれてきました。

右に挙げた⑥日本語のアートの状態は、英語のartの状況とは異質であり、日本語の文化状況のなかで生まれた現象と見るべきものです。「アート」の側から見れば、artはアートではありません。しかし、現在のartの状況において見た場合、これらの「アート」を無縁のものとして切り捨てることのできる根拠がもはやない、ということも否定できません。問題は曖昧な安定状態にあります。「アート」のなかから、『泉』に匹敵するようなインパクトのある問いかけがなされるならば、問題として提起されるかもしれませんが、たしかにこれは簡単なことではありません。どこからどこまでが藝術かというような問題は、結局のところ、歴史を通して、コモン・センスによって決定されてゆくような性質のものです。

（佐々木健一「美学への招待」より）

※「ルドンやルノアール」…どちらも十九世紀から二十世紀初頭にかけて活動したフランスの画家。

※「コンテンポラリー」…現代的。

※「マルセル・デュシャン」…二十世紀に活躍したフランスの美術家。ニューヨークで開かれた展覧会に、市販の便器に「泉」というタイトルをつけて出品し、非常に大きな話題となった。

問1 傍線部a「一斉」、b「バイタイ」、c「タンジュン」、d「既製」の、漢字はひらがなで読みを書き、カタカナは漢字に直しなさい。

問2 本文中の[X]に入る四字熟語として最も適当なものを選び、記号で答えなさい。

ア　百花繚乱　　イ　議論百出
ウ　百戦錬磨　　エ　千磨百錬

問3 本文中の[A]、[B]に入るものとして最も適当なものをそれぞれ選び、記号で答えなさい。

ア　しかし　　イ　そのため　　ウ　そして　　エ　すなわち

問4 傍線部①「アートやアーティストの～切っているかのようです」とあるが、本文では「切符を切る」という言葉をどのような意味で用いているか。次の文中の空欄にあてはまるように、簡潔

二〇二四年度 江戸川女子高等学校

【国　語】（五〇分）〈満点：一〇〇点〉

一　次の文章を読み、後の問いに答えなさい。

わが家の子供らが小学生か中学生だった頃のことです。テレビであるアイドル歌手が、自分のことをアーティストと言いました。それを聞いた子供らはa一斉に爆笑しました。かれらは「アーティスト」を「藝術家《げいじゅつか》」と翻訳し、そのアイドル歌手には不相応な自惚《うぬぼ》れと受け取ったに相違ありません。いまではそんなことは起こりません。ミュージアムが美術館とは異なるように、アートは藝術ではなく、アーティストは藝術家ではありません。藝術や藝術家の切符はなかなか切らないひとも、①アートやアーティストの切符なら惜《お》しげもなく切っているかのようです。いまや、アートとアーティストのインフレ状況にはすさまじいものがあります。コンピュータ・アートから始まり、同じようにbバイタイによるメタル・アート、グラス・アートなどはあきらかに藝術と重なりますが、ボディ・アートになるとその点はあやしくなります。そして、ネイル・アート、メイク・アップ・アート等々、という具合です。

爪に花びらを「ペイント」するひとが※ルドンやルノアールの仲間だ、と考えているひとは、あまりいないでしょう。しかし、「アーティスト」と呼ばれれば、どこかそのような感じがして、悪い気はしないに違いありません。《アーティスト》には、読みようによっては藝術家であり、読みようによっては藝術家とは異なる、という曖昧《あいまい》さがあります。

この広い流行現象に先立って、②藝術研究の分野でも、このカタカナ語が使われていました。イギリスの美学者ハーバート・リードの原著になる『モダン・アートの哲学』という訳書が出版されたのは、一九五五年のことです。「モダン・アート」というカタカナ表記の使われた最初かどうかは、分かりませんが、かなり早い時期の例であることは間違いないでしょう。今日ほど英語をカタカナ表記することが普通だったわけではありませんから、明らかに自覚的に選ばれた訳語だったと思われます。Modern Artという英語は翻訳不可能というわけではありません。おそらく「近代藝術（美術）」とか、ひとによっては「現代藝術（美術）」と訳すでしょう。しかし、そのように訳したのではmodern artの何たるかが伝えられない、あるいはその姿が歪《ゆが》められると考えて、「モダン・アート」としたものと思われます。つまり、アートは藝術とは異なる、ということです。

わたくしが子供の頃、わけの分からない藝術表現は「ピカソみたいな」と形容されました。つまり、絵と言えば富士山や美女が描かれているものと思っているひとにとって、わけの分からない画像表現があちこちにみられるようになり、それらをすべて変な絵の代表である《ピカソ》に結びつけたのです。面白いことがあります。デパートの三越が画家の猪熊弦一郎《いのくまげんいちろう》にデザインさせた包装紙があります。子供心にわたくしはそれが大好きでした。造形的には、それはモダン・アートそのものでした。しかし、誰もそれを「ピカソみたいだ」とは言わなかったように思います。《模様》としてなら、受け入れやすいものだったのでしょう。モダン・アートが「難しい」というのは、造形的な次元のことではない、ということが分かります。絵画とはこういうものだ、という既成の概念があり、それと衝突するからこそ「難しい」と見えるのです。つまり、③これは、絵画とは何かという概念に関わる問題、まさに美学の問題だったわけです。

そんなモダン・アートも一世紀前のものとなり、時間の経過とともに、見慣れたものになりました。④いま、《※コンテンポラリー・アート》が語られますが、これについては誰も漢字に翻訳しようとはしません。モダン・アートがカタカナ表記されたのは、それ以前の藝術とは異質だという理解と意識によるものでした。さまざ

2024年度／江戸川女子高等学校

英語解答

〔放送問題〕

A 1 shoulder　2 agree
3 history　4 portable
5 company

B 1 c　2 a　3 b　4 a
5 b

C 1 grass　2 fresh
3 situation　4 developed
5 eighteenth　6 popular
7 arrived　8 ability
9 hundreds　10 quickly

D ① ヨーロッパ　② 北極
③ 年齢　④ 8　⑤ 現代的
⑥ 貧しい子ども　⑦ 白い馬
⑧ アメリカ　⑨ 1885
⑩ 赤と白

E a T　b F　c F　d F
e T

〔読解問題〕

A 1 d　2 a　3 d　4 c
5 d

B 1 daily　2 action
3 bring　4 lay
5 jogger

C 1 were caught in a heavy shower on our
2 discuss it if we have some time left
3 don't think it's a very good idea to
4 one of the children born and brought up
5 it had closed an hour before they arrived
6 Which do you think is a better place

D 1 to see　2 thrilling
3 seen　4 to visit
5 to go　6 built
7 amazing　8 surprised
9 exciting　10 interesting
11 to entertain　12 excited

E 1 ○　2 ×　3 ×　4 ○
5 ×　6 ○　7 ○　8 ○
9 ×　10 ○

F 1 (1) for　(2) something
(3) good　(4) for　(5) only
(6) but
2 b　3 b
4 It (often)→It is (often)
5 (例)大都市に車を運転して入ること
6 1 社会　2 若い人
3 少なくなる　4 豊かな
5 貧しい　6 新しい税金
7 (例)お金をためると罰せられること
8 what→that

A～**E**〔放送問題〕放送文未公表

A〔単語の発音〕

1．	a．pain[ei]	b．plane[ei]	c．break[ei]	d．receive[iː]
2．	a．funny[ʌ]	b．wood[u]	c．good[u]	d．pudding[u]
3．	a．leader[iː]	b．weak[iː]	c．cheap[iː]	d．pleasure[e]
4．	a．digest[dʒ]	b．danger[dʒ]	c．hunger[g]	d．image[dʒ]

5．a．rough[f]　　b．tough[f]　　c．cough[f]　　d．though[黙字]

B〔単語の関連知識〕

1．friend「友達」と friendly「親しみやすい」は名詞と形容詞の関係で，day「日」に対しては daily「日々の」となる。

2．decide「～を決める」と decision「決定」は動詞と名詞の関係で，act「行動する」に対しては action「行動」となる。

3．対義語の関係。take「～を持っていく」の対義語は bring「～を持ってくる」である。

4．rise「上がる」と raise「～を上げる」は自動詞と他動詞の関係で，lie「横たわる」には lay「～を横たえる」が対応する。

5．動詞と「～する人」の関係で，jog「ジョギングする」は g を重ねて jogger「ジョギングする人」とする。

C〔整序結合〕

1．be caught in a shower「にわか雨に遭う」を用いる。「ひどいにわか雨」とあるので，heavy「激しい」を shower の前に置く。「学校の帰りに」は「帰る途中で」と読み換え on one's way home と表す。

2．「それについて議論する」を discuss it と表す。「時間が余れば」を「残った時間があれば」と考えて，if we have some time left とする。

3．与えられた語句と日本文から，I don't think it's a very good idea「それはよい考えだとは思わない」という文をつくる。think の後に that が省略されている。idea の後には to を続けて 'It is ～ to …'「…するのは～だ」の形をつくる。

4．'one of the＋複数名詞'「～の1人〔1つ〕」の形を用いる。「この村で生まれ育った」は born「生まれて」と brought up「育てられて」という2つの過去分詞を and でつないで表し，children の後に続けて，'過去分詞＋語句' が名詞を後ろから修飾する形(過去分詞の形容詞的用法)にする。

5．「閉店していた」は「着いた」ときより前に起きたことだと判断できるので，「閉店していた」を had closed という過去完了で，「着いた」を arrived という過去形で表す。but 以下の主語は the store を指す it とする。「～の1時間前に」は an hour before ～。

6．Which is a better place「どちらが良い所ですか」という文の Which の後に do you think を挿入する。Do you know which is a better place?「どちらが良い所か知っていますか」のような Yes か No かを問う文では Do you know が文頭に来るのに対し，具体的な答えを求める文では疑問詞が先にくる。

D〔長文読解─語形変化─対話文〕

≪全訳≫❶ケン(K)：冬休みはどうだった，マミ？❷マミ(M)：すばらしかったわ。兄がパリの大学で勉強し始めたところだから，1週間，兄に会いに行っていたの。とてもきれいでわくわくする所だったわ。❸K：わあ，ラッキーだね！　パリは映画やテレビで何度も見たことがあるよ。パリには訪れるべき所がたくさんありそうだね。❹M：ええ！　見るべき美術館や歴史的建造物がたくさんあるのよ。毎日たくさん歩いたわ。それでも，時間がなくて行けない所もあったの。❺K：エッフェル塔には行った？　約130年前に建てられたけど，今でもパリで一番高い塔らしいね。❻M：ええ。初日に行ったわ。すごく見たかったの。景色がすばらしかったわ。あんなに古い建物にエレベーターがあるってわかって，とても驚いたわ。❼K：塔の中にあるレストランの１つに行った？　あんな高い所で食べるのは興奮するに違いないね。❽M：ううん。私たちには値段が高すぎたわ。塔の最上階にマンションがあるって知ってた？❾K：えっ？　知らなかった。おもしろそうだね！❿M：エッフェル塔を建てたギュスターヴ・エッフェルは，自分のために秘密の部屋をつくったの。それを，友達をもてなすために使ったのよ。長い間，人々はそれを見ることができなかったけれど，今は観光客も中に入ることができるわ。⓫K：いつか行くことができたらわくわくするだろうなあ！

＜解説＞１．「～するために」という‘目的’を表す副詞的用法の to不定詞が適切。　２．thrill「～をわくわくさせる」を現在分詞の thrilling にすると，「(人を)わくわくさせるような」を表せる。　３．‘have/has＋過去分詞’の現在完了で「～したことがある」という‘経験’を表せる。 see－saw－seen　４．形容詞的用法の to不定詞を使い，「～するべき」という意味で直前の名詞を修飾する形にする。　５．time の後に形容詞的用法の to不定詞を続けて，「～する(ための)時間」とする。　６．「建てられた」という意味になると判断できるので，‘be動詞＋過去分詞’で受け身形をつくる。 build－built－built　７．amaze「～を驚かせる」を現在分詞の amazing にすると，「すばらしい，びっくりするような」を表せる。　８．surprise「～を驚かせる」を過去分詞の surprised にすると，「(人が)驚いた」が表せる。　９．excite「～をわくわくさせる」を現在分詞の exciting にすると，「(人を)わくわくさせるような」が表せる。　10．Sounds interesting！で「おもしろそう！」といった意味になる。　11．「～するために」という‘目的’を表す副詞的用法の to不定詞が適切。　12．excite「～をわくわくさせる」を過去分詞の excited にすると，「(人が)わくわくする」を表せる。

E〔長文読解─内容真偽─エッセー〕

≪全訳≫❶新聞を読むのが上手になりたければ，読むべきものの選び方を知らねばならない。新聞を全部読む人なんていないのだから，読むべきものを賢く選ぶことがとても重要なのだ。❷私の友人にそういう賢い読者が１人いる。彼女は毎日，一面の主要なニュース記事と新聞の中のニュース記事の両方を読む。それらのいくつかにはざっと目を通すのみだが，重要だと思う記事は一言一句読む。社説やスポーツ面にも目を通す。それからラジオやテレビのニュースにも注意を向ける。目にとまった広告を読むこともある。❸彼女は，どのニュース記事をじっくり読み，どのニュースをざっと目を通すのみにとどめるかを決めるとき，いくつかの指針を持っている。彼女は，そのニュースが重要でおもしろいかどうかを決めるとき，紙面における記事の場所，見出し，書き出しが大変役立つと考えている。その日の大きなニュースは一面の上部にある。ほかの重要なニュースも一面に掲載されるが，それほど重要でないニュースは内側のページに掲載される。見出しは，その記事について簡潔に伝えてくる。見出しを見れば，何を読むべきかがわかる。書き出しが，そのニュースについてあなたの知りたいことを全て伝えてくれることもある。

＜解説＞１．「新聞で何を読むかを正しく選択すれば，良い読者になれる」…○　第１段落第１文に一致する。　２．「新聞を全部読むので，何を読むかを選ぶ必要がない人もいる」…×　第１段落第２文参照。　３．「新聞を上手に読む人は，一面の主要なニュースの全てにざっと目を通す」…

× 第2段落第1～3文参照。賢い読者だという筆者の友人は，重要だと思う記事は一言一句読む，とある。　4.「私の友人は，自分にとって重要なニュースであれば，とても注意深く読む」…○ 第2段落第3文に一致する。　5.「私の友人は新聞を読むとき，いつも広告を読む」…× 第2段落最終文参照。　6.「私の友人は，いくつかの指針に助けられながら，何を読むかを決める」…○ 第3段落第1文に一致する。　7.「私の友人は，ニュース記事の書き出しはその重要性を伝えるものの1つだと考えている」…○ 第3段落第2文に一致する。　8.「その日の重要なニュースはたいてい一面に載っている」…○ 第3段落第3文に一致する。　9.「短いニュース記事には見出しがないのが普通だ」…× このような記述はない。　10.「書き出しを読むだけで，そのニュースについてわかることもある」…○ 第3段落最終文に一致する。

F〔長文読解総合─説明文〕

≪全訳≫❶税制は国によって異なる。例えば，アメリカや日本では，タバコやアルコールへの課税は，政府がお金を得るための重要な手段となっている。これは「罪悪税」と呼ばれることもある。つまり，悪いことをすることで，政府にお金を渡すという良いことをするのだ。しかしロシアでは，タバコやアルコールにはほとんど税金がかからない。❷21世紀には税金が変わるとよくいわれる。銀行の預金や金融取引に新しい税金がかかるかもしれない。将来的には，ゴミにも課税されるだろう。大都市に車で乗り入れると，それに対する税金を払わなければならなくなるかもしれない。1つ確かなことがある。社会を支える若者がどんどん減っている国では，裕福な人にも貧しい人にも新たな税金が課されるだろう。❸あなたがお金をためるのが好きなら，将来そのことで罰せられるかもしれない。そうなれば，人々はお金を持ち続けるのではなく，使うようになるだろう。これは，日本のように人々が伝統的に多額のお金を貯蓄する社会では重要かもしれない。強い経済とは往々にして，「金は天下の回りもの」の経済である。お金はこのようにして「成長」するのだ。❹海外に行くときは通常，円をドルやユーロなどのほかの通貨に両替する。観光客は消費するお金を持っていると考えられるので，課税対象として適しているだけでなく，投機家を阻止するのにも役立つだろう。投機家とは，ある通貨を買って保有し，それを売って儲ける大金持ちのことである。誰かが1ドル92円で1000万円を両替したとしよう。このお金を1ドル93円で円に戻せば，約10万円儲かることになる。どの政府も，この利益の一部を手に入れたいと思うだろう。

1＜適語補充＞(1)空欄の直後の the government「政府」は，形容詞用法の to不定詞 to get money「お金を得るための」の意味上の主語となっているので，to不定詞の意味上の主語を表すはたらきを持つ for が適する。　(2)，(3)in other words は「つまり」という意味で，空欄の直前にある something bad はその前に書かれているタバコやアルコールを指している。一方，空欄に入る語句の内容は，コロン(:)の直後で give money to the government「政府にお金を渡す」と書き換えられている。これらは‘対比’の関係になっていると考えられるので，something bad に対して something good「何か良いこと」とする。　(4)‘exchange *A* for *B*’で「*A*を*B*に交換する，両替する」。　(5)，(6)観光客に課税することの利点が列挙されているので，2つの物事を‘並列’するはたらきを持つ‘not only *A* but (also) *B*’「*A*だけでなく*B*も」の形にする。

2＜適語選択＞92円を1ドルに両替した後，その1ドルを93円に両替した場合，1ドルあたり1円の利益が出る。同様のことを1000万円でやると10万ドル以上に両替されるので，利益は10万円以上になる。

3＜適語選択＞‘not *A* but *B*’で「*A*ではなく*B*」を表し，*A*と*B*は‘対比’の関係になる。直前の「お金を保有する」と‘対比’の関係をつくれるのは，「(お金を)使う，費やす」という意味になるuseとspendである。なお，make moneyは「お金を稼ぐ」。

4＜誤文訂正＞It is said that ～で「～といわれている，～だそうだ」。oftenのような‘頻度’を表す副詞は，be動詞の後にくる。

5＜指示語＞このthatを含む部分は「それに対する税金を払わなければならなくなるかもしれない」という意味。ここで課税対象になる可能性があると指摘されているのは，直前に述べられているyou drive ～ cityまでの部分なので，これをまとめる。

6＜語句解釈＞下線部はコロン(:)以下の内容を指しているので，与えられた文に合わせてこれをまとめる。the rich and poorは「豊かな人と貧しい人」という意味。‘比較級＋比較級’は「ますます～だ」という意味を表すので，have fewer and fewer young people to ～は「～する若い人がどんどん少なくなる」となる。　society「社会」

7＜指示語＞このThisは，直前のyou might ～ futureを指している。また，この部分にあるthisはその前のto save moneyを指している。これらを合わせて指定字数内でまとめればよい。save money「お金をためる」

8＜誤文訂正＞it is thought that ～で「～と考えられている」。

数学解答

1 (1) $-\frac{7}{2}$　(2) $\frac{7x+4y}{3}$　(3) $-a^3$

(4) -6　(5) $\sqrt{5}$

(6) $a^2b(a-b)(a+4b)$

(7) $x=1$，$y=-2$　(8) 8100

(9) ウ，エ　(10) $a=4$，$b=-4$

(11) 24個　(12) 60°　(13) 8 cm

(14) $140\pi\ \mathrm{cm}^3$

2 (1) $\frac{1}{2}$　(2) $\frac{1}{6}$　(3) $\frac{11}{18}$

3 (1) $18\sqrt{3}\ \mathrm{cm}^2$　(2) $18\pi\ \mathrm{cm}^2$

(3) $162\sqrt{3}\pi\ \mathrm{cm}^3$

1〔独立小問集合題〕

(1)＜数の計算＞与式 $=\left(-\frac{5}{3}\right)\times\left(-\frac{5}{3}\right)\times\left(-\frac{6}{5}\right)+\left(-\frac{2}{3}\right)\times\left(-\frac{2}{3}\right)\times\left(-\frac{2}{3}\right)\times\frac{3}{4}\times\frac{3}{4}=-\frac{10}{3}+\left(-\frac{1}{6}\right)$ $=-\frac{20}{6}-\frac{1}{6}=-\frac{21}{6}=-\frac{7}{2}$

(2)＜式の計算＞与式 $=\frac{3(3x+y)-(2x-y)}{3}=\frac{9x+3y-2x+y}{3}=\frac{7x+4y}{3}$

(3)＜式の計算＞与式 $=2a^3\div(-5ab)\times10ab^3\div4b^2=-\frac{2a^3\times10ab^3}{5ab\times4b^2}=-a^3$

(4)＜数の計算＞与式 $=\frac{x^2y}{3}\times4x^4y^6\div\frac{x^3y^6}{216}=\frac{x^2y\times4x^4y^6\times216}{3\times x^3y^6}=288x^3y$　これに，$x=-\frac{1}{2}$，$y=\frac{1}{6}$ を代入して，与式 $=288\times\left(-\frac{1}{2}\right)^3\times\frac{1}{6}=-6$

(5)＜数の計算＞与式 $=\frac{5+2\sqrt{5}+1-(5-2\sqrt{5}+1)}{4}=\frac{5+2\sqrt{5}+1-5+2\sqrt{5}-1}{4}=\frac{4\sqrt{5}}{4}=\sqrt{5}$

(6)＜式の計算—因数分解＞与式 $=a^2b(a^2+3ab-4b^2)=a^2b(a-b)(a+4b)$

(7)＜連立方程式＞$\frac{1}{2}x+\frac{3}{8}y=-\frac{1}{4}$……①，$4x+y=2$……②とする。①×8 より，$4x+3y=-2$……①′ ①′−②より，$3y-y=-2-2$，$2y=-4$　$\therefore y=-2$　これを②に代入して，$4x+(-2)=2$，$4x=4$ $\therefore x=1$

(8)＜数の計算＞与式 $=(93^2-2\times93\times85+85^2)+(90-8)(90+8)=(93-85)^2+90^2-8^2=8^2+90^2-8^2=90^2=8100$

(9)＜データの活用—箱ひげ図＞ア…誤。箱ひげ図からは，平均点を読み取ることはできない。　イ…誤。それぞれの箱ひげ図から最大値を読み取ると，A組は85点，B組は100点，C組は95点である。よって，学年で最も高い点数の生徒はB組にいる。　ウ…正。中央値は，30人の生徒の点数を低い方から並べたとき，低い方から15番目と16番目の得点の平均となる。つまり，C組のように中央値が50点以上の場合，16番目の得点は50点以上である。よって，C組では，少なくとも点数が低い方から16番目から30番目の15人は50点以上なので，クラスの半分以上の生徒は50点以上であるといえる。　エ…正。A組とB組では，最大値がそれぞれ85点，100点なので，どちらのクラスにも80点以上の生徒は少なくとも１人いる。また，第３四分位数は，30人の生徒の点数を低い方から並べたとき，高い方から15番目までの点数の中央値だから，高い方から８番目の点数に当たる。箱ひげ図より，C組では，第３四分位数が80点以上なので，80点以上の生徒は少なくとも８人いる。よって，学年全体で，80点以上の生徒は，$1+1+8=10$(人)以上いるといえる。

(10)＜関数—直線の式＞関数 $y=-3x^2$ において，x の変域が $-2\leqq x\leqq1$ の場合，$x=0$ のとき，y は最大となり，$y=0$ である。また，x の絶対値が大きいほど，y の値は小さくなる。よって，絶対値は１より -2 の方が大きいから，最小値は $x=-2$ のときで，$y=-3\times(-2)^2=-12$ となる。したがって，yの変域は$-12\leqq y\leqq 0$である。一方，関数$y=ax+b$は，$a>0$より，グラフは右上がりの直線となるから，xの値が大きいほど，yの値も大きくなる。つまり，$-2\leqq x\leqq 1$の場合，$x=-2$のとき，yは最小となり，$x=1$のとき，yは最大となる。したがって，xの変域が$-2\leqq x\leqq 1$である関数$y=-3x^2$と関数$y=ax+b$のyの変域が一致することから，関数$y=ax+b$のグラフは，2点$(-2,\ -12)$，$(1,\ 0)$を通る。2点の座標より，傾きaは，$a=\dfrac{0-(-12)}{1-(-2)}=4$となる。これより，関数$y=ax+b$の式は$y=4x+b$となり，点$(1,\ 0)$を通ることから，$0=4\times1+b$より，$b=-4$である。

(11)**＜場合の数—3の倍数の個数＞**3の倍数は，各位の数字の和が3の倍数になるから，5個の数字1，2，3，4，5から異なる数字を3個選んで3けたの整数をつくるとき，3個の数字の選び方は，(1，2，3)，(1，3，5)，(2，3，4)，(3，4，5)の4通りある。選んだ3個の数字から，3けたの3の倍数は，それぞれ，$3\times2\times1=6$(個)できるから，全部で，$6\times4=24$(個)できる。

(12)**＜平面図形—角度＞**右図1のように，点Eと点Iを結ぶと，点A～Lは円周を12等分する点だから，$\overset{\frown}{\mathrm{DE}}$に対する中心角は，$360^\circ\div12=30^\circ$となり，円周角と中心角の関係より，$\angle\mathrm{DIE}=\dfrac{1}{2}\times30^\circ=15^\circ$となる。1つの円で，円周角の大きさは弧の長さに比例するから，$\overset{\frown}{\mathrm{IJL}}$に対する円周角は，$\overset{\frown}{\mathrm{IJL}}=3\overset{\frown}{\mathrm{DE}}$より，$\angle\mathrm{IEL}=3\angle\mathrm{DIE}=3\times15^\circ=45^\circ$である。よって，$\triangle\mathrm{EIP}$で，内角と外角の関係から，$\angle\mathrm{DPE}=\angle\mathrm{EIP}+\angle\mathrm{IEP}=15^\circ+45^\circ=60^\circ$となる。

図1

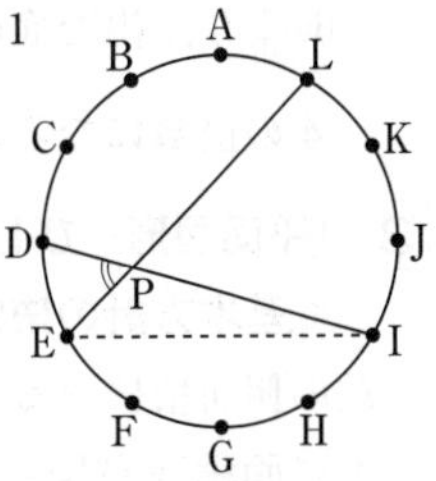

(13)**＜空間図形—長さ＞**半径が6 cmの球の体積は，$\dfrac{4}{3}\pi\times6^3=288\pi$ (cm³)である。よって，底面の円の半径が6 cmの円柱の高さをx cmとすると，体積は半径が6 cmの球と同じ288π cm³だから，$\pi\times6^2\times x=288\pi$が成り立つ。これを解くと，$x=288\pi\div36\pi=8$(cm)となる。

(14)**＜空間図形—体積＞**右図2で，円錐を底面に平行な平面で，高さが3等分されるように3つの立体に分けたとき，一番上の立体をP，真ん中の立体をQ，一番下の立体をRとする。このとき，立体P，立体Pと立体Qを合わせた円錐，もとの円錐は，相似な図形となり，相似比は，1：2：3であるから，体積比は，$1^3:2^3:3^3=1:8:27$である。これより，立体Qともとの円錐の体積の比は，$(8-1):27=7:27$となる。よって，もとの立体の体積が540π cm³であるとき，真ん中の立体Qの体積は，$540\pi\times\dfrac{7}{27}=140\pi$ (cm³)である。

図2

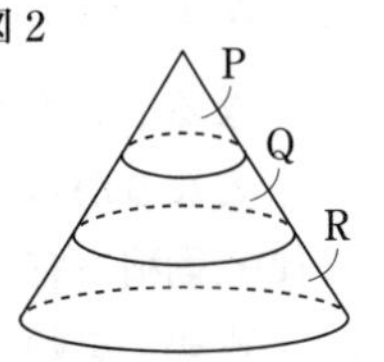

2〔データの活用—確率—立方体〕

(1)**＜確率＞**Aの6つの面には，3，4，4，5，5，6の数字が，Bの6つの面には，1，2，4，6，7，8の数字が書かれている。A，Bを同時に投げたとき，Aの上になる面もBの上になる面も6通りあるから，面の出方は全部で$6\times6=36$(通り)ある。また，Aには，4と5がそれぞれ2つの面に書かれているので，$4a$，$4b$，$5a$，$5b$として区別する。このとき，Aの面に書かれている数が，Bの面に書かれている数より小さくなるのは，(A，B)＝(3，4)，(3，6)，(3，7)，(3，8)，($4a$，6)，($4a$，7)，($4a$，8)，($4b$，6)，($4b$，7)，($4b$，8)，($5a$，6)，($5a$，7)，($5a$，8)，($5b$，6)，($5b$，7)，($5b$，8)，(6，7)，(6，8)の18通りある。よって，求める確率は$\dfrac{18}{36}=\dfrac{1}{2}$である。

(2)**＜確率＞**出た面の数の積が奇数となるのは，Aの面の数もBの面の数も奇数の場合である。奇数が書かれているのは，Aでは，3，$5a$，$5b$の3つの面であり，Bでは，1，7の2つの面であるから，出た面の数の積が奇数になるのは，$3\times2=6$(通り)ある。よって，求める確率は$\dfrac{6}{36}=\dfrac{1}{6}$である。

(3)＜**確率**＞出た面の数の積が4の倍数になるのは，(i)少なくともAかBのどちらか一方の面の数が4の倍数の場合，(ii)AとBのどちらも面の数が4の倍数ではない偶数の場合である。(i)の場合，4の倍数は，Aでは$4a$，$4b$，Bでは4，8だから，(A，B)＝(3，4)，(3，8)，($4a$，1)，($4a$，2)，($4a$，4)，($4a$，6)，($4a$，7)，($4a$，8)，($4b$，1)，($4b$，2)，($4b$，4)，($4b$，6)，($4b$，7)，($4b$，8)，($5a$，4)，($5a$，8)，($5b$，4)，($5b$，8)，(6，4)，(6，8)の20通りある。(ii)の場合，4の倍数ではない偶数は，Aでは6，Bでは2，6だから，(A，B)＝(6，2)，(6，6)の2通りある。(i)，(ii)より，出た面の数の積が4の倍数になるのは，$20+2=22$(通り)あるから，求める確率は$\frac{22}{36}=\frac{11}{18}$である。

≪**別解**≫出た面の数の積が4の倍数にならないのは，(iii)積が奇数になる場合，(iv)AとBのどちら一方が4の倍数ではない偶数で，他方が奇数の場合である。(iii)の場合，(2)より6通りある。(iv)の場合，(A，B)＝(3，2)，(3，6)，($5a$，2)，($5a$，6)，($5b$，2)，($5b$，6)，(6，1)，(6，7)の8通りある。(iii)，(iv)より，出た面の数の積が4の倍数にならないのは，$6+8=14$(通り)あるから，出た面の数の積が4の倍数になるのは，$36-14=22$(通り)ある。よって，求める確率は$\frac{22}{36}=\frac{11}{18}$である。

3 〔平面図形—ひし形〕

≪**基本方針の決定**≫(1)　特別な直角三角形の辺の比を利用する。　(2)　求める曲面の面積は，円錐の側面積になることに気づきたい。

(1)＜**面積**＞右図のように，辺DAの延長線と直線lの交点をEとすると，BC⊥lで，四角形ABCDがひし形なので，ED∥BCより，DE⊥lだから，∠BEA＝90°である。また，△ABCは正三角形だから，∠ABC＝60°より，∠ABE＝180°−90°−60°＝30°となる。よって，△ABEは3辺の比が$1:2:\sqrt{3}$の直角三角形であるから，$\mathrm{BE}=\frac{\sqrt{3}}{2}\mathrm{AB}=\frac{\sqrt{3}}{2}\times6=3\sqrt{3}$となる。したがって，ひし形ABCDの底辺をBCと見ると，高さはBEとなるから，〔ひし形ABCD〕＝BC×BE＝$6\times3\sqrt{3}=18\sqrt{3}$(cm²)である。

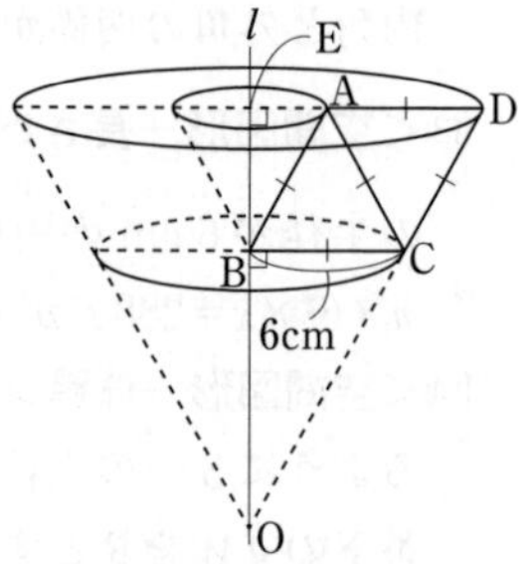

(2)＜**面積**＞右上図で，直線lを軸としてひし形ABCDが360°回転したとき，線分ABがつくる曲面は，直線lを軸として△ABEが360°回転したときにできる円錐の側面である。このとき，できる円錐は，底面が点Eを中心とする半径EAの円で，高さはBEである。この円錐を展開すると，側面は半径がAB＝6のおうぎ形になり，その中心角を$a°$とおく。(1)で，△ABEは3辺の比が$1:2:\sqrt{3}$の直角三角形より，$\mathrm{EA}=\frac{1}{2}\mathrm{AB}=\frac{1}{2}\times6=3$となるから，おうぎ形の弧の長さと底面の円の周の長さが等しいことから，$2\pi\times6\times\frac{a°}{360°}=2\pi\times3$より，$\frac{a°}{360°}=\frac{1}{2}$である。よって，求める曲面の面積は，$\pi\times\mathrm{AB}^2\times\frac{a°}{360°}=\pi\times6^2\times\frac{1}{2}=18\pi$(cm²)となる。

(3)＜**体積**＞右上図のように，辺DCの延長線と直線lの交点をOとする。直線lを軸としてひし形ABCDが360°回転したときにできる立体は，直線lを軸として△ODEが360°回転してできる円錐から，△OCB，△ABEが360°回転してできる円錐を除いたものである。△ODEにおいて，∠OED＝90°，∠ODE＝60°より，3辺の比が$1:2:\sqrt{3}$の直角三角形で，ED＝AD＋EA＝6＋3＝9だから，$\mathrm{OE}=\sqrt{3}\mathrm{ED}=\sqrt{3}\times9=9\sqrt{3}$となる。これより，$\mathrm{OB}=\mathrm{OE}-\mathrm{BE}=9\sqrt{3}-3\sqrt{3}=6\sqrt{3}$となる。よって，求める立体の体積は，$\frac{1}{3}\times\pi\times\mathrm{ED}^2\times\mathrm{OE}-\frac{1}{3}\times\pi\times\mathrm{BC}^2\times\mathrm{OB}-\frac{1}{3}\times\pi\times\mathrm{EA}^2\times\mathrm{BE}=\frac{1}{3}\times\pi\times9^2\times9\sqrt{3}-\frac{1}{3}\times\pi\times6^2\times6\sqrt{3}-\frac{1}{3}\times\pi\times3^2\times3\sqrt{3}=243\sqrt{3}\pi-72\sqrt{3}\pi-9\sqrt{3}\pi=162\sqrt{3}\pi$(cm³)である。

国語解答

一 問1 a いっせい　b 媒体
c 単純　d きせい
問2 ア　問3 A…ア　B…エ
問4 (例)認める　問5 ウ
問6 イ　問7 ア
問8 a…エ
b ア 統一的な概念
イ 一つのものとして定義
問9 エ
問10 藝術という資格は，制度によって支えられているという事実。
(28字)

二 問1 a…イ　b…ア　c…イ　d…イ
問2 イ　問3 エ
問4 a 良太の走る姿
b 自分の走り
c 三〇〇〇メートル走をイメージ
d 流れやリズム
問5 正也はスポ
問6 陸上をやっていた頃のことを思い出したから。
問7 ウ
問8 放送部の先輩から脚本についての役立つアドバイスをもらうこと。
(30字)

三 問1 a…ウ　b…イ　問2 辰
問3 ②…エ　⑦…ア　問4 ウ
問5 ア　問6 清暑堂の御神楽
問7 エ　問8 いづく～くこそ
問9 エ　問10 イ

一〔論説文の読解―芸術・文学・言語学的分野―芸術〕出典：佐々木健一『美学への招待』。

≪**本文の概要**≫現在，アートと呼ばれるものが非常に多く，早い時期では，一九五五年に藝術研究の本のタイトルとして使われた「モダン・アート」というカタカナ表記がある。この訳語は，翻訳するとmodern artの本質をとらえられないという考えから，自覚的に選ばれたと思われる。かつて，伝統的な藝術表現とは異なるものが多くなったとき，人々はそれらを「ピカソみたいな」と形容した。絵画とはこういうものだという既成の概念があり，それとは異なるものを「難しい」と感じて，人々はそう形容したのである。日本でモダン・アートがカタカナ表記されて以後，さまざまなアートが「～アート」と呼ばれたのは，それらが藝術の中の新様式や新傾向としてはとらえられない異質なものと認識されたからである。しかし，西洋人には，藝術もアートもartであるため，異質なものを一つの単語に集約してartの統一的な概念をつくり直すことは，悩ましい問題になる。美学者たちは，すでに藝術を一つのものとして定義することは不可能であるという考えに至っていた。だが，現在のartの状況において，「アート」を無縁のものとできる根拠はない。結局，藝術とは何かという問題は，人々の持つ共通認識によって，歴史を通して決定されていくものである。

問1＜漢字＞a.「一斉」は，同時にそろって物事をするさま。　b.「媒体」は，仲立ちとなるもののこと。　c.「単純」は，物事が簡単で込み入っていないこと。　d.「既製」は，注文によるのではなく，すでに商品としてできあがっていること。

問2＜四字熟語＞「百花繚乱」は，いろいろの花が咲き乱れることから，優れた業績や人物が一時期に数多く現れること。「議論百出」は，さまざまな意見を出し，活発に論ずること。「百戦錬磨」は，数多くの戦いで鍛えられていること，また，数多くの経験を積んでいること。「千磨百錬」は，たくさんのつらく苦しい出来事を解決して，鍛え抜かれた者のこと。

問３＜接続語＞Ａ．「さまざまな《アート》」は，「《藝術》のなかの新しい様式とか，新傾向というような捉え方では処理しきれない異質なものとして，『〜アート』と呼ばれた」けれども，「西洋人には漢字とカタカナを使い分けるという便法が」なく，彼らにとっては藝術もアートも等しくartである。　Ｂ．藝術と「〜アート」という「これほどに異質なものを一つの単語で集約するということ」を言い換えれば，「artの統一的な概念を作り直すということ」である。

問４＜表現＞アートであるという切符や，アーティストであるという切符を切って，対象に渡すというのは，その対象がアートである，また，アーティストであると認める，ということである。

問５＜文章内容＞modern artという英語を「近代藝術(美術)」や「現代藝術(美術)」と訳すと，「modern artの何たるかが伝えられない，あるいはその姿が歪められる」と考えて，藝術研究の分野でも「モダン・アート」という表記になったものと思われる。

問６＜指示語＞「絵と言えば富士山や美女が描かれているものと思っている」ことや(ア…○)，それとは異なる「わけの分からない藝術表現」は難しいと感じること(ウ…○)，猪熊弦一郎デザインの包装紙のように，モダン・アートでも「《模様》としてなら，受け入れやすい」ということは(エ…○)，「絵画とは何かという概念に関わる問題」である。「デパートの三越が猪熊弦一郎デザインの包装紙を使用したこと」は，モダン・アートの難しさや絵画の概念を問うものではない(イ…×)。

問７＜文章内容＞さまざまな《コンテンポラリー・アート》は，これまでの藝術作品とは異なる表現形式であり，「《藝術》のなかの新しい様式とか，新傾向というような捉え方では処理しきれない異質なもの」である。だから，誰も「藝術」という漢字をつけて翻訳しようとはしない。

問８＜文章内容＞ａ．日本語では，伝統的な藝術表現とは「異質なもの」を「〜アート」として，全てアートという言葉でひとまとめにしている。　ｂ．英語では，次々に生まれてくる異質な藝術表現をartという一つの単語に集約させて「統一的な概念」をつくり直そうとしたが(…ア)，すでに「藝術を一つのものとして定義することが不可能である」と考えられていた(…イ)。

問９＜主題＞今日の日本では，伝統的な藝術とアートと呼ばれる表現形式がある。藝術とは何かとは，さまざまに異質なものの中から探っていかなければならない困難な問題であるが，結局，「歴史を通して，コモン・センスによって決定されてゆく」ものであり，人々の持つ共通した美に対する感覚で作品を見直していくことで，わかってくるものである。

問10＜文章内容＞マルセル・デュシャンは，「泉」を出品することで，「展覧会に出品して展示されるならば，既製品の便器でさえartとなるのではないか」と問いかけた。そうすることによって，デュシャンは，「藝術という資格は作品の質によって決まるのではなく，制度によって支えられる」という現実を暴いた。

二 〔小説の読解〕出典：湊かなえ『ブロードキャスト』。

問１＜文の組み立て＞ａ．「自動販売機で」は，用言の文節「買い」を修飾している(…イ)。　ｂ．「ある」は，体言の文節「ベンチに」を修飾している(…ア)。　ｃ．「カバンから」は，用言の文節「取り出した」を修飾している(…イ)。　ｄ．「僕なら」は，用言の文節「書かないだろうし」を修飾している(…イ)。

問2＜文章内容＞物語の構成を「序破急」で考える場合，長さを三等分すればいいわけではない。例えば，「全九巻のミステリマンガ」で，序に当たる「探偵が登場するまでに三巻分かかる」場合，序の部分が長いので，読者は，単調に感じてそのマンガに興味が持てない。

問3＜文章内容＞正也は，「多くの人を引き付けられる物語になるかどうかは，流れやリズムが重要」だということはわかっているが，「完成した九分間というのを経験したことがな」く，見ている人を引きつける流れやリズムにするための構成をどうしたらよいかがわからないので，ため息をついた。

問4＜文章内容＞圭祐は，「サバンナの風」のような「良太の走る姿」をイメージしながら(…a)，「自分の走りを作って」いった(…b)。この方法と同様に，圭祐が「三〇〇〇メートル走をイメージ」しながら正也の脚本を読んで，アドバイスをすることで(…c)，正也は，自分のドラマにおける九分の「流れやリズム」を体に覚えさせようとしている(…d)。

問5＜表現＞正也は圭祐に，圭祐の九分間は「完成した芸術作品のような時間だと思う」と，自分の脚本制作には圭祐の力が必要であることを話し，そのために圭祐に放送部に入ってほしいという真剣な気持ちを伝えようとした。この話を切り出す直前，まるで気持ちを整えるかのように，正也は，「スポーツドリンクをゴクゴクと飲み」，それから「キッと表情を引き締めて」圭祐を見た。

問6＜文章内容＞圭祐は，正也から頼まれたように「三〇〇〇メートル走をイメージ」しながら脚本を全部読もうと考えた。そう思ったとき，かつて自身が三〇〇〇メートル走の選手として陸上をやっていた頃のことを思い出し，圭祐は，なつかしさと切なさで胸が痛んだ。

問7＜文章内容＞正也は，人前で創作ノートを広げても恥ずかしいと思わず，また，「序破急」などの構成について真剣に考えており，「本気でドラマを作りたいと思っている」のである。そして，正也には，自分の創作がうまくなるためには何としてでも友人を放送部に誘い入れようとするずぶとさもある。

問8＜指示語＞圭祐は，放送部の先輩たちが脚本についての役立つアドバイスをしてくれるのではないかと思い，「僕なんかよりも，先輩たちの方が……」と言った。正也も同様に思っており，先輩たちからの脚本についての役立つアドバイスが「目的で放送部に入るようなもの」なのである。

三〔古文の読解―日記〕出典：弁内侍『弁内侍日記』。

≪現代語訳≫卯の日は清暑堂の御神楽である。「中宮のいらっしゃる部屋へ参上する途中(の廊下)で皆で聴きたいですね」と言っていたけれども，摂政殿が(そちらに)おいでなので(そうもできず)，大変残念であった。清涼殿の方へ行ってみると，職事たちが立ち並んでいた。また見物の一般女性が立ち重なって，全く聴く場所がない。(しかたなく)常の御所の御帳の辺りで，御神楽の演奏者たちに与えるほう美の品に香をたきしめたりなどしながら，かすかに(音色を)聴いたが，大宮大納言の琵琶，花山院大納言の笛，兵衛督の拍子は，すばらしいとも何とも言えず，中途半端で残念であった。弁内侍(の歌)，／空よりもっと遠い昔から聴こえてくるようですね，昔のままに繰り返し歌われる朝倉の歌声は(あまりにもかすかでもどかしいですよ)。／(清暑堂の)御神楽が終わって，大宮大納言殿が，常の御所へいらっしゃって，勾当内侍殿に，「牧馬の音色はいかがでしたか」とお尋ねになると，(勾当内侍殿が)「あの大極殿での玄上の琵琶の音色とでもいうように，どこまでも曇りなく聴こえました」と申し上げられたのも，本当にそのとおりすばらしくて，弁内侍(の歌)，／昔の，空まで鳴り響いたという琵琶の音色に比べても，(今日のご演奏は)全く劣らず，このうえもないものでした。

問１＜文学史＞ａ．『新古今和歌集』は，鎌倉時代前期に成立した勅撰和歌集。『古事記』は，奈良時代に太安万侶が編さんした歴史書。『竹取物語』は，平安時代前期に成立した伝奇物語。『好色一代男』は，江戸時代前期に成立した井原西鶴の浮世草子。『おくのほそ道』は，江戸時代前期に成立した松尾芭蕉の俳諧紀行。　ｂ．『枕草子』は，平安時代中期に成立した清少納言の随筆で，作者が宮仕えしていた期間の宮中での生活を中心に描かれている。『万葉集』は，奈良時代に成立した現存する我が国最古の歌集。『土佐日記』は，平安時代前期に成立した紀貫之の日記。『平家物語』は，鎌倉時代に成立した軍記物語。『南総里見八犬伝』は，江戸時代末期に成立した曲亭〔滝沢〕馬琴の読本。

問２＜古典の知識＞十二支は，子，丑，寅，卯，辰，巳，午，未，申，酉，戌，亥である。

問３＜現代語訳＞②「ばや」は，希望の意味を表し，「聞かばや」は，聞きたいものだ，という意味になる。　⑦「いかが」は，どうであるか，という意味で，「いかがはべりつる」は，どうでしたか，という意味になる。

問４＜古文の内容理解＞清涼殿の方へ行ってみると，職事たちが立ち並んでいて，見物の一般女性も立ち重なっていて混雑しており，全く聴く場所がなかった。

問５＜古文の内容理解＞弁内侍は，常の御所の御帳の辺りで，ほう美の品に香をたきしめるなどの仕事をしながら，遠くから聞こえる御神楽のかすかな音色しか聴くことができなかったので，残念に思った。

問６＜古文の内容理解＞行われていた清暑堂の御神楽が終わったので，御神楽で琵琶を弾いた大宮大納言が，常の御所に参上した。

問７＜古文の内容理解＞大宮大納言が勾当内侍に，牧馬の音色はいかがでしたかと尋ねると，勾当内侍が，あの大極殿での玄上の琵琶の音色とでもいうようにどこまでも曇りないものでしたと申し上げた。

問８＜古文の内容理解＞大宮大納言から牧馬についての感想を尋ねられて，勾当内侍は，「いづくまでも曇りなくこそ」，言い換えれば，どこまでも曇りないものでしたと言った。

問９＜和歌の内容理解＞牧馬について，勾当内侍は「大極殿の琵琶の音とかやのやうに」と，大極殿の琵琶の音色にたとえて，どこまでも曇りないものでしたと感想を述べた。それを受けて弁内侍は，昔大極殿で弾かれたといわれる琵琶の音色を「いにしへの雲居にひびく琵琶の音」と表現し，それと比べても，大宮大納言の牧馬は「限りなし」とよんだ。

問10＜古文の内容理解＞宮中での出来事や周りの人々の様子，具体的な人物の言動などが描かれている。そして，御神楽を近くで聴けなかったことへの落胆や，勾当内侍の言葉に感銘を受けたことなど，作者のありのままの思いが素直に描かれている。

2023年度 江戸川女子高等学校（B推薦）

【英　語】リスニングは，英語科の受験生のみに出題されます。

リスニング　(30分)〈満点：100点〉〈編集部注：放送文は未公表につき掲載してありません。〉

（注意）放送終了後５分で解答用紙を回収します。

※試験開始５分後に英文が流れ始めます。それまでに問題を読んでおきなさい。また、問題はすべて２回読まれます。

A　ある英単語を説明する英文が５つ読まれます。その英文が表す単語を解答欄に記入しなさい。なお、各語の最初の文字は解答欄に与えられています。

B　５つの英文と、それぞれに対する応答の英文がａ～ｃまで３つ読まれます。２人の自然な会話になるように、受け答えとして最も適当なものを選び、解答欄に記号で記入しなさい。

C　昼寝（napping）についての英文が読まれます。空欄（　1　）～（ 12 ）に入る語を解答欄に記入しなさい。なお、文頭の場合には大文字で書き始めなさい。

Most people feel a little sleepy after lunch. It is a normal（　1　）as our bodies slow down after eating.（　2　）asleep in an afternoon class is a problem, but it feels great to nap if we can. There are two good points and some important rules about taking naps that you should learn. The first benefit of napping is that you will remember things better. Because you feel very awake, you will make（　3　）mistakes. The second benefit of napping is that you learn things more（　4　）after a short rest. Naps give your brain time to process（　5　）, so while you rest your body, your brain can organize itself, too. In addition, naps can also（　6　）stress. We can see that there are some very good reasons to take a short nap. It is also important to remember three simple rules about taking a nap. The first rule is that you should take a nap in the（　7　）of the day. If you take a nap late in the afternoon, it may disturb your sleep（　8　）. The second rule is that a 20-30 minute nap is best. If you sleep too long, you may fall into a（　9　）sleep, and after waking up you will feel（ 10 ）, not（ 11 ）. The third rule is that you should set an alarm clock, so that you can fully relax during your nap. If you don't use an alarm, you will not rest（ 12 ）and you may oversleep.

D 森林の喪失（Forest loss）についての英文が読まれます。次の文章、及び表の空欄に入れるのに適当な国名や語句、あるいは数字を解答欄に記入しなさい。

ＦＡＯによると、地球の土地の約（　①　）％が森林に覆われているが、人類が農業を開始して以来、その量は減少している。最も急速な減少はこの（　②　）年間に生じている。森林伐採の理由は国によって異なる。ブラジルでは（　③　）だが、オーストラリアでは（　④　）が主なものだ。森林喪失は深刻な問題である一方、中国やインド、（　⑤　）といった国々では森林が拡大しつつある。

森林の喪失面積が大きい上位５か国

1990年～2000年			2000年～2010年		
国名	喪失面積 (ha)	%	国名	喪失面積 (ha)	%
ブラジル	-2,890	-0.51	ブラジル	-2,642	-0.49
インドネシア	-1,914	-1.75	（　⑥　）	-562	-0.37
スーダン	-589	-0.80	（　⑦　）	-498	-0.51
ミャンマー	-435	-1.17	（　⑧　）	-410	-3.67
ナイジェリア	-410	-2.68	（　⑨　）	-403	-1.13

ライティング （50分）〈満点：100点〉

A 各組のうち、下線部の発音が他と異なるものを選び、記号で答えなさい。

1. a. weight b. height c. tight d. style
2. a. pressure b. combination c. expression d. pleasure
3. a. blood b. wood c. cut d. luggage
4. a. exercise b. experiment c. exam d. except
5. a. agent b. damage c. stranger d. ancient

B 各文の空欄に入れるのに適当な語を解答欄に記入しなさい。

1. It becomes more difficult to learn new things (　　) we get older.
2. Five years have passed (　　) I moved here.
3. “Looks like it’s going to rain.” “I (　　) not. I’m going out this afternoon.”
4. You’ll pay half as much money for this as that one.
   = That one is (　　) as expensive as this.
5. I’m greatly interested in Japanese history.
   = Japanese history greatly (　　) me.

C 各文のカッコ内の語を並べ替えて、日本文の意味の英文を完成させなさい。解答欄にはカッコ内の語のみ書きなさい。なお、文頭に来る語も小文字にしてあります。

1. カナダで話されている言語は英語とフランス語だ。
   (Canada, English, in, languages, and, spoken, are, the) French.

2. 両親はあの映画ほど感動的なものはないと思った。
   My (movie, nothing, than, found, more, that, parents, impressive).

3. 将来自分の身に何が起こるか分かる者はいない。
   (will, tell, to, one, happen, what, can, no) us in the future.

4. 私は姉に課題を手伝ってくれと頼んだ。
   I (me, my, my, help, sister, asked, with, to) assignment.

5. 建物の外でまだ待っている人が大勢いる。
   There (still, the, many, outside, are, waiting, so, people) building.

6. 次の試合ではどちらのチームが勝つと思いますか。
   (you, will, team, at, think, which, win, do) the next match?

D　次の会話文を読み、設問に答えなさい。

(Ann is from America. Yuka and Koji are her new friends. Today Ann and Koji visit Yuka. Now they are in her house.)

Ann：Wow, that's a nice piano. Is it (1), Yuka?
Yuka：No, I don't have my (2) piano. It's my sister's. She can play (3) piano well.
Ann：Do you play it, too?
Yuka：No, I don't. (4) about you, Koji?
Koji：Yes, I can. My mother and father can play it, too.
Yuka：That's good. Please play it for us, Koji.
Koji：OK.
(Koji plays it for them. He plays it very well.)
Yuka：Wow, you're a very good (5).
Koji：I practice it hard (6) day.
Yuka：Ann, do you play it, too?
Ann：(7), but I like piano music.
Yuka：Do you play (8) musical instruments, Ann?
Ann：Yes. I can play (9) guitar.
Yuka：I don't have a guitar, but my sister (10). I'll bring it here.
Ann：Let's play music together, Koji.
Koji：Please sing, Yuka. You're a good (11).
Yuka：OK. I think I can sing well.
Ann：That's great! (12)!

1.　空欄（ 1 ）～（ 11 ）に入れるのに適当な語1語を解答欄に記入しなさい。文頭に来る場合には大文字で書き始めなさい。

2.　空欄（ 12 ）に入れるのに適当な文を次より選び、記号で答えなさい。
a. I'm the best guitarist
b. What a nice musical
c. We're musicians

E　次の英文を読み、下の英文が内容と一致すれば○、しなければ×を解答用紙に記入しなさい。ただし、すべて○または×と記入した場合には得点を与えません。

All-Star Restaurant

Welcome to the All-Star Restaurant! We hope you will enjoy our delicious food!

(Main Menu)

Pasta with Meat Sauce　$10.50

Pasta with our famous meat sauce, with or without cheese. Side of French fries and bread.

Steak and Vegetables　$12.20

Steak with your choice of sauce: mushroom, onion or barbecue sauce, served with the vegetables of the day! (Please ask the server about today's vegetables)

Chicken Sandwich　$9.20

The best chicken sandwich you've ever had, with chicken, tomato, lettuce and bacon, and topped with our special peanut sauce, all between two freshly baked slices of bread. Side of French fries.

● All mains include a drink and a salad.

● Please tell the server if you have any food allergies.

● Use our special coupon for a $2.00 discount on your main.

(Kids Menu) for children 10 years old and younger

Spaghetti and Meatballs　$6.50　Cheese Sandwich with Peanut Butter　$5.00

Curry and Rice　$5.50

● All kids meals include French fries and a drink.

● Special coupon not available for the Kids Menu.

(Drink Menu)

Coke / Juice (Apple or Orange) / Lemonade / Tea (Hot or Iced) / Coffee (Hot or Iced)

1. "Pasta with Meat Sauce" comes with a lot of cheese on top and French Fries.
2. The vegetables which come with the "Steak" are not the same every day.
3. The restaurant believes that its Chicken Sandwich is the best in the world.
4. You don't have to order "French Fries" when you order "Chicken Sandwich".
5. You don't have to think about your food allergies at this restaurant.
6. If you use the special coupon with "Steak and Vegetables," you will pay $12.00.
7. If two 10-year-old children both order Spaghetti and Meatballs and Curry and Rice, it will cost them $12.00.
8. When ordering from the Kids Menu, people have to pay for drinks as well as for food.
9. An 11-year-old child cannot use the special coupon.
10. You can choose from hot tea, iced coffee, and some others, for your drink.

F　Gaming Disorder（ゲーム障害）に関する次の英文を読み、設問に答えなさい。

The spread of online gaming has made gaming *addiction a serious problem. There is great concern about the health of people who spend too much time (1)(play) games. In May 2019, the World Health Organization (WHO) listed "gaming disorder" as an *entry in its International *Classification of Diseases. It is now considered a mental health condition like other addictions such as alcohol and gambling. This makes it easier (a) gaming addiction to be *diagnosed and studied.

According to the WHO, a person has gaming disorder if he or she cannot stop playing even though gaming *interferes with other areas of life, such as family, school, and sleep. (A) These interferences need to continue for at least a year for someone to receive a diagnosis. People with gaming disorder make games their top *priority (b) their other daily activities. They also keep (2)(play) games even if there are problems in their lives. If the conditions are very severe, they may be diagnosed within a year.

Video games have been around for many years, but today's online games are different. These games (c) end, (B) and they cannot be played with other people online. Players do not want to stop because they have many things (3)(do) in the game. Because of this, some people play all day and all night. They may even stop going to school or work because of the games. They also cannot stop spending money (4)(get) more items or levels.

The problem has become so great (d) the deaths from too much gaming have been reported around the world. Many countries are taking steps to solve this problem. South Korea passed a Shutdown Law that keeps children under 16 from (5)(play) games between midnight and 6:00 a.m. (C) In 2019, China put limits on the time that children over 18 can play games. They are limited to 90 minutes on weekdays and three hours (e) weekends and holidays. And Kagawa *Prefecture was the first local government in Japan (6)(limit) gaming time for young people. Video games are fun, but it's important to make them just a part of your life, (f) all of it.

*注　addiction 中毒　entry 見出し　classification 項目　diagnose 診断する
interfere 妨げる　priority 優先事項　prefecture 県

1. (1)～(6)の動詞を適当な形に書き換えなさい。

2. 空欄(a)～(f)に入れるのに適当な語を次から選びなさい。
over / for / on / in / not / never / that / this

3. 中毒の対象として文中で述べられているものを日本語で3つ挙げなさい。

4. 下線部(A)を和訳しなさい。

5.　下線部(B)(C)にはそれぞれ文脈上不適当な語が1語あります。その語を抜き出し、正しい1語に書き換えなさい。

6.　次の文を第3パラグラフの中に入れるとすればどこが適当ですか。入れるべき個所の直前の文の文末の3語を書きなさい。

They may also feel that their friends will have trouble if they stop.

7.　次の各文が本文の内容に一致するように、a.～c.より1つを選んで記号で答えなさい。

(1)　If a person (a. has difficulty playing games / b. is very fond of games / c. has very serious problems from playing games), he or she is diagnosed as gaming disorder .

(2)　Online games today are different from (a. the ones we often imagine as games / b. the ones we now play off-line / c. the ones we used to play).

(3)　No other prefecture in Japan limited gaming time for children (a. as early as / b. faster than / c. the soonest of) Kagawa.

【数　学】（50分）〈満点：100点〉

1　次の問いに答えなさい。

(1)　$-(-2)^3+\left(-2^3\right)\div(-4)^2$ を計算しなさい。

(2)　$2^{2023}\div 2^{2022}-\left(20-2^3\right)$ を計算しなさい。

(3)　$\dfrac{7y}{4x}\div\left(-\dfrac{14y^2}{3x}\right)\times\left(-\dfrac{5}{6}xy\right)$ を計算しなさい。

(4)　$(\sqrt{3}+\sqrt{2})^8(\sqrt{3}-\sqrt{2})^6-(\sqrt{3}+\sqrt{2})^6(\sqrt{3}-\sqrt{2})^8$ を計算しなさい。

(5)　$\sqrt{1980n}$ が整数となるような，2桁の整数 n の値を求めなさい。

(6)　$x=\sqrt{5}+\sqrt{3}$，$y=\sqrt{5}-\sqrt{3}$ のとき，$x^2-4xy+y^2$ の値を求めなさい。

(7)　次のデータは，生徒8人の身長を調べた結果である。この中央値を求めなさい。

170，152，181，166，176，154，164，158（cm）

(8)　関数 $y=\dfrac{a}{x}$ について，x の変域が $-9\leqq x\leqq -3$ であるとき，y の変域は $-6\leqq y\leqq -2$ となる。このとき，a の値を求めなさい。

(9)　2つのさいころを投げたとき，出た目の和が素数となる確率を求めなさい。

(10) xについての2次方程式 $ax^2+(a^2-2)x-2a^2-4a=0$ と $x^2-5x+6=0$ が共通の解を持つとき，a の値を求めなさい。ただし，$a>0$ であるとする。

(11) 等式 $S=\frac{1}{2}ah+b^2$ を a について解きなさい。

(12) 本校の校章は，ハート形のかたばみの葉3枚が合わさったものをかたどっている。それを模式的に表したものが右図である。
（図は，1辺が2cmの正方形10個を合わせたものに扇形と直線を用いてかかれている。）
右図の塗りつぶされた部分の面積を求めなさい。

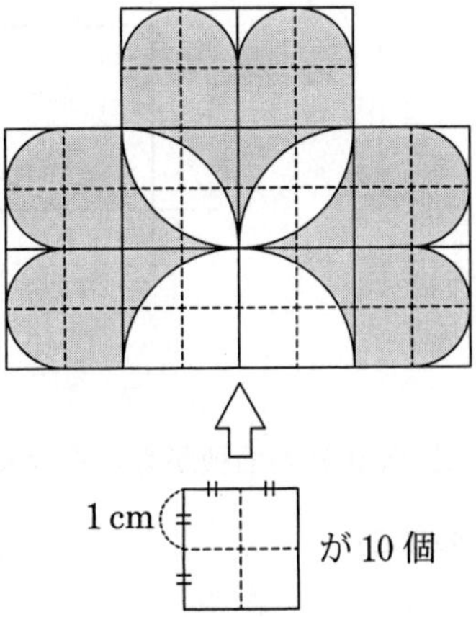

(13) 半径8cmの球を平面で切断する。中心から平面までの距離が6cmであるとき，切り口の面積を求めなさい。

(14) 右図は半径4cmの円である。
$\overset{\frown}{AB}+\overset{\frown}{CD}$ の長さを求めなさい。

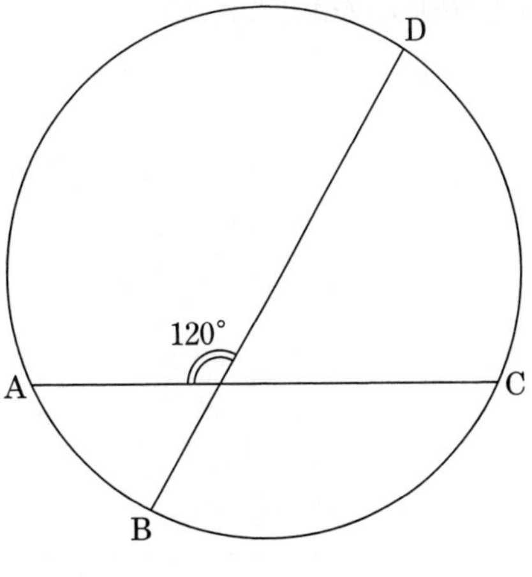

2 下の図のように，座標平面上に3点A (1, 0)，B (5, 0)，C (5, 2) がある。このとき，次の問いに答えなさい。

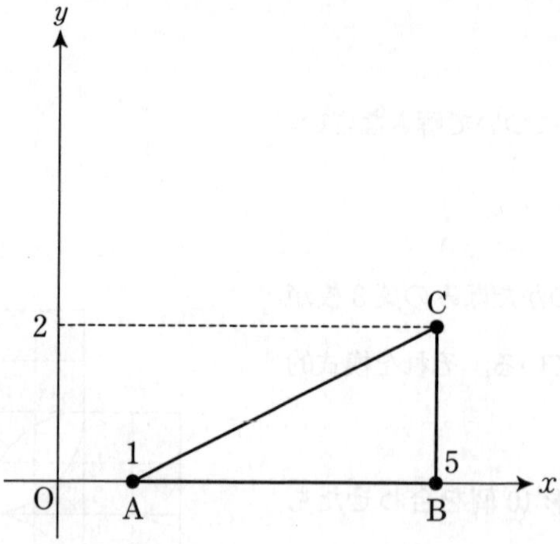

(1) △ABCと△ACPの面積が等しくなるように，点Pをy軸の負の部分に取るとき，点Pの座標を求めなさい。

(2) さらにD (1, 2) を取り，長方形ABCDを作る。原点を通る直線がこの長方形の面積を二等分するとき，直線の式を求めなさい。

(3) さらにE (3, 2)，F (3, 4)，G (1, 4) を取る。x軸に平行で，六角形ABCEFGの面積を二等分する直線の式を求めなさい。

3 ある中学校の3年生，かなさんとよしこさんが，ある日の給食で出た，下図のようなめずらしい形の飲み物パックについて話しています。文章を読んで，問いに答えなさい。

かなさん「今日の給食で出た，飲み物のパック，面白い形をしていたね。」

よしこさん「本当だね。あれは正四角錐みたいな立体だよね。」

かなさん「そうそう。いつもは立方体みたいな形の牛乳パックだから，いつもと違って面白かった。」

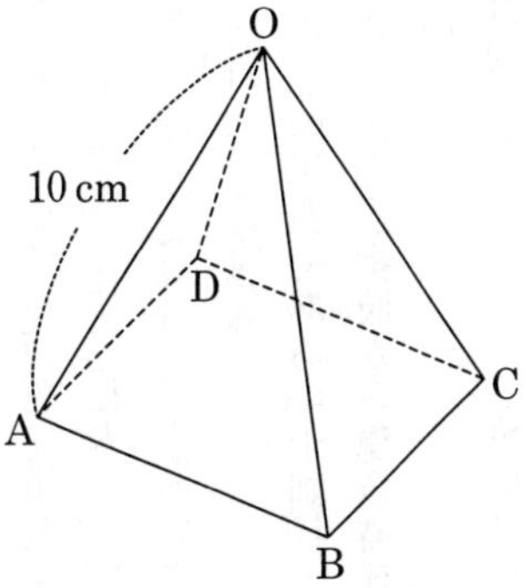

よしこさん「いつもの牛乳パックより大きいような感じがしたけど，体積はいつものパックと違うのかな？」

かなさん「いつもの牛乳パックはだいたい1辺が6 cmの立方体に近い形をしていたよね。」

よしこさん「今日出た正四角錐のパックは，1辺が10 cmくらいだったよね……。」

(1) 今日の飲み物パックを，図のようなすべての辺の長さが10 cmの正四角錐O-ABCDとして，頂点Oから底面ABCDに下ろした垂線の長さを求めなさい。

(2) いつもの牛乳パックを1辺が6 cmの立方体とし，今日の飲み物パックの体積と，いつもの牛乳パックの体積の差を求めなさい。ただし，$\sqrt{2}=1.4$とし，それぞれの立体の体積は小数点以下を四捨五入して，差を求めること。

(3) 会話文の続きを読んで，下記の【問い】に答えなさい。

よしこさん「いつもの牛乳パックと今日の飲み物パック，そこまで大きく体積が変わるわけではないんだね。」

かなさん「そうだね。でも今日の飲み物パックはちょっと大きくて，手の小さい私には持ちづらかったのよね。中身が出ないようにコーナーを持ってください，とパックに書いてあったけど……」

よしこさん「最短距離で持っていなかったのかも。カドからカドの最短距離を計算してみようよ！」

【問い】上の図において，辺OA上にBP＋PDが最小となるように点Pをとったとき，BP＋PDの長さを求めなさい。

成院、「もの御覧ぜむとて立てられたるなめり」とて、人寄らざりけるほどに、時になりて、この翁、※浅葱《あさぎ》かみしも着たり。①あふぎ開きつかひて、②したり顔なる気色にて、ものを見けり。人々、目をたてけり。

陽成院、このことを聞こしめして、件《くだん》の翁を召して、※院司《ゐんじ》にて③問はせられければ、「齢八十になりて、見物の志、さらに侍らぬが、今年、孫にて候ふ男の、内蔵寮《くらづかさ》の小使《せうし》にて、祭を渡り候ふが、④あまりに見まほしくて、ただ見候はむには、人に踏み殺されぬべく思《おぼ》えて、やすく見候はむために、札をば立てて侍る。ただし、院の御覧ぜむ由《よし》は、まつたく書き候はず」と⑤申しければ、「さもあること」とて、⑥御沙汰なくて、ゆりにけり。

これ、肝太きわざなれども、※かなしく支度しえたりける。をかしけれ。

（「十訓抄」による）

※　西八条の舎人…京都の西八条の辺りに住んでいた舎人。舎人は、皇族や貴族に仕え、警備や雑用などをしていた者。

※　賀茂祭…京都で行われる祭り。京都御所から下鴨神社、上賀茂神社を行列して巡った。

※　浅葱かみしも着たり…浅葱色（薄青色）の装束を着てやってきた。

※　院司…上皇の御所に仕えた役人。

※　かなしく支度しえたりける…かわいそうなまでにいろいろと考えて、やり遂げたことである。

問1　この作品の出典である「十訓抄」は、鎌倉時代に作られた説話集である。次の選択肢から鎌倉時代の作品を一つ選び、記号で答えなさい。

ア　「雨月物語」　　イ　「新古今和歌集」

ウ　「今昔物語集」　エ　「更級日記」

問2　傍線部①「あふぎ」を現代仮名遣いに直しなさい。

問3　傍線部③「問はせられければ」、⑤「申しければ」の動作主は誰か。次の選択肢から選び、記号で答えなさい。

ア　翁　　イ　陽成院　　ウ　人々

エ　翁の孫　　オ　院司

問4　傍線部②「したり顔なる気色にて、ものを見けり」、⑥「御沙汰なくて、ゆりにけり」、④「あまりに見まほしくて」の解釈として最も適切なものをそれぞれ選び、記号で答えなさい。

②「したり顔なる気色にて、ものを見けり」

ア　不満げな様子で、ご覧になっていたのであった

イ　不審げな表情で、人々が見るのであった

ウ　驚いた様子で、なりゆきを見守るのであった

エ　得意げな表情で、祭りを見物するのだった

④「あまりに見まほしくて」

ア　全く見たことがありませんで

イ　どうしても見たくなりまして

ウ　あまり見たくはありませんでしたが

エ　少しだけ見たのですが

⑥「御沙汰なくて、ゆりにけり」

ア　理由が分からず、疑問に思ったのだった

イ　何も聞かれず、帰されたのだった

ウ　ご処分もなく、許されたのだった

エ　言い訳もできず、処罰を受けたのだった

問5　本文における「翁」の振る舞いについて、最も近い意味の四字熟語を次から選び、記号で答えなさい。

ア　悪戦苦闘　　イ　公明正大

ウ　大胆不敵　　エ　泰然自若

問6　本文の内容として正しいものを次から選び、記号で答えなさい。

ア　陽成院は立て札を立てたが、見物には現れなかった。

イ　人々は翁が立て札を立てたとは思いもしなかった。

ウ　陽成院は、自分の名を勝手に使った翁に腹を立てた。

エ　翁は今まで一度も賀茂祭を見物したことがなかった。

テレビが茶の間のメディアであることは必ずしも自明だったわけではなく、このようにして一定の時間をかけて家庭的な特性を確立していったのである。

問4 傍線部②「家郷という退路を断たれたホワイトカラーや労働者たちは、切実な不安と孤独から高まるエネルギーを『小さな家郷』作りへと差し向けていった」とあるが、「『小さな家郷』作り」とは現実的にはどのようなものを指すか。本文中から三十字程度で探し、最初と最後の三字を抜き出しなさい。

問5 傍線部③「『家を持つこと』は、人々の目標となった」とあるが、なぜこのように考えるようになったのか。その理由となる一文を本文から探し、最初の五字を抜き出しなさい。

問6 傍線部④「失われた家郷に代わって『まだ見ぬ心のふるさと』を歌う《こんにちは赤ちゃん》は『新しい望郷の歌』だったのである」とあるが、この文章を分かりやすく説明したのが次の文章である。空欄に当てはまる言葉を字数に従って本文から探し、抜き出しなさい。なお、Ⅱは最初と最後の三字を抜き出すこと。

> 《こんにちは赤ちゃん》という歌は、［Ⅰ（八字）］をテーマにしており、それは家郷を失った人々が求めた［Ⅱ（十五字）］を具現化したものであったということ。

問7 傍線部⑤「テレビ視聴者なる存在は、『顔のある観衆』ではなく『数量の塊』として測定されることが常態化し」とあるが、これはどういうことか。最も適当なものを次から選び、記号で答えなさい。

ア　テレビの視聴者の単位として個人を想起するのではなく、「家庭」という単位での視聴率を把握するようになったということ。
イ　テレビの視聴者は、番組を見ている個々人を想定するのではなく、視聴率によって把握するものとなったということ。
ウ　視聴率によって個人の趣味嗜好を把握することが容易になり、アメリカの世界戦略が更に促進されたということ。
エ　テレビの視聴率をテレビ局のスタッフが直接調査するのではなく、機械によって個人を測定することが可能になったということ。

問8 本文の内容に合致しているものを次の選択肢から選び、記号で答えなさい。

ア　戦争によって家族や故郷を失った人々が都会で新たな共同体を形成し、第二の人生を歩み始めたことが戦後の日本経済が安定していくきっかけとなった。
イ　マイホームは経済的に成功していることを周りに分かりやすく知らしめるものであったため、人々は都会の豪勢な一軒家を求めるようになった。
ウ　テレビ番組は当初誰が見ているかということを想定せずに制作されていたが、次第にターゲットを絞るようになり、女性や子供をターゲットとするテレビ局も現れた。
エ　テレビが広く普及していくにつれて特定の視聴者層を狙った番組を制作できるようになり、視聴者は好みや気分によって番組を選択することが可能になった。

問9 傍線部⑥「茶の間は現実的・物理的空間として実在しているか否かとは無関係に、テレビ制作・演出上の『お約束』として、〈あるかのように振る舞うもの〉になったのである」とあるが、この前提として茶の間とテレビは相互にどのような関係を持っていたのか。茶の間とテレビ、それぞれについて言及し、四十五字以内で答えなさい。

三

次の文章を読んで、後の問いに答えなさい。

昔、※西八条の舎人《とねり》なりける翁、※賀茂祭《かものまつり》の日、一条東洞院《いちでうひがしとうゐん》の辺に、『ここは翁が見物せむずる所なり　人寄るべからず』といふ札を、暁より立てたりければ、人、かの翁が所為《しょゐ》とは知らず、「陽

と子供という一つのフレーズが出来た」という。これ以降、フジテレビでは家庭や母子を意識した方針がとられ、1963（昭和38）年放送開始のアニメ「鉄腕アトム」などが制作されていく。

他局の番組の制作者たちも、平均的な視聴者層として家庭を想定するようになっていった。前田武彦や井原高忠のようなテレビマンたちは、誰が見ているかもわからず、特定の視聴者層を意識することなく番組を制作していた。だが、テレビは、広く普及するようになるにつれ、多くの視聴者の趣味嗜好《しこう》に重なり、100％満足させられるものでなくても、「平均化されているもの」を映し出すようになった。［B］

しかも、1960年代に入ると、家庭でのテレビ視聴は量的に観測される対象になっていった。すなわち、視聴率測定技術の導入である。1960（昭和35）年、日本テレビはアメリカの調査会社ACニールセンと契約を結び、テレビ視聴率調査を本格的に開始した。好景気と貿易自由化の波に乗るスポンサー企業にとって、視聴率の正確な把握は死活問題だった。だが、それ以前の視聴率調査の方法は、調査員が調査対象者を訪問して協力を得る面接法か、対象者に日々記録をとらせる日記式調査法が一般的で、個人の記憶に頼らざるを得ないことや、時刻の正確性を期すことができないこと、調査期間が限られてしまうこと、個人調査であるために家族全員の視聴調査に及ばないことなどの不満があった。そのため、ニールセンとの契約は、スポンサー企業が大いに歓迎するところとなった。そして、この新たな調査技術の導入によって、⑤テレビ視聴者なる存在は、「顔のある観衆」ではなく「数量の塊」として測定されることが常態化し、なおかつ、個人ではなく「世帯」を単位として把握されるものへと変貌していったのである。また、1962（昭和37）年にはニールセンの日本進出に続けて、電通などの国内メディア企業が共同出資する視聴率調査会社ビデオ・リサーチが設立され、現在に至っている。［C］

受像機の前に全員集合するにせよ、食事中の視聴の是非を問うにせよ、「俗悪番組」をやり玉に挙げるにせよ、テレビは常に「家族のあるべき姿」とセットで語られ、反対に、家族もまたテレビをめぐる問題を通じて主題化されるようになった。このとき必ずといっていいほど用いられた語が、「茶の間」だった。テレビ番組は茶の間を意識して作られ、また家族の側もテレビによって結び付けられ、家族同士の全接触時間の6割程度がテレビとともにあった。このようにして茶の間とテレビの関係は、1960年代において強固で循環的な関係を築き上げることとなったのである。［D］

家族の理想・規範と実際とは、もちろん別のものである。しかし、少なくともテレビ番組の制作者たちにとって、家族の規範は、いかなる番組を作るべきかの指針となった。「ホームソング」のような家族規範に忠実なコンテンツを制作するのであれ、俗悪批判を承知で攻めの路線を進むのであれ、家族規範と茶の間のイメージは、番組の企画・制作・編成の主調となった。⑥茶の間は現実的・物理的空間として実在しているか否かとは無関係に、テレビ制作・演出上の「お約束」として、〈あるかのように振る舞うもの〉になったのである。

（周東美材「『未熟さ』の系譜―宝塚からジャニーズまで」による）

※ ホワイトカラー…事務系の仕事をする労働者。対して、後に出てくる「ブルーカラー」は製造業や建設業などの生産現場に直接従事する労働者。

※ 三種の神器…ここでは白黒テレビ・洗濯機・冷蔵庫を指す。

問1 傍線部a「呪縛」、b「具象」、c「広範」の読みを正しく平仮名で答えなさい。

問2 傍線部①「切実な苦悩として感じられるようになっていったのである」という文章に助動詞はいくつ含まれているか。漢数字で答えなさい。

問3 この文章からは次の一文が抜けている。入れるのにふさわしい部分を［A］～［D］から選び、記号で答えなさい。

ミー（行為を規制する共通の価値や道徳的基準を失った状態）が①切実な苦悩として感じられるようになっていったのである。

②家郷という退路を断たれた※ホワイトカラーや労働者たちは、切実な不安と孤独から高まるエネルギーを「小さな家郷」作りへと差し向けていった。「ホームメイキング」や「マイホーム」の掛け声が発せられ、都会での「第二の家郷」は創造・売買されていったのである。③「家を持つこと」は、人々の目標となったが、かといってそれは単身者世帯や老親の呼び寄せ同居などを目指していたわけではなく、実際には、サラリーマンの夫と専業主婦の妻と子どもという「標準世帯」の実現を目指していた。「小さな家郷」の創造のために、出郷者たちは、生活の物質的な拠点として不動産などの家産の形成に努め、また、精神的な拠点としての愛情共同体の形成に駆り立てられていった。その努力を可能にしたのが、高度経済成長、戦後の住宅政策、「家族の戦後体制」という歴史的条件だった。家郷は本来、人間がそこから出発し還るべき所与の原点であったはずだが、1960年代においては未来に向かって建設するべき課題へと転じていったのである。

こうした家郷創造の時代のなかで、ナベプロが所属タレントの梓《あずさ》みちよにある楽曲を歌わせた。それが《こんにちは赤ちゃん》だった。永六輔が作詞し、中村八大が作曲して1963（昭和38）年にリリースされたこの楽曲は、未来の家庭の幸福を歌い上げて大ヒットしていった。梓本人は、現実には家庭の規範に忠実に従っていたわけではなく、自らの生き様とパブリック・イメージとの乖離《かいり》に悩むこととなった。だが、この歌が自身の代表曲となり、さらにはこの歌を昭和天皇の御前で披露して「天覧歌手」の異名をとることになった。④失われた家郷に代わって「まだ見ぬ心のふるさと」を歌う《こんにちは赤ちゃん》は「新しい望郷の歌」だったのである。

1960年代に「マイホーム」という和製英語や「家付きカー付き婆抜き」などの俗語が流行していったことは、この時代の新しい家族生活への関心の高まりを雄弁に物語っていた。郊外に築かれたニュータウンや団地は、新たな家族生活への欲望の空間的な現れであったが、家は単なる物質ではなく、出郷者たちの精神の延長であった。マイホーム主義は、もはや単なる人生の選択肢のひとつとしてあったのではなかった。家庭を持たなければ幸せになれないという強迫観念や、家族をもたないことには幸福な未来を見通せないという画一化された想像力が、マイホームへの志向を突き動かしていたのである。それは、戦後日本社会をa呪縛するひとつの風景にほかならなかった。

「小さな家郷」の中心に置かれたのが、テレビだった。「※三種の神器」として位置付けられたテレビは、家族たちが実際に手に触れて確かめることのできる豊かさのb具象であり、自らの幸福な未来を覗き込む魔法の箱であり、そして、日々の団欒《だんらん》生活の要でもあった。「国民的な」スターやイベントはテレビを介して生まれ、ホームドラマは家庭という最も劇的でない日常の空間に劇を持ち込んだ。こうした「国民的な」日常性を構成するテレビは、占領後のアメリカの世界戦略の一環としての側面を備えていた。したがって、戦後日本社会を覆っていたマイホームの理想や幸福もまた、アメリカとの間接的な常時接続を可能にしたこの装置によって具体化され、あるいは制約されてもいたのである。A

当初は高級品だったテレビは、次第に全階層的に普及していき、家族、とりわけ子どもの日常生活を構成していった。（中略）テレビがブルーカラー層も含めたc広範な視聴者を獲得するようになっていくと、マーケットとしてのホームの重要性は、テレビ番組の作り手たちにはっきりと意識されるようになった。1959（昭和34）年3月に開局した後発のテレビ局であるフジテレビは、「明るい家庭に楽しいテレビ」をモットーとし、「母と子供のフジテレビ」をキャッチフレーズに掲げ、家庭や子どもという文言を強調していった。先発局に負けないような特色を出すにはどうすれば良いかが検討され、最初女性を狙った番組を組んだらいいのではないかという意見が出てきたが、「女性だけでなく子供も入れようと言って、母

問4　空欄 Ｉ に入る慣用句を次から選び、記号で答えなさい。
ア　目が留まった　　イ　目を剝《む》いた
ウ　目を掠《かす》めた　　エ　目が眩《くら》んだ

問5　傍線部①「いや、徹はいつも通りだったよ」という発言について、正しい説明を次から選び、記号で答えなさい。
ア　「川木」は自分のプレーの拙さに嫌気がさしていたため、「俺」に馬鹿にされたと感じてしまった。
イ　「川木」は自分のプレーに自信を持つあまりに、負けたのはすべて自分のせいで、「俺」は関係ないと思っていた。
ウ　「川木」は「俺」のプレーを尊敬していたため、「いつも通りの良いプレーをしていた」と感じていた。
エ　「川木」は「俺」が試合中のミスを悔やんで苛立っていることに気づき、「俺」を慰めようと思った。

問6　傍線部③「俺はだんだん居心地が悪くなってきて、遮ろうと思った」とあるが、「俺」がこのように思ったのはなぜか。最も適当なものを次から選び、記号で答えなさい。
ア　「川木」が自分のことを褒めるという予想外の出来事が起こり、動揺してしまったため。
イ　「川木」が脈絡もなく思い出話を始めたことで、話の流れについていけなくなったため。
ウ　誰にも言ったことがなかった自分の信念を、「川木」は気づいてくれていたことに驚いたため。
エ　一番熱心に練習をしていたのは「川木」なので、自分が褒められる筋合いはないと感じたため。

問7　次の選択肢はこの文章において印象に残った場面（波線部）を生徒Ａ～Ｄが発表したものである。本文における説明として適切でないものを次から一つ選び、記号で答えなさい。
ア　生徒Ａ：「沈黙が降りると、昼休みの喧噪《けんそう》がうっすらと校舎の窓や、校庭の方から聞こえてくる。」というところがいいと思いました。「川木」と「俺」の口論が一旦止んで沈黙になった時に、それまで気にしていなかった周りの微かな音が聞こえるようになったという所がリアルに想像できます。
イ　生徒Ｂ：「テニスをしているときだけに見せる、ぎらぎらとした夏の日差しのようなまなざし。」という部分が好きです。擬態語によってどんな目線であるのかがすぐに想像がつき、「川木」の真剣な表情が伝わってくる表現だからです。
ウ　生徒Ｃ：「ぽーん、とボールが放られて、無意識に手を伸ばしていたようだった。ぽすっと手の中に収まったボールを見て、川木を見た。」という部分が印象に残りました。それまでの「俺」は「川木」の考えが分かっていませんでしたが、「川木」が本音を打ち明けたことで二人の心が通い合ったことを表しているからです。
エ　生徒Ｄ：「くしゃみを一つした。」という一文が心に残りました。「俺」は感情に任せて「川木」に酷いことを言ってしまったことを後悔していましたが、くしゃみをしたことで「俺」は我に返り、冷静に考えられるようになったことを感じたからです。

問8　傍線部②「ここには俺しかいない」とあるが、「俺」がこのように感じたのはなぜか。三十字以内で答えなさい。

二　次の文章を読んで、後の問いに答えなさい。

都市への急激な人口流入や社会階層の変動は、旧来の価値観や規範の動揺をもたらした。一方では、家郷や自然村の秩序の分解があり、郷里はいざとなったら帰ることのできる場所としての機能を失いつつあった。他方、都会においては、さまざまなルーツや社会階層から成る、寄る辺ない出郷者たちの群れが形成されていったものの、彼らのあいだで共有されるべき価値や拠《よ》って立つべき道徳基準は不在だった。根無し草となった家郷喪失者たちのなかでは、アノ

「一年の頃からずっと、すげーなあって思ってた。入部した最初の頃ってさ、一年は全然打たせてもらえなくて外周とかめっちゃ走らされるじゃん。追い越し走とか俺すげえキツくってさ」

追い越し走というのは、部員が一列になって一定の速度で走りながら、一番後ろの人が列の一番先頭まで走って先頭者になる、というのを延々繰り返すランニングだ。ただ走り続けるのと比べて加減速を繰り返すので負担が大きく、体力のないやつはそのうち追い越せなくなって列から脱落していく。

「翼がスタミナ馬鹿だろ。あいつが先頭になるとなんかペース上がって追い越すのほんとしんどいんだよ。絶対嫌がらせしてんだぜ」

確かに山本は強かった。追い越し走で脱落したことがないのは山本と、それから、

「でも徹だけは、いつも山本に食らいついていってたからな」

……そう。最後にはいつも、俺と山本が二人で追い越し走をするという地獄絵図になっていたっけ。

「最初はなんか弱っちそうだなと思ってた。でも徹は朝練は絶対毎日最初に出てるし、練習中もすげえdマジメだし、冷静だし、どんどん上手《うま》くなるし、プレーは丁寧でミスもないし、決め所は絶対ミスんねえし」

③俺はだんだん居心地が悪くなってきて、遮《さえぎ》ろうと思った。でもそのとき、川木が言ったのだ。

「なにより徹は、下を見ないから」

――下を見るな。

コーチに言われた言葉。自分の中に刻まれている信念。

誰にも気づかれていないと思っていた。ましてや自分のことなんか、まるで眼中にないだろうと思っていた川木なんかに。

ずっと見ていたのだろうか。

俺が川木の背中を見続けたように。

その背中は振り返らないと思っていた。

俺のことなんて見ていないのだと思っていた。

同じ場所にはいないのだと思っていた。

――でも。

「おまえが前見てるから、俺も下見ないようにしようって思うんだぜ。おまえが背中見てるって思うと、なんか背筋が伸びるんだ。だからダブルスの方が安定するんだよ。おまえが同じコートにいるだけで、すげえ助けられてるんだ」

「そんな精神論……」

苦し紛れの反論は、自分でも無意味だとわかっていた。なぜなら、

「テニスはメンタルスポーツだからな」

川木はにやっと笑う。

そうだ。

そしてダブルスにおいて選手の精神は、二つで一つだ。

当たり前のようで、わかっていなかったこと。

「ダブルスパートナー、誰だってよかったわけじゃねえよ」

ぼそりと、川木はそう言って、遠くを見る目になった。

「なあ徹、おまえはずっと前見ててくれよ。俺がアメリカ行っても、どこにいても、俺の背中ちゃんと見ててくれよ」

その目に何が映っているのか、その日、俺はようやく少しだけわかったような気がする。

（天沢夏月『17歳のラリー』による）

※　サービスエース…相手が返球できず、サーブがそのまま得点となること。

※　チャンボ…チャンスボール。相手にとって打ちやすいボール。

※　インハイに出てる…「川木」は2年の時、シングルスとしてインターハイに出場していた。

問1　傍線b「タンタン(と)」、c「ビコウ」、d「マジメ」を正しく漢字で書きなさい。

問2　傍線部a「ケン(のある)」の漢字として正しいものを次から選び、記号で答えなさい。

ア　剣　　イ　腱　　ウ　険　　エ　研

問3　傍線部A「で」、B「きっと」の品詞を漢字で答えなさい。

俺はぽつりとつぶやいた。
沈黙が降りると、昼休みの喧噪《けんそう》がうっすらと校舎の窓や、校庭の方から聞こえてくる。テニスコートは校舎を挟んで校庭の反対側にあるので、昼休みにこっちの方に来る人は少なくて、なんだか別世界のように感じる。コートの上に、俺と川木だけ。だけど、俺は一人だ。②ここには俺しかいない。川木は別次元の存在だ。同じコートの上に立っていても、川木は俺と同じ土俵でテニスをしていたことなんて、一度だってないのだ。
でも、どうせあと数か月待てば川木はいなくなる。今揉《も》める必要なんてなかったのに、言ってしまった自分にちくちくと後悔が込み上げてきたとき、
「嫌だ」
川木の声は小さかったが、やけに大きくコートに響いて、俺は顔を上げた。
川木の真顔がそこにあった。
テニスをしているときだけに見せる、ぎらぎらとした夏の日差しのようなまなざし。
「話聞いてたのか?」
「聞いてたけど納得はしてねえ」
「納得なんか求めてねえよ。どうせ川木にはわからない」
「俺は勝ったとき徹のおかげだと思うし、負けたら自分のせいだと思ってる」
俺は言葉を失いかけた。
かろうじて言い返した。
「真似すんな」
「マジなんだな、これが」
いつぞや聞いた口調で川木は笑う。なぜ笑うのだろう。俺は今度こそ言葉を失う。
「なあ徹。俺はおまえが思ってくれてるほどすげえ選手じゃねえよ」
コートの隅っこに落ちているボールを見つけて、川木が小走りに拾いにいく。拾ったボールをくるくると手の中で転がしてから俺に向かって投げる。俺がひょいと避《よ》けると「避けんなよッ」と怒鳴る。
「すぐ調子崩すし、調子崩れたら戻らねーし、朝練は気分乗らなきゃ出ねーし、ラリー長くなるとついつい一発エースに頼っちまうし、でもミスるし」
言いながら川木は、俺が避けたボールを拾いにいった。一人で「取ってこい」をやっている犬みたいだ。
「それでも川木は、※インハイに出てる。それだけの力がある。海外にだって呼ばれてる。それだけ認められてるってことだろ。誰でもいいわけじゃない。それは、川木じゃなきゃダメってことだろ」
俺はbタンタンと事実を述べる。川木がもう一度ボールを投げる。俺は避ける。
「この世界には、調子崩さないし、調子崩しても自力で戻せるし、朝練は毎日出るし、ラリー長くなっても根気強くチャンス待つし、決め所はきちんとエース決めるようなやつが、いるんだよ」
川木が言いながら、またボールを拾いにいった。なにをしているんだ、こいつは。
「そんな化け物みたいなやつ、いねえよ」
俺が言うと、川木は笑った。
「おまえのことだよ、徹」
ぽーん、とボールが放られて、無意識に手を伸ばしていたようだった。ぽすっと手の中に収まったボールを見て、川木を見た。
「……は?」
「だから、徹のことだって」
もう一度言って、川木は空を見上げた。
ついこないだまで桜の花びらが舞っていたはずの空は、一層青さを増して、初夏の気配を漂わせている。風が吹いて、cビコウをくすぐる。薬を飲んだはずの鼻がむずがゆい。
くしゃみを一つした。川木が笑った。

二〇二三年度　江戸川女子高等学校（Ｂ推薦）

【国語】（五〇分）〈満点：一〇〇点〉

一　次の文章を読んで、後の問いに答えなさい。

> 　テニス部に所属している高校三年生の「俺（徹）」は、部のエースである「川木」とダブルスを組んでいるが、「川木」はテニス留学のために七月にアメリカに渡るということを突然打ち明けてくる。「俺」はその話を受け止めきれないまま「川木」とダブルスでインターハイ予選に参加し、納得のいく試合が出来ずにベスト24で敗退してしまう。それ以来「俺」は「川木」を避けてしまっているが、昼休みに一人でテニスコートにたたずむ「川木」を見つけ、思わず話しかけたのが次の場面である。

「……で、今はなにしてるんだ」
　もう一度訊《き》くと、川木は「イメトレ」と短く答えた。イメトレ。高校テニスレベルAでイメージトレーニングなんか効果があるのかと思ってしまうが、川木ほどの選手にはBきっと重要なことなんだろう。
「こないだのダブルスはあんまりよくなかった。ワリィ」
　俺は［　Ⅰ　］。
「川木が謝ることじゃない」
「いや、俺の立ち回りがよくなかった」
「川木はよかったよ。サーブとか、すげえ決まってたし……」
「全然。※サービスエースなんかどうでもいい」
　サービスエースなんかどうでもいい。
　その言葉を本心から口にできるやつが、どれほど少ないか。
「……なにが気に入らなかったんだよ」
　ややaケンのある口調になったが、川木は気づかなかったようだった。
「あんまりカバーとかできてなかった」
　俺は苛立った。それはそもそも、俺が川木にカバーをさせるようなことをしていたから。
「俺が悪いやつだろ、それ」
「①いや、徹はいつも通りだったよ」
　川木は平然と言った。その瞬間、俺の中で何かが壊れた。
「いつも通りってなんだ。いつも通り足手まといだったか？」
　気がつくとそんな言葉が口を飛び出していた。言ってしまってから、「言ってしまった」と思ったがもう手遅れだ。
　でも、川木は思ったほどには表情を変えなかった。それにますます苛立って、口が勝手に動いてしまう。
「こないだの試合だって、それまでの試合だって、ポイント多く取るのはいつだって川木だろ。俺が取りこぼしたポイントも全部川木が拾ってくれるじゃないか。ベスト24に入れたのだって川木が強かったからだ。俺が何かしたわけじゃない」
　川木が何かを言おうとしたので、機先を制してまくし立てた。
「ストレートのパターンだって、川木は前でも後ろでもちゃんとしてた。ポーチに出るタイミングが遅かったり、決めきれなかったり、ラリーに打ち負けて相手に※チャンボあげてるのは俺だ。俺が悪いんだよ。いつもそうだ。いつもそうなんだよ。ずっと思ってたさ。川木は強すぎるんだ。俺なんかと組んだところで実力差がありすぎて、俺の方ばっか狙われて足引っ張るんだよ。勝てば川木のおかげだと思うし、負けたら俺のせいだと思うんだ。ずっとそうだった。はっきり言って俺はダブルス嫌いだったし、川木と組むのも苦痛だった。自分が惨めでしんどいんだよ！」
　最後の言葉を吐き出すとき、俺は下を向いていた。別にいい。今は試合中じゃない。前を見る必要なんてないんだ。
「……団体戦は、ダブルスやめようぜ。俺から山本に話す」

英語解答

〔放送問題〕

A 1 vegetable　2 cheap
3 moon　4 draw　5 roof

B 1 b　2 c　3 c　4 a
5 b

C 1 reaction　2 Falling
3 fewer　4 easily
5 information　6 reduce
7 middle　8 pattern
9 deep　10 worse
11 better　12 comfortably

D ① 30　② 50　③ 農地
④ 山火事　⑤ ベトナム
⑥ オーストラリア
⑦ インドネシア　⑧ ナイジェリア
⑨ タンザニア

〔読解問題〕

A 1 a　2 d　3 b　4 c
5 b

B 1 as　2 since　3 hope
4 twice　5 interests

C 1 The languages spoken in Canada are English and
2 parents found nothing more impressive than that movie
3 No one can tell what will happen to
4 asked my sister to help me with my
5 are so many people still waiting outside the
6 Which team do you think will win at

D 1 1 yours　2 own　3 the
4 How〔What〕　5 pianist
6 every　7 No　8 any
9 the　10 does　11 singer
2 c

E 1 ×　2 ○　3 ○　4 ○
5 ×　6 ×　7 ×　8 ×
9 ×　10 ○

F 1 (1) playing　(2) playing
(3) to do　(4) to get
(5) playing　(6) to limit
2 (a) for　(b) over　(c) never
(d) that　(e) on　(f) not
3 ゲーム，アルコール〔酒〕，ギャンブル
4 (例)人が診断を受けるには，この妨害が少なくとも１年続く必要がある。
5 (B) cannot→can
(C) over→under
6 in the game
7 (1)… c　(2)… c　(3)… a

A～**D**〔放送問題〕放送文未公表

A〔単語の発音〕

1．a．weight[ei]　b．height[ai]　c．tight[ai]　d．style[ai]
2．a．pressure[ʃ]　b．combination[ʃ]　c．expression[ʃ]　d．pleasure[ʒ]
3．a．blood[ʌ]　b．wood[u]　c．cut[ʌ]　d．luggage[ʌ]
4．a．exercise[ks]　b．experiment[ks]　c．exam[gz]　d．except[ks]
5．a．agent[ei]　b．damage[æ]　c．stranger[ei]　d．ancient[ei]

B〔適語補充・書き換え〕

1．空所の前後が文の形になっているので，接続詞が入る。get older「より年を取る」とあるので，「～するにつれて」という‘比例’の意味を表す接続詞 as が適切。この as は‘get〔become〕＋比較

級’の文で用いられることが多い。　「年を取るにつれて新しいことを覚えるのが難しくなる」

2．‘期間＋have/has passed since ～’「～以来〈期間〉がたつ」の形(現在完了形‘完了’用法)。「ここに引っ越してから５年経った」

3．外出するのだから雨が降ってほしくないという意味にする。I hope not. は前の相手の発言を受けて「そうならないといい」という意味を表す。ここでは I hope (it will) not (rain). のかっこ内の部分が省略されていると考えられる。　「雨が降りそうね」―「降らないといいな。今日の午後は外出するんだ」

4．「これはあれの半額で買えるだろう」―「あれはこれの２倍高い」　‘倍数詞(N times / twice / half など)＋as … as ～’「～のN倍…だ」の形。‘as … as ～’の表現で‘量’に関して述べる場合は上の文のように‘as much＋数えられない名詞＋as ～’という形になる。

5．「私は日本史にとても興味があります」　動詞の interest は「(人)に興味を持たせる」という意味の他動詞なので，上の文のように‘人’が主語のときは受け身で用いる。下の文は「日本史」という‘物事’が主語なので，interest の目的語を me として「日本史が私に興味を持たせる」という文にする。単数形の‘物事’が主語なので，３人称単数現在の s をつける点に注意する。

C〔整序結合〕

1．文の骨組みとなる「言語は英語とフランス語だ」は，The languages are English and French で表せる。「カナダで話されている」は，spoken を分詞として用いて，‘名詞＋分詞＋語句’(分詞の形容詞的用法)で表せるので，spoken in Canada を The languages の直後に置く。

2．「～ほど感動的なものを何も見つけなかった」と読み換え，まず主語と動詞を My parents found とする。find の目的語に当たる「感動的なものを何も」を，‘-thing＋形容詞’の語順で nothing impressive とするが，「あの映画」と比較する文なので nothing more impressive とし，この後に than that movie と続ける。

3．「分かる者はいない」を「誰も分からない」と読み換え，No one can tell で始める。tell の目的語として「何が起こるか」を what will happen と続ける(疑問詞 what が主語となる間接疑問なので‘疑問詞＋(助)動詞’の語順であることに注意)。最後に to を置いて to us「私たちに(＝自分の身に)」とする。

4．「〈人〉に～するよう頼む」は‘ask＋人＋to ～’の形を用いる。「〈人〉の〈仕事〉を手伝う」は‘help＋人＋with＋仕事’で表せる。

5．「人が大勢いる」は「非常に多くの人がいる」と読み換え，There are so many people とする。「建物の外でまだ待っている」は，standing を分詞として用いて standing outside the building とまとめて many people を後ろから修飾する(現在分詞の形容詞的用法)。「まだ」は「待っている」を修飾しているので waiting の直前に置く。

6．「～と思いますか」は do you think ～ で表せる。「どちらのチームが勝つか」は，Which team will win で表せる。Yes/No では答えられない疑問文に do you think が入る場合，‘疑問詞(＋名詞)＋do you think …?’の語順になる点に注意する。

D〔会話文完成〕

≪全訳≫❶(アンはアメリカ出身だ。ユカとコウジは彼女の新しい友達である。今日はアンとコウジがユカのところに来ている。今彼らはユカの家にいる。)❷アン(A)：わあ，そのピアノ，すてきだね。それはあなたのもの，ユカ？❸ユカ(Y)：いいえ，私は自分のピアノを持ってないの。それは私の姉〔妹〕のだよ。彼女はピアノが上手なの。❹A：あなたも弾くの？❺Y：いいえ，弾かないわ。コウジ，あなたはどう？❻コウジ(K)：僕は弾けるよ。母と父もピアノが弾けるんだ。❼Y：すごいね。私たちに弾いてよ，コウジ。❽K：いいよ。❾(コウジは2人のためにピアノを弾いてあげる。とても上手に弾く。)❿Y：わあ，すごくピアノが上手だね。⓫K：毎日一生懸命練習しているんだ。⓬Y：アン，あなたもピアノを弾くの？⓭A：いいえ，でもピアノ音楽は好きよ。⓮Y：あなたは何か楽器が弾ける，アン？⓯A：ええ。ギターが弾けるわ。⓰Y：私はギターを持ってないけど，姉〔妹〕が持ってるの。ここに持ってくるね。⓱A：一緒に演奏しましょう，コウジ。⓲K：ユカは歌って。君は歌が上手だよね。⓳Y：わかった。うまく歌えると思うわ。⓴A：それはすばらしい！　12私たちミュージシャンだね！

1＜適語補充＞1．it は前文の a nice piano を指す。アンの質問にユカが「いいえ」で答え，自分はピアノを持っていないと述べているので，「あなたのピアノ」かと尋ねたとわかる。これを1語で表す。　2．ピアノはあるが姉〔妹〕のものなので，ユカは「自分自身の」ピアノは持っていないと答えたと判断する。　3．一般に，楽器を演奏すると表現する場合，楽器の前に the をつける。　4．コウジが Yes, I can. と答えているので，あなたはピアノを弾くかという内容の質問をしたと考える。How〔What〕about you？は「あなたはどうですか」と人の‘意見’を尋ねるときの定型表現。　5．前段落より，コウジがピアノを上手に弾いたことがわかるので，「ピアノの上手な弾き手」とする。　6．現在形の文で，空所の後が day であることから，every を入れて「毎日」とする。7．空所の後に「でも」とあり，ピアノ音楽は好きと答えているので，ピアノは弾けないと答えたと判断する。　8．ここではピアノに限らず musical instruments「楽器」を弾くかと尋ねているので，「何か」を表す any を入れると楽器の中で1つでも弾けるものがあるかを尋ねる疑問文となる。　9．play the piano「ピアノを弾く」と同様，楽器を演奏すると表現する場合は the が必要。　10. but「しかし」があるので，姉〔妹〕はギターを持っていると判断する。have a guitar のように動詞を含む語句を1語で表すには，do を代動詞として用いる。ここでは my sister という3人称単数が主語なので does とする。　11．直後でユカがうまく歌えると思うと述べているので，「歌がうまい」＝「上手な歌い手」とする。

2＜適文選択＞コウジがピアノを弾き，アンがギターを弾き，ユカが歌うという3人でのパフォーマンスが始まろうとしていることから判断する。

E〔長文読解―内容真偽―メニュー〕

≪全訳≫オールスターレストラン／オールスターレストランへようこそ！　私たちのとてもおいしい料理をご堪能ください！／(メインメニュー)／ミートソースパスタ　10.5ドル／当店名物のミートソースを使ったパスタ。チーズありとなしがございます。フライドポテトとパンつき。／ステーキの野菜添え　12.2ドル／ステーキ用のソースはマッシュルーム，オニオン，バーベキューからお選びください。本日の野菜つき！(本日の野菜は給仕にお尋ねください)／チキンサンドイッチ　9.2ドル／今までに食べたことのない最高のチキンサンドイッチです。チキン，トマト，レタス，ベーコンに特製ピーナツソースをかけ，焼きたての2枚のパンではさみました。フライドポテトつき。／●全てのメイン料理にはドリンクとサラダが含まれます。／●食物アレルギーのある方は，給仕にお申しつけください。／●メイン料理が2ドル引きになる特別クーポンをご利用ください。／(キッズメニュー)*10歳以下のお子様に限ります。／ミートボールスパゲティー　6.5ドル，チーズサンドイッチのピーナツバター添え　5ドル／カレーライス　5.5ドル／●全てのキッズメニューにはフライドポテトとドリンクが含まれます。／●キッズメニューには特別クーポンはご利用いただけません。／(ドリンクメニュー)／コーラ／ジュース(アップル，オレンジ)／レモネード／紅茶(ホット，アイス)／コーヒー(ホット，アイス)

＜解説＞1．「『ミートソースパスタ』にはたっぷりのチーズがかかっていて，フライドポテトがつく」…×　チーズのありなしは選べる。　2.「『ステーキ』についてくる野菜は毎日同じではない」…○「本日の野菜は給仕にお尋ねください」とあるので，野菜の種類は毎日変わると判断できる。　3.「このレストランは店のチキンサンドイッチが世界で一番おいしいと信じている」…○「今までに食べたことのない最高のチキンサンドイッチ」であると述べている。　4.「『チキンサンドイッチ』を注文するなら『フライドポテト』を注文する必要はない」…○　フライドポテトが添えられている。　5.「このレストランでは食物アレルギーのことを考える必要がない」…×　食物アレルギーがある人は給仕に申し出るようにと注意書きがある。　6.「『ステーキの野菜添え』に特別クーポンを使うと12ドル払うことになる」…×　ステーキの野菜添えの値段は12.2ドルで，特別クーポンを使うと2ドル引きになるので，10.2ドルが正しい。　7.「10歳の子ども2人が2人ともミートボールスパゲティーとカレーライスを注文した場合，12ドルかかる」…×　ミートボールスパゲティーは6.5ドル，カレーライスは5.5ドルで，2人がそれぞれ2品ずつ注文すると合計24ドルになる。　8.「キッズメニューを注文した場合，食事だけでなくドリンク代も払う必要がある」…×　全てのキッズメニューにはドリンクが含まれている。　9.「11歳の子どもは特別クーポンを使うことができない」…×　特別クーポンが使えないのはキッズメニューだけで，キッズメニューの対象は10歳以下である。　10.「ドリンクは，ホットティーやアイスコーヒーなどから選べる」…○　ドリンクメニューに一致する。

F〔長文読解総合─説明文〕

≪全訳≫❶オンラインゲームの普及により，ゲーム中毒が深刻な問題になっている。ゲームに時間を費やしすぎる人たちの健康が大いに懸念されているのだ。2019年5月，世界保健機関(WHO)は「ゲーム障害」を国際疾病分類の見出しとして記載した。今やそれはアルコールやギャンブルなど他の依存症と同様に精神疾患と見なされている。このことでゲーム中毒が診断，研究されやすくなっている。❷WHOによると，ゲームが家庭や学校，睡眠といった生活の他の領域を妨げているにもかかわらず，ゲームをやめられない人はゲーム障害であるという。診断が下されるには，これらの支障が少なくとも1年間続く必要がある。ゲーム中毒の人は他の日常の活動よりもゲームを最優先事項とする。また，生活に問題があっても彼らはゲームをし続ける。症状が非常に深刻な場合は1年以内に診断が下される可能性もある。❸テレビゲームは何年も前からあるが，今日のオンラインゲームは別物だ。これらのゲームは終わりがなく，オンライン上で他の人と遊ぶことができる。ゲームの中でやるべきことがたくさんあるので，プレイヤーはやめたくならない。6彼らはまた，もし自分がやめると仲間が困るだろうと思っているかもしれない。そのため昼夜を問わず遊ぶ人もいるのだ。彼らはゲームのために学校や会社に行かなくなることさえある。彼らはまた，もっと多くのアイテムやレベルを手に入れるためにお金を使うことをやめられない。❹この問題は非常に大きくなっていて，ゲームのやりすぎによる死者が世界中で報告されているほどだ。多くの国がこの問題を解決するための対策を講じている。韓国では16歳未満の子どもに午前0時から午前6時の間はゲームをさせないようにするシャットダウン制を可決した。2019年に，中国は18歳未満の子どもがゲームをしてもよい時間に制限を設けた。平日は90分，土日祝日は3時間に制限される。そして香川県は日本で初めて若者のゲーム時間を制限する地方自治体となった。ビデオゲームは楽しいが，生活の全てではなく一部にとどめることが大切だ。

1＜語形変化＞⑴‘spend＋時間＋～ing’で「～することに時間を費やす」という意味を表す。　⑵keep ～ingで「～し続ける」という意味を表す。　⑶doがなくても文の形になっているので，doは修飾語(句)と考える。「～すべき」を表すto不定詞の形容詞的用法を用いてto doとするとmany thingsを修飾できる。　⑷前後の関係は「お金を使う」→「もっと多くのアイテムやレベルを手に入れる」なので，「～のために」という‘目的’を表すto不定詞の副詞的用法を用いてto getとする。 (5)‘keep＋目的語＋from ～ing’で「…に～させないようにする」という意味を表せる。 (6)the first local governmentとlimitは「制限した最初の地方自治体」となると考え，to不定詞の形容詞的用法を用いてto limitとする。‘the first A to ～’で「～した最初のA」という意味を表せる。

2＜適語選択＞(a)gaming addiction「ゲーム中毒」はto不定詞句to be diagnosed and studiedの意味上の主語になっている。to不定詞の意味上の目的語にはforを用いる。なお，前にあるitは形式目的語で，for以下のto不定詞句を指している。 (b)ゲーム中毒の人はゲームが日常生活よりも優先される。前置詞overは「～よりも，～に優先して」という意味を表せる。 (c)These gamesとは今日のオンラインゲームを指す。これまでの段落でゲームをやめられないゲーム中毒について述べられているので「ゲームに終わりがない」という意味になるようneverを選ぶ。 (d)空所前にsoがあるのに着目。‘so ～ that …’「とても～なので…，…するほど～」の構文である。 (e)直後にweekends and holidays「土日祝日」とあるので，‘曜日・日付’を表す前置詞onが適切。 (f)文末のitはyour lifeを指す。ゲームは生活の一部として楽しむ方がいいと述べているので，「生活の全部ではなく」となるようnotを選ぶ。

3＜要旨把握＞第1段落第1文にゲーム中毒について述べられている。さらに同段落後ろから2文目に，中毒の例としてアルコールとギャンブルが挙げられている。

4＜英文和訳＞need to ～は「～する必要がある」という意味を表す。at leastは「少なくとも」という意味。for someoneはto不定詞句to receive a diagnosisの意味上の主語になっている点に注意する。interferenceは「妨害，干渉」という意味。前にある動詞interfereの名詞形である。

5＜誤文訂正＞(B)These games「これらのゲーム」とは前文のtoday's online games「今日のオンラインゲーム」を指す。オンライン上では他の人と遊べるので，cannotをcanとする。 (C)前文では韓国が16歳未満の子どもに対してゲームを制限する法律を可決したとあり，青少年のゲーム中毒が問題になっていると判断できるので，over「～より上で」をunder「～未満で」とする。

6＜適所選択＞脱文は「自分がやめると仲間が困る」という内容なので，ゲームがやめられない理由を述べていると考える。第3段落3文目にプレイヤーがゲームをやめたくない理由の1つが挙げられているので，この直後に入れる。

7＜内容一致＞(1)「ゲームをすることでとても深刻な問題を抱えている場合，その人はゲーム障害と診断される」 第2段落第1文参照。日常生活に支障をきたしているのにゲームがやめられないのはゲーム障害だと述べられている。 (2)「今日のオンラインゲームは私たちが以前遊んでいたゲームとは異なる」 第3段落第1文に昔のビデオゲームとは違うとある。be different from ～で「～とは異なる」。used to ～は「よく～したものだ」という‘過去の習慣’を表す。 (3)「香川ほど早く子どものゲーム時間を制限した県は日本にない(日本で最初に子どものゲーム時間を制限したのは香川県だ)」 最終段落後半参照。‘no (other)＋単数名詞＋動詞…＋as … as A’で「Aほど…な―はない」という意味を表す。

2023年度／江戸川女子高等学校（B推薦）

数学解答

1 (1) $\dfrac{15}{2}$　(2) -10　(3) $\dfrac{5}{16}x$

(4) $4\sqrt{6}$　(5) 55　(6) 8

(7) 165cm　(8) 18　(9) $\dfrac{5}{12}$

(10) 1　(11) $a=\dfrac{2(S-b^2)}{h}$

(12) $36-3\pi\ \mathrm{cm}^2$　(13) $28\pi\ \mathrm{cm}^2$

(14) $\dfrac{8}{3}\pi\ \mathrm{cm}$

2 (1) $\left(0,\ -\dfrac{5}{2}\right)$　(2) $y=\dfrac{1}{3}x$

(3) $y=\dfrac{3}{2}$

3 (1) $5\sqrt{2}\,\mathrm{cm}$　(2) $17\mathrm{cm}^3$

(3) $10\sqrt{3}\,\mathrm{cm}$

1〔独立小問集合題〕

(1)＜数の計算＞与式 $=-(-8)+(-8)\div16=8+\left(-\dfrac{8}{16}\right)=8-\dfrac{1}{2}=\dfrac{16}{2}-\dfrac{1}{2}=\dfrac{15}{2}$

(2)＜数の計算＞与式 $=\dfrac{2^{2023}}{2^{2022}}-(20-8)=2-12=-10$

(3)＜式の計算＞与式 $=\dfrac{7y}{4x}\times\left(-\dfrac{3x}{14y^2}\right)\times\left(-\dfrac{5xy}{6}\right)=\dfrac{5}{16}x$

(4)＜数の計算＞与式 $=(\sqrt{3}+\sqrt{2})^6(\sqrt{3}-\sqrt{2})^6\{(\sqrt{3}+\sqrt{2})^2-(\sqrt{3}-\sqrt{2})^2\}=\{(\sqrt{3}+\sqrt{2})(\sqrt{3}-\sqrt{2})\}^6\{(3+2\sqrt{6}+2)-(3-2\sqrt{6}+2)\}=(3-2)^6(5+2\sqrt{6}-5+2\sqrt{6})=1^6\times4\sqrt{6}=4\sqrt{6}$

(5)＜数の性質＞$\sqrt{1980n}=\sqrt{6^2\times55n}=6\sqrt{55n}$ より，$\sqrt{1980n}$ が整数となるような，2けたの整数 n の値は，$n=55$ である。

(6)＜数の計算＞与式 $=(x^2-2xy+y^2)-2xy=(x-y)^2-2xy$ と変形する。$x=\sqrt{5}+\sqrt{3}$，$y=\sqrt{5}-\sqrt{3}$ のとき，$x-y=(\sqrt{5}+\sqrt{3})-(\sqrt{5}-\sqrt{3})=\sqrt{5}+\sqrt{3}-\sqrt{5}+\sqrt{3}=2\sqrt{3}$，$xy=(\sqrt{5}+\sqrt{3})(\sqrt{5}-\sqrt{3})=5-3=2$ である。よって，与式 $=(2\sqrt{3})^2-2\times2=12-4=8$ となる。

(7)＜データの活用―中央値＞中央値は，生徒8人のデータを小さい方から順に並べたときの4番目と5番目のデータの平均である。生徒8人のデータを小さい方から順に並べると，152，154，158，164，166，170，176，181となるから，4番目は164cm，5番目は166cmである。よって，中央値は，$\dfrac{164+166}{2}=165$(cm)となる。

(8)＜関数―比例定数＞関数 $y=\dfrac{a}{x}$ について，x の変域が $-9\leqq x\leqq-3$ のとき，y の変域が $-6\leqq y\leqq-2$ と，x の変域が負のとき，y の変域も負だから，a の値は正である。よって，関数 $y=\dfrac{a}{x}$ は，この変域では，x の値が増加すると y の値は減少する。つまり，x の値が最小の $x=-9$ のとき，y の値は最大となるから，$y=-2$ である。したがって，$y=\dfrac{a}{x}$ に $x=-9$，$y=-2$ を代入して，$-2=\dfrac{a}{-9}$ より，$a=18$ となる。

(9)＜確率―さいころ＞2つのさいころを投げたとき，それぞれのさいころの目の出方は6通りあるので，2つのさいころの出た目の組合せは，全部で，$6\times6=36$(通り)ある。また，2つのさいころの出た目の和は2以上12以下の整数となるから，出た目の和が素数になるのは，和が2，3，5，7，11になる場合である。目の出方は，和が2になる場合が，(1，1)の1通りあり，和が3になる場合が，(1，2)，(2，1)の2通り，和が5になる場合が，(1，4)，(2，3)，(3，2)，(4，1)の4通り，和が7になる場合が，(1，6)，(2，5)，(3，4)，(4，3)，(5，2)，(6，1)の6通り，和が11になる場合が，(5，6)，(6，5)の２通りある。よって，出た目の和が素数になる場合は，$1+2+4+6+2=15$(通り)あるから，求める確率は $\frac{15}{36}=\frac{5}{12}$ である。

(10)＜二次方程式―解の利用＞まず，二次方程式 $x^2-5x+6=0$ の解を求めると，$(x-2)(x-3)=0$ より，$x=2$，3となる。よって，共通の解を $x=2$ とすると，二次方程式 $ax^2+(a^2-2)x-2a^2-4a=0$ に $x=2$ を代入して，$a\times2^2+(a^2-2)\times2-2a^2-4a=0$，$4a+2a^2-4-2a^2-4a=0$，$-4=0$ となり，成り立たない。共通の解を $x=3$ とすると，二次方程式 $ax^2+(a^2-2)x-2a^2-4a=0$ に $x=3$ を代入して，$a\times3^2+(a^2-2)\times3-2a^2-4a=0$，$9a+3a^2-6-2a^2-4a=0$，$a^2+5a-6=0$，$(a+6)(a-1)=0$ より，$a=-6$，1となる。したがって，$a>0$ だから，$a=1$ である。

(11)＜等式変形＞等式 $S=\frac{1}{2}ah+b^2$ の両辺を２倍して，$2S=ah+2b^2$，$ah+2b^2=2S$，$ah=2S-2b^2$　$\therefore a=\frac{2(S-b^2)}{h}$

(12)＜平面図形―面積＞右図１の塗りつぶされた部分は，１辺が１cmの正方形12個と半径が１cmの半円６個，１辺が２cmの正方形から半径が２cm，中心角が90°のおうぎ形を除いた図形６個からできている。よって，求める面積は，$1\times1\times12+\pi\times1^2\times\frac{1}{2}\times6+\left(2\times2-\pi\times2^2\times\frac{90^\circ}{360^\circ}\right)\times6=12+3\pi+24-6\pi=36-3\pi$ (cm²)となる。

図１

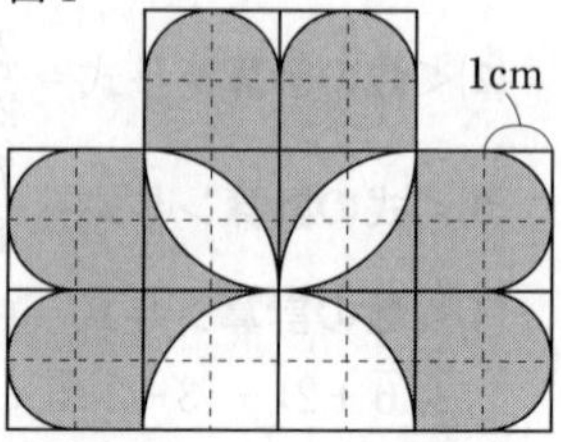

(13)＜空間図形―面積＞右図２のように，半径８cmの球の中心をOとする。球Oを平面で切断したときの切り口は円となるから，切り口の円の中心をPとするとOP⊥〔円P〕となり，球の中心Oから平面までの距離が６cmなので，OP＝6である。さらに，円Pの周上に点Qをとると，△OPQは∠OPQ＝90°の直角三角形である。よって，円Pの半径をPQ＝r とおくと，OQ＝8だから，△OPQで三平方の定理 OQ²＝OP²＋PQ² より，$8^2=6^2+r^2$ が成り立ち，$r^2=28$ となる。したがって，求める切り口の円の面積は，$\pi\times r^2=\pi\times28=28\pi$ (cm²)である。

図２

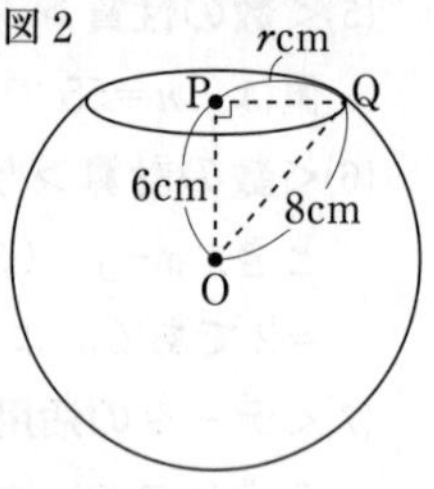

(14)＜平面図形―長さ＞右図３のように，円の中心をOとし，点Oと点A，B，C，Dをそれぞれ結び，さらに，点Aと点Dを結び，弦ACと弦BDの交点をEとする。このとき，$\overset{\frown}{AB}$ はおうぎ形OAB，$\overset{\frown}{CD}$ はおうぎ形OCDの弧なので，$\overset{\frown}{AB}+\overset{\frown}{CD}$ の長さは，それぞれ中心角が∠AOB，∠CODのおうぎ形の弧の長さの和，つまり，中心角が∠AOB＋∠CODのおうぎ形の弧の長さとなる。円周角と中心角の関係より，∠AOB＝2∠ADB，∠COD＝2∠CADだから，∠AOB＋∠COD＝2∠ADB＋2∠CAD＝2(∠ADB＋∠CAD)となる。ここで，△ADEの内角の和は180°だから，∠ADB＋∠CAD＝180°－∠AED＝180°－120°＝60°である。よって，∠AOB＋∠COD＝2×60°＝120°で，円Oの半径が４cmより，$\overset{\frown}{AB}+\overset{\frown}{CD}=2\pi\times4\times\frac{120^\circ}{360^\circ}=\frac{8}{3}\pi$ (cm)である。

図３

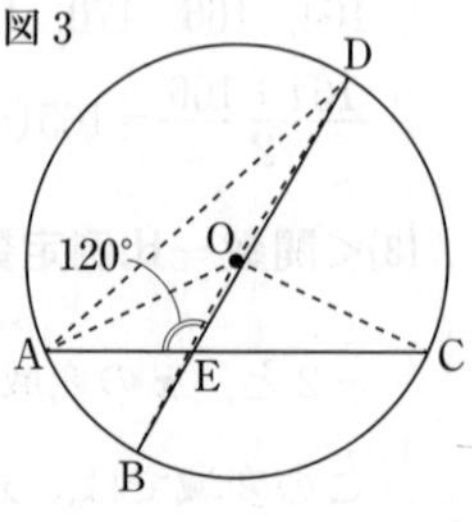

2〔関数―一次関数のグラフ〕

≪基本方針の決定≫(1)　等積変形を利用する。　(2)　長方形の面積は，対角線の交点を通る直線によって２等分される。

(1)＜座標＞次ページの図のように，点Pを y 軸上の負の部分にとるとき，△ABCと△ACPの面積が等しくなるのは，共有するACを底辺と見たときの高さが等しくなる場合である。つまり，AC∥

PBとなる場合なので，点Bを通り，直線ACに平行な直線と，y軸の交点がPとなる。まず，直線ACの傾きは，A(1, 0)，C(5, 2)より，$\frac{2-0}{5-1}=\frac{1}{2}$である。よって，直線ACと平行な直線PBの傾きは，直線ACの傾きに等しく$\frac{1}{2}$なので，点Pのy座標をpとすると，直線PBの式は$y=\frac{1}{2}x+p$とおける。この直線がB(5, 0)を通ることから，$y=\frac{1}{2}x+p$に$x=5$，$y=0$を代入して，$0=\frac{1}{2}\times5+p$より，$p=-\frac{5}{2}$となる。よって，点Pの座標は$\left(0,\ -\frac{5}{2}\right)$である。

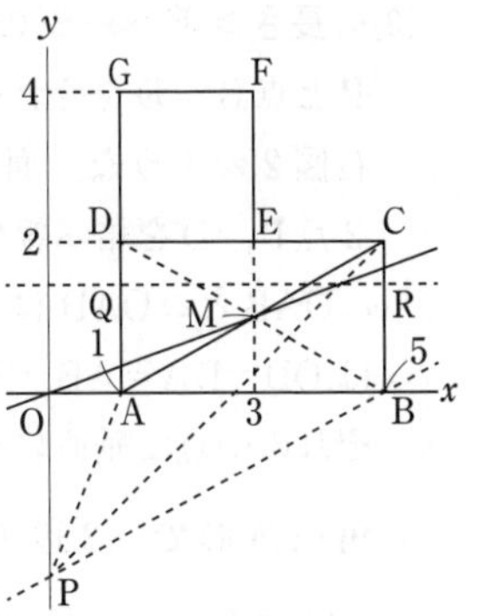

(2)<**直線の式**>長方形の面積を2等分する直線は，2本の対角線の交点を通る。長方形の対角線はそれぞれの中点で交わるので，右上図の長方形ABCDの対角線の交点は線分ACの中点となる。この中点をMとすると，x座標は，$\frac{1+5}{2}=3$，y座標は，$\frac{0+2}{2}=1$より，M(3, 1)である。よって，原点を通り，長方形ABCDの面積を2等分する直線は直線OMで，傾きは$\frac{1}{3}$となるから，その式は$y=\frac{1}{3}x$である。

(3)<**直線の式**>右上図で，〔六角形ABCEFG〕=〔四角形DEFG〕+〔長方形ABCD〕と考えると，四角形DEFGはDE=3−1=2，GD=4−2=2の正方形であり，長方形ABCDはAB=5−1=4，BC=2である。よって，〔六角形ABCEFG〕=2×2+4×2=4+8=12となる。また，〔四角形DEFG〕<〔長方形ABCD〕より，x軸に平行で六角形ABCEFGの面積を2等分する直線は線分AD，BCと交わるから，その交点をそれぞれQ，Rとする。四角形ABRQの面積は，$\frac{1}{2}$〔六角形ABCEFG〕=$\frac{1}{2}\times12=6$となるから，AB×AQ=6より，4×AQ=6となり，AQ=$\frac{3}{2}$である。したがって，求める直線の式は$y=\frac{3}{2}$となる。

3 〔**空間図形—正四角錐**〕

≪**基本方針の決定**≫(1)　正四角錐O-ABCDの頂点Oから底面に引いた垂線は，底面の正方形ABCDの対角線の交点を通る。　(3)　展開図を利用する。

(1)<**長さ**>右図1のように，頂点Oから底面の正方形ABCDに垂線OHを引くと，図形の対称性より，点Hは正方形ABCDの対角線の交点に一致する。これより，図1の△OAHは∠OHA=90°の直角三角形だから，三平方の定理より，$\mathrm{OH}=\sqrt{\mathrm{OA}^2-\mathrm{AH}^2}$となる。OA=10であり，△ABCは直角二等辺三角形で，正方形の対角線はそれぞれの中点で交わることから，$\mathrm{AH}=\frac{1}{2}\mathrm{AC}=\frac{1}{2}\times\sqrt{2}\mathrm{AB}=\frac{1}{2}\times\sqrt{2}\times10=5\sqrt{2}$となる。よって，$\mathrm{OH}=\sqrt{10^2-(5\sqrt{2})^2}=\sqrt{50}=5\sqrt{2}$(cm)である。

図1

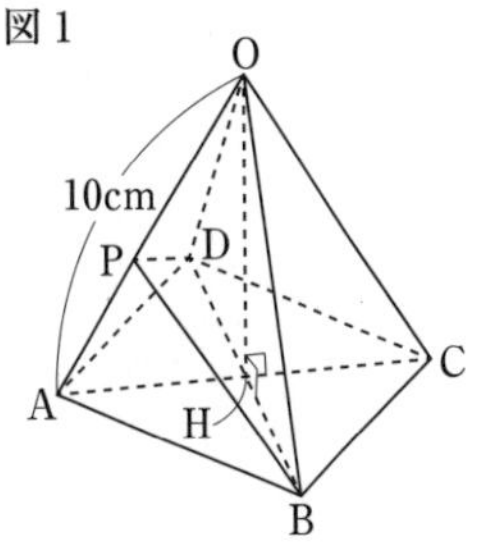

(2)<**体積**>まず，右上図1の正四角錐O-ABCDは，(1)より高さは$\mathrm{OH}=5\sqrt{2}$だから，〔正四角錐O-ABCD〕$=\frac{1}{3}\times(10\times10)\times5\sqrt{2}=\frac{500\sqrt{2}}{3}$となり，$\sqrt{2}=1.4$とすると，$\frac{500\sqrt{2}}{3}=\frac{500}{3}\times\sqrt{2}=\frac{500}{3}\times1.4=233.3\cdots$より，〔正四角錐O-ABCD〕=233である。次に，いつもの牛乳パックは1辺が6cmの立方体だから，体積は，$6^3=216$である。よって，求める体積の差は，233−216=17(cm^3)となる。

(3)＜長さ＞前ページの図1のように，辺OA上に点Pをとり，点Pと点B，Dをそれぞれ結ぶ。BP＋PDの長さが最小となるのは，右図2のような，面OABと面OADの展開図において，点Pが2点B，Dを結ぶ線分と辺OAの交点になるときである。ここで，△OABと△OADはともに正三角形なので，図2の四角形ODABはOD＝DA＝AB＝BOのひし形となり，ひし形の対角線はそれぞれの中点で垂直に交わるから，PD＝BP，DP⊥AOである。よって，△OPDは∠DOP＝60°の直角三角形で，3辺の比が$1:2:\sqrt{3}$だから，PD＝$\frac{\sqrt{3}}{2}$DO＝$\frac{\sqrt{3}}{2}\times10=5\sqrt{3}$となり，PD＝BP＝$5\sqrt{3}$である。したがって，BP＋PD＝$5\sqrt{3}+5\sqrt{3}=10\sqrt{3}$(cm)となる。

図2

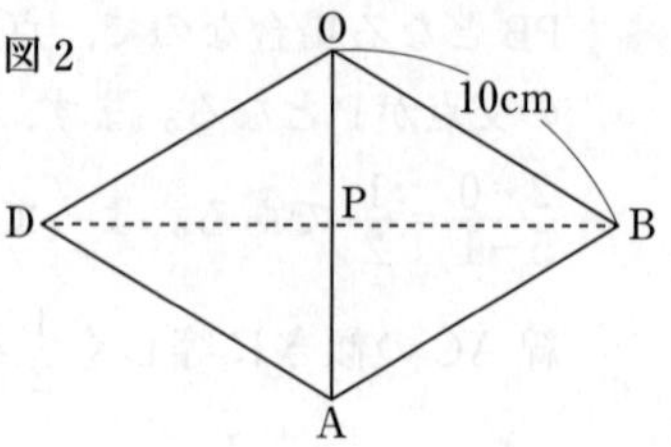

国語解答

一 問１　ｂ　淡々　ｃ　鼻孔〔腔〕
　ｄ　真面目
問２　ウ
問３　Ａ　（格）助詞　Ｂ　副詞
問４　イ　問５　ウ　問６　ア
問７　エ
問８　川木はテニスが上手すぎて，自分と別次元の存在だと思ったから。（30字）

二 問１　ａ　じゅばく　ｂ　ぐしょう
　ｃ　こうはん
問２　四　問３　Ｂ
問４　サラリ～の実現
問５　家庭を持った
問６　Ⅰ　未来の家庭の幸福
　Ⅱ　精神的～共同体
問７　イ　問８　ウ
問９　茶の間はテレビが家族団らんの要となり，テレビは茶の間を意識した番組制作を行うという関係。（44字）

三 問１　イ　問２　おうぎ
問３　③…イ　⑤…ア
問４　②…エ　④…イ　⑥…ウ
問５　ウ　問６　イ

一〔小説の読解〕出典；天沢夏月『17歳のラリー』。

問１＜漢字＞ｂ．「淡々」は，態度，動作などがあっさりしてこだわりがない様子。　ｃ．「鼻孔〔腔〕」は，鼻の穴の中のこと。　ｄ．「真面目」は，うそやいいかげんなところがなく，本気である様子。

問２＜漢字＞「険のある」は，とげとげしい様子。

問３＜品詞＞Ａ．場面を表す格助詞。　Ｂ．推量表現と呼応する副詞。

問４＜慣用句＞「目を剝く」は，怒ったり驚いたりして目を大きく開く，という意味。

問５＜文章内容＞川木は，徹が「調子崩さないし，調子崩しても自力で」戻せ，ラリーが長くなっても根気強くチャンスを待ち，「決め所はきちんとエース決める」良い選手であると認めていた。川木は，徹がインターハイ予選でも，「いつも通り」に「丁寧でミスもない」良いプレーをしていたと感じていたのである。

問６＜文章内容＞徹は，川木は「強すぎ」て，自分とは「実力差がありすぎ」だと思っていた。そんな川木に，思いがけず，自分のことを「一年の頃からずっと，すげーなあって思ってた」と言われ，朝練に勤勉に出ることや，練習中の真面目さ，プレーが「丁寧でミスもない」ことなど，具体的に長所を指摘されて，徹は，どう反応していいかわからなくなったのである。

問７＜表現＞ア．川木と口論している間は，口論に夢中で徹の耳に聞こえていなかった周囲の雑音が，二人の「沈黙」によって，徹に急に意識され始めたことが表されている（…○）。　イ．「ぎらぎら」という擬態語によって，川木が，強烈に光り輝くまなざしをして，真剣な様子でいることが表されている（…○）。　ウ．徹が川木の言葉を受け流している間は，川木の放ったボールは一方通行だったが，「調子崩さないし～決め所はきちんとエース決める」選手が徹だという川木の本音の言葉とともに，徹がボールを受け止めたことで，二人の気持ちが通じ合ったことが表されている（…○）。
エ．二人が本音を言い合う真剣で息苦しく重い場面に，徹がくしゃみをして川木が笑うという描写を差し挟むことによって，重い雰囲気が軽くなっている（…×）。

問８＜文章内容＞徹は，川木は「強すぎ」て，自分とは「実力差がありすぎ」であり，「川木は別次元の存在だ」と感じていた。そのため，コートの上に川木と二人で立っていても，徹は「俺は一人だ」と感じていたのである。

二〔論説文の読解―社会学的分野―現代社会〕出典；周東美材『「未熟さ」の系譜―宝塚からジャニーズまで』。

≪**本文の概要**≫都市への急激な人口流入や社会階層の変動は，旧来の価値観や規範の動揺をもたらし，家郷が帰れる場所としての機能を失う一方，寄る辺ない出郷者たちの群れが形成されていった。家郷を喪失した都市の労働者たちは，標準世帯の実現を目指し，家族と暮らすマイホームを志向した。その中心に置かれたのが，テレビである。テレビが全階層的に普及していくにつれ，番組は，家庭や子どもを対象とした制作が中心になり，テレビ視聴は，視聴率という世帯を単位とする数量で観測される対象となった。テレビは，常に家族のあるべき姿とセットで語られるようになったのである。テレビ番組は茶の間を意識してつくられ，家族もまたテレビによって結びつけられ，茶の間とテレビの相互関係は，1960年代において強固で循環的なものとなった。家族の理想・規範と実際とは別のものだが，家族規範と茶の間のイメージは，番組の企画・制作・編成の主調となり，茶の間は，その実在とは無関係に，テレビ制作演出上のお約束として，あるかのように振る舞うものとなった。

問１＜漢字＞ａ．「呪縛」は，心理的な強制によって人の自由を束縛すること。　ｂ．「具象」は，わかりやすくはっきり示したもののこと。　ｃ．「広範」は，力や勢力の及ぶ範囲が広いこと。

問２＜品詞＞「感じられるように」の「られる」は，自発の助動詞「られる」の連体形，「ように」は，変化の結果の助動詞「ようだ」の連用形。「いったのである」の「た」は，過去の助動詞「た」の連体形，「で」，は断定の助動詞「だ」の連用形。

問３＜文脈＞1959年３月に，フジテレビが「母と子供のフジテレビ」をキャッチフレーズに掲げ，「家庭や母子を意識」した番組を制作していき，その後，他局の番組制作者たちも「家庭を想定するように」なっていった。テレビマンたちは「特定の視聴者層を意識することなく番組を制作」していたが，テレビが普及するにつれ，「多くの視聴者の趣味嗜好」と重なる「平均化されたもの」が制作されるようになった。このように，テレビが茶の間のメディアであることは，「一定の時間をかけて家庭的な特性を確立していった」結果なのである。

問４＜文章内容＞郷里という帰れる場所を失ったホワイトカラーや労働者たちは，「都会での『第二の家郷』」の創造へと向かい，実際には「サラリーマンの夫と専業主婦の妻と子どもという『標準世帯』の実現」を目指していった。

問５＜文章内容＞家は「単なる物質ではなく，出郷者たちの精神の延長」であり，「家庭を持たなければ幸せになれないという強迫観念や，家族をもたないことには幸福な未来を見通せないという画一化された想像力が，マイホームへの志向を動かしていた」ので，「家を持つこと」が「人々の目標となった」のである。

問６＜文章内容＞《こんにちは赤ちゃん》という歌は，「未来の家庭の幸福」を歌い上げたヒット曲であり（…Ⅰ），それは，家郷を失い「精神的な拠点としての愛情共同体」の形成に駆り立てられた人々の希望を（…Ⅱ），はっきりと形にして示したものであった。

問７＜文章内容＞テレビ視聴は，一人ひとりの「個人の記憶」をもとにした調査によっていたが，「視聴率測定技術の導入」により，「量的に観測される対象」になった。視聴者は，常に視聴率という「数量」でとらえられるようになったのである。

問８＜要旨＞「都市への急激な人口流入や社会階層の変動」がもたらした「旧来の価値観や規範の動揺」により，「家郷や自然村の秩序」は分解され，都会では「寄る辺ない出郷者たちの群れが形成されて」いった（ア…×）。マイホームは，家郷喪失者たちが「サラリーマンの夫と専業主婦の妻と子どもという『標準世帯』」の実現を目指す「小さな家郷」であった（イ…×）。テレビは，誰が見ているかもわからず，「特定の視聴者層を意識することなく」番組制作されていたが，しだいに「マーケットとしてのホームの重要性」が意識されるようになり，1959年開局のフジテレビでは，「家庭や母子を意識」した番組制作方針がとられた（ウ…○）。テレビは，「広く普及するようになるにつれ，多くの視聴者の趣味嗜好に重なり，100％満足させられるものでなくても，『平均化されているもの』」を映し出すようになった（エ…×）。

問９＜文章内容＞テレビは家族の「日々の団欒生活の要」であり，「テレビ番組は茶の間を意識して作られ，また家族の側もテレビによって結び付けられ」ているという，強固で循環的な「茶の間とテレビの関係」を前提として，「茶の間」は，テレビ制作，演出上の「お約束」となったのである。

三〔**古文の読解―説話**〕出典；『十訓抄』一ノ二十八。

≪現代語訳≫昔，京都の西八条の辺りに住んでいた舎人であった老人が，賀茂祭の日，一条東洞院の辺りで，「ここは翁が見物しようとする所である。人が近づいてはならない」という札を，明け方から立てていたところ，人々は，その老人のしたことだとは知らず，「陽成院が，祭りを見物なさろうとしてお立てになったのであるらしい」と言って，人々が近寄らなかったうちに，時刻になって，この老人が，浅葱色の装束を着てやってきた。扇を開いて使って，得意げな表情で，祭りを見物するのだった。人々は，注目した。／陽成院が，このことをお聞きになって，例の老人をお呼び出しになって，上皇の御所に仕えた役人を通じてご質問になったところ，（老人は）「私は八十歳にもなって，祭見物をしたいという気持ちは，全くございませんが，今年，孫でございます男が，内蔵寮の小使として，祭りの行列に出ますのが，どうしても見たくなりまして，普通に見ましたら，人にきっと踏み殺されてしまいそうに思われて，安心して見ますために，札を立てたのでございます。ただし，陽成院がご覧になるであろうという内容は，全く書いておりません」と申し上げたところ，「もっともなことだ」と言って，ご処分もなく，許されたのだった。／これは，大胆な所業だけれども，かわいそうなまでにいろいろと考えてやり遂げたことである。おかしいことだ。

問１＜文学史＞『新古今和歌集』は，鎌倉時代に藤原定家らが編さんした勅撰和歌集。『雨月物語』は，江戸時代に上田秋成が書いた読本。『今昔物語集』は，平安時代に成立した説話集。『更級日記』は，平安時代に菅原孝標女が書いた日記。

問２＜歴史的仮名遣い＞歴史的仮名遣いの「au」は，現代仮名遣いでは「ou」になる。

問３＜古文の内容理解＞③陽成院が，院司を通じて，老人に立て札の事情を聞いた。　⑤老人が，陽成院に問われて，立て札を立てた理由を答えた。

問４＜現代語訳＞②「したり顔」は，得意顔のこと。老人は，立て札の作戦が成功して，得意顔をして賀茂祭を見物した。　④「見まほし」は，見たい，という意味。老人は，孫が賀茂祭の行列に出るので，その姿をどうしても見たくなった。　⑥「ゆりにけり」は，許してしまった，という意味。老人の事情を聞き，さらに，陽成院の名をかたったわけでもないという老人の弁明を受け，陽成院は，老人を罰することなく許した。

問５＜古文の内容理解＞老人は，「翁」が祭見物をしようとしている場所だという札を立てたことで，陽成院が見物する場所だと人々に誤解させ，上席で祭見物ができた。老人の作戦は，「肝太きわざ」といえる。「大胆不敵」は，度胸があって，恐れを知らないこと。

問６＜古文の内容理解＞老人は，「翁」が祭見物をする場所だという立て札を立てたが，陽成院が見物する場所だとは書かなかった（ア…×）。人々は，「翁」が祭見物をする場所だという立て札を見て，老人が立てた札とは思いもよらず，翁とは陽成院のことだと勝手に思い込んだ（イ…○）。陽成院は，老人を召し出して事情を聞いて許した（ウ…×）。老人は，八十歳にもなって賀茂祭を見物したいとも思わなかったが，今年は孫が行列に出るのでそれを見たいと思い，見物した（エ…×）。

2023年度 江戸川女子高等学校

【英　語】リスニングは，英語科の受験生のみに出題されます。

リスニング　(30分)〈満点：100点〉〈編集部注：放送文は未公表につき掲載してありません。〉

（注意）放送終了後５分で解答用紙を回収します。

※試験開始後５分後から英文が流れます。それまで問題を読んでおきなさい。問題の英文はすべて２度ずつ読まれます。

A　英単語を説明する英文が５つ読まれます。その英文が表す英単語を答えなさい。
（１～３は名詞、４，５は形容詞です。）

B　６つの対話文が読まれます。最後のことばに対する応答として最も適切なものを選び、記号で答えなさい。

C　英文を聞いて空所に適語を入れなさい。答えはカッコ内のみを書いてください。

I'm a member of the International Friendship Club at school. Last Saturday, we had a meeting with some students ①(　　)(　　)(　　). They were all high school students from ②(　　), (　　) and (　　).

At lunch time, when I saw many kinds of food on the table, I ③(　　)(　　)(　　). It was a buffet lunch. "Wow, ④(　　)(　　)(　　)! ⑤(　　) should I (　　)(　　)?" I started to put food on my plate. Then someone said, "So much food… I can't believe this." It was an African student. I remembered this speech in the morning. He said, "⑥(　　)(　　)(　　) food for people in my country. ⑦(　　)(　　)(　　) because they can't eat enough." He looked sad.

I was shocked. I often put too much food on my plate at buffet meals, but now I know that is wrong. I ⑧(　　) that we should not (　　)(　　).

D　英文とその内容に関する５つの英文が読まれます。それが本文の内容に一致する場合は○、しない場合は×を書きなさい。また、本文に関する下の質問に英語で答えなさい。

Question　What does the name Machu Picchu mean?

ライティング （50分）〈満点：100点〉

A 次の各文の空所にカッコ内の語を適切な形にして入れなさい（1～4）。5は下線部の反対語を入れなさい。

1. Thank you for your（　　）. 〈kind〉
2. Brush your（　　）after meals. 〈tooth〉
3. Listen to me（　　）. 〈care〉
4. A lot of（　　）visited Kyoto before 2020. 〈foreign〉
5. Is it light or still（　　）around 5 o'clock in summer?

B 次の各文がほぼ同意になるように、空所に適語を入れなさい。

1. Five minutes' walk brought me to the park.
   = It（　　）me five minutes to（　　）to the park.

2. It wasn't necessary for him to help his father.
   = He（　　）（　　）to help his father.

3. Don't speak Japanese in this class.
   = Japanese（　　）be（　　）in this class.

4. How well Yumi speaks English!
   =（　　）a（　　）speaker of English Yumi is!

5. The boys played soccer. They had a very good time.
   = The boys（　　）（　　）soccer very much.

C 与えられた語に**1語追加して**英文を作りなさい。ただし、文頭に来る語も小文字にしてあります。また、答えはカッコ内のみを書いてください。

1. 彼は何も悪いことをしなかったにちがいない。
   （do, sure, he, wrong, I'm, didn't）.

2. あなたの答えはどちらも正しくない。
   （answers, correct, neither, your, is）.

3.　この地域では長い間大きな地震はない。

（ a,　we,　earthquake,　area,　in,　haven't,　big,　this ）for a long time.

4.　帰り道で牛乳を一本買うのを忘れないでね。

（ bottle,　please,　milk,　a,　to,　of,　buy ）on your way home.

5.　彼らは日本のたくさんの人々に知られている歌手だ。

（ people,　of,　they,　singers,　Japan,　known,　are,　a,　lot,　in ）.

D　次の会話文を読み、設問に答えなさい。

Tom : What are your plans after you（ g ア ）from school?

Yumi : I want to be a math teacher, so I'll go on to（ u イ ）.

Tom : You're good at math.

Yumi : I wasn't good at it at first. Actually, I（ h ウ ）it.

Tom : Really? What happened?

Yumi : My math teacher in junior high school was great and I wanted to be（ エ ）her.

Tom : ①（　　）（　　）（　　）（　　）（　　）.

Yumi : She was kind and taught us thoroughly（ u オ ）we understood.

Tom : I see. You are also good at teaching math.

Yumi : Thanks.

Tom : So, you are not interested in teaching music?　You are in the orchestra.

Yumi : I am not uninterested, but I feel more comfortable teaching math to ②（ s　）（　　）is not good at it.

Tom : Fantastic!

1.　空所（ ア ）～（ オ ）に適語を入れなさい。ただし､最初の文字を示しているものもあります。

2.　下線部①が「彼女についてもっと僕に教えて。」の意味になるように英語で書きなさい。

3.　下線部②が「それが得意でない人」の意味になるように空所に適語を入れなさい。ただし、ひとつ目の空所は最初の文字を示しています。

E　英文を読み、それに続く英文の内容が本文の内容に一致する場合は○、しない場合は×を書きなさい。ただし、すべて同じ記号にした場合は得点としません。

Today, almost 700 million people around the world are hungry. That is one in 11 of the world's population. And that number will rise because of *conflict, climate change, and the coronavirus. The SDGs aim for zero hunger by 2030, but that will be difficult to reach. Even without the impact of Covid-19, the number of people *suffering from hunger may increase to 841.4 million by 2030 if the current situation continues. The *World Food Program (WFP) was given the Nobel Peace Prize for its work to solve these problems.

The WFP was started in 1961. It is the food aid arm of the United Nations. Its goal is a world without hunger. Some of its activities are giving food and school lunches in poor and dangerous areas around the world, giving *nutritional support for babies and *pregnant women, and helping people grow their own food. Their work is saving many lives.

In 2020, many children could not go to school because of the coronavirus. About 94% of children worldwide were affected by school closings. Many poor families send their children to school so that their children can eat lunch. For some children, school lunch is the only meal they eat each day. Children who cannot go to school are not only missing education; they are also missing important opportunities for nutrition and health. The WFP also helps families by giving children food to take home.

David Beasley, the WFP's Executive Director, said this when the WFP received the Nobel Prize: "Where there is conflict, there is hunger. And where there is hunger, there is often conflict. Today is a reminder that food security, peace and *stability go together. Without peace, we cannot achieve our global goal of zero hunger; and while there is hunger, we will never have a peaceful world." When we think about this Nobel Prize, we should think about the people who are hungry around the world. And we should think of ways to help them.

＊注　*conflict 紛争　*suffer from ～に苦しむ　*WFP 世界食糧計画
*nutrition(al) 栄養（面の）　*pregnant 妊娠している　*stability 安定

1. Today more than one-tenth of the world's population doesn't have enough food.
2. By 2030 the number of hungry people may be twice as large as it is today.
3. The WFP, which belongs to the United Nations, aims for a world without hunger.
4. The WFP received the Nobel Peace Prize because it had been working hard to help sick people around the world.
5. The WFP not only gives food to people with bad living conditions but also teaches them how to grow food.
6. For some children, not being able to go to school means not having daily meals.
7. According to David Beasley, it can be said that hunger sometimes causes conflict.
8. When we think about the SDGs aim for zero hunger, the first step we take should be to stop coronavirus from spreading.

F　次の英文を読み、設問に答えなさい。

Imagine you're looking (①) a new house. You see an advertisement for a house ②that is 120 years old. The house is very expensive. The advertisement also says there's a (③) inside. Would you want to buy such a house?

In England, such old houses as this are very popular.【 ア 】In fact, some people live in houses that are hundreds of years old. These houses were constructed by talented craftsmen and are very strong. They are beautiful on both the outside and the inside. They are part of England's cultural tradition. (④) a house is small, its history and uniqueness make it attractive to buyers in the UK.

In Japan,【 イ 】It is difficult to sell a house in Japan that is more than 40 years old. In most cases, people buy an old house for the land underneath, then (⑤) the house and build a new one. Newer houses have more convenient functions and are usually easier to live (⑥).

There are many reasons for these differences. Japan has many earthquakes, and the technology ⑦(strong / for / houses / earthquakes / making / against) has improved in recent years. Therefore,【 ウ 】Plus, Japan is much more humid than England. Most houses in Japan are made (⑧) wood and other materials that become weaker over time. However, the materials used for houses in England, such as *brick and stone, are stronger, so ⑨the houses last longer.

What about the ghost? Of course, most people do not want to live in a *haunted house. ⑩But some people in England believe that having a spirit in their house is a good thing. They think the ghost can (⑪) the house. If the ghost is one of a famous person, the house's value could greatly increase. So if you go shopping for a home in the UK, be sure to look out for ghosts in the old houses!

＊注　*brick れんが　　*haunted 幽霊のよく出る

1.　空所①⑥⑧に適語を入れなさい。

2.　下線部②を次のように書き換えるとき、空所に適語を入れなさい。
= that (　　)(　　) 120 years ago

3.　空所③に入れるべき語を文中から探して入れなさい。

4.　空所ア～ウに入れるべき文を下から選び、記号で答えなさい。(文頭はすべて大文字になっています。)

a. Newer houses are safer than old ones.

b. Newer houses are much more popular than old ones.

c. Older houses are more uncomfortable than newer ones.

d. Older houses are more expensive than newer ones.

5. 空所④に入れるべき語を下から選び、記号で答えなさい。
a. Unless　b. Even if　c. Because　d. By the time

6. 空所⑤⑪に入れるべき語を下から選び、記号で答えなさい。
a. protect　b. frighten　c. move　d. surround　e. destroy　f. repair

7. 下線部⑦を正しく並べ替えなさい。

8. 下線部⑨が表す内容を下のように具体的に述べるとき、本文の内容に即して空欄を埋めなさい。
〔　　　　〕の家は、〔　　　　　　　　　　　　〕ので、〔　　　　〕の家より長持ちする。

9. 下線部⑩を訳しなさい。

【数　学】（50分）〈満点：100点〉

1 次の問いに答えなさい。

(1) $\{(-3^2)\times(-2)^2\}\div(-4)\times 2$ を計算しなさい。

(2) $53^2+103^2-(47^2+97^2)+30^2$ を計算しなさい。

(3) $1-\dfrac{3x-5}{2}+\dfrac{4x-1}{3}-\dfrac{3x}{4}$ を計算しなさい。

(4) $(\sqrt{2}+\sqrt{3}-\sqrt{6}-1)(\sqrt{2}+\sqrt{3}+\sqrt{6}+1)$ を展開しなさい。

(5) $\sqrt{2023\times 7}=a\times b$ (a，b は素数，$0<a<b$) と表せるとき，a，b の値を求めなさい。

(6) $x=\dfrac{4}{3}$ のとき，$x^2+\dfrac{1}{x^2}-2$ の値を求めなさい。

(7) 生徒10人の通学時間を調査したところ，以下のような結果になった。

60，17，36，44，48，8，13，70，40，52（分）

中央値を求めなさい。

(8) 関数 $y=\dfrac{1}{3}x^2$ における x の値が1から3まで変化するときの変化の割合と，関数 $y=ax^2$ における x の値が2から3まで変化するときの変化の割合が等しいとき，a の値を求めなさい。

(9) 2つのさいころを投げたとき，少なくとも一方が偶数の目である確率を求めなさい。

(10) 次の方程式を解きなさい。

$$(x-\sqrt{2})^2+4(x-\sqrt{2})-12=0$$

(11) 右の表は，ある学校の中学 2 年生 180 人の身長について調べた結果を相対度数で表したものの一部である。また，140 cm 以上 160 cm 未満の生徒の人数の割合は全体の 75％であるとき，150 cm 以上 155 cm 未満の階級に入っている生徒の人数を求めなさい。

階級（cm）	相対度数
140 以上 145 未満	0.08
145 以上 150 未満	0.14
150 以上 155 未満	
155 以上 160 未満	0.23

(12) 右図において，AB ＝ 8，CD ＝ 6，BP ＝ 8，PD ＝ 3 である。AP：PC を最も簡単な整数の比で表しなさい。

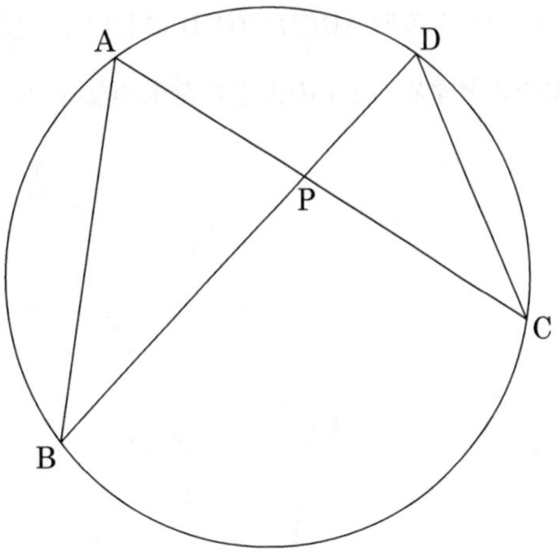

⒀　下の図のように，半径が 6 cm，中心角が 90° の扇形 OAB の OB 上に点 P をとり，線分 AP を折り目にして折り曲げたら点 O が $\overset{\frown}{\mathrm{AB}}$ 上の点 O′ に重なった。このとき，線分 AP の長さを求めなさい。

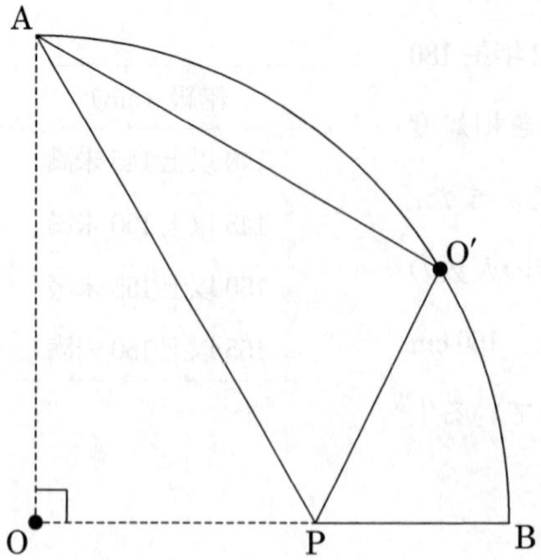

⒁　下の図の正九角形 ABCDEFGHI において，頂点 A，D を通る直線と頂点 C，G を通る直線の交点を J とする。$\angle x$ の大きさを求めなさい。

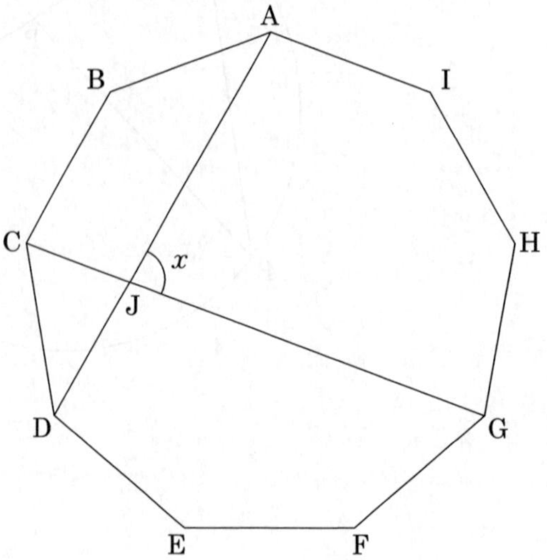

2 2つの方程式　$A^2-3A-10=0$ ……①，$B^2-5B+6=0$ ……②　がある。このとき，次の問いに答えなさい。

(1)　①を満たす A の値，②を満たす B の値をそれぞれ全て求めなさい。

(2)　$A=p-1$，$B=p-3$ のとき，①，②を同時に満たす p の値を求めなさい。

(3)　$A=x+y$，$B=x-2y$ のとき，①，②を同時に満たす整数 x，y の組を求めなさい。

3 ミホさんとユキさんは先生から出された以下の問題について，話し合っています。空欄（　ア　）～（　カ　）を適切に埋めなさい。ただし，解答の都合上(1)，(2)，(3)と分けてありますが，会話は続いているものとします。

【問題】

右の図において，点A，B，Cは放物線 $y=x^2$ 上の点であり，点Dは直線ABと y 軸の交点です。Aの x 座標は -2，Bの x 座標は3です。また，直線ABと直線OCは平行です。△ABCの面積を求めなさい。

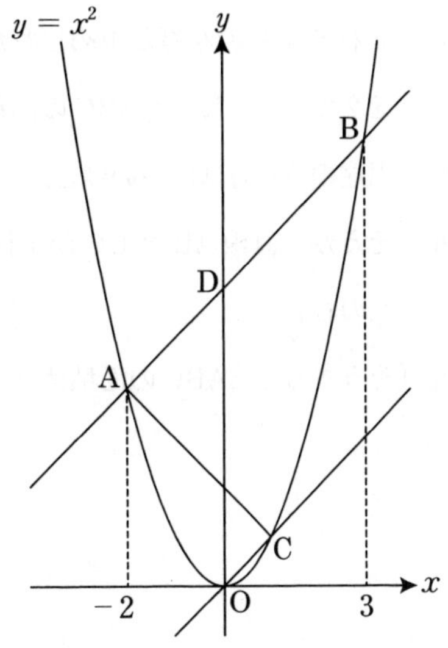

(1) ミホさん「状況が複雑でよく分からないわ」

ユキさん「落ち着いてまず求まりそうな直線ABの方程式から求めていこうか」

ミホさん「直線ABの方程式は（　ア　）だね」

ユキさん「直線ABと直線OCは平行であることを使うと直線OCの方程式も求められそうだね」

ミホさん「直線OCの方程式は（　イ　）だね」

(2) ミホさん「△ABCの面積を求めるためには点Cの座標が知りたいけど，どうやって求めるか分からないわ」

ユキさん「とりあえず，点Cのx座標をt $(t>0)$とおいてみよう。点Cのy座標は，点Cが$y=x^2$上にあることを使うとtを用いて（　ウ　）と表せるね」

ミホさん「点Cのy座標は点Cが直線OC上にあることを使うとtを用いて（　エ　）とも表せるわ」

ユキさん「それらを使って計算すると点Cの座標は（　オ　）であることが分かるね」

(3) ミホさん「これで点Cの座標が求められたから，点Cを通りy軸に平行な直線を引いて，△ABCを2つに分けると△ABCの面積が求められそうだわ」

先　　生「君達のやり方は面白いけど，実はODの長ささえ求めれば答えはすぐに求められます」

ミホさん「そうか！直線ABとOCが平行であることを使えば点Cの座標を求める必要はなかったのね」

ユキさん「そうすると△ABCの面積は（　カ　）だね」

ア　もう一度新鮮で味の良い魚を食べて、それをしっかりと味わった上で

イ　もう一度母に魚の新鮮な味を味わっていただいて、それを聞いて安心して

ウ　もう一度白河院に新鮮な魚の味を思い出してもらって、禁制を緩《ゆる》めてもらって

エ　もう一度母と一緒に新鮮な魚を味わって、最後の思い出を心にとめて

問9　傍線部⑦「とぞ」は「と言った」という意味だが、ここで話した内容はどこから始まるか。初めの五字を抜き出して答えなさい。

問10　[Y]に当てはまる言葉として、最も適当なものを次の中から選び、記号で答えなさい。

ア　忠義　イ　礼節　ウ　信義　エ　報恩　オ　孝養

問11　次の中から、本文の内容を説明したものとして最も適当なものを選び、記号で答えなさい。

ア　年老いた母と貧しい暮らしをしていた僧は食べ物を買うお金さえなく、いつも川で魚を取って暮らしていた。

イ　いつもは魚を取ってくれる人がいたのだが、殺生禁止となったため、僧は仕方なく自分で魚を取ってしまった。

ウ　僧は魚を取ることが禁止されているのは承知の上だったが、まさか厳しい処罰を受けるとは思いもしなかった。

エ　僧の行いに感動した白河院は罪を許しただけでなく、今後のその身のことまでも言い含んで解放した。

オ　真心のある僧の行いに感動した人々は、白河院に僧を許すよう懇願し、僧は許された上に褒美まで与えられた。

をおこなはれんこと、案のうちにはべり。ただしこのとる所の魚、今は放つとも生きがたし。身のいとまを※ゆりがたくは、この魚を母のもとへ遣《つか》はして、⑥今一度あざやかなる味を進めて、心やすくうけたまはりおきて、いかにもまかりならん⑦とぞ。

これを聞く人々、涙をながさずといふことなし。院聞こしめして、 Y の志《こころざし》あさからぬをあはれみ感ぜさせ給ひて、さまざまの物どもを馬車につみて給はせてゆるされにけり。ともしきことあらば、かさねて申すべきよしをぞ仰《おほ》せられける。

（『⑧古今著聞集《ここんちょもんじゅう》』より）

※ たえにけり…入手できなくなった。

※ つやつや…まったく。

※ 官人…見回りの役人。

※ ゆりがたくは…許しがたいのならば。

問1 傍線部⑧「古今著聞集」は鎌倉時代に成立した説話集だが、これに最も近い時代に成立した作品を次の中から選び、記号で答えなさい。

ア 古今和歌集　イ 徒然草　ウ 源氏物語
エ 枕草子　オ 南総里見八犬伝

問2 傍線部a「おほせ」、b「よはひ」をそれぞれ現代仮名遣いに直しなさい。

問3 傍線部①「今はたのむ方なく見えけり」、③「殺生禁制～知らざらん」とはどのような意味か。それぞれ後の中から最も適当なものを選び、記号で答えなさい。

①「今はたのむ方なく見えけり」
ア もはや余命いくばくもないようになった
イ 今では鳥も魚も自由に生きられるようになった
ウ 今ではこの僧でもどうすることもできなくなった
エ もはや誰もこの老婆のお世話をしなくなった

③「殺生禁制～知らざらん」
ア 生き物を殺してはならないという決まりごとは、ひっそりと広まったので、知らなかったのだろう。
イ 生き物を殺してはならないという決まりごとは、誰もが知っていることなのに、まさか知らなかったとは。
ウ 生き物を殺してはならないという決まりごとは、世の人びとに隠していたのに、なぜ知っていたのか。
エ 生き物を殺してはならないという決まりごとは、広く知れ渡っていたのだから、知っていたはずだ。

問4 傍線部②「尋ね求むれども」とあるが、誰が、何を「尋ね求」めたのか。次の文中の空欄に合うように、それぞれ一語で抜き出して答えなさい。

a が b を尋ね求めた。

問5 傍線部④「ひとかたならぬ科、逃るるところなし」とあるが、それはなぜか。次の中から最も適当なものを選び、記号で答えなさい。

ア 一匹も殺生をしてはならないのに、二匹も魚を取って食べたから。
イ 白河院への贈りものとはいえ、禁止されている殺生を犯して魚を取ったから。
ウ 殺生が禁止であることを知り、衣を脱いで僧であることを隠して魚を取ったから。
エ ただでさえ殺生をしてはいけない僧の身なのに、禁制の魚を取ったから。

問6 X に当てはまる二字の言葉を探し、抜き出して答えなさい。

問7 傍線部⑤「身の力すでに弱りたり」とあるが、誰のことを指してこのように述べているのか。次の中から最も適当なものを選び、記号で答えなさい。

ア 白河院　イ 僧　ウ 母　エ 官人

問8 傍線部⑥「今一度～うけたまはりおきて」の口語訳として最も適当なものを次の中から選び、記号で答えなさい。

かったから。

ウ　自分も早くあのピカピカした繰糸所で働きたいという憧れを持ち続けていたので、その願いがもう少しで叶うことが分かったから。

エ　故郷である松代のために製糸技術を学ばなければならないのに、いつまでも繭選りばかりしていて焦りを感じていたが、次に進める見通しがついたから。

オ　勇気を出して申し出たことで繰糸所に行ける約束を取り付けることができ、松代から一緒にやって来た皆の役に立てたと感じられたから。

問5　傍線部⑤「他の道」とはどういうことか。次の中から最も適当なものを選び、記号で答えなさい。

ア　一人で伝えるのではなく、数を頼みにして願いを叶えるという方法。

イ　相手の盲点を突いて、言い逃れができないように責め立てるという方法。

ウ　自分の願いを口に出し、言い分をはっきりと伝えるという方法。

エ　相手が反論しようとしても隙《すき》を与えず、自分の意見を言い切るという方法。

問6　次の中から本文の説明として最も適当なものを選び、記号で答えなさい。

ア　故郷を離れた遠い土地でつらい生活を送る少女たちが、お互いに反目《はんもく》し合いながらも助け合って生活をしていく姿を描き、同年代の娘たちの絆の強さを温かく描いている。

イ　「高木」を子どもの言い分を聞き入れようとしない大人の代表として描き、一方の「英」たちがそのような大人に立ち向かい打ち勝っていくさまを、生き生きと描いている。

ウ　故郷の松代、ひいては国のために製糸技術を学ぶという本来の目的を忘れてしまうほどに、新しいものへの憧れを持ち続ける娘たちの純粋な気持ちを、率直に描いている。

エ　幼い「しな子」や何かと思い悩んでしまう「英」と、大人びた「初」とを対照的に描くことで、大人になるとはどういうことかを、それぞれの心情に寄り添いながら描いている。

問7　傍線部②「高木は答えるほかない」とあるが、それはなぜか。五十五字以内で書きなさい。

三　次の文章を読み、後の問いに答えなさい。

白河院の御時、天下殺生禁断せられければ、国土に魚鳥のたぐひ※たえにけり。そのころ、貧しかりける僧の、年老いたる母を持ちたるありけり。その母、魚なければものを食はざりけり。たまたま求め得たる食ひ物も食はずして、やや日数経《ふ》るままに、老いの力いよいよ弱りて、①今はたのむ方なく見えけり。僧かなしみの心深くして、②尋ね求むれども得がたし。おもひあまりて、※つやつや魚とる術《すべ》も知らねども、みづから川の辺にのぞみて、衣をたすきがけにして、魚をうかがひて、はえといふ小さき魚を一つ二つとりて持ちたりけり。禁制重きころなりければ、※官人見あひて、からめとりて、院の御所へゐてまゐりぬ。まづ子細を問はる。「③殺生禁制、世にかくれなし。いかでかそのよしを知らざらん。いはんや法師のかたちとして、その衣をきながらこの犯しをなすこと、④ひとかたならぬ科《とが》、逃《のが》るるところなし」とaおほせ含めらるるに、僧、涙をながしてまうすやう、天下にこの制重きこと、みなうけたまはるところなり。たとひ制なくとも、法師の身にてこの振る舞ひさらにあるべきにあらず。ただし、われ年老いたる母を持てり。ただわれ一人のほか、たのめるものなし。bよはひたけ、身おとろへて朝夕の食ひものたやすからず。我また家貧しく財持たねば、心のごとくに養ふに力たへず。中にも魚なければものを食はず。このごろ、天下の制によりて、 X のたぐひいよいよ得がたきによりて、⑤身の力すでに弱りたり。これを助けんために、心の置き所なくて、魚とる術も知らざれども、思ひのあまりに川のはたにのぞめり。罪

「どういうこと?」

「④昨日、しな子さんが初さんが今日おっしゃったのと同じことで泣いていました。わたしは、同じことを考えていましたが、泣きもせず我慢していました。泣くか、我慢するかしかないのだと思っていたのに、今日の初さんを見て、⑤他の道もあると知りました。驚きました。」

英は、素直に話したつもりだった。みんなのように上手に初を褒めることはできなかったが、今日の初の行動に対して持った感動は口に出せた。初の唇から言葉がこぼれた。

「……わたしは、もう子供ではないから」

意味を量りかねて初を見る。じっと天井を見る初の額に、汗の球が浮いていた。目を凝らして初の横顔の隅々まで見た。初の気持ちが知りたい。天井を見たままの目は何も教えてくれない。頬も緩むことなく、ただつるんとしている。その頬を、汗が滑り落ちて湯の中に消えた。

（中略）

次の瞬間、初が突然立ち上がった。白い背中と腰が英の視界に現れ、「お先に」という声の後、遠ざかってゆく。歩むにつれて背中の骨が左右によじれ、そのなまめかしさに英は息を呑《の》んだ。

（藤井清美「明治ガールズ　富岡製糸場で青春を」※明治初期、官営富岡製糸場で働いた実在の少女をモデルにした小説・KADOKAWA刊より）

※　あのピカピカしたところ…フランス製の最新の糸繰り機械がある繰糸所のこと。「英」たちは富岡製糸場に到着して最初にその繰糸所を見せられていた。

※　宿…松代から富岡へ向かう途中の宿。四日間の行程であった。

※　手燭…持ち歩けるように柄《え》を付けた、ろうそくを立てる台。

※　高木様…富岡製糸場に勤める役人。娘たちの仕事を監督している。

問1　傍線部a「運んで」、b「はっと」、c「時に」、d「何度か」が修飾している言葉を後の中からそれぞれ選び、記号で答えなさい。

a　「運んで」

ア　繰糸所に　イ　綺麗な　ウ　生糸に　エ　くれるだろう

b　「はっと」

ア　手が　イ　止まるほど　ウ　澄んで　エ　響く　オ　声だった

c　「時に」

ア　出来ました　イ　技術指導を　ウ　するという　エ　役目を　オ　負っております

d　「何度か」

ア　話す間　イ　高木は　ウ　口を　エ　挟もうと　オ　唇を　カ　動かしていた

問2　傍線部①「繭選り」について、以下の問いに答えなさい。

a　「繭選り」とはどのような仕事か。次の空欄にあてはまる五字の言葉を本文中から抜き出しなさい。

たくさんの繭の中から［　　　　］を取り除いていく仕事。

b　「英」が「繭選り」のやり方をすっかり覚えてしまったことを端的に表している一文を本文中から探し、初めの五字を抜き出しなさい。

問3　傍線部④「昨日、しな子さんが〜泣いていました」とあるが、「しな子」の言葉に茫然《ぼうぜん》とする「英」の様子を、「英」の知覚を用いて表現している文が二つある。その文を探し、どちらも初めの五字を抜き出しなさい。

問4　傍線部③「喜びが色になって漏れている」とあるが、それはなぜか。次の中から最も適当なものを選び、記号で答えなさい。

ア　松代から一緒にやってきた仲間たちの思いを引き受け、なんとか理屈をつけて希望を伝えることで、高木をやり込めることができたから。

イ　いつも自分たちにつらくあたる高木が、実は自分たちの思いをくみ取って繰糸所へ行けるようにしてくれていたことが嬉し分けてくれて、繰糸《そうし》所にa運んで綺麗な生糸にしてくれるだろう。不良品の繭としてはねられてしまうかもしれなかったが、それはそれで仕方ない。この最新式の工場で、国際基準の品質と認められなかったということだ、そう判断されたら受け入れるしかない――そんなことを考えながら、手だけは動く。もう考えなくても作業を進められるようになっていた。

　初が手を止めて「※高木様」と声を上げた。bはっと手が止まるほど澄んで響く声だった。一斉に60人の動きが止まり、誰もが思わず初を見た。

「わたくしどもは、松代の出身でございます。松代は養蚕が盛んなところです。元々繭には親しんでまいりました。加えて、高木様や皆様に丁寧に教えて頂き、もう、繭選りの作業は覚えたと存じます。わたくしどもは、松代に製糸場が出来ましたc時に技術指導をするという役目を負っております。そのためには、すべての作業を覚えておかねばなりません。それを思いますと、気が急いております。いつになりましたら繰糸所に出して頂けますものか、お教え頂けますでしょうか」

　英のいた場所から、ちょうど高木の顔が見えていた。初が話す間、高木はd何度か口を挟もうと唇を動かしていた。だが、初はひるまず話し続け、最後まで言い切った。見事だった。そして今は、じっと高木の顔を見ている。②高木は答えるほかない。

　見開いても細い目と、唖然《あぜん》として開けても小さい口のせいで周りにはわからなかったが、高木はこの時、とても困っていた。同じようなことを言い出す娘はこれまでにもいた。（中略）だが、高木はこれまでこの類の申し出を、叱ったりしたしなめたりして思いとどまらせてきた。富岡製糸場は工場なのだ。工場には人の配置というものがある。みなが働きたい場所で仕事ができるわけではない。

　だが、初が言ったことは、それまでの申し出とは違った。ただ行きたいというのではなく、いつかを聞いている。それもすべての作業を覚えるために。

高木は、いつものように叱るわけにもいかず、苦し紛れに答えた。

「四月の終わりに長州から30人ほどいらっしゃいます。その方々がまず繭選りからなさるでしょうから、あなた方は入れ替わりに、繰糸所に行くことになるでしょう」

　その言葉に、英たちは視線を交わし合って喜んだ。もう少しだ。もう少し待てばあの場所に行ける！

　英が今回の英雄である初を見ると、初は変わらぬ表情のまま、頬だけ上気させていた。③喜びが色になって漏《も》れている。ほんの少しだけ。

（その夜、食事の後、松代からやってきた娘たちが代わる代わる初の部屋を訪れ、口々に初への感謝や初を称賛する言葉を投げかけた。）

　初の方は、みんなに持ち上げられても別に嬉しそうでもなかった。それを見てみんな居心地が悪くなり、「初様のお邪魔をしてはいけませんね」と言って、潮が引くようにいなくなる。

　英はその日初めて初と風呂で一緒になった。製糸場の風呂場は大きな湯船と洗い場があり、少女たちが入れ替わり立ち代わり入浴する。何しろ寄宿舎にいる人数が多いので慌ただしい。なかなか知り合いとゆっくり話すこともなかったのだが、この日英は、初が湯船の奥でじっと天井を見上げているのを見て、近寄って行って初の左に座った。

　初は英に気づいたはずだが、特に何も言わず、変わらず天井を見ている。何人も出入りするせいでずっと波立っている湯の向こうに、初の白いからだが見えた。誰かが出入りする度、初のからだもゆらゆら揺れる。初は抵抗せず、湯に身を任せていた。

　英の口からぽつりと言葉が出た。

「昨日、しな子さんも同じことを言っていました」

　初が天井を見たまま言った。

カ　言葉はその言語を話す人々の価値観を反映しているので、ある言葉に引っかかりを覚えたときには単純な言い換えをするのではなく、多様な角度から見直すべきである。

問8　次の一文は、本文のある段落の最後にあったものである。元の場所に戻したとき、その直前の五字を抜き出しなさい。なお、句読点等も字数に含む。

たとえば、「お母さん食堂」や「おかあさんといっしょ」といったものに見られる「お母さん」の用法は、現在でも疑問に思ったり不自然に感じたりする人が一定数おり、今後もその割合は増えていくだろう。

問9　傍線部②「同様の例」とあるが、直前の「地母神」や「可以為天下母」という言葉は、どのようなことの例か。「〜の例。」につながるように、四十五字以内で書きなさい。

二

次の文章を読み、後の問いに答えなさい。

松代《まつしろ》(現在の長野県)出身の「英《えい》」「しな子」「初《はつ》」は他の十三人の娘たちと、新しくできた富岡製糸場にやって来ており、四人ずつに分かれて寄宿舎に寝泊まりをしながら順次製糸技術を学ぶことになった。富岡に来て一週間、「繭選《え》り」をし続けた後の最初の日曜日の夜、別室で寝泊まりをしていた「しな子」が泣き出したと言い、「英」が呼び出された。

英が近寄っていくと、しな子はばっと起き上がって英の腰の辺りに抱き付いてきた。

「わたし、松代の出なのよ、繭のことはよく知ってる。いつまで①繭選りをしなきゃいけないの？　繭選りなんか教えてもらうために、わざわざ富岡に来たんじゃない！　早く糸繰《いとぐ》りがやりたい。※あのピカピカしたところで働きたい」

その気持ちは英にもよくわかった。そう言えば、しな子が初めて泣いた時もそうだった。生まれて初めて親と離れて心細い――その気持ち自体は、英も持っていたものだ。でも、英は泣かない。さあこの気持ちをどうしよう、押し込めるか、他のことを考えて気を紛らせるか……と考えて何とかする。特に、人といる時はそうだ。泣けば人に自分の気持ちを見せることになるし、何より迷惑がかかる。

でもしな子は泣く。泣きたければ泣く。※宿では「わがままだな」と思っていた。だが、今は少しだけ「しな子は正しいのかもしれない」と思う。「松代の出だから繭のことはわかっている」というのはほんとだ。「早く糸繰りがしたい」というのも、「ピカピカしたところで働きたい」というのも。それをしな子だけが口に出す。

「しなちゃん、わかるよ。でも、仕方ないでしょう。ここではここのやり方通りにしないと」

英は、しな子の肩をとんとんと叩いてやる。と、しな子はその手を振り払った。

「英ちゃんはいいわよ。英ちゃんは我慢できるじゃない！」

英は急に口の中に得体のしれない何かを放り込まれて飲み込んでしまったかのように、何も言えなくなった。「英ちゃんは我慢できる」。そうなのだろうか。我慢はしている。でも、それはそうした方がいいと思っているからだ。なのに、わたしは「我慢できる人」で、だから、わたしが我慢するためにやっていることは「当然のこと」になってしまうのだろうか。

違う、わたしだって……わたしだって……

何か言いたいが、言葉が出てこない。造られて間もない建物の木の匂いと、部屋にこもったみんなの髪の匂いが鼻を突いた。しな子は、英の手を振り払ったくせに、英にしがみついて泣いている。その声を聴きながら、英は手に持った※手燭《てしょく》の上で蝋《ろう》が垂れていくのを見ていた。（中略）

休み明けも繭の山が待っていた。英はもう、この繭の中に埋もれて自分も繭になってしまいたいと思った。そうすれば、誰かが選りすには、そうした地道な営みこそがむしろ不可欠だ。

（古田徹也「いつもの言葉を哲学する」より）

問1　傍線部a「母屋」の読み方をひらがなで書き、b「ガンゼン」、c「カンゴ」はそれぞれ漢字に直しなさい。

問2　X にあてはまる言葉として最も適当なものを次の中から選び、記号で答えなさい。

ア　「親語」を「母語」の比喩として用いること
イ　「父語」という新しい言葉を使っていくこと
ウ　「親語」にも意味の含みを持たせること
エ　「母語」を「親語」に言い換えること

問3　Y にあてはまる言葉として最も適当なものを次の中から選び、記号で答えなさい。

ア　終始一貫　　イ　古今東西
ウ　正真正銘　　エ　玉石混交

問4　傍線部④「『お母さん』の用法が～こないかもしれない）」とあるが、このように言葉は変化する可能性を持っていることを比喩的に言い表した十字以内の言葉がある。それを本文中から探し、初めの五字を抜き出しなさい。

問5　傍線部①「この社会における～のかもしれない」とはどういうことか。次の中から最も適当なものを選び、記号で答えなさい。

ア　「母」という漢字を使った熟語を日常的に使用することで、人々が無意識にジェンダーバイアスを持つようになっている可能性があるということ。
イ　長い歴史の中で「母」を使った言葉をたくさん作り出したことによって、父と母の本来のあり方を形作ってきた可能性があるということ。
ウ　育児は母親が担うべきだという考え方を人々に植え付けるために、「母」という言葉を使った熟語を無理やり使わされている可能性があるということ。
エ　「母」という漢字を含む熟語にはジェンダーバイアスがかかっているが、それらも日本語を構成する大事な言葉である可能性があるということ。

問6　傍線部③「どのような事柄を言うべきかを学ぶ」とあるが、日本語の場合では、例えばどのようなことを言うようになるのか。次の中から最も適当なものを選び、記号で答えなさい。

ア　桜の花が咲いているのを見て、「薄いピンク色の花が咲いている」と言うこと。
イ　夏の暑い日にプールに入る子どもを見て、「うらやましい」と言うこと。
ウ　秋になり鈴虫の鳴き声を聞いたときに、「きれいな虫の音だな」と言うこと。
エ　雪が降り出したのを見て、「今日は寒くなるだろう」と言うこと。

問7　「言葉」に関する筆者の考えとして適当なものを次の中から二つ選び、記号で答えなさい。

ア　ジェンダーバイアスのような、今まで使われてこなかった新しい言葉を取り入れていくことで思考力は高まり、困難な生活を乗り越えていけるようになるのである。
イ　私たちの生活感覚と合わない言葉を無理に使おうとすると相手に誤解を与える危険性があり、豊かな表現や深い思考を妨げることになるのである。
ウ　それぞれの文化や伝統を知らなければ、その言語を本当に理解しているということにはならないので、言語を学ぶより先に文化や伝統を学ぶべきなのである。
エ　母語を学ぶということは、単に単語やその配列を学ぶだけでなく、それと同時にその言語が持っている、ものの見方を身につけていくことでもあるのである。
オ　伝統的に使われ続けてきた言葉には現在のものの見方とは合わないものもあるので、そのような違和感を覚えた時には積極的に新しい言葉を取り入れていくべきである。

屋」や「酵母」等々の言葉というかたちで、文化遺産としての日本語にもはっきりと認められる。日本語であれ、あるいは別の自然言語であれ、子どもが母語を学ぶことは、それぞれの言語が息づく文化の伝統的なイメージないしは物事の見方を学ぶことを伴うのだ。この点について、現代の哲学者ジョン・マクダウェルは次のように述べている。

　各々の言語が世界の見方であるというのは、各々の言語が（言語学者が考えるような意味での）特定のタイプの言語であるからではなく、各々の言語において語られる事柄ないし伝えられる事柄のゆえである。……世界を視野に入れるという観念は、成長して伝統へと入っていくという観点においてはじめて理解可能となる。そして、成長して伝統へと入っていくというのは、普通の意味で言語を学ぶことの一部を成している。その学習において、人はたんにｂガンゼンを過ぎ去る光景の諸々の相貌《そうぼう》に対して言葉で反応する傾向性を獲得するだけではなく、③どのような事柄を言うべきかを学ぶのである。

　マクダウェルの言う通り、伝統へ入っていくことは、母語を学ぶことの一部を成している。ただし、このことはもちろん、物事の伝統的な見方はすべてそのまま受け継がれて保存される、ということを意味するわけではない。言語は生ける文化遺産であって、私たちの生活のかたちが絶えず変容を続けるなかで、言葉やその用法も変わり続けている。

　そして、特定の言葉に対する違和感は、社会や物事のあり方に対する私たちの見方が変わりつつあることを示す重要なサインでありうる。

（中略）

④「お母さん」の用法が変わっていくなかで、その遠い先に、「母語」や「酵母」や「分母」も何らかの別の言葉に置き換わる未来がくるかもしれない（あるいは、こないかもしれない）。それは現時点では不明だが、いずれにしても〈「母」は「親」に〉という風にして言葉をただ機械的に置き換えようとしても、うまくいくものではない。

　たとえば、いま発達心理学やｃカンゴ学などの分野で用いられることのある「親性《しんせい》」という言葉は、女性にも男性にも共通する親としての意識や感情の類いを端的に指すものであり、必ずしも「母性」や「父性」に完全に取って代わるべき言葉として位置づけられているわけではない。実際、これまで日本語のなかにはその種の意識や感情を表す言葉が無かったため、「母性」や「父性」に加えて、従来は光が当たりにくかった物事の見方を開く新語として、「親性」という言葉が少しずつ世間に広まり始めていると言えるだろう。

　生活のなかに深く根を張った言葉の変化は、まさに生活の変化とともに、そして、関連する言葉たちの変化とともに、進行していく。言葉には大きな影響力があり――さらに言えば、権威や権力もあり――、伝統の維持にも変革にも働きかける面があるが、同時に、その維持や変革の動きによって影響される面もある。そうした相互的で全体的な影響の中身を、私たちはよく見極めていかなければならない。

　逆に言えば、一切の変化に先回りして一挙にすべてを変えることはできない、ということだ。ある個別の言葉に対して、ある人々の間に違和感が生まれたときに、自分もその言葉に対してあらためて注意を向けて見直すこと。そして、その言葉に関連する現実（生活のかたち、社会のあり方）をさまざまな角度から見直すこと。自分が見逃してきたものを見ようとすること。そして、その言葉のある種の用法に対して、場合によっては異議を述べること。――「母」は「親」に言い換えよ、といった単純明快なガイドラインに比べて、遅々とした面倒な方法に思えるかもしれない。だが、私たちの従来の物事の見方と密接に結びついている言葉に関して、その変容を促

二〇二三年度
江戸川女子高等学校

【国　語】（五〇分）〈満点：一〇〇点〉

一　次の文章を読み、後の問いに答えなさい。

ジェンダーバイアス（社会的な性役割についての固定観念）をめぐる問題に関しては、「お母さん」という言葉以外に、「母」というこの一語自体が社会で含みもってきた特定の意味合いも無視できない。

たとえば、「母語」、「母国」、「母校」といった言葉は、文字通り母体のなかで受精卵が子へと成長して生まれ出てくるという自然的事実や、その後の育児を行う役割を主に母親が担ってきたという社会的事実が基になっていると言える。つまり、言語であれ、国であれ、学校であれ、自分を産み育てた根源や基盤の比喩として「母」が機能しているということだ。そのため、たとえば先の「母語」という言葉を「第一言語」等の言葉に置き換えると、「母語」のもっているニュアンスが希薄になるだろう。すなわち、生まれた後にいつの間にか身についており、以来そこから完全には離れることができず、自分自身をかたちづくる大きな基盤となっているものというニュアンスである。

しかし、子どもの誕生にはもちろん父親もかかわっているし、育児を母親が担うのも必然的な事柄ではない。むしろ、「母語」、「母国」、「母校」といった言葉の使用——さらに、たとえば「運営母体」のような「母体」の比喩的用法——は、①この社会におけるジェンダーバイアスを維持する土台の一部を構成しているのかもしれない。実際、先の「母語」という言葉について言えば、たとえばある論文において、「『母語』というのはジェンダー化された表現なので、実際には『親語』といった用語をあてるべき」という主張がなされたりもしている。

しかし、当該の論文で直後に「今のところ一般的に用いられる適切な代案がない」とも言われているように、［　X　］は（少なくともいますぐには）不可能だ。なぜなら、先に確認したような「母」という言葉が含みもつ意味合いを、「親」という言葉は歴史的に備えていないからである。また、「母」の比喩的意味が通底している言葉は、「母国」、「母校」、「母語」のほかに、「空母」、「母船」、「ａ母屋」などさまざまなものがある。このように無数の言葉が相互に浸透し、つながり合っているなかで、「母語」という言葉だけ「親語」などに置き換えたとしても、それは不自然で浮いた言葉であり続けるだろう。

では、「母」のつく熟語は一挙に別の言葉に置き換えてしまえばよいのだろうか。しかし、まずもって、どこまで置き換えればよいのだろうか。たとえば、「酵母」や「分母」、「母集団」、「母数」、「母音」といった言葉も全部別の言葉に換えるべきなのだろうか。だが、前章で外来語について強調したのと同様に、私たちの生活に深く根を張っている言葉たちを急に引っこ抜いて、よそよそしい言葉に置き換えることは、その分だけ日本語の表現力や、日本語を用いた思考力を脆弱《ぜいじゃく》なものにしてしまう。「母」のつく熟語を一切用いることなしに思考し、表現し、生活を送ろうとするのは、いまの私たちには困難きわまりない。

母や母体の概念が特定のイメージ——何かを産み育てる基盤、根源、大本といったイメージを含みもつことは、そもそも［　Y　］の多くの文化にかなり古くから見られる特徴だと言える。たとえば、ギリシア神話など各地の神話には、世界や生命の根源として位置づけられる地母神《じぼしん》（大地の母なる神）がしばしば存在する。また、中国の『老子』にも、世界の根源について「可以為天下母（それは天下の母というべきものだ）」（第二五章）と表現する一節がある。②同様の例は、ほかにも数多く見出すことができるだろう。

そして、この種のイメージは日本の文化においても存在し、それが独自の具体性をもって行き渡り、生き続けている。それは、「母

2023年度／江戸川女子高等学校

英語解答

〔放送問題〕

A　1　watch　2　September
3　museum　4　thirsty
5　expensive

B　1　b　2　c　3　b　4　a
5　c　6　d

C　① from other countries
② Asia, Africa, Europe
③ was very excited
④ everything looks delicious
⑤ What, eat first
⑥ There isn't enough
⑦ Many children die
⑧ learned, waste food

D　1　×　2　○　3　×　4　×
5　○
It means (an) old mountain.

〔読解問題〕

A　1　kindness　2　teeth
3　carefully　4　foreigners
5　dark

B　1　took, walk
2　didn't have〔need〕
3　mustn't, spoken
4　What, good
5　enjoyed playing

C　1　I'm sure he didn't do anything wrong
2　Neither of your answers is correct
3　We haven't had a big earthquake in this area
4　Please remember to buy a bottle of milk
5　They are singers known to a lot of people in Japan

D　1　ア　graduate　イ　university
ウ　hated　エ　like　オ　until
2　Tell me more about her
3　someone who

E　1　×　2　×　3　○　4　×
5　○　6　○　7　○　8　×

F　1　① for　⑥ in　⑧ of
2　was built　3　ghost
4　ア…d　イ…b　ウ…a　5　b
6　⑤…e　⑪…a
7　for making houses strong against earthquakes／for making strong houses against earthquakes
8　イギリス〔イングランド〕，れんがや石(などの強い材料)でできている，日本
9　(例)しかし，いく人かのイギリス人は家に霊がいることはよいことだと信じている。／しかし，イギリス人のなかには家に霊がいることはよいことだと信じている人もいる。

A～D〔放送問題〕放送文未公表

A〔単語の関連知識〕

1．前置詞の後には名詞相当語句がくるので，形容詞 kind「親切な」を名詞 kindness「親切」にする。　「あなたの親切に感謝します」

2．tooth は「歯」という意味で単数形。複数形は teeth。　「食事の後は歯を磨きなさい」

3．空所の前は命令文で，文として成立しているので，空所は修飾語が入ると考える。副詞 carefully「注意深く」にすると動詞 Listen を修飾できる。　「私の言うことを注意深く聞きなさい」

4．直後の動詞 visited に対する主語が入ると考え，foreigners「外国人」とする。A lot of「多くの」で修飾されているので s をつけて複数形にする。　「2020年以前は多くの外国人が京都を訪れた」

5．it を‘明暗’を表す文の主語と考えると，light は「明るい」という意味になる。反対語という指示があるので，dark「暗い」が適切。　「夏の5時頃は明るいですか，それともまだ暗いですか」

B〔書き換え―適語補充〕

1．「徒歩5分で公園に着いた」→「公園まで歩いて行くのに5分かかった」　上の文の主語は Five minutes' walk「徒歩5分」で，‘bring＋人＋to＋場所’で「〈人〉を〈場所〉に連れてくる」という意味を表す。公園までの所要時間を表せばよいので，下の文は‘It takes＋人＋時間＋to ～’で「〈人〉が～するのに〈時間〉かかる」の形にする。上の文が過去形なので take は過去形 took にする。

2．「彼が父親を助ける必要はなかった」　上の文は‘It is ～ for … to ―’「…が〔…にとって〕―することは～だ」の文。「～する必要はない」は have〔need〕to ～「～する必要がある」の否定形で表せる。ここでは過去の文なので didn't have〔need〕to ～ とする。

3．「この授業では日本語を話すな」→「この授業で日本語を話すのは禁止です」　Don't ～. は，「～するな」という‘禁止’を表す否定の命令文。助動詞 must「～しなければならない」の否定形でもほぼ同じ意味を表せる。2文目は主語が Japanese「日本語」なので，「話される」という受け身にする。助動詞に続く受け身は‘助動詞＋be＋過去分詞’で表す。　speak－spoke－spoken

4．「ユミはなんと上手に英語を話すのだろう！」→「ユミはなんと上手な英語の話者なのだろう！」どちらも‘驚き’などを表す感嘆文で，‘How＋副詞〔形容詞〕＋主語＋動詞…!’も‘What (a/an)＋形容詞＋名詞＋主語＋動詞…!’もほぼ同じ意味を表せる。上の文の well は「上手に」という意味の副詞だが，副詞は基本的には名詞を修飾しないので，下の文では「良い」という意味の形容詞 good を使う。

5．「その少年らはサッカーをした。彼らはとても楽しい時を過ごした」→「その少年らはサッカーをすることをとても楽しんだ」　have a good time で「楽しい時を過ごす」という意味。enjoy ～ing で「～することを楽しむ」という意味を表す。

C〔整序結合〕

1．「～にちがいない」は「私は～を確信している」と読み換えて I'm sure ～ とする。「彼は～しなかった」は he didn't do ～ で表せる。do の目的語として，否定文で「何も」を意味する anything を追加して，後ろに「悪い」wrong を置く。anything や nothing のように -thing で終わる語を修飾する場合，形容詞は一般的に後ろに置くことに注意する。　I'm sure he didn't do anything wrong.

2．「どちらも～ない」は‘neither of＋複数名詞(句)’で表せるので，追加する語は of。neither に否定の意味が含まれているので，その後は your answers is correct「あなたの答えは正しい」とする。なお，neither は原則単数扱い。　Neither of your answers is correct.

3．語群に we があるので，これを主語として「私たちは大きな地震を持っていない」と読み換える。haven't に着目し，現在完了形‘have/has＋過去分詞’の‘継続’用法を用いると考え，had を追加する。　We haven't had a big earthquake in this area for a long time.

4．「買うのを忘れないでね」は，remember to ～「～するのを覚えている(忘れずに～する)」を用いて，Please remember to buy で表せる。よって，追加する語は remember。牛乳は‘数えられない名詞’なので，「一本」というときは a bottle of milk などで表せる。 Please remember to buy a bottle of milk on your way home.

5．まず文の骨組みとなる「彼らは歌手だ」を They are singers とする。「日本のたくさんの人々に知られている」は，‘名詞＋分詞＋語句’（分詞の形容詞的用法）を用いて，名詞を後ろから修飾する形にすればよい。「〈人〉に知られている」は‘known to＋人’で表せるので，追加する語は to である。個人的な知り合いでなく，見たり聞いたりして知っている場合は，一般的に前置詞は by ではなく to を用いる。 They are singers known to a lot of people in Japan.

D〔長文読解総合—対話文〕

≪全訳≫❶トム（T）：学校を卒業したらどうするの？❷ユミ（Y）：数学の先生になりたいから，大学に進学するつもり。❸T：君は数学が得意だからね。❹Y：最初は得意じゃなかったのよ。実は，嫌いだったの。❺T：本当に？　何があったの？❻Y：中学校の数学の先生がすばらしい人で，彼女みたいになりたかったの。❼T：彼女についてもっと僕に教えて。❽Y：彼女は親切で，私たちが理解するまでていねいに教えてくれたわ。❾T：そうなんだ。君も数学を教えるのが上手だよね。❿Y：ありがとう。⓫T：じゃあ，音楽を教えることに興味はないの？　オーケストラに入っているよね。⓬Y：興味がないわけではないけれど，数学が得意じゃない人に数学を教える方が自信があるの。⓭T：すばらしいね！

1＜適語補充＞ア．graduate from 〜 で「〜を卒業する」という意味。　イ．go on to 〜 で「〜に進む」という意味を表す。卒業後の進路の話をしているので university「大学」が適切。　ウ．it は math「数学」を指す。前の発言で最初は数学が得意でなかったと述べていることから，hated「嫌いだった」とする。　エ．her とは文頭の My math teacher「私の数学の先生」のことで，ユミは彼女をすばらしい人だと述べている。尊敬する彼女を目標にしていると考えて，like を「〜のような」という前置詞として用いる。　オ．空所の前後が文の形になっているので，接続詞が入ると考える。She はユミの中学時代の数学の先生で，we はユミたち生徒を指すので，until「〜まで」を入れて，「生徒が理解するまで教えてくれた」とする。

2＜和文英訳＞「僕にもっと教えて」は‘tell＋人＋物事’を使って表せる。more を「もっと多くのこと」という意味の名詞として用いると，Tell me more となり，その後ろに「彼女について」about her を置く。

3＜適語句補充＞ここでの「人」とは特定されていない「ある人」なので，someone を用いる。この someone を先行詞として，who を主格の関係代名詞として用いると who is not good at it が who を後ろから修飾して「それが得意でない人」を表せる。

E〔長文読解—内容真偽—説明文〕

≪全訳≫❶現在，世界で7億人近い人々が飢餓状態にある。これは世界の人口の11人に1人にあたる。その数は紛争や気候変動，コロナウイルスのために増加するだろう。持続可能な開発目標（SDGs）では2030年までに飢餓をゼロにすることを目指しているが，達成は難しいだろう。もし現在の状況が続けば，たとえCOVID-19の影響がなくとも，2030年までに飢餓に苦しむ人の数は8億4140万人に増える可能性がある。これらの問題を解決するための活動に対し，ノーベル平和賞が世界食糧計画（WFP）に授与された。❷WFPは1961年に設立された。国連の食料支援機関だ。目標は飢餓のない世界である。世界各地の貧しい地域や危険な地域で食料や学校給食を提供したり，乳幼児や妊婦に栄養面の支援をしたり，人々が食料を自給自足できるよう援助をしたり，さまざまな活動を行っている。その活動が多くの命を救っている。❸2020年，コロナウイルスのために多くの子どもたちが学校に行けなかった。世界的に約94％の子どもたちが学校閉鎖の影響を受けた。多くの貧しい家庭は子どもたちが昼食を食べられるように彼らを学校に通わせている。学校給食が１日にありつける唯一の食事だという子どももいる。学校に行けない子どもたちは，教育を受けられないだけでなく，栄養や健康のための大切な機会も失っているのだ。WFPは子どもたちに家に持ち帰る食料を提供するという家庭支援も行っている。❹WFPの事務局長デイビッド・ビーズリーはWFPがノーベル賞を受賞したとき，このように述べた。「紛争があるところには飢餓があります。そして，飢餓があるところには，しばしば紛争があります。今日という日は，食料安全保障と平和と安定が一体であることを思い起こさせる日です。平和がなければ，飢餓ゼロという世界的な目標を達成することはできませんし，飢餓があるかぎり，私たちは決して平和な世界を手に入れることはできません」　このノーベル賞について考えるとき，私たちは世界中で飢えている人々について考えるべきである。そして彼らを助ける方法を考えなければならない。

＜解説＞１.「今日，世界の人口の10分の１を超える人々が十分な食料を得ていない」…×　第１段落第２文に飢餓状態にある人は11人に１人とある。11分の１は10分の１より少ない。　２.「2030年までに飢餓人口が現在の２倍になる可能性がある」…×　第１段落第１文より現在の飢餓人口は約７億。同段落後ろから２文目に2030年までに８億4140万人になる可能性があると述べられているが２倍ではない。　３.「WFPは国連に属しており，飢餓のない世界を目指している」…○　第２段落第２，３文の内容に合致する。　４.「WFPは世界中の病人を救う活動をしてきたのでノーベル平和賞を受賞した」…×　第１，２段落参照。飢餓をなくすための取り組みに対しノーベル賞が贈られた。　５.「WFPは生活環境の悪い人々に食料を与えるだけでなく，食料の栽培方法も伝授している」…○　第２段落の内容に合致する。　６.「学校に行けないことが日々の食事を得られないことを意味する子どもたちもいる」…○　第３段落の内容に合致する。　７.「デイビッド・ビーズリーによると，飢餓はときとして紛争を引き起こすといえる」…○　最終段落前半の内容に合致する。
８.「飢餓ゼロというSDGsの目標を考えると，私たちが最初にすべきことはコロナウイルスの蔓延を止めることだ」…×　最終段落後半参照。飢えに苦しむ人々の援助を考えることが先決である。
'stop … from ～ing'「…が～するのを止める〔防ぐ〕」

F〔長文読解総合―説明文〕

≪全訳≫❶新しい家を探しているとしよう。あなたは築120年の家の広告を目にする。その家はとても高価だ。広告にはその家に幽霊が出るとも書かれている。あなたはそんな家を買いたいと思うだろうか。❷イギリスでは，このような古い家はとても人気がある。d古い家は新しい家よりも価格が高い。実際に，築何百年もの家に住んでいる人もいる。それらの家は腕のいい職人によって建てられたもので，とても丈夫だ。外観も内装もどちらも美しい。それらはイギリスの文化的伝統の一部である。たとえ家が小さくとも，その歴史と独自性がイギリスでの買い手にとっては魅力的なのだ。❸日本では，b新しい家の方が古い家よりも格段に人気が高い。日本では築40年を超えた家を売るのは難しい。ほとんどの場合，人々は土地を手に入れるために中古の家を買い，その家を壊して新しい家を建てる。新築の家はより便利な機能がついているし，たいていより住みやすい。❹このような違いにはさまざまな理由がある。日本は地震が多く，近年は⑦家を地震に対して強くするための技術が向上している。それゆえ，a新しい家の方が古い家より安全なのだ。加えて，日本はイギリスよりも湿度がかなり高い。日本のほとんどの住宅は，木材など時とともに劣化する材料で建てられる。一方，イギリスで住宅に用いられるれんがや石などの材料はより強度が高いので，家が長持ちする。**5**幽霊はどうだろうか。もちろん，ほとんどの人は幽霊がよく出る家には住みたくないと思っている。しかしイギリスには家に霊がいるのは良いことだと信じる人もいる。彼らは幽霊が家を守ってくれると思っているのだ。もし，それが有名人の幽霊なら，その家の価値が大きく上がる可能性がある。だから，もしイギリスで家を買いに行くなら，古い家にいる幽霊を探してみて！

1＜適語補充＞①同段落最終文に「家を買う」とあるので，「家を探している」とする。look for ～「～を探す」　⑥「住むのが簡単だ(＝住みやすい)」と to不定詞が前の形容詞を修飾する to不定詞の副詞的用法。文の主語 Newer houses「より新しい家」が to不定詞の目的語となる形で，It is easier to live in newer houses. という意味になるので，to live の後に前置詞 in が必要。⑧be made of ～ で「(材料)でつくられた」という意味。このように木造の家など，材料がそのままの状態で用いられているものには of が使われ，材料の状態が変化するものには from を用いる。　(類例) Cheese is made from milk.「チーズは牛乳からつくられる」

2＜書き換え―適語補充＞「築120年の家」は「120年前に建てられた家」と言い換えられる。that を a house を先行詞とする主格の関係代名詞とし，was built と受け身で表す。

3＜適語補充＞ここでの inside は家の中を表すので，家に何かがいると考える。最後の段落で ghost が出てくるのは，ここで ghost「幽霊」を話題にしたからである。

4＜適文選択＞ア．前文にイギリスでは古い家が人気だとあるので，古い家の価値も高いと考えられる。　イ．直後の文の日本では古い家を売るのが難しいという内容が，古い家より新しい家の方が人気であることの具体的な説明になっている。　ウ．前文で，日本で新しい家が人気なのは地震が多いからだと述べているので，家の安全性に関する内容が入ると考える。

5＜適語(句)選択＞空所を含む文の前半と後半をつなぐものとして適切なものを選ぶ。　even if「たとえ～でも」　unless「～でないかぎり」

6＜適語選択＞⑤古い家の人気がない日本の家事情について述べた文。古い家を土地目的で買い，それを「壊して」新しい家を建てるのである。　destroy「～を壊す」　⑪主語の They は前文で述べた，家に霊がついていることを前向きにとらえる人々のこと。彼らがなぜそう思うのかを考える。　protect「～を守る」

7＜整序結合＞文後半の骨組みは the technology has improved なので，並べかえるのは the technology を修飾する部分と考える。何のための technology かを示すために，まず for を置く。この後 'make＋目的語＋形容詞'「～を…(の状態)にする」を用いて making houses strong とまとめ，最後に against earthquakes と続ければ「地震に対して家を強くする」となる。または「強い家をつくる」と考え，making strong houses としてもよい。　... for making houses strong against earthquakes ...／... for making strong houses against earthquakes

8＜英文解釈＞下線部を含む文前半に，イギリスの家はれんがや石を材料とするので，強いとある。stronger，longer と比較級になっているのは，日本の家と比べているからである。

9＜英文和訳＞文の主語は some people in England，動詞 believe の目的語は that 以下に示されている。接続詞 that で導かれる節の主語は having a spirit in their house「家に霊がいること」である。

2023年度／江戸川女子高等学校

数学解答

1 (1) 18　(2) 2700　(3) $\dfrac{-11x+38}{12}$

(4) -2　(5) $a=7$, $b=17$

(6) $\dfrac{49}{144}$　(7) 42分　(8) $\dfrac{4}{15}$

(9) $\dfrac{3}{4}$　(10) $x=-6+\sqrt{2}$, $2+\sqrt{2}$

(11) 54人　(12) 2：3　(13) $4\sqrt{3}$cm

(14) 80°

2 (1) $A=5$, -2, $B=2$, 3

(2) 6　(3) $x=4$, $y=1$

3 (1) (ア)…$y=x+6$　(イ)…$y=x$

(2) (ウ)…t^2　(エ)…t　(オ)…(1, 1)

(3) (カ)…15

1 〔独立小問集合題〕

(1)**＜数の計算＞**与式$=(-9)\times4\times\left(-\dfrac{1}{4}\right)\times2=\dfrac{9\times4\times2}{4}=18$

(2)**＜数の計算＞**与式$=(53^2-47^2)+(103^2-97^2)+30^2=(53+47)(53-47)+(103+97)(103-97)+900=100\times6+200\times6+900=600+1200+900=2700$

(3)**＜式の計算＞**与式$=\dfrac{12-6(3x-5)+4(4x-1)-9x}{12}=\dfrac{12-18x+30+16x-4-9x}{12}=\dfrac{-11x+38}{12}$

(4)**＜数の計算＞**与式$=\{(\sqrt{2}+\sqrt{3})-(\sqrt{6}+1)\}\{(\sqrt{2}+\sqrt{3})+(\sqrt{6}+1)\}$として，$\sqrt{2}+\sqrt{3}=X$，$\sqrt{6}+1=Y$とおくと，与式$=(X-Y)(X+Y)=X^2-Y^2$となる。$X$，$Y$をもとに戻すと，与式$=(\sqrt{2}+\sqrt{3})^2-(\sqrt{6}+1)^2=(2+2\times\sqrt{2}\times\sqrt{3}+3)-(6+2\times\sqrt{6}\times1+1)=5+2\sqrt{6}-7-2\sqrt{6}=-2$となる。

(5)**＜数の性質＞**$2023=7\times17^2$より，$\sqrt{2023\times7}=\sqrt{7\times17^2\times7}=\sqrt{7^2\times17^2}$となる。よって，$\sqrt{7^2\times17^2}=a\times b$と表せるとき，$a$，$b$は素数で，$0<a<b$だから，$\sqrt{(7\times17)^2}=a\times b$，$7\times17=a\times b$より，$a=7$，$b=17$である。

(6)**＜数の計算＞**$x=\dfrac{4}{3}$のとき，$x^2=\left(\dfrac{4}{3}\right)^2=\dfrac{16}{9}$だから，$\dfrac{1}{x^2}=1\div x^2=1\div\dfrac{16}{9}=1\times\dfrac{9}{16}=\dfrac{9}{16}$となる。よって，与式$=\dfrac{16}{9}+\dfrac{9}{16}-2=\dfrac{256}{144}+\dfrac{81}{144}-\dfrac{288}{144}=\dfrac{49}{144}$である。

≪別解≫与式$=x^2-2\times x\times\dfrac{1}{x}+\dfrac{1}{x^2}=\left(x-\dfrac{1}{x}\right)^2$となる。$x=\dfrac{4}{3}$のとき，$\dfrac{1}{x}=1\div x=1\div\dfrac{4}{3}=\dfrac{3}{4}$となり，$x-\dfrac{1}{x}=\dfrac{4}{3}-\dfrac{3}{4}=\dfrac{16}{12}-\dfrac{9}{12}=\dfrac{7}{12}$である。よって，与式$=\left(\dfrac{7}{12}\right)^2=\dfrac{49}{144}$である。

(7)**＜データの活用―中央値＞**生徒10人の通学時間を小さい順に並べると，8，13，17，36，40，44，48，52，60，70となる。中央値は5番目の40分と6番目の44分を平均で，$\dfrac{40+44}{2}=42$(分)となる。

(8)**＜関数―比例定数＞**関数$y=\dfrac{1}{3}x^2$において，$x=1$のとき，$y=\dfrac{1}{3}\times1^2=\dfrac{1}{3}$，$x=3$のとき，$y=\dfrac{1}{3}\times3^2=3$だから，$x$の値が1から3まで変化するときの変化の割合は，$\left(3-\dfrac{1}{3}\right)\div(3-1)=\dfrac{8}{3}\div2=\dfrac{4}{3}$である。一方，関数$y=ax^2$において，$x=2$のとき，$y=a\times2^2=4a$，$x=3$のとき，$y=a\times3^2=9a$だから，$x$の値が2から3まで変化するときの変化の割合は，$\dfrac{9a-4a}{3-2}=5a$となる。よって，これらが等しいとき，$5a=\dfrac{4}{3}$が成り立ち，$a=\dfrac{4}{15}$となる。

(9)**＜確率―さいころ＞**2つのさいころを同時に投げたとき，それぞれ6通りの目の出方があるから，出た目の組合せは全部で$6\times6=36$(通り)ある。このうち，2つとも奇数の目が出るのはそれぞれ

1，3，5の目が出る3通りだから，$3\times3=9$(通り)ある。これより，2つのさいころのうち少なくとも一方が偶数の目であるのは$36-9=27$(通り)だから，求める確率は$\dfrac{27}{36}=\dfrac{3}{4}$である。

⑽＜二次方程式＞$x-\sqrt{2}=X$とおくと，$X^2+4X-12=0$，$(X+6)(X-2)=0$，$X=-6$，2となる。$X=-6$のとき，$x-\sqrt{2}=-6$　$\therefore x=-6+\sqrt{2}$　$X=2$のとき，$x-\sqrt{2}=2$　$\therefore x=2+\sqrt{2}$　よって，求めるxの値は$x=-6+\sqrt{2}$，$2+\sqrt{2}$である。

⑾＜データの活用―度数＞140cm 以上160cm 未満の生徒の人数の割合が全体の75％であることから，この階級の相対度数は$\dfrac{75}{100}=0.75$となる。これより，150cm 以上155cm 未満の階級の相対度数は，$0.75-(0.08+0.14+0.23)=0.30$である。よって，この階級に属する生徒の人数は，$180\times0.30=54$(人)である。

⑿＜平面図形―長さの比＞右図1で，△ABPと△DCPにおいて，$\overset{\frown}{\mathrm{BC}}$に対する円周角は等しいから，∠BAP＝∠CDP，対頂角は等しいから，∠APB＝∠DPCである。よって，2組の角がそれぞれ等しいので，△ABP∽△DCPである。相似比は，AB：DC＝8：6＝4：3だから，AP：DP＝4：3より，$\mathrm{AP}=\dfrac{4}{3}\mathrm{DP}=\dfrac{4}{3}\times3=4$となる。また，△ABPはAB＝PBの二等辺三角形だから，△DCPはPC＝DC＝6の二等辺三角形である。よって，AP：PC＝4：6＝2：3となる。

図1
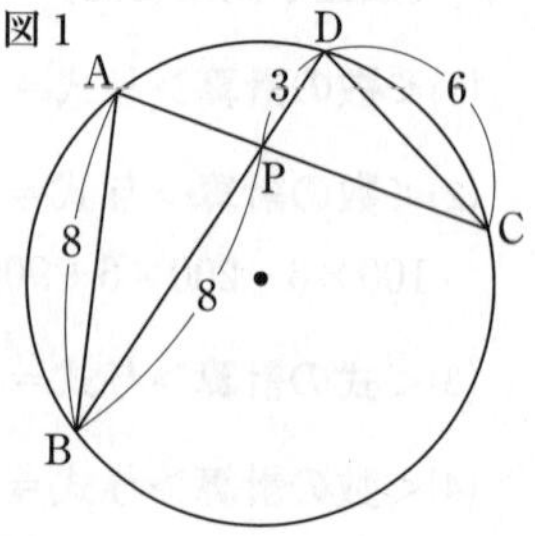

⒀＜平面図形―長さ＞右図2のように，点Oと点O′を結ぶと，OAはO′Aに重なるから，OA＝O′Aであり，また，OAとOO′は同じ円の半径だから，OA＝OO′である。これより，△OO′AはOA＝O′A＝OO′となり，正三角形だから，∠OAO′＝60°である。よって，∠OAPと∠O′APは折り重なるので，$\angle\mathrm{OAP}=\angle\mathrm{O'AP}=\dfrac{1}{2}\angle\mathrm{OAO'}=\dfrac{1}{2}\times60^\circ=30^\circ$となり，△AOPは3辺の比が$1:2:\sqrt{3}$の直角三角形である。したがって，$\mathrm{AP}=\dfrac{2}{\sqrt{3}}\mathrm{OA}=\dfrac{2}{\sqrt{3}}\times6=\dfrac{12}{\sqrt{3}}=\dfrac{12\times\sqrt{3}}{\sqrt{3}\times\sqrt{3}}=4\sqrt{3}$(cm)となる。

図2
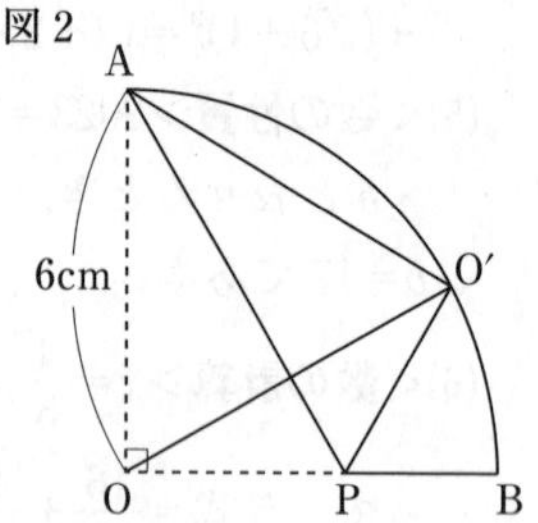

⒁＜平面図形―角度＞右図3のように，正九角形ABCDEFGHIに外接する円をかき，中心をOとする。点Oと点A，C，D，Gをそれぞれ結ぶと，$\angle\mathrm{AOG}=360^\circ\times\dfrac{3}{9}=120^\circ$，$\angle\mathrm{COD}=360^\circ\times\dfrac{1}{9}=40^\circ$である。円周角と中心角の関係より，$\angle\mathrm{ADG}=\dfrac{1}{2}\angle\mathrm{AOG}=\dfrac{1}{2}\times120^\circ=66^\circ$，$\angle\mathrm{CGD}=\dfrac{1}{2}\angle\mathrm{COD}=\dfrac{1}{2}\times40^\circ=20^\circ$となる。よって，内角と外角の関係より，$\angle x=\angle\mathrm{ADG}+\angle\mathrm{CGD}=60^\circ+20^\circ=80^\circ$となる。

図3
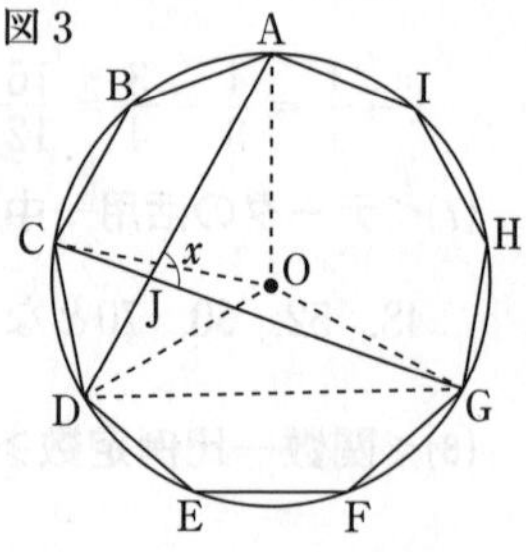

2 〔数と式―方程式〕

⑴＜二次方程式＞①より，$(A-5)(A+2)=0$，$A=5$，-2である。また，②より，$(B-2)(B-3)=0$，$B=2$，3である。

⑵＜一次方程式―解の利用＞$A=5$，-2より，$p-1=5$のとき，$p=6$であり，$p-1=-2$のとき，$p=-1$である。また，$B=2$，3より，$p-3=2$のとき，$p=5$であり，$p-3=3$のとき，$p=6$になる。よって，A，Bを同時に満たすpの値は$p=6$である。

(3)＜**連立方程式**＞(i)$A=5$，$B=2$ のとき，$x+y=5$……③，$x-2y=2$……④とすると，③－④より，$3y=3$，$y=1$　これを③に代入して，$x+1=5$，$x=4$ となり，x，y は整数となるから適する。

(ii)$A=5$，$B=3$ のとき，$x+y=5$……⑤，$x-2y=3$……⑥とすると，⑤－⑥より，$3y=2$　$y=\frac{2}{3}$ となり，y が整数とならないから適さない。　(iii)$A=-2$，$B=2$ のとき，$x+y=-2$……⑦，$x-2y=2$……⑧とすると，⑦－⑧より，$3y=-4$，$y=-\frac{4}{3}$ となり，y が整数とならないから適さない。

(iv)$A=-2$，$B=3$ のとき，$x+y=-2$……⑨，$x-2y=3$……⑩とすると，⑨－⑩より，$3y=-5$，$y=-\frac{5}{3}$ となり，y が整数とならないから適さない。(i)～(iv)より，①，②を同時に満たす整数 x，y の組は，$x=4$，$y=1$ である。

3 〔関数―関数 $y=ax^2$ と一次関数のグラフ〕

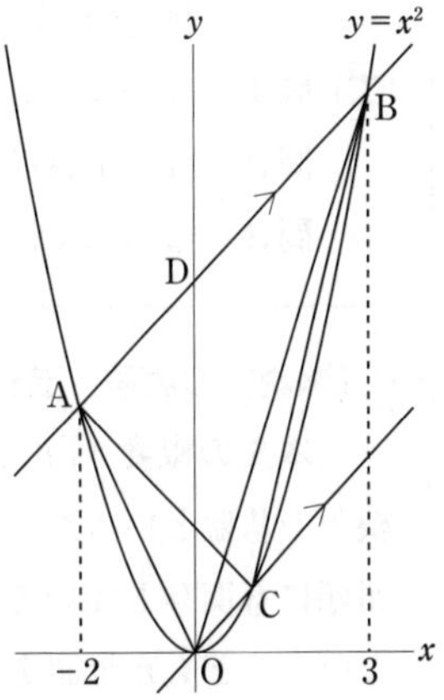

(1)＜**直線の式**＞右図で，点A，Bは放物線 $y=x^2$ 上の点で，x 座標がそれぞれ -2，3 だから，点Aの y 座標は $y=(-2)^2=4$，点Bの y 座標は $y=3^2=9$ となり，A$(-2,\ 4)$，B$(3,\ 9)$ である。これより，直線ABの傾きは $\frac{9-4}{3-(-2)}=1$ となるから，直線ABの式を $y=x+k$ とおく。A$(-2,\ 4)$ より，直線ABの式に $x=-2$，$y=4$ を代入して，$4=-2+k$，$k=6$ となり，直線ABの式は $y=x+6$ である。また，AB∥OCより，平行な直線の傾きは等しいから，直線OCの傾きは1であり，式は $y=x$ となる。

(2)＜**座標**＞右図で，点Cの x 座標を t とすると，点Cが放物線 $y=x^2$ 上の点であることから，$y=x^2$ に $x=t$ を代入すると，$y=t^2$ となり，点Cの y 座標は t^2 と表せ，C$(t,\ t^2)$ となる。また，点Cは直線OC上の点でもあるから，直線OCの式 $y=x$ に $x=t$ を代入すると，$y=t$ となり，C$(t,\ t)$ と表される。よって，$t^2=t$ が成り立ち，$t^2-t=0$，$t(t-1)=0$，$t=0$，1 となり，$t>0$ より，$t=1$ が適する。よって，点Cの座標は$(1,\ 1)$である。

(3)＜**面積**＞右上図のように点Oと点A，Bを結ぶ。AB∥OCより，△AOBと△ABCの底辺をABと見ると，高さが等しいから，△AOB＝△ABCとなる。よって，△AOBの面積を求めればよい。△AOB＝△AOD＋△BODとして，△AOD，△BODの底辺をODと見ると，直線ABの切片より，D$(0,\ 6)$だから，OD＝6 である。また，△AOD，△BODの高さは，点A，Bの x 座標より，それぞれ2，3となるから，△AOB＝$\frac{1}{2}\times6\times2+\frac{1}{2}\times6\times3=6+9=15$ となる。以上より，△ABC＝15 である。

2023年度／江戸川女子高等学校

国語解答

一 問1　a　おもや　b　眼前　c　看護

問2　エ　問3　イ

問4　生ける文化　問5　ア

問6　ウ　問7　エ，カ

問8　ありうる。

問9　母や母体の概念が，何かを生み育てる基盤，根源，大本といったイメージを含み持っていること［の例。］(43字)

二 問1　a…エ　b…イ　c…ウ　d…カ

問2　a　不良品の繭　b　もう考えな

問3　造られて間／その声を聴

問4　エ　問5　ウ　問6　エ

問7　ただ繰糸所に行きたいというのではなく，全ての作業を覚えるために，いつ出してもらえるのかと聞かれたため。(51字)

三 問1　イ

問2　a　おおせ　b　よわい

問3　①…ア　③…エ

問4　a　僧　b　魚　問5　エ

問6　魚鳥　問7　ウ　問8　イ

問9　天下にこの　問10　オ

問11　エ

一〔**論説文の読解―芸術・文学・言語学的分野―言語**〕出典；古田徹也『いつもの言葉を哲学する』。

≪本文の概要≫「母語」「母国」「母校」などの熟語の中の「母」という語には，自分を生み育てた根源や基盤といった，社会的に含みを持ってきた特定の意味合いがあり，ジェンダーバイアスを巡る問題にも関与している。だからといって，「母」を他の語に置き換えればよいという単純な問題ではない。子どもが母語を学ぶことは，それぞれの言葉が息づく文化の伝統的なイメージや物事の見方を学ぶことを伴う。伝統へ入っていくことは，母語を学ぶことの一部である。ただし，言語は生きている文化遺産であり，私たちの生活の形が絶えず変容する中で，言葉やその用法も変わり続けている。特定の言葉に対する違和感は，社会や物事のあり方に対する私たちの見方が変わりつつあることを示す重要なサインでありうる。個別の言葉に対して違和感が生まれたときに，その言葉に対して改めて注意を向けて見直し，その言葉に関連する現実を多角的に見直すことや，自分が見逃してきたものを見ようとし，ある種の用法に対して異議を述べることといった地道な営みが，言葉の変容を促すには不可欠である。

問1＜**漢字**＞a.「母屋」は，敷地内の主たる建物のこと。　b.「眼前」は，目の前，見ているすぐ前のこと。　c.「看護」は，けが人や病人の手当てや世話をすること。

問2＜**文章内容**＞「『母語』というのはジェンダー化された表現なので，実際には『親語』といった用語をあてるべき」と主張する論文もある。しかし，その論文自身が「直後に『今のところ一般的に用いられる適切な代案がない』」と言っていることからもわかるように，「母語」という言葉を「親語」といった用語に置き換えることは，今すぐには不可能である。

問3＜**四字熟語**＞「古今東西」は，昔から今までと，東西四方の全ての場所のこと。「母や母休の概念」が，「何かを産み育てる基盤，根源，大本といったイメージを含みもつこと」は，「母語」という語彙を持つ日本語に限ったことではなく，「ギリシア神話など各地の神話」や「中国の『老子』」など，世界各地にいつの時代も見られる特徴である。

問4＜表現＞「言葉やその用法」は，私たちの生活の形が変容していく中で「変わり続けている」のであり，言葉は「生ける文化遺産」といえる。

問5＜文章内容＞「母語」「母国」「母校」などの熟語をふだん使うことによって，人々は，母とは「自分を産み育てた根源や基盤」となる存在だということを，無意識のうちに受け入れ，ジェンダーバイアスを持つようになるのかもしれないのである。

問6＜文章内容＞言語は世界の見方であり，言語を学ぶことには「成長して伝統へと入っていく」ことが含まれる。「子どもが母語を学ぶこと」は，その言語に息づく「文化の伝統的なイメージないしは物事の見方を学ぶことを伴う」のである。文化によっては雑音とも解釈されうる「鈴虫の鳴き声」を「きれい」だと発言するのは，日本の「伝統」的な感受性を学んだ結果といえる。

問7＜主題＞「子どもが母語を学ぶことは，それぞれの言語が息づく文化の伝統的なイメージないしは物事の見方を学ぶことを伴う」のである（エ…○）。「私たちの従来の物事の見方と密接に結びついている言葉」の「変容を促す」には，「ある人々の間に違和感が生まれたとき」に，その言葉に関連する現実を「さまざまな角度から見直す」などの「地道な営み」が必要である（カ…○）。

問8＜文脈＞「特定の言葉に対する違和感」が「社会や物事のあり方に対する私たちの見方が変わりつつある」ことの「重要なサインでありうる」ということの例として，「お母さん」の用法を「疑問に思ったり不自然に感じたりする人が一定数」いることが挙げられる。

問9＜文章内容＞「母や母体の概念」が「何かを産み育てる基盤，根源，大本といったイメージを含みもつ」ことの例として，「ギリシア神話など各地の神話」の「地母神」や，「中国の『老子』」にある「可以為天下母」という表現が挙げられ，これらと同種の例がほかにも数多くあるのである。

二〔小説の読解〕出典；藤井清美『明治ガールズ　富岡製糸場で青春を』。

問1＜文の組み立て＞a．「運んで」は，「くれるだろう」と補助の関係。　b．「はっと」は，「止まるほど」に係る連用修飾語。　c．「時に」は，「するという」に係る連用修飾語。　d．「何度か」は，「動かしていた」に係る連用修飾語。

問2＜文章内容＞a．「繭選り」は，繭を「選り分け」る仕事であり，「繭の山」から「不良品の繭」を「はね」る業務である。　b．英は，繭選りの仕事に熟練して，「もう考えなくても作業を進められるようになっていた」のである。

問3＜表現＞「英ちゃんはいいわよ。英ちゃんは我慢できるじゃない！」というしな子の言葉に，「言葉が出てこない」ほど衝撃を受けた英の様子が，鼻を突く「造られて間もない建物の木の匂いと，部屋にこもったみんなの髪の匂い」や，「手燭の上で蝋が垂れていく」のを見つめる描写によって，英の嗅覚と視覚を通じて表現されている。

問4＜文章内容＞初は，松代に製糸場ができたときに技術指導をする「役目を負って」いるという自覚があり，もうすっかり覚えた繭選りの作業ばかりでなく，早く「すべての作業を覚え」たいと，高木に訴えた。それに対して，高木が「四月の終わり」に長州から来る人たちと入れ替わりに「繰糸所へ行くことになる」と返答したので，初は，まもなく次の段階に進めることがわかり，うれしかったのである。

問5＜文章内容＞英は「泣くか，我慢するしかない」と思っていた。しかし，初が役人を相手にはっきりと自分の意見を述べ，不満を訴え，要望を明確に表明して事態を解決に近づけたのを見て，英は，自分の意見や要望をはっきりと相手に伝えるという方法があるのを知ったのである。

問６＜表現＞待遇に不満があっても，泣くことしかできないしな子や，泣けば人に自分の気持ちを見せることにもなるし迷惑もかかると考え，我慢するだけの英と，自分の意見や要望を筋道立ててはっきりと述べて問題を解決に導く，精神的に成熟した初の言動が，対照的に描かれている。

問７＜文章内容＞今までにも似たような申し出はあったが，「それまでの申し出」は「ただ行きたい」というものだったので，高木は，富岡製糸場が工場という組織であり，工場には人の配置というものがあるという理由で，「叱ったりたしなめたり」してきた。しかし，初の申し出は「すべての作業を覚えるため」という明確な目標があり，さらに繰糸所へ行けるのは「いつか」という期限を問うものであったので，高木は，答えざるをえなかったのである。

三〔古文の読解—説話〕出典；『古今著聞集』巻第八，三一二。

≪現代語訳≫白河院の御時代に，天下に殺生《せっしょう》を禁止なさったので，国土で魚や鳥肉の類いが入手できなくなった。その頃，貧しかった僧で，年老いた母を持っている僧がいた。その母は，魚がないと物を食べなかった。たまに手に入れることのできた食い物も食べないで，数日たつうちに，老人の力はますます弱って，もはや余命いくばくもないようになった。僧は悲しみの心を深くして，(魚を)尋ね求めたけれども手に入れることができない。思い余って，全く魚を捕る方法も知らないけれど，自分から川べりに面して，僧衣をたすき掛けにして，魚を探って，はえという小さい魚を一匹二匹捕って持っていた。禁制が重い頃であったので，見回りの役人が見つけて，(僧を)捕まえて，院の御所へ連れて参上した。(そこで)まず事情を問われる。「生き物を殺してはならないという決まりごとは，(世に)広く知れ渡っている。どうしてそのことを知らないだろうか，いや知っているはずだ。ましてや法師の姿で，その僧衣を着たままこの罪を犯すことは，なみなみでない罪で，逃れることはできない」と言い含めなさったところ，僧は，涙を流して申し上げることには，「天下にこの禁制が重いことは，全て承知いたしていることだ。仮に禁制がなくても，(私のような)法師の身分において(殺生をするという)振る舞いは全くあってはならないことだ。ただ，私は年老いた母を持っている。ただ私一人のほか，頼れる者もいない。年をとって，体が弱って朝晩の食べ物もよく食べられない。私はまた家も貧しく財産も持っていないので，思いどおりに(母を)養う力がない。中でも(母は)魚がないと物を食べない。この頃，天下の法律によって，〈魚や鳥肉〉の類いはますます手に入れられないことによって，(母の)体の力はすっかり弱ってしまった。これを助けるために，どうしようもなくて，魚を捕る方法も知らないけれども，(母を)思う心のあまりに川べりに面した。(私が)罰せられるであろうことは，予想のうちでございます。ただこの(私が)捕った魚は，もはや(川に)放しても生き返ることはできない。(私に)少しの時間の猶予も許しがたいのならば，この魚を母のもとへ送って，もう一度母に魚の新鮮な味を味わっていただいて，それを聞いて安心して，(私の身の上は)どのようにでもなりましょう」と言った。

これを聞く人々は，涙を流さないということはない。院がお聞きになって，〈親孝行〉の気持ちが深いことを同情し感動しなさって，さまざまの物を馬車に積んでお与えになって許された。不自由することがあったら，重ねて申し上げよという内容をおっしゃった。

問１＜文学史＞『徒然草』は，鎌倉時代に兼好法師が書いた随筆。『古今和歌集』は，平安時代に紀貫之らによって編集された，日本最古の勅撰和歌集。『源氏物語』は，平安時代に紫式部が書いたつくり物語。『枕草子』は，平安時代に清少納言が書いた随筆。『南総里見八犬伝』は，江戸時代に滝沢馬琴が書いた読本。

問２＜歴史的仮名遣い＞歴史的仮名遣いの語頭以外のハ行は，現代仮名遣いでは原則として「わいうえお」に直す。

問３＜現代語訳＞①「今は」は，今となっては，という意味。「たのむ」は，頼りにする，あてにする，という意味。母は，ますます力が弱まって，今となってはもう頼りにするものがない，つまり命がないように見えた。　③「世にかくれなし」は，世間に知れ渡っていて有名だ，という意味。「いかでかそのよしを知らざらん」は，反語表現で，どうしてそのことを知らないだろうか，いや，知っているだろう，という意味。

問４＜古文の内容理解＞魚がないと食事をとらない母のために，僧が，魚を尋ね求めたのである。

問５＜古文の内容理解＞殺生を禁じる制が世間に知れ渡っていて，僧がそのことを知らないはずがなく，ましてや殺生を戒める仏の教えに従っている僧侶の立場であるのに，魚を捕ったので，僧は，なみなみでない罪から逃れられない。

問６＜古文の内容理解＞僧は，殺生を禁じる制がしかれたことによって，魚や鳥肉の類いが手に入れられなくなった。

問７＜古文の内容理解＞魚や鳥肉の類いが手に入らなくなったため，魚がないと物を食べない母の体は，すっかり弱ってしまった。

問８＜現代語訳＞「あざやかなり」は，新鮮である，という意味。「心やすし」は，心が安らかである，安心である，という意味。「うけたまはる」は，「聞く」の謙譲語。僧は，自分が捕った魚を母のもとに送って，母にもう一度新鮮な味わってもらい，そのことを聞いて安心してから，どのような処罰でも受けようと言った。

問９＜古文の内容理解＞「まうすやう」は，申し上げることには，という意味。僧は，涙を流しながら，「天下にこの制重きこと，みなうけたまはるところなり」と語り出した。

問10＜古文の内容理解＞院は，僧の親孝行の心が深いことに感動なさって，僧を無罪放免にしただけでなく，さまざまな物までお与えになった。

問11＜古文の内容理解＞僧の親孝行の心が深いことに感動なさった院は，僧を無罪放免にしただけでなく，さまざまな物をお与えになり，さらに，今後，不自由することがあったら，重ねて申し上げなさいとおっしゃった。

2022年度 江戸川女子高等学校（B推薦）

【英　語】リスニングは，英語科の受験生のみに出題されます。

リスニング　（30分）〈満点：100点〉〈編集部注：放送文は未公表につき掲載してありません。〉

（注意）放送終了後５分で解答用紙を回収します。

※試験開始５分後に英文を流します。それまでに問題を読んでおきなさい。また、問題はすべて２回読まれます。

A　ある英単語を説明する英文が６つ読まれます。その英文が表す英単語を答えなさい。

B　２つの英文について、その後に続く内容に関する問いに記号で答えなさい。
（Part 1 には３つの質問（１～３）、Part 2 には４つの質問（４～７）があります。）

C　英文を聞いて空所に適語を入れなさい。ただし、同じ番号には同じものが入ります。また、②⑨は数字を使って答えなさい。

Table tennis was played ①(　　　)(　　　) as early as ②(　　　), but the first actual table tennis sets were sold by a ③(　　　)(　　　) goods company in 1898. That company later sold ④(　　　)(　　　) to use the name "⑤(　　　)(　　　)" to another company in the USA, and many people in America still call the game by this name. Some Americans think that because the expression "⑤(　　　)(　　　)" sounds Chinese, it ⑥(　　　)(　　　) have been a Chinese game. Actually, Chinese and ⑦(　　　)(　　　) didn't ⑧(　　　)(　　　) world table tennis championships until the ⑨(　　　). In fact, it wasn't until 1998 that table tennis became an ⑩(　　　)(　　　).

D　英文とその内容に関する５つの英文が読まれます。それが本文の内容に一致する場合は○、しない場合は×を書きなさい。

E　以下は読まれる英文の内容をまとめたものです。空所に適語を入れなさい（⑥⑦は英単語を書きなさい)。ただし、同じ番号には同じものが入ります。また、その後の問題に答えなさい。

塩は長い間（　①　）ために使われてきたように、私たちの日常生活にとても重要なものだ。実際に、食品だけでなく、（　②　）にとっても重要である。例えば、電話や（　③　）の中にあるプラスチックの部品を作るためや、（　④　）を作るためにも使われている。

塩は（　⑤　）にも影響を与えてきた。（　⑥　）という単語はラテン語の塩に由来し、昔人々が野菜に塩をかけて食べたことが起源である。また、（　⑦　）という単語も同様で、古代（　⑧　）では、塩がとても貴重だったので、塩で（　⑦　）が支払われたことに由来している。

塩はこれまで食品、（　②　）、（　⑨　）を向上させてきた。将来も私たちにとって重要なものであり続けるだろう。

本文の内容に合うように、下線部に適当な語句を入れなさい。

Why is salt used in winter ?

--- Because it can ______________ .

ライティング　（50分）〈満点：100点〉

A　次の各組の英単語について、1～3は下線部の発音が、4，5はアクセントの位置が他と異なるものを選び、記号で答えなさい。

1. a. sudden　b. publish　c. adult　d. surely
2. a. sign　b. children　c. driving　d. decide
3. a. cousin　b. thought　c. caught　d. board
4. a. ex-change　b. in-vent　c. pro-gram　d. re-spect
5. a. In-ter-net　b. prob-a-bly　c. gen-er-al　d. dis-cov-er

B　次の各文がほぼ同意になるように、空所に適語を入れなさい。

1. She was happy to hear the news.
   = The news (　　)(　　) happy.
2. Tell me the meaning of this word.
   = Tell me (　　) this word (　　).
3. This is the first visit to this city.
   = I have (　　)(　　) this city before.
4. I missed the train because I got up late.
   = I got up too late to be (　　)(　　) for the train.
5. Mr. Smith is our music teacher.
   = Mr. Smith (　　) music (　　) us.

C　与えられた語に**1語追加して**、英文を作りなさい。ただし、文頭に来る語も小文字にしてあります。

1. 英語で意思疎通することは難しいとわかった。
   (English,　it,　I,　communicate,　difficult,　in,　found).

2. 私は気候が穏やかな国に住みたい。
   (live,　climate,　in,　country,　mild,　a,　want,　I,　to,　is).

3. バスは通勤する人々でいっぱいだった。
   (people,　was,　full,　the,　to,　work,　bus,　going).

4. これほどおもしろい映画は他にない。

(this, as, as, movie, other, is, exciting).

5. この種の車はアメリカで売られていますか。

(car, in, this, America, of, kind, sold)?

D 次の会話文を読み、設問に答えなさい。

Takashi：Hi, Tom.

Tom：Hi, Takashi.

Takashi：Come on in and make yourself at home.

Tom：(ア) a nice place!

Takashi：Thanks! This is my room.

Tom：It's huge. Wow! You have a lot of baseball stuff.

Takashi：Yeah… Do you (　　)(　　)(　　)(　　)(　　)?

Tom：Thanks, anything will do. So (イ)(　　) people are there in your family?

Takashi：Four, including me. Dad, Mom, and my elder brother.

Tom：Really? Does your brother have his (ウ) room?

Takashi：Uh-huh, right across the hall. But he's in college and lives (エ) himself. Tell me about your family.

Tom：Well, there's me, my parents, and I have a little sister.

Takashi：You guys (オ) along well?

Tom：Sure. (カ)(　　) you and your brother?

Takashi：We're cool now, but we used to (f キ) a lot. Hey, my mom is preparing sushi for dinner. You're staying, right?

Tom：That would be great! Sushi is my (f ク)!

1. 空所(ア)～(ク)に適語を入れなさい(イとカは２語)。また、最初の文字を指定してあるものもあります。

2. 下線部が「何か冷たい飲み物でもどう？」の意味になるように、空所に適語を入れなさい。

E　次の英文を読み、後の英文が本文の内容に一致する場合は○、しない場合は×を書きなさい。ただし、すべて同じ記号にした場合は得点としません。

MaaS stands for “mobility as a service”. It is a system for easy and efficient transportation. MaaS combines many forms of transportation. When most people want to go somewhere, they use their smartphones to find routes, travel times, and prices for buses and trains. With MaaS, they can also use taxis, shared bicycles, and car sharing. They can also make reservations and pay for those services from one *app.

In Helsinki, Finland, a MaaS app called Whim has been used since 2017. With this app, the user chooses a place to go. Then the app shows the best way to get there, the time, and the price. That one app can pay the fares and call for the transportation. After this system was started, public transportation use increased from 48% to 74%. And use of private cars was 40% before, but it fell by half.

MaaS can make things a lot easier. People can easily go somewhere without using their cars. This is good for the elderly, people in the countryside, and people who cannot drive. MaaS will make going out easier and more convenient. Another good thing is less use of private cars. That means less traffic on the streets and less CO_2 in the air.

MaaS can be useful for many people. Service in different languages can help visitors from other countries. Apps can also give sightseeing information and make reservations at restaurants. In the future MaaS may also be used with self-driving cars. Doctors and healthcare workers may use it to travel or deliver medicines to sick people. MaaS may become part of the solution to some of the problems that older people have, as well as environmental and other social issues.

*注　app アプリ

1. MaaS has enabled people to go anywhere around the world easily.
2. People can not only arrange transportation for their trip but also pay the fares through MaaS.
3. Whim can tell people how to get to a place they want to go to and how much to pay.
4. More and more people in Finland are using trains and cars.
5. In Finland the number of traffic accidents has decreased because people need not drive themselves.
6. The use of MaaS can be good for the environment.
7. MaaS is useful for foreign travelers even if they cannot understand the language of the country they visit.
8. MaaS can help doctors to go to patients faster.

F 次の英文を読み、設問に答えなさい。

In June, 2016, a baby giant panda, Tian Bao ①(　　)(　　) at a zoo in *Belgium. It became big news because the birth of a baby panda is an extremely rare event. Actually, ②that of Tian Bao was only the sixth in Europe in the last 20 years. While its population is slowly increasing, the giant panda remains one of the ③(rare) animals in the world. Therefore, scientists have been doing research on how pandas have babies.

So, you may think the scientists working at the Belgium zoo accomplished the goal of their research. But they have another goal; apart from having done that research, they've been studying panda *poo. (A)Why are they doing that?

Tian Bao's mother Hao Hao and its father Xing Hui live in the same zoo as their baby does. While they enjoy ④(sit) in the sun and eat bamboo, the scientist team collects their poo. By studying the poo, the team is aiming to understand how pandas can *digest bamboo.

In fact, bamboo is receiving a lot of (⑤) in *biofuel research these days. It's among the fastest growing plants on earth, and yet needs the least cares. So (B)**the plant** can become a good source of *renewable energy. But because bamboo is very tough and hard to *degrade, today's method for making a biofuel from bamboo (⑥) a lot.

Technically, pandas are meat-eating animals, but (C)over the years the food **they** eat has changed to almost only bamboo. The scientists are trying to find the *microbes that help a panda digest about 10 kg of bamboo a day. By using these microbes (D)**they** will be able to discover an easy and cheap method for producing a biofuel from bamboo.

It may take time, but some day panda poo may help (⑦).

＊注　*Belgium ベルギー　*poo ふん　*digest 消化する　*biofuel バイオ燃料
*renewable 再生可能な　*degrade 分解する　*microbe 細菌

1. 下線部①が「生まれた」の意味になるように、空所に適語を入れなさい。

2. 下線部②が指すものを英語２語で答えなさい。

3. 下線部③④を適当な形に変えなさい。

4. 空所⑤⑥に入れるのに最も適当なものを選び、記号で答えなさい。
⑤ a. support　b. discussion　c. attention　d. impression
⑥ a. costs　b. lacks　c. progresses　d. spreads

5.　空所⑦に入れるのに最も適当なものを選び、記号で答えなさい。

a. solve food problems　　b. plants grow fast　　c. save other animals　　d. cars run

6.　下線部(A)について次の質問に日本語で答えなさい。

ア．doing that が表す内容　　イ．下線部の目的

7.　下線部(B)の理由を波線部が指すものを明らかにして日本語で答えなさい。

8.　下線部(C)、(D)を波線部が指すものを明らかにして訳しなさい。

【数　学】（50分）〈満点：100点〉

1　次の問いに答えなさい。

(1)　$\left\{-5^2-(-4)^3\times\left(-\dfrac{1}{4}\right)^2\right\}-8\div\left(-\dfrac{2}{3}\right)^2$ を計算しなさい。

(2)　$-\left(\dfrac{2y}{5x}\right)^2\times\left(-\dfrac{5}{6}x^2y\right)\div\left(-\dfrac{2}{9}yz\right)$ を計算しなさい。

(3)　$\dfrac{2x-7y}{3}+\dfrac{5x+y}{2}-\dfrac{7x-2y}{6}$ を計算しなさい。

(4)　$8a^2b-18bc^2$ を因数分解しなさい。

(5)　$\dfrac{(-5)^{12}-5^{11}}{(\sqrt{5})^{22}}$ を計算しなさい。

(6)　$6<\sqrt{n}<\dfrac{7\sqrt{5}}{2}$ となるような自然数 n の個数を求めなさい。

(7)　次の2次方程式を解きなさい。

$(x-100)^2-3(x-100)-10=0$

(8)　x，y についての連立方程式 $\begin{cases}ax+by=5\\2bx+ay=-8\end{cases}$ の解が $x=2$，$y=-3$ であるとき，定数 a，b の値を求めなさい。

(9)　4つの直線 $y=ax+b$，$y=ax-b$，$y=-ax+b$，$y=-ax-b$ で囲まれる四角形の面積を，a，b を用いて表しなさい。（ただし $a>0$，$b>0$ とする）

⑽　a，b を 10 以下の自然数とする。$\sqrt{a} \times \sqrt{b}$ が整数となるような a，b の組は何組あるか求めなさい。

⑾　下の図において，$\angle x$ の大きさを求めなさい。ただし，点 O は円の中心で，点 C は直線 ℓ と円の接点である。また，AB ＝ BC が成り立っている。

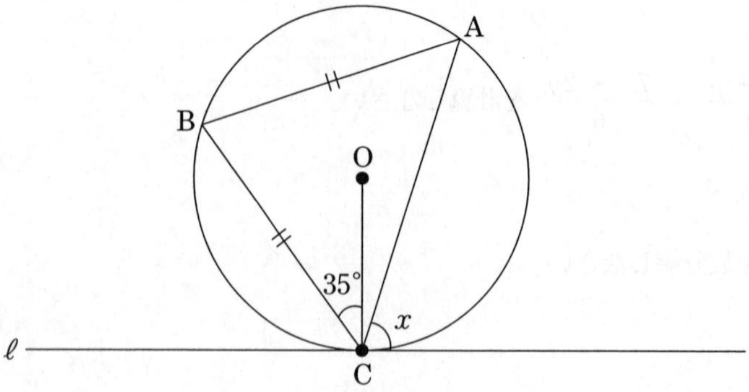

⑿　下の図のように，1 辺の長さが 10 cm の正方形 ABCD があり，辺 BC 上に点 P をとり，線分 DP と，頂点 B を中心とする $\overset{\frown}{\mathrm{AC}}$ との交点を E とする。このとき，$\overset{\frown}{\mathrm{AE}}$，線分 AD，DE で囲まれた部分の面積と $\overset{\frown}{\mathrm{CE}}$，線分 CP，PE で囲まれた部分の面積が等しくなるような，線分 CP の長さを求めなさい。

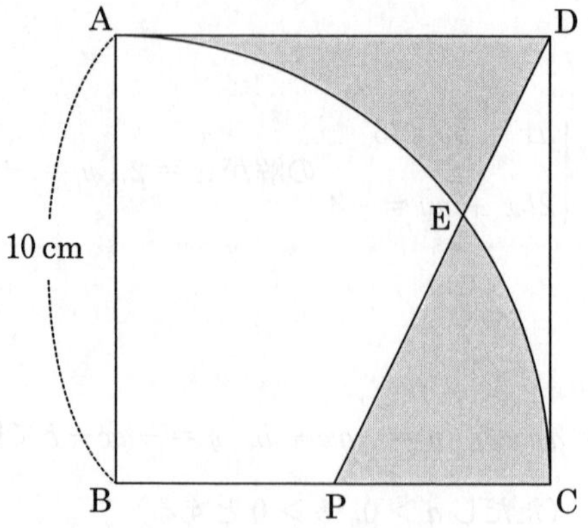

⒀　三辺が 3 cm，4 cm，5 cm である直角三角形に内接する円の半径を求めなさい。

⒁　下の図は底面の半径が 1 cm，母線の長さが 4 cm の円錐である。この円錐の底面の円周上にある点 A から，側面上を通って再び A に戻る線のうち，最短であるものを考える。側面はこの線によって二つに分けられるが，そのうち小さい方の面積を求めなさい。

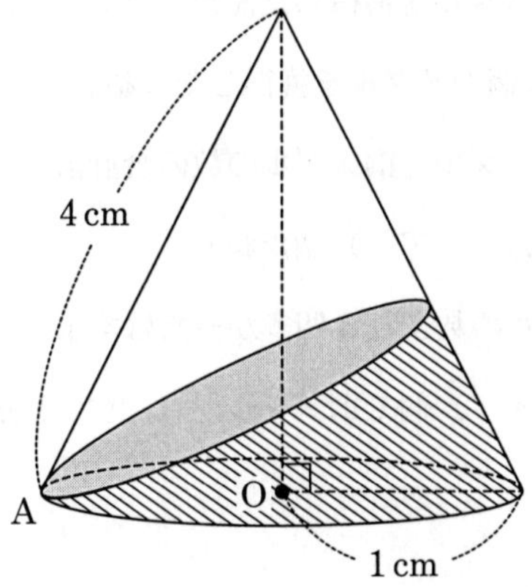

2 以下の4人の会話の空欄（ ア ）〜（ カ ）を適切に埋めなさい。

ただし，設問の都合上⑴⑵⑶と分けてありますが，会話は続いているものとします。

⑴ Aさん「去年は色々あったけど何が一番思い出深かったかな？」

Bさん「私はオリンピックが印象的だったわ」

Cさん「そういえば沢山のメダルを獲得したよね」

Dさん「日本選手団はいくつのメダルを獲得したんだっけ」

Cさん「金・銀・銅あわせて58個のメダルを獲得したよね」

Bさん「確か金メダルの数は銀メダルと銅メダルの数の合計より4個少なかった気がする」

Dさん「ということは金メダルは（ ア ）個だね」

Aさん「銅メダルの数は銀メダルの数より3個多かったはずよ」

Dさん「つまり銀メダルが（ イ ）個で銅メダルが（ ウ ）個だ」

⑵ Aさん「このメダルの数を見ていて面白いことに気づいたわ。金メダル，銀メダル，銅メダルの数をそれぞれ a，b，c とすると x についての2次方程式 $bx^2+ax-c=0$ の解が結構きれいになるわ」

Cさん「解いてみるとこの2次方程式の解は（ エ ）だね」

⑶ Bさん「このメダルの中からもし私たち4人が適当に1人1枚のメダルをもらえるとしたら，誰か金メダルが当たるかな」

Cさん「少なくとも誰か1人は金メダルが当たる確率を求めてみよう」

Dさん「数が多くて難しそうだよ」

Aさん「同じようなメダルばかりで混乱してしまうから，それぞれのメダルには獲得した人の名前を貼って区別しておくと考えやすいね」

Cさん「そうするとメダルのもらい方は全部で $58\times57\times56\times55$ 通りだね」

Aさん「誰も金メダルが当たらない確率は（ オ ）になるね」

Dさん「ということは，少なくとも誰か1人は金メダルが当たる確率は（ カ ）だね」

3 下の図のように，座標平面上に3点A (9, 0)，B (9, 9)，C (0, 9) があり，正方形OABCを考える。点Pは点Oを出発し，辺OC上を毎秒1の速さで点Cまで動く。点Qは点Aを出発し，辺AB上を毎秒3の速さで動き，点Aと点Bの間を往復する。点P，Qが同時に点O，Aを出発して，x秒後における正方形OABCの線分PQより下の部分の面積をyとするとき，次の問いに答えなさい。

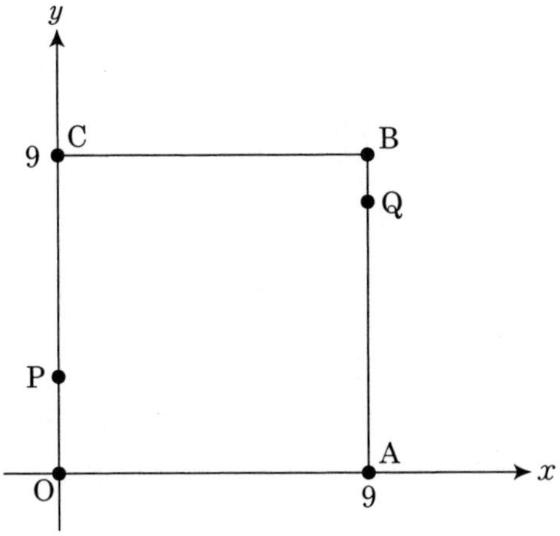

(1) $x = 7$のとき，yの値を求めなさい。

(2) xの変域が$3 \leqq x \leqq 6$であるとき，yをxの式で表しなさい。

(3) 点Pが点Oを出発してから点Cに着くまでの間に，$y = 36$となるときのxの値をすべて求めなさい。

ウ　とてもそれまでは待てないでしょう。
エ　なぜそれまで待てと言うのでしょうか。

問7　傍線部⑦「後の千金」と近い意味を持つ慣用句を次の選択肢の中から選び、記号で答えなさい。

ア　遠水《えんすい》は近火《きんか》を救わず
イ　鉄は熱いうちに打て
ウ　損して得取れ
エ　禍《わざわい》を転じて福となす

る。

年長児は「ヘク」を既知のものであるりんごのことだと解釈した。それは【 B 】からである。

またそれには「言葉と事物の間は必ずしも一対一に対応しない」という「言語観の変化」も関わっていると針生氏は述べている。

三

次の文章を読んで、後の問いに答えなさい。

今は昔、唐《もろこし》に荘子《さうじ》といふ人ありけり。家いみじう貧しくて、今日の食物絶えぬ。隣に監河候《かんかこう》といふ人ありけり。それが元へ今日食ふべき①れうの※粟《あは》を乞ふ。河候が曰く、「今五日ありておはせよ。千両の金を得んとす。②それを奉らん。いかでかやんごとなき人に、今日参るばかりの粟をば奉らん。③返す返すおのが恥なるべし」といへば、荘子の曰く、「昨日道をまかりしに、跡に呼ばふ声あり。顧みれば人なし。ただ車の輪跡のくぼみたる所にたまりたる少水に、鮒《ふな》一つふためく。『何ぞの鮒にかあらん』と思ひて寄りて見れば、少しばかりの水にいみじう大きなる鮒あり。『何ぞの鮒ぞ』と問へば、鮒の曰く、『我は河伯神《かはくしん》の使《つかひ》に、江湖へ行くなり。それが飛びそこなひて、この溝に落ち入りたるなり。喉《のど》渇き死なんとす。我を助けよと思ひて呼びつるなり』といふ。④答へて曰く、『吾《われ》今二三日ありて、江湖といふ所に遊びしに行かんとす。そこにもて行きて放さん』といふに、魚の曰く、『⑤さらにそれまでえ待つまじ。ただ今日※一提《ひとひさげ》ばかりの水をもて喉をうるへよ』といひしかば、さてなん助けし。⑥鮒のいひし事我が身に知りぬ。さらに今日の命、物食はずは生くべからず。後の千の金《こがね》さらに益なし」とぞいひける。

それより、「⑦後の千金」いふ事名誉せり。

（「宇治拾遺物語」による）

※ 粟…穀物の一種。米よりも粗末な食べ物とされた。

※ 一提…ひしゃく一杯。

問1 この作品の出典である「宇治拾遺物語」は、近代に書かれた短編小説である『鼻』、『芋粥』、『地獄変』などの題材となっている。これらの短編小説の作者は誰か。次の選択肢から選び、記号で答えなさい。

ア 芥川龍之介　イ 太宰治
ウ 志賀直哉　エ 萩原朔太郎

問2 傍線部①「れう」を現代仮名遣いに直しなさい。

問3 傍線部②「それを奉らん」、④「答へて曰く」の動作主は誰か。次の選択肢から選び、記号で答えなさい。

ア 荘子　イ 監河候　ウ 鮒

問4 傍線部⑥「鮒のいひし事我が身に知りぬ」とあるが、これを説明したのが次の文章である。空欄A、Bに当てはまるものをそれぞれ十字以内で抜き出しなさい。

> 鮒が求めていたのは［　A　］であり、それと同じように今自分が求めているのは［　B　］だということ。

問5 傍線部③「返す返すおのが恥なるべし」とあるが、これはなぜか。最も適当なものを次から選び、記号で答えなさい。

ア 飢えている荘子に一日分の食物を与える金銭的余裕すらなかったため。

イ 五日後にもらえる千両の金を当てにし、食べ物が残っていなかったため。

ウ 立派な聖である荘子が明日の食べ物にすら困っている様子を見ていられなかったため。

エ 貴い身分の荘子に一日分の食物だけを与えるのは申し訳ないと感じたため。

問6 傍線部⑤「さらにそれまでえ待つまじ」とあるが、この口語訳として適切なものを次から選び、記号で答えなさい。

ア 加えてそれまで待てと言うのか。

イ 本当にそれまでは待てるでしょうか。

たとのことです。これは、「一つの物体には一つの呼び名しかない」というバイアスを、文脈よりも優先した結果だと見なすことができます。しかし年長児になると逆に、「ヘク」を既知のもの（りんご）に結びつける傾向が見られたそうです。つまり年長児では、文脈による手がかりがある場合は、「一つの物体には一つの呼び名しかない」というバイアスよりもそちらを優先するのです。②針生はこういった年少児と年長児の違いについて、単にバイアスと文脈のどちらを優先するかという違いではなく、「言葉と事物は一対一に結びついている」ということから「言葉と事物の間は必ずしも一対一に対応しない」という方向への「言語観の変化」が関わっているのではないか、と述べています。（中略）

　このように、子供が多様な知識を使って自らの「一般化」を修正していくというのは非常に興味深いことですし、その過程がほぼ無意識のうちに行われるというのも不思議なことです。また、「多様な知識を適切に駆使する」という側面は、大人の言語理解全般にとっても非常に重要なことです。

（川添　愛「ヒトの言葉　機械の言葉
『人工知能と話す』以前の言語学」による）

問1　傍線部a「膨大」、b「煩わ」、c「駆使」の読みをひらがなで答えなさい。

問2　傍線部A「子供はもしかすると、『犬』はこの動物だけにつけられた名前（つまり固有名詞）だ、と思うかもしれません」という文章に助動詞はいくつ含まれているか。漢数字で答えなさい。

問3　空欄Ⅰに入る語を本文中から四字で抜き出しなさい。

問4　この文章を二つに分けるとすると、後半はどの段落からか。後半の段落の最初の五字を抜き出しなさい。

問5　空欄Ⅱ、Ⅲに入る語を次の選択肢からそれぞれ選び、記号で答えなさい。

ア　事物カテゴリーバイアス
イ　形状類似バイアス
ウ　事物全体バイアス
エ　相互排他性バイアス

問6　傍線部①「実はここにも『一般化』が関わっています」とあるが、この文章における「一般化」とはどのようなことを指すか。「犬」を例にして説明した次の文章の空欄に当てはまるものを四十字以内で抜き出し、最初の五字を書きなさい。

　「犬」を一般化するということは、［　　　　］ことである。

問7　本文の内容について話している次の会話で、本文の内容に合致しないものを一つ選び、記号で答えなさい。

ア　一歳半の子供が新しい単語を一回聞いただけで使えるようになるなんて驚きだね。僕の姪もまだ二歳なのに犬を指して「わんわん」と呼んでいたことを思い出したよ。

イ　私の家では「おもち」という名前の犬を飼っていたから、妹が小さい時は全ての犬のことを「おもち」と呼んでいたよ。あれは「事物全体バイアス」のせいだったんだね。

ウ　姪は「りんごジュース」が大好きなんだけど、「アップルジュース」と言っても分からなかったことがあったなあ。あれは「一つの物体には一つの呼び名しかない」というバイアスのせいだね。

エ　私も小さい時に初めて焼きうどんを食べた時、「これはうどんじゃない！」ってひどく泣いたらしいの。きっとあの時に「うどん」の一般化の修正が行われたのだろうな。

問8　傍線部②「針生はこういった年少児と年長児の違いについて」とあるが、それを説明したのが次の文章である。Aは本文中から二十字以上二十五字以内で探し、最初の十字を抜き出しなさい。Bは傍線部②と同じ段落中の言葉を使って具体的に五十字以内で説明しなさい。

　年少児は「ヘク」をリップミラーのことだと解釈した。それは、相互排他性バイアスに従い、【　A　】したからであ

のバイアスは「形状類似バイアス」と呼ばれています。
　また別のバイアスとして、子供が未知のものについて示された名前を、物体の一部や材質などではなく、物体の全体についての呼び名だと考えるというものがあります。これは「事物全体バイアス」と言われています。
　さらに、「相互排他性バイアス」と呼ばれているバイアスもあります。これは、子供が「一つの物体には一つの呼び名しかないと思い込む」というものです。年少の子供は、すでに呼び名を知っているものに対して新しい呼び名を教わると、それを「同じものを表す言葉(つまり同義語)だ」とは思わず、何か別の意味を持つのだろうと考える傾向があるそうです。その「別の意味」としては、その物体の一部や性質、あるいは上位語(「犬」に対しての「動物」、「ビル」「家」に対しての「建物」など)が候補に挙がるようです。すでにカテゴリーの呼び名を知っているものに対して新しい呼び名が提示された場合は、それを固有名詞だと思い込むという実験結果も報告されています。
　こういったバイアスの存在は、子供の「目のつけどころ」があらかじめ決まっていることを示唆します。つまり子供は、限られた事例から法則性を導く際に「どこに目をつけて一般化したら良いか」で迷うことがないので、言葉を素早く学ぶことができるわけです。
　しかしながら、皆さんはすでにお気づきかと思いますが、先に紹介した各種のバイアスは間違いも引き起こします。ここに、「一般化」に関するもう一つの難しさ――つまり、「一般化が間違っていたときに、どうやって間違いに気づいて、どう修正するか」という問題があります。
　たとえば、[Ⅱ]は、「ポチ」「山田さん」などといった固有名詞を覚えるときには間違いを引き起こします。犬を知らない子供に一匹の犬を指さして見せ、「あれはポチよ」と教えると、子供はそれを「その特定の犬につけられた名前」と思わず、その犬に似た動物全般(つまり犬全般)の呼び方だと思ってしまいます。
　[Ⅲ]も、間違いにつながることがあります。言語の中には「台所」と「キッチン」、「さじ」と「スプーン」、「牛乳」と「ミルク」など、数多くの同義語が存在します。「一つの物体には一つの呼び名しかないはずだ」という思い込みに従っていると、同義語を修得できないことになってしまいます。
　しかし、子供は成長するにつれて、自然とこういう間違いはしなくなります。言語習得の研究によれば、子供が年長になるにつれて、文脈やその他の知識をc駆使して自ら「バイアス」を修正するそうなのです。
　針生悦子による研究では、子供自身が「一つの物体には一つの呼び名しかない」という相互排他性バイアスを修正する過程を、次のような実験によって調べています。実験では子供に対して人形と二つの物体を見せます。その二つの物体の片方は、子供はすでに呼び名を知っているもので、もう片方は子供が初めて見るものです。たとえば、片方が子供がすでに呼び名を知っている「りんご」、もう片方は子供が初めて見る「リップミラー」のようなペアになっています。
　このような状況で、子供に対し、二つの物体のうちどちらかを人形に渡すように指示します。たとえば子供に「りんご」と「リップミラー」を見せた上で、「お人形はお腹が空いているから、ヘクをとってあげて」という指示を出します。ここでいう「ヘク」は、子供にとっては知らない言葉です。この実験では、子供がこの「ヘク」を、すでに知っているりんごの別名だと解釈するか、初めて見るリップミラーを表す言葉だと解釈するかを見るわけです。
　子供が「一つの物体には一つの呼び名しかない」というバイアスに従うならば、「ヘク」はすでに呼び名を知っているりんごではなく、呼び名を知らないリップミラーの方を指すと解釈すると予想されます。
　針生によれば、保育園の年少児では、「ヘク」のような知らない言葉を「初めて見るもの」(リップミラー)と結びつける傾向があっえなさい。

> 　アツコ先輩を含めた三年生たちは、[　　　]を感じてはいたが、わざとその話題に触れないようにしていた。しかし、それを「白井先輩」に正面を切って指摘されたため、「アツコ先輩」は動揺を隠せずに歯切れの悪い弁明をした。

二　次の文章を読んで、後の問いに答えなさい。

　語《ご》彙《い》爆発期の子供(一歳半〜)は、新しい単語をたった一度聞いただけでおおよそ正しく使えるようになることが知られています。この特徴は、「即時マッピング」と呼ばれています。たとえば、大人が子供に一匹の犬を指さして「あれは犬だよ」と言ったら、子供はすぐに「犬」という言葉を正しく使えるようになります。

　こういったことは一見するとたいして不思議ではないように思われるかもしれませんが、①実はここにも「一般化」が関わっています。しかも「どこに目をつけて一般化するか」という観点では、子供はかなり難しい一般化をしています。なぜかというと、「犬」という言葉がいったい何を指すかということについて、様々な可能性があるからです。

　「犬」という言葉が実際に表すのは、もちろん「犬という動物一般」です。しかし、大人が一匹の犬を指さして「これは犬だよ」と一度言うだけで、子供がそのことを理解するとは限りません。A子供はもしかすると、「犬」はこの動物だけにつけられた名前(つまり固有名詞)だ、と思うかもしれません。つまり「ポチ」などといった名前と同じようなものだと思う可能性があります。

　これ以外にも、子供が「犬」を「この動物の体の一部だ」と理解する可能性もあります。つまり犬の頭の部分や、鼻や耳、しっぽなどを「犬」だと思うかもしれません。あるいはその犬の「体の色」や「毛の模様」のことだと思うかもしれませんし、毛がふわふわしているという「質感」のことだと理解する可能性もあります。さらに言えば、こっちを見ているという「状態」、可愛さや小ささといった「性質」など、「『犬』という言葉が表しているかもしれないもの」の選択肢はいくらでも膨らみます。

　つまり、「大人がこの(目の前の)生き物を指さして『これは犬だよ』と言った」という限られた手がかりから、「『犬』という言葉は、この生き物に形が似た生き物全般を表す」という法則性を導くには、これ以外のさまざまな選択肢——「『犬』という言葉は、この一匹の生き物だけを表す名前である」とか、「『犬』という言葉は、この生き物の頭の部分を表す言葉である」「『犬』という言葉は、この生き物の色を表す言葉である」……などといった、数多くの「可能な一般化」を捨てなくてはならないわけです。

　もし子供がこういった「可能な一般化」を一つ一つ検証した上で正しいものを選ぼうとしていたら、一つの言葉を覚えるのに相当な時間がかかるはずです。しかしながら、語彙爆発期の子供はこういった選択肢のa膨大さにはほとんどb煩わされず、驚異的なスピードで言葉を覚えていきます。それができる理由の一つに、子供の言語習得にさまざまなバイアス、つまり「[I]」が働いていることが挙げられます。

　たとえば、子供は初めて見る物体の名前を教わったとき、教わった名前を「その物体のみを指す名前(固有名詞)」ではなく、「その物体と形が似たもの全般を指す普通名詞」だと思い込むことが知られています。つまり、子供が初めて見る動物について「これは犬だよ」と教わった場合、その子は「犬」という言葉がそこにいる特定の動物だけでなく、他の似たような動物すべてにも当てはまる言葉だと思い込むのです。このようなバイアスは「事物カテゴリーバイアス」と呼ばれ、子供が「犬」「コップ」「パン」などといった普通名詞を覚えるときに正しく働きます。

　また、このときにどこに目をつけて「似ている」とするかについても、形状や材質、色などといったさまざまな選択肢が考えられますが、子供は「形の類似」に目をつけることが知られています。こ生の前で絶対に口にしてはいけないということだって、深く考えなくてもわかっている。

アツコ先輩だって、しまった、と思っているはずだ。ケーキを投げられたことに文句を言わないのが、その証拠だ。

「あの、二年はこれから白井のあとを追いかけます。多分、中庭か図書室だと思うので」

そう言って、シュウサイ先輩が立ち上がった。それから、月村部長の方を向いた。

「二年が思っていることは、白井がほとんど言ったので、あとは残った人たちで決めてください。でも、一つ補足させてもらうなら、がんばったのは宮本だけじゃない。一年生三人で確定して、残り二枠をくじ引きでもして決めればいいんじゃないですか？　留守番組の方が多ければ、今ほどギクシャクしないだろうし。じゃあ」

じゃあ、が示し合わせた合図だったかのように、ラグビー部先輩とミドリ先輩も立ち上がり、中途半端に残したケーキの皿をテーブルに置いたまま、放送室を出て行った。

シュウサイ先輩の提案は僕が一番理想とするものだけど、三年生の先輩たちが簡単に受け入れるとは思えない。

（湊　かなえ『ブロードキャスト』による）

※　白井先輩…高校二年生の放送部員。

※　ドキュメント部門…声だけのドキュメンタリー番組を制作する部門。二年生四人はこの部門に二作品を出品していた。

問１　傍線部ａ「ショウした」、ｂ「エンリョ」、ｃ「ケンマク」を正しく漢字で書きなさい。

問２　二重傍線部Ａ「ない」、Ｂ「もっと」の品詞を漢字で答えなさい。

問３　空欄Ⅰに当てはまる言葉を文章中から抜き出しなさい。

問４　傍線部②に「黙っているのが一番」とあるが、これはなぜか。最も適切なものを次から選び、記号で答えなさい。

ア　黙っていれば「白井先輩」から言い返されることもなく、気まずい雰囲気から逃れることができるため。

イ　口を開いてしまえば、東京行きを辞退するよう周囲から説得されてしまうため。

ウ　この場で何も発言しなければ、少なくとも自分は東京に行くことが出来るため。

エ　黙ってさえいれば他の誰かが東京行きを辞退してくれると期待していたため。

問５　傍線部③「……ドキュメント部門も、どっちか通過していればよかったのに」とあるが、「アツコ先輩」の発言の意図がわかるように補ったのが次の文章である。空欄に当てはまる言葉を本文中の言葉を使って二十字以内で答えなさい。

ドキュメント部門が全国大会に行っていれば、［　　］のに、ということ。

問６　本文における表現の説明として最も適切なものを次から選び、記号で答えなさい。

ア　先輩の名前がカタカナで表記されていたり、見た目のあだ名で呼ばれていたりしているのは、「僕」の他人に対する興味の薄さの表れである。

イ　周りの風景や状況の描写を多く取り入れているのは、それらの周りの様子から登場人物たちの心情を読者に読み取らせるためである。

ウ　「僕」が比喩を多く使ってその場の状況を説明することによって、読者に的確にイメージを喚起させ、ストーリーに没入させる役割を果たしている。

エ　感情の変化をそれぞれの登場人物の視点で説明していることによって、読者は俯瞰《ふかん》的な視点から物語を楽しむことができ、より多彩な考察が出来るようになる。

問７　傍線部①「さっきまでの歯切れの良さはどこにもない」とあるが、「アツコ先輩」はなぜこのような態度を取ったのか。それを説明した次の文章の空欄に当てはまる言葉を、四十字以内で答てあるよね？」
アツコ先輩がはしゃいだ様子で口を挟み、月村部長に訊《たず》ねた。
「うん、まあ……」
曖昧《あいまい》に部長が頷いたそのときだった。
「それ、本気で言ってるんですか？」
厳しい声が響いた。
正也の友達でも同級生でもない。だけど、正也を全国大会に連れて行かないのはおかしいと思っている。そして、間違ったことは正さないといけない。そう考えているのだろうか。
※白井先輩が立ち上がった。
「おとといは、先輩たち、感極まって深く考えずに、みんなで東京に行けるって喜んでいると思っていたんです。だけど、今日になってもまだそう思っているなんて」
白井先輩のｃケンマクに押され、三年生の先輩たちは全員、フォークを置いた。
「できれば仲良し五人組全員で行きたい。その気持ちはわかります。でも、『ケンガイ』は宮本くんがいたからできた作品です。どうして宮本くんが行くという選択肢を、勝手に外しているんですか？」
三年生の先輩たちは皆、俯《うつむ》いてしまった。だけど、今日ばかりは同情しない。そうだ、と口には出せないけれど、僕は大きく頷いてみた。
「だって、毎年三年生が行っているし……」
アツコ先輩がモゴモゴと言い返した。①さっきまでの歯切れの良さはどこにもない。
「それは、三年生が中心になって作ったからじゃないですか」
白井先輩の言うことはいつも正しい。アツコ先輩は黙り込み、他の先輩たちも口を開こうとしない。
ガマン大会だ。
三年生の先輩たちは皆、正也が一番貢献したことくらい理解している。だけど、それを少しでも口にして、話し合いが持たれることになってしまうと困るのだ。一人外れる誰かを、決めなければならなくなるのだから。
私が行かなきゃいいんでしょ！　なんて気持ちを昂《たかぶ》らせて、うっかり逆切れでもしてしまったら、即アウト。これ幸いと言わんばかりに周りは、ゴメンね、と泣きながらも、胸をなで下ろし、話を終わらせてしまうに違いない。
②黙っているのが一番。ズルいやり方だ。
正也はこうなることを予測して、今日は後ろの列に座ったのか。そっと振り返ると、なんと、ケーキを食べていた。三口ほどで食べきれる大きさになったものを、フォークの先でちびちびと削り取っては口に運んでいる。今、食べているのは、正也だけだ。
「黙っていても解決しません。話し合いをしようともしないなんて。そんなふうだから、自分たちだけでは、マトモな作品が作れないんですよ」
白井先輩は容赦ない。ちょっとそれは、と隣でシュウサイ先輩が窘《たしな》めたものの、白井先輩は三年生の先輩たちを睨《にら》みつけたままだ。
「③……※ドキュメント部門も、どっちか通過していればよかったのに」
アツコ先輩がつぶやいた。普段おしゃべりな分、黙り続けていることに耐えかねて、つい、うっかり本音を漏らしてしまったのだろう。決して、反撃するつもりで言ったのではない、はずだけど……、それはダメだ。
バン！　と白井先輩は両手をテーブルに思い切り打ち付けると、まだケーキの残っている紙皿をアツコ先輩に向かって投げつけ、放送室から出て行った。
幸い、白井先輩が投げた食べかけのモンブランはアツコ先輩の手前、テーブルの上に落下した。
どちらかのドキュメント部門で通過していれば、と僕だって考えた。二年生は四人だから、そこに正也を入れてもらえたのに、と。だけど、そんなタラレバを言っても仕方がないということも、二年

二〇二二年度 江戸川女子高等学校（B推薦）

【国語】（五〇分）〈満点：一〇〇点〉

一　次の文章を読んで、後の問いに答えなさい。

　高校一年生である「僕」は、同級生の「宮本正也」に誘われ放送部に所属している。「正也」が脚本を手掛け、「僕」が主演を務めたラジオドラマ作品『ケンガイ』は県大会で高評価を得て、全国大会である「JBK杯」の本選に出品されることになった。しかし、全国大会が行われる東京に行けるのは部内で五人のみである。毎年全国大会に行っているのは三年生で、現在の三年生は「月村部長」、「アツコ先輩」、「スズカ先輩」、「ヒカル先輩」、「ジュリ先輩」の五人である。この場面は県大会後、初めて部活動が行われる場面である。

　週明けの放課後、県大会の反省会とａショウしたミーティングが放送室で開かれることになった。いつものように、テーブルをパイプ椅子で二重に囲んだ中央には、色とりどりのケーキが入った箱が二つ置かれている。

　秋山先生からの差し入れらしいけれど、姿はＡない。

「『白バラ堂』のケーキ、メチャクチャおいしいよね。先生なりのお祝いなんだろうね」

　アツコ先輩がはしゃいだ様子で言いながら、紙皿とプラスティックのフォークを回してくれる。

「種類が多くてどれにするか迷っちゃうけど、今回は一年生ががんばってくれたから、学年の若い順に好きなのを取っていこうよ」

　アツコ先輩の提案にジュリ先輩が「賛成！」と続き、二つの箱が僕たちの方に寄せられた。

「正也から選べよ。一番活躍したんだから」

自然と出てきた言葉に、久米さんも頷いてくれた。

「じゃあ、ｂエンリョなく。先輩たち、お先です」

　正也は調子よく立ち上がって、箱の中身を物色《ぶっしょく》し、チョコレートの上に金粉がまぶされているケーキを選んだ。二番手を女子の久米さんに譲ると、久米さんはシンプルなイチゴのショートケーキを皿にのせた。Ｂもっと豪華なのにすればいいのにと思いながら、僕はメロンのタルトを手に取った。

　久米さんが箱を二年生の方に回した。

しまったあ、とアツコ先輩が僕の皿を見ながらぼやいているけれど、半分はふざけた様子だ。譲りませんよ、と僕はテーブルに置いたタルトをのせた皿を腕で囲った。

　三年生も一年生、特に正也ががんばったことはわかっている。ケーキを譲ってくれたように、東京行きも一年生優先にしてくれないだろうか、なんて思ってしまう。

　だけど、そんな都合のいい展開にはならないはずだ。むしろ、三年生だけで東京に行くことの後ろめたさをごまかすために、ケーキくらいは先に取らせてあげようという魂胆なのではないか。

［　Ｉ　］、は向こうの台詞《せりふ》だ。

　東京行きの話を、月村部長はどう切り出すのだろうと、緊張感を持ってミーティングに臨んだはずなのに、ケーキを食べている間は気を緩めてしまっていた。気まずい話はそういうときに、突然始まるものだ。

「これ、サイコー」

　スズカ先輩が三層に分かれたチーズケーキを食べながら、うっとりした表情でつぶやいた。どれどれ、と両隣のヒカル先輩とジュリ先輩が、そのケーキに自分のフォークを刺して、一口すくった。

「そういえば、昨日、ネットでちょっと調べてみたんだけど、JBKホールの近くにおいしいチーズケーキのお店があるんだって」

　ジュリ先輩がいった。

「えーっ、行きたい。みんなで行こうよ。それくらいの自由時間っ

英語解答

〔放送問題〕

A 1 letter 2 summer
3 actor〔actress〕 4 hotel
5 teeth 6 map

B 1 c 2 b 3 a 4 a
5 c 6 c 7 d

C 1 in England 2 1884
3 British sporting
4 the license 5 ping pong
6 must originally
7 Japanese players
8 start winning 9 1950s
10 Olympic sport

D 1 ○ 2 × 3 ○ 4 ×
5 ○

E ① 食物を新鮮に長持ちさせる
② 科学技術
③ コンピューター，テレビ
④ 宇宙船の燃料 ⑤ 言語
⑥ salad ⑦ salary
⑧ ローマ ⑨ 文化
melt snow on the street

〔読解問題〕

A 1 d 2 b 3 a 4 c
5 d

B 1 made her 2 what, means
3 never visited 4 in time
5 teaches, to

C 1 I found it difficult to communicate in English
2 I want to live in a country whose climate is mild
3 The bus was full of people going to work
4 No other movie is as exciting as this
5 Is this kind of car sold in America

D 1 ア What イ How many
ウ own エ by オ get
カ How〔What〕 about
キ fight ク favorite
2 want something cold to drink

E 1 × 2 ○ 3 ○ 4 ×
5 × 6 ○ 7 ○ 8 ×

F 1 was born 2 the birth
3 ③ rarest ④ sitting
4 ⑤…c ⑥…a 5 d
6 ア （例）パンダのふんを研究すること。
イ （例）パンダがどのようにして竹を消化するか理解するため。
7 （例）竹は地球上で最も速く成長し，最も少ない世話ですむ植物だから。
8 (C) （例）年月を経て，パンダが食べる食物がほとんど竹だけに変わった。
(D) （例）科学者は竹からバイオ燃料をつくり出す簡単で安価な方法を発見できるだろう。

A～E〔放送問題〕放送文未公表

A〔単語の発音・アクセント〕

1．a．sudden[ʌ] b．publish[ʌ] c．adult[ʌ] d．surely[u]
2．a．sign[ai] b．children[i] c．driving[ai] d．decide[ai]
3．a．cousin[ʌ] b．thought[ɔː] c．caught[ɔː] d．board[ɔː]
4．a．ex-chánge b．in-vént c．pró-gram d．re-spéct
5．a．Ín-ter-net b．prób-a-bly c．gén-er-al d．dis-cóv-er

B 〔適語補充・書き換え〕

1.「彼女はその知らせを聞いてうれしかった」→「その知らせは彼女を喜ばせた」 'make＋目的語＋形容詞'「〜を…(の状態)にする」の形で表す。

2.「この言葉の意味を教えてください」→「この言葉が何を意味するのか教えてください」 「この言葉が何を意味するのか」を間接疑問('疑問詞＋主語＋動詞...')で表す。

3.「今回がこの街への最初の訪問だ」→「前にこの街を訪れたことがない」 「〜したことがない」という'経験'を表す現在完了('have/has＋過去分詞')の否定文で表す。

4.「遅く起きたので電車に乗り遅れた」→「起きたのが遅すぎて，電車に間に合わなかった」 'too 〜 to …'「〜すぎて…できない」の文。 be in time for 〜「〜に間に合う」

5.「スミスさんは私たちの音楽の先生だ」→「スミスさんは私たちに音楽を教えてくれる」 「〈人〉に〈物事〉を教える」は'teach＋物事＋to＋人'で表せる。

C 〔整序結合〕

1.「〜することは…だとわかる」は'find＋it＋形容詞＋to＋動詞の原形'で表せるので，to を追加し，I found it difficult to 〜 とする。「英語で意思疎通する」は communicate in English。

2. 文の骨組みは I want to live in a country「私は(ある)国に住みたい」。「気候が穏やかな」は「その国の気候が穏やかである」ということなので，a country を説明する所有格の関係代名詞 whose を追加して，whose climate is mild を a country の後に続ける。

3.「〜でいっぱいである」は be full of 〜 と表せるので，of を追加する。文の骨組みは The bus was full of people「バスは人でいっぱいだった」。「通勤する」は'現在分詞(〜ing)＋語句'の形で going to work と表し，people の後に置く。

4.「〜ほど…な〈名詞〉は他にない」は'No other＋名詞＋is as＋形容詞＋as 〜'と表せるので，No を追加する。

5. 'be動詞＋主語＋過去分詞〜？'「〜されていますか」という受け身形の疑問文にするので，be動詞が必要。主語は「この種の車」this kind of car なので，Is を追加する。

D 〔長文読解総合―対話文〕

≪全訳≫❶タカシ(Ta)：やあ，トム。❷トム(To)：やあ，タカシ。❸Ta：入って，くつろいでよ。❹To：なんていいところなんだ！❺Ta：ありがとう！ ここが僕の部屋だよ。❻To：大きいね。わあ！ 君は野球のものをたくさん持っているんだね。❼Ta：ああ…何か冷たい飲み物でもどう？❽To：ありがとう，何でもいいよ。それで，ご家族は何人いるの？❾Ta：僕も含めて4人だよ。お父さん，お母さん，そして兄がいるんだ。❿To：本当？ 君のお兄さんは自分の部屋があるの？⓫Ta：ああ，廊下を挟んでちょうど向かい側だよ。でも，兄は大学生で，1人暮らしをしているんだ。君の家族について教えてよ。⓬To：ええと，僕と両親，それに妹がいるよ。⓭Ta：仲良くやってるの？⓮To：もちろん。君とお兄さんは？⓯Ta：今は落ち着いているけれど，昔はよくケンカしたよ。ねえ，お母さんが夕飯におすしを用意してくれているんだ。君はここにいられるよね？⓰To：それはすごいや！ おすしは大好物なんだ！

1 ＜適語補充＞ア.「なんて〜な…だ」という'感嘆'は，'What (a/an)＋形容詞＋名詞!'または'How＋形容詞〔副詞〕'で表せる。ここでは a nice place と'形容詞＋名詞'が続くので，What の形を用いる。 イ. タカシが Four と答えているので，数を尋ねる How many 〜？「いくつの〜」が適切。 ウ. his own 〜 で「彼自身の〜」。 エ. by himself「(彼)1人で」 オ. get along well「仲良くやる」 カ. How〔What〕 about you？「あなたはどうですか」は，相手に同じ質問をきき返すときに使う。　キ．仲良くやっているかどうかについて話しており，「今はcoolだが，昔はよく～していた」という内容なので，fight「ケンカする」が適切。coolはここでは「落ち着いている」という意味だと判断できる。　ク．favorite「一番好きなもの，大好物」。

2<**和文英訳**>「何か冷たい飲み物が欲しいですか」と読み換えて，動詞はwantを使う。「何か冷たい飲み物」は，形容詞的用法のto不定詞を使って‘something＋形容詞＋to＋動詞の原形’の形で表せる。

E〔**長文読解─内容真偽─説明文**〕

≪**全訳**≫❶MaaSは，「サービスとしてのモビリティ(移動性)」の略だ。簡単で効率的な輸送のためのシステムだ。MaaSは，さまざまな形態の輸送手段を組み合わせたものだ。大半の人は，どこかに行きたいとき，スマートフォンを使って，バスや電車のルート，移動時間，料金を調べる。MaaSを使えば，タクシー，レンタル自転車，カーシェアリングも利用できる。また，1つのアプリからこれらのサービスの予約と支払いを行うこともできる。❷フィンランドのヘルシンキでは，2017年からWhimというMaaSアプリが使用されている。このアプリを使って，利用者は行き先を選択する。すると，アプリがそこに到達するための最良の方法，時間，そして料金を表示する。そのアプリ1つで運賃を支払い，交通機関を呼び出すことができる。このシステムが始まった後，公共交通機関の利用率は48%から74%に増加した。また，自家用車の使用率は，以前は40%だったのが半減した。❸MaaSは，物事を非常に簡単にすることができる。人々は車を使わなくても，簡単にどこかに行くことができる。これは，高齢者や田舎の人々，そして運転できない人々に適している。MaaSは，外出をより簡単かつより便利にする。もう1つのよい点は，自家用車の使用率が減ることだ。つまり，車道の交通量と空気中の二酸化炭素が減るということだ。❹MaaSは多くの人に役立つ。さまざまな言語でのサービスは，他国からの訪問者を助けることを可能にする。アプリは，観光情報を提供したりレストランを予約したりすることもできる。将来的には，MaaSは自動運転車でも使用されるかもしれない。医師や医療従事者が病気の人の所へ行ったり薬を届けたりするのに，それを利用するかもしれない。MaaSは，高齢者が抱えるいくつかの問題や，環境やその他の社会問題の解決策の一部となるかもしれない。

<**解説**>**1**．「MaaSにより，人々は世界中のどこにでも簡単に行くことができるようになった」…×　第1段落参照。交通手段を検索するアプリなので，交通手段のないところには行けない。　**2**．「人々はMaaSを使って，旅行のための交通手段を手配するだけでなく，運賃を支払うこともできる」…○　第1段落最後の2文に一致する。　**3**．「Whimは人々に，彼らが行きたい場所への行き方と，いくら払えばよいかを教えることができる」…○　第2段落第3文に一致する。　**4**．「フィンランドでは，ますます多くの人々が，電車や車を利用している」…×　第2段落最終文参照。車を利用する人は減っている。　**5**．「フィンランドでは，人々が自分で車を運転する必要がないため，交通事故の数が減少した」…×　このような記述はない。　**6**．「MaaSの使用は，環境によい可能性がある」…○　第3段落最終文に一致する。　**7**．「MaaSは，外国人旅行者が，訪問する国の言語を理解できない場合でも役に立つ」…○　最終段落第2，3文に一致する。　**8**．「MaaSは，医師がより速く患者の所に行くのを助けることができる」…×　第4段落第5文参照。「より速く」とは書かれていない。

F〔**長文読解総合─説明文**〕

≪**全訳**≫❶2016年6月，ベルギーの動物園で，Tian Baoというジャイアントパンダの赤ちゃんが生まれた。赤ちゃんパンダの誕生は，非常にまれな出来事なので，大きなニュースとなった。実際，ヨーロッパでは，Tian Baoの誕生は，過去20年でまだ６匹目だった。個体数はゆっくりと増加しているが，ジャイアントパンダは世界で最も珍しい動物の１つである。そのため科学者たちは，パンダがどのように赤ちゃんを産むかを研究している。❷皆さんは，ベルギーの動物園で働いている科学者たちは研究の目標を達成したと思われるかもしれない。しかし，彼らにはもう１つの目標がある。彼らはその研究をしてきただけではなく，パンダのふんの研究もしているのだ。なぜ彼らはそんなことをしているのだろうか。❸Tian Baoの母親Hao Haoとその父親Xing Huiは，赤ちゃんと同じ動物園に住んでいる。彼らが太陽の下に座るのを楽しみ，竹を食べる間，科学者チームは，彼らのふんを集める。ふんを研究することで，チームはパンダがどのように竹を消化できるかを理解することを目指している。❹実際，竹は最近，バイオ燃料の研究で，大いに注目を集めている。それは地球上で最も成長の速い植物の１つだが，最も手間がかからないのだ。だから，この植物は再生可能エネルギーのよい供給源となりうる。しかし，竹は非常に丈夫で分解しにくいため，竹からバイオ燃料をつくる現在の方法では，費用がたくさんかかってしまうのだ。❺厳密にいえば，パンダは肉食動物だが，何年もかけて，彼らの食べ物はほとんど竹だけに変化した。科学者たちは，パンダが１日に約10kg の竹を消化するのを助ける細菌を見つけようとしている。これらの細菌を使用することにより，竹からバイオ燃料を生産するための，簡単で安価な方法を発見することができるだろう。❻時間はかかるかもしれないが，いつかパンダのふんが，車を走らせるのに役立つかもしれない。

1＜適語句補充＞「生まれる」は be born という受け身形で表せる。主語は単数で過去の文なので，be動詞には was を使う。

2＜指示語＞前の the birth が，that で書き換えられている。過去20年のヨーロッパで６番目だったのものは，Tian Bao の「誕生」である。

3＜語形変化＞③'one of the＋最上級＋複数名詞' で「最も～な…の１つ」を表す。　④enjoy の後にくる動詞は，動名詞(～ing)の形にする。enjoy ～ing で「～することを楽しむ」。

4＜適語選択＞⑤この後，竹の有用性についての説明が続いていることから，竹に「多くの注目」が集まっているのだと判断できる。　⑥竹の有用性についての説明の後，「しかし」と続いていることから，この文では，竹を使うことのデメリットが述べられていると考えられる。したがって，「たくさん費用がかかる」が適切。

5＜適語句選択＞前の段落で，パンダのふんを研究することで，竹からバイオ燃料をつくる方法が改良される可能性があると述べられている。バイオ燃料は，車が走るのに役立つものである。'help＋*A*＋動詞の原形'「*A*が～するのを助ける」

6＜指示語・文脈把握＞ア．この段落では科学者たちが行っている２つの研究について述べられており，that はその２つ目，つまり直前の文の studying panda poo を指している。　イ．第３段落最終文参照。

7＜文脈把握＞この段落では竹とバイオ燃料の関係について述べられているので，the plant は竹を指すと考えられる。(B)の直前の文では竹の性質について述べられており，これが理由となっている。

8＜英文和訳＞(C)主語は the food they eat，動詞は has changed。they eat が the food を修飾している。they は同じ文の前半の主語である pandas を指す。　change to ～「～に変わる」
(D)they は直前の文の主語である the scientists を指す。　will be able to ～「～できるだろう」　a method for ～ing「～するための方法」

2022年度／江戸川女子高等学校（B推薦）

数学解答

1 (1)　-39　(2)　$-\frac{3y^2}{5z}$

(3)　$\frac{4x-3y}{2}$

(4)　$2b(2a+3c)(2a-3c)$

(5)　4　(6)　25個

(7)　$x=98$，105　(8)　$a=4$，$b=1$

(9)　$\frac{2b^2}{a}$　(10)　18組　(11)　70°

(12)　$20-5\pi$cm　(13)　1 cm

(14)　$4\pi-8$cm²

2 (1)　ア…27　イ…14　ウ…17

(2)　$x=\frac{1}{2}$，$-\frac{17}{7}$

(3)　オ…$\frac{31}{418}$　カ…$\frac{387}{418}$

3 (1)　45　(2)　$y=-9x+81$

(3)　2，5，$\frac{13}{2}$

1〔独立小問集合題〕

(1)＜数の計算＞与式$=\left\{-25-(-64)\times\frac{1}{16}\right\}-8\div\frac{4}{9}=(-25+4)-8\times\frac{9}{4}=-21-18=-39$

(2)＜式の計算＞与式$=-\frac{4y^2}{25x^2}\times\left(-\frac{5x^2y}{6}\right)\times\left(-\frac{9}{2yz}\right)=-\frac{4y^2\times5x^2y\times9}{25x^2\times6\times2yz}=-\frac{3y^2}{5z}$

(3)＜式の計算＞与式$=\frac{2(2x-7y)+3(5x+y)-(7x-2y)}{6}=\frac{4x-14y+15x+3y-7x+2y}{6}=\frac{12x-9y}{6}=\frac{4x-3y}{2}$

(4)＜式の計算―因数分解＞与式$=2b(4a^2-9c^2)=2b(2a+3c)(2a-3c)$

(5)＜数の計算＞$(-5)^{12}=5^{12}$，$(\sqrt{5})^{22}=\{(\sqrt{5})^2\}^{11}=5^{11}$ より，与式$=\frac{5^{12}-5^{11}}{5^{11}}=5-1=4$ となる。

(6)＜数の性質＞正の数の大小関係は，それぞれを2乗しても変わらないので，$6<\sqrt{n}<\frac{7\sqrt{5}}{2}$ より，$6^2<(\sqrt{n})^2<\left(\frac{7\sqrt{5}}{2}\right)^2$，$36<n<\frac{245}{4}$，$36<n<61\frac{1}{4}$ となるので，これを満たす自然数 n は37から61までの，$61-37+1=25$(個)ある。

(7)＜二次方程式＞$x-100=A$ とおくと，$A^2-3A-10=0$，$(A+2)(A-5)=0$ となり，A をもとに戻すと，$(x-100+2)(x-100-5)=0$，$(x-98)(x-105)=0$　$\therefore x=98$，105

(8)＜連立方程式―解の利用＞$ax+by=5$……①，$2bx+ay=-8$……②とする。①，②の連立方程式の解が $x=2$，$y=-3$ であるから，解を①に代入して，$a\times2+b\times(-3)=5$，$2a-3b=5$……③となり，②に代入して，$2b\times2+a\times(-3)=-8$，$-3a+4b=-8$，$3a-4b=8$……④となる。③×3－④×2より，$-9b-(-8b)=15-16$，$-b=-1$，$b=1$ となり，これを③に代入して，$2a-3\times1=5$，$2a=8$，$a=4$ となる。

(9)＜関数―面積＞4つの直線を，$y=ax+b$……①，$y=ax-b$……②，$y=-ax+b$……③，$y=-ax-b$……④とする。各直線の式の切片より，直線①，③は y 軸と $(0,\ b)$ で交わり，直線②，④は y 軸と $(0,\ -b)$ で交わる。また，各直線が x 軸と交わる点を求めるため，$y=0$ を代入すると，①は $0=ax+b$ より $x=-\frac{b}{a}$，②は $0=ax-b$ より $x=\frac{b}{a}$，③は $0=-ax+b$ より $x=\frac{b}{a}$，④は $0=-ax-b$ より $x=-\frac{b}{a}$ となるので，直線①，④は x 軸と $\left(-\frac{b}{a},\ 0\right)$ で交わり，直線②，③は x 軸と $\left(\frac{b}{a},\ 0\right)$ で交わる。$a>0$，$b>0$ より，$\frac{b}{a}>0$，$-\frac{b}{a}<0$ だから，直線①～④のグラフは次ページの図1のようになり，

それぞれの直線とy軸，x軸との交点をP，Q，R，Sと定める。図1

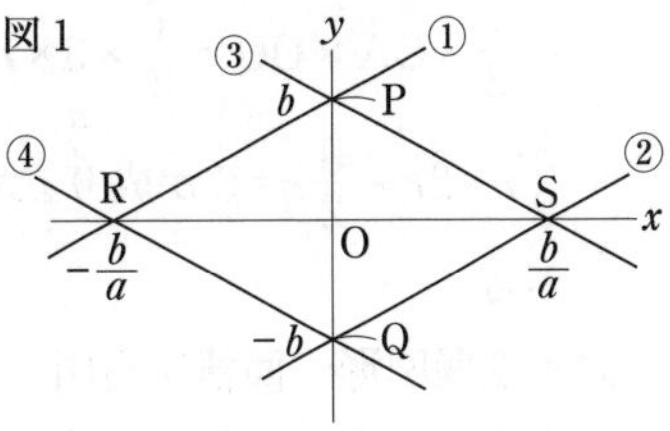

四角形PRQSはひし形であるから，その面積は$\frac{1}{2}\times$RS$\times$PQで求められ，RS$=2$OS$=2\times\frac{b}{a}=\frac{2b}{a}$，PQ$=2OP=2b$と表せる。よって，4つの直線で囲まれる四角形の面積をa，bを用いて表すと，$\frac{1}{2}\times\frac{2b}{a}\times2b=\frac{2b^2}{a}$となる。

(10)**＜数の性質＞**$\sqrt{a}\times\sqrt{b}=\sqrt{ab}$より，$\sqrt{a}\times\sqrt{b}$が整数となるとき$ab$の値は整数の2乗になっている。$a$，$b$を10以下の自然数とするとき，$1\times1=1$，$10\times10=100$より，$1\leqq ab\leqq100$，$1^2\leqq ab\leqq10^2$であるから，$ab=1^2$，$2^2$，$3^2$，$4^2$，$5^2$，$6^2$，$7^2$，$8^2$，$9^2$，$10^2$となり，$ab=1^2=1$のとき$(a,\ b)=(1,\ 1)$の1組，$ab=2^2=4$のとき$(a,\ b)=(1,\ 4)$，$(2,\ 2)$，$(4,\ 1)$の3組，$ab=3^2=9$のとき$(a,\ b)=(1,\ 9)$，$(3,\ 3)$，$(9,\ 1)$の3組，$ab=4^2=16$のとき$(a,\ b)=(2,\ 8)$，$(4,\ 4)$，$(8,\ 2)$の3組，$ab=5^2=25$のとき$(a,\ b)=(5,\ 5)$の1組，$ab=6^2=36$のとき$(a,\ b)=(4,\ 9)$，$(6,\ 6)$，$(9,\ 4)$の3組，$ab=7^2=49$のとき$(a,\ b)=(7,\ 7)$の1組，$ab=8^2=64$のとき$(a,\ b)=(8,\ 8)$の1組，$ab=9^2=81$のとき$(a,\ b)=(9,\ 9)$の1組，$ab=10^2=100$のとき$(a,\ b)=(10,\ 10)$の1組ある。よって，求める自然数$a$，$b$の組は，$1+3+3+3+1+3+1+1+1+1=18$(組)ある。

(11)**＜平面図形—角度＞**右図2で，OC$\perp l$で，△BACはAB＝BCの二等辺三角形だから，∠BAC＝∠BCAより，∠BAC＝∠BCA＝$35°+90°-\angle x=125°-\angle x$と表せる。また，△OBCと△OBAは3組の辺がそれぞれ等しいので，△OBC≡△OBAであり，∠OBC＝∠OBAとなる。さらに，△OBCはOB＝OCの二等辺三角形だから，∠OBC＝∠OCB＝35°より，∠OBA＝35°となり，∠ABC＝$35°\times2=70°$である。よって，△ABCの内角の和より，∠ABC＋∠BCA＋∠BAC＝180°，$70°+(125°-\angle x)+(125°-\angle x)=180°$，$320°-2\angle x=180°$，$2\angle x=140°$　$\therefore\angle x=70°$

図2

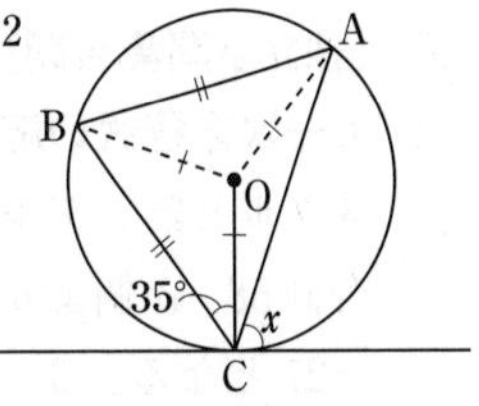

(12)**＜平面図形—長さ＞**右図3のように，正方形ABCDが，$\overset{\frown}{\mathrm{AC}}$と線分DPで分けられた4つの部分の図形をア～エとし，PC$=x$とおく。$\overset{\frown}{\mathrm{AE}}$と線分AD，DEで囲まれた部分イの面積と，$\overset{\frown}{\mathrm{CE}}$と線分CP，PEで囲まれた部分ウの面積が等しいとき，ウとエの部分の面積の和とイとエの部分の面積の和が等しくなる。ウとエの面積の和は△DPCの面積であるから，$\frac{1}{2}\times$PC$\times$DC$=\frac{1}{2}\times x\times10=5x$と表せ，イとエの面積の和は，〔正方形ABCD〕－〔おうぎ形BAC〕$=10^2-\pi\times10^2\times\frac{1}{4}=100-25\pi$である。よって，$5x=100-25\pi$が成り立ち，$x=20-5\pi$より，CP$=20-5\pi$(cm)となる。

図3

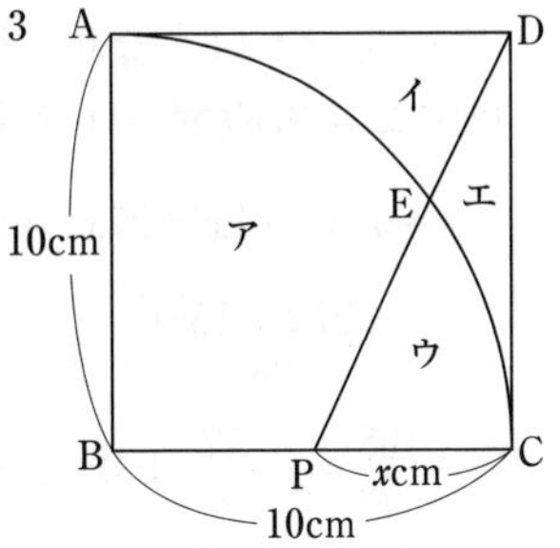

(13)**＜平面図形—長さ＞**右図4のように，3辺が3cm，4cm，5cmの直角三角形の3つの頂点をA，B，Cとし，△ABCに内接する円の中心をO，円Oが3辺と接する点をP，Q，Rとする。点Oと3つの頂点A，B，Cをそれぞれ結ぶと，△OAB＋△OBC＋△OCA＝△ABCである。円Oの半径をrとすると，△OAB$=\frac{1}{2}\times$AB$\times$OR$=\frac{1}{2}\times5\times r=\frac{5}{2}r$，△OBC$=\frac{1}{2}\times$BC$\times$OP$=\frac{1}{2}\times4\times r=2r$，△OCA

図4

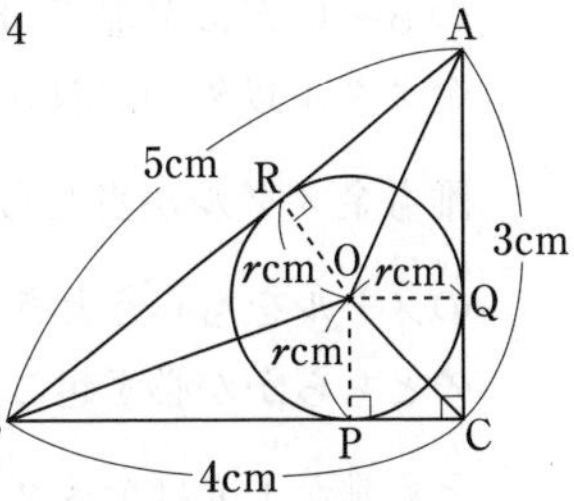

$=\frac{1}{2}\times \mathrm{CA}\times \mathrm{OQ}=\frac{1}{2}\times 3\times r=\frac{3}{2}r$と表せ，$\triangle \mathrm{ABC}=\frac{1}{2}\times \mathrm{BC}\times \mathrm{AC}=\frac{1}{2}\times 4\times 3=6$である。よって，$\frac{5}{2}r+2r+\frac{3}{2}r=6$が成り立ち，これを解くと，$6r=6$，$r=1$となるので，求める円の半径は1cmである。

⒁＜空間図形―面積＞右図5のように，与えられた円錐の頂点をPとする。この円錐を母線PAで切り開いた展開図は，右図6のようになり，おうぎ形PAA′の中心角を$a°$とする。図5の点Aから，側面上を通って再びAに戻る線が最短であるとき，この線は図6では線分AA′となる。図6で，$\overset{\frown}{\mathrm{AA'}}$の長さは円Oの円周の長さと等しいので，$2\pi\times 4\times \frac{a°}{360°}=2\pi\times 1$が成り立ち，$\frac{a°}{360°}=\frac{1}{4}$，$a°=90°$となる。これより，△PAA′は直角二等辺三角形である。よって，円錐の側面が線分AA′によって2つに分けられた小さい方の面積は，図6の斜線部分の面積で，〔おうぎ形PAA′〕−△PAA′で求められるので，求める面積は，$\pi\times \mathrm{PA}^2\times \frac{a°}{360°}-\frac{1}{2}\times \mathrm{PA}\times \mathrm{PA'}=\pi\times 4^2\times\frac{1}{4}-\frac{1}{2}\times 4\times 4=4\pi-8(\mathrm{cm}^2)$である。

図5

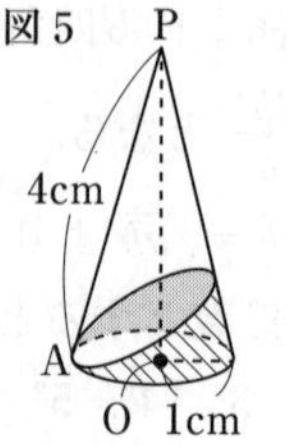

図6

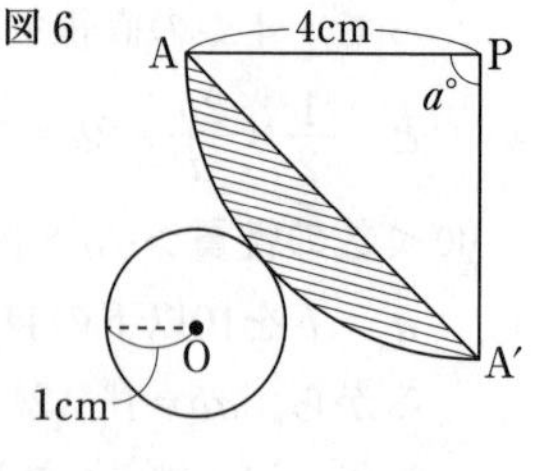

2 〔独立小問集合題〕

(1)＜一次方程式の応用＞金・銀・銅あわせて58個のメダルのうち，金メダルの数をa個とすると，銀メダルと銅メダルの数の合計は$58-a$個と表せ，金メダルの数a個は，銀メダルと銅メダルの数の合計$58-a$個より4個少なかったことより，$a=(58-a)-4$が成り立ち，$a=58-a-4$，$2a=54$，$a=27$となる。よって，金メダルは$\underline{27}$ア個である。また，銀メダルと銅メダルの数の合計は$58-27=31$(個)であるから，銀メダルの数をb個とすると，銅メダルの数は$31-b$個と表せ，銅メダルの数$31-b$個は，銀メダルの数b個より3個多かったことより，$31-b=b+3$が成り立ち，$-2b=-28$，$b=14$となり，銀メダルは$\underline{14}$イ個，銅メダルは，$31-14=\underline{17}$ウ(個)である。

(2)＜二次方程式＞(1)より，$a=27$，$b=14$，$c=17$であるから，xについての二次方程式$bx^2+ax-c=0$は，$14x^2+27x-17=0$となる。よって，解の公式を利用して，$x=\frac{-27\pm\sqrt{27^2-4\times 14\times(-17)}}{2\times 14}=\frac{-27\pm\sqrt{1681}}{28}$，$x=\frac{-27\pm 41}{28}$となる。したがって，$x=\frac{-27+41}{28}=\frac{14}{28}=\frac{1}{2}$，$x=\frac{-27-41}{28}=-\frac{68}{28}=-\frac{17}{7}$より，$x=\underline{\frac{1}{2},\ -\frac{17}{7}}$エである。

(3)＜確率―メダル＞全部で58枚のメダルから，Aさん，Bさん，Cさん，Dさんの4人が適当に1人1枚のメダルをもらえるとすると，Aさんは58枚の中から1枚の58通り，Bさんは残りの57枚の中から1枚の57通り，同様にCさんは56通り，Dさんは55通りのもらい方があるので，4人のメダルのもらい方は全部で$58\times 57\times 56\times 55$通りある。このうち，誰も金メダルが当たらないもらい方は，金メダル以外の31枚から4人がメダルをもらえばよいので，$31\times 30\times 29\times 28$通りある。よって，誰も金メダルが当たらない確率は$\frac{31\times 30\times 29\times 28}{58\times 57\times 56\times 55}=\underline{\frac{31}{418}}$オとなる。また，4人が適当に1人1枚のメダルをもらうとき，少なくとも誰か1人は金メダルが当たるか，誰も金メダルが当たらないかのどちらかが必ず起こるので，この2つの事柄の起こる確率の和は1である。したがって，少なくとも誰か1人は金メダルが当たる確率は$1-\frac{31}{418}=\underline{\frac{387}{418}}$カである。

3〔関数─図形の移動と関数〕

⑴＜yの値＞$x=7$のとき，点Pは点Oを出発し，$1\times7=7$動く。また，点Qは点Aを出発し，$3\times7=21$動き，$21\div18=1$あまり3より，1往復して3動いている。よって，点P，Qは右図1のように，OP＝7，AQ＝3の位置にあるから，$y=\frac{1}{2}\times(7+3)\times9=45$である。

図1

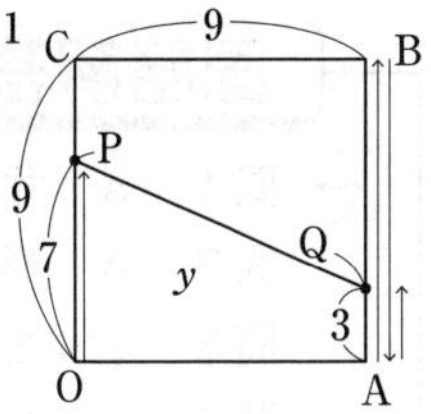

⑵＜関係式＞まず，点Pが点Cまで動くのに，$9\div1=9$(秒)かかるから，$3\leqq x\leqq6$のとき，右図2のように，点Pは辺OC上を動き，$\mathrm{OP}=1\times x=x$である。次に，$3\leqq x\leqq6$のとき，$9\leqq3x\leqq18$であるから，点Qは点Bから点Aに向かって動いているので，$\mathrm{AQ}=9\times2-3\times x=18-3x$と表せる。よって，$y=\frac{1}{2}\times(x+18-3x)\times9$より，$y=-9x+81$となる。

図2

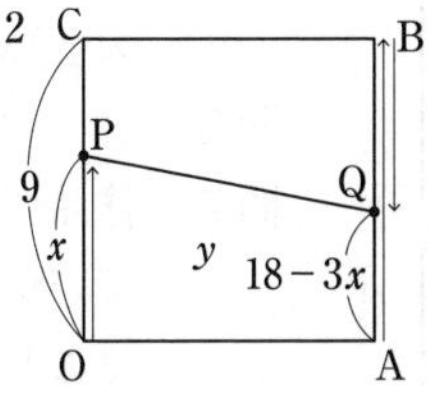

⑶＜xの値＞出発してからx秒後までに，点Pはx，点Qは$3x$動く。また，点Pが点Oから点Cまで動くのに9秒かかり，この9秒間で，点Qは，$3\times9=27$動き，$27\div18=1.5$より，AB間を1往復半移動する。これより，㋐$0\leqq x\leqq3$のとき，点P，Qは右図3の位置にあり，$\mathrm{OP}=x$，$\mathrm{AQ}=3x$だから，$y=\frac{1}{2}\times(x+3x)\times9$より，$y=18x$と表せる。㋑$3\leqq x\leqq6$のとき，⑵より$y=-9x+81$である。㋒$6\leqq x\leqq9$のとき，点P，Qは右図4の位置にあり，$\mathrm{OP}=x$，$\mathrm{AQ}=3x-9\times2=3x-18$となるから，$y=\frac{1}{2}\times(x+3x-18)\times9=\frac{9}{2}(4x-18)$より，$y=18x-81$と表せる。以上より，$y=36$となる$x$の値は，㋐のとき，$18x=36$より，$x=2$となり，これは$0\leqq x\leqq3$を満たす。㋑のとき，$-9x+81=36$より，$x=5$となり，これは$3\leqq x\leqq6$を満たす。㋒のとき，$18x-81=36$より，$x=\frac{13}{2}$となり，これは$6\leqq x\leqq9$を満たす。よって，点Pが点Oを出発してから点Cに着くまでの$0\leqq x\leqq9$で，$y=36$となるxの値は，2，5，$\frac{13}{2}$である。

図3

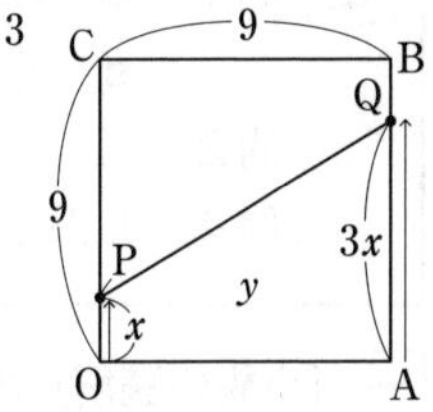

図4

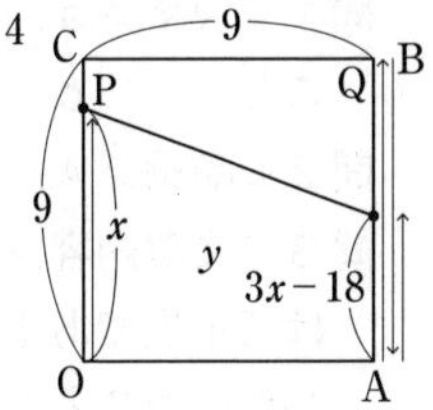

2022年度／江戸川女子高等学校（Ｂ推薦）

国語解答

一 問１　a　称　b　遠慮　c　剣幕
問２　Ａ　形容詞　Ｂ　副詞
問３　譲りませんよ　　問４　ウ
問５　二年生（四人）と正也で東京〔全国大会〕に行くことができた
問６　ア
問７　作品づくりに貢献した正也を連れていかずに三年生だけで東京に行くことの後ろめたさ（39字）

二 問１　a　ぼうだい　b　わずら　c　くし
問２　五　　問３　思い込み
問４　しかしなが
問５　Ⅱ…ア　Ⅲ…エ
問６　「『犬』と　　問７　イ
問８　Ａ　呼び名を知らないリッ
Ｂ　「一つの物体には一つの呼び名しかない」というバイアスよりも，「ヘク」は食べ物という文脈を優先した（48字）

三 問１　ア　　問２　りょう
問３　②…イ　④…ア
問４　Ａ　一提ばかりの水
Ｂ　今日食ふべきれうの粟〔今日の食物／今日参るばかりの粟〕
問５　エ　　問６　ウ　　問７　ア

一〔小説の読解〕出典；湊かなえ『ブロードキャスト』。

問１＜漢字＞a．名づけて言う，という意味。　b．人に気を遣って，言葉や行動を控えめにすること。　c．いきり立った，荒々しい顔つきや態度のこと。

問２＜品詞＞Ａ．「ない」という状態を表す形容詞。　Ｂ．動詞「すれ」を修飾する副詞。

問３＜文章内容＞今回は一年生，特に正也ががんばったが，毎年，全国大会が行われる東京へ行くのは三年生である。だから，三年生は，自分たちが東京に行くのが後ろめたくとも，一年生優先にはしないだろうと，「僕」は思った。きっと，東京行きは「譲りませんよ」と三年生たちは考えているのだろうと「僕」は思っていたのである。

問４＜文章内容＞正也が一番貢献したことを少しでも口にしてしまったら，「一人外れる誰かを，決めなければならなくなる」し，「私が行かなきゃいいんでしょ」などと言ったら，そこで話が決まってしまう。しかし，黙ってさえいれば，自分が「一人外れる誰か」にはならないで済むのである。

問５＜文章内容＞ドキュメント部門で二年生の作品が通過していれば，「二年生は四人だから，そこに正也を入れてもらえた」はずだった。三年生五人のほかに，ドキュメント部門でも五人の生徒が東京へ行けるはずだったと，アツコ先輩はつい本音を漏らしてしまったのである。

問６＜表現＞放送室の中で繰り広げられるミーティングを，「僕」の視点でシンプルに描写している。「僕」の視点は冷静なもので，三年生に対する強い怒りも，二年生の提案を受けての喜びも，一年生の仲間との連帯も特に描かれない。部員に対する「僕」の興味は薄いのである。

問７＜文章内容＞東京へは「できれば仲良し五人組全員で行きたい」というのがアツコ先輩の本音だが，「『ケンガイ』は宮本くんがいたからできた作品」であることもアツコ先輩はよくわかっていたのである。白井先輩の厳しい追及に，「三年生だけで東京に行くことの後ろめたさをごまかす」ことができなくなったアツコ先輩は，動揺したのである。

二〔論説文の読解―芸術・文化・言語学的分野―言語〕出典；川添愛『ヒトの言葉　機械の言葉「人工知能と話す」以前の言語学』。

≪本文の概要≫語彙爆発期の子どもは，新しい単語をたった一度聞いただけでおおよそ正しく使えるようになる。「犬」という言葉が，この生き物に形が似た生き物全般を表すという法則性を導くには，数多くの可能な選択肢を捨てなくてはならないが，語彙爆発期の子どもは，この選択肢の膨大さにほとんど惑わされない。子どもの言語習得には，さまざまなバイアスがはたらいているのである。教わった名前をその物体と形が似たもの全般を指す普通名詞だと思い込む「事物カテゴリーバイアス」，形状に着目して似ていると考える「形状類似バイアス」，一つの物体には一つの呼び名しかないと考える「相互排他性バイアス」の存在も知られている。こうしたバイアスによって，子どもは限られた事例から法則性を導き出し，すばやく言葉を学ぶ。これらのバイアスは，多くの間違いも引き起こすが，子どもは成長するにつれて，文脈やその他の知識を駆使して，自らバイアスを修正することができる。言葉と事物は一対一に結びついているという言語観から，言葉と事物は必ずしも一対一に対応しないという方向へ，言語観が変化すると考えることができる。子どもが多様な知識を使って自らの「一般化」を無意識に修正していくのは，非常に興味深く不思議なことなのである。

問１＜漢字＞ａ．非常に数量が多いこと。　ｂ．音読みは「煩雑」などの「ハン」。　ｃ．思いのままに使いこなすこと。

問２＜品詞＞助動詞は，活用のある付属語である。「つけられた」は，動詞「つく」の未然形「つけ」に，受け身を表す助動詞「られる」の連用形「られ」と，過去を表す助動詞「た」の連体形がついたもの。「名前だ」は，「名前」という名詞に，断定を表す助動詞「だ」の終止形がついたもの。「しれません」は，動詞「しれる」の未然形「しれ」に，丁寧を表す助動詞「ます」の未然形「ませ」と，打ち消しを表す助動詞「ぬ(ん)」の終止形がついたもの。「られ」「た」「だ」「ませ」「ん」が助動詞である。

問３＜文章内容＞子どもは，初めて見る物体の名前を教わったとき，その名前はその物体と形が似たもの全般を指す普通名詞だと「思い込む」のであり，子どもの言語習得には，こうした「思い込み」が大きな役割を果たしているのである。

問４＜段落関係＞「事物カテゴリーバイアス」や「形状類似バイアス」などの存在によって，子どもは言葉をすばやく学ぶことができるのである。しかし，このようなバイアスは，間違いも引き起こす。後半部分では，一般化が間違っていた場合の修正について考察されている。

問５＜文章内容＞Ⅱ．子どもは，初めて見る物体の名前を教わったとき，教わった名前を，その物体のみを指す固有名詞ではなく，その物体と形が似たもの全般を指す普通名詞だと思い込む。しかし，この「事物カテゴリーバイアス」は，例えば「ポチ」という特定の犬につけられた固有名詞を，普通名詞だと思い込む間違いを引き起こすこともある。　Ⅲ．「一つの物体には一つの呼び名しかないはずだ」という「相互排他性バイアス」に従っていると，「台所」と「キッチン」，「さじ」と「スプーン」のような同義語を習得できないことになってしまうのである。

問６＜文章内容＞大人が目の前の生き物を指さして「これは犬だよ」と言ったという限られた手がかりから，子どもはすぐに「犬」という言葉を正しく使えるようになる。つまり，子どもは，「「『犬』という言葉は，この生き物に形が似た生き物全般を表す」という法則性を導く」ことができたのである。

問７＜要旨＞子どもは，「事物全体バイアス」によって，教わった名前が物体の一部や材質などを指すのではなく，物体全体についての呼び名だと考える。「おもち」という名前の犬を飼っていたために，妹が全ての犬を「おもち」と呼んだのは，「事物カテゴリーバイアス」の影響である。

問８＜文章内容＞Ａ．年少児は，「一つの物体には一つの呼び名しかない」という相互排他性バイアスに従い，「ヘク」とは，すでに呼び名を知っているりんごではなく，「呼び名を知らないリップミラーの方を指すと解釈」したのである。　Ｂ．年長児に「ヘク」を既知のもの(りんご)に結びつける傾向が見られたのは，相互排他性バイアスよりも「お人形はお腹が空いている」という文脈を優先したからだと考えられる。

三〔古文の読解―説話〕出典;『宇治拾遺物語』巻第十五ノ十一。

≪現代語訳≫今は昔，中国に荘子という人がいた。家はひどく貧しくて，今日食べる物もなくなった。隣に監河候という人がいた。その人のところへ(行って)今日食べるだけの量の粟を求めた。河候が，「もう五日してからおいでください。千両の金が入ることになっています。それを差し上げましょう。どうして高貴なお方に，今日食べるだけの粟など差し上げられましょう。本当に私の恥になるでしょう」と言ったので，荘子は，「昨日道を歩いていたら，後ろから呼ぶ声がした。振り返っても誰もいない。ただ車のわだちでくぼんだ所にたまったわずかばかりの水(の中)に，鮒が一匹バタバタしていた。いったいどうした鮒なのだろうと思って近寄って見ると，少しの水(の中)にとても大きな鮒がいた。『いったいどうしたのだ』と聞くと，鮒は，『私は河伯神の使いで，江湖へ行くのです。それなのに跳びそこなって，この溝に落ちてしまいました。喉が渇いて死にそうです。助けてほしいと思って呼んだのです』と言う。(私は)答えて，『私は後二三日で，江湖という所へ遊びに行こうと思っている。そこへ持っていって放してやろう』と言ったのだが，魚が，『とてもそれまでは待てないでしょう。ただ今日ひしゃく一杯の水で喉を潤わせてください』と言ったので，そうやって助けてやった。鮒が言ったことを自分の身で思い知った。全く今日の命は，物を食わなければとても生きられない。後になっての千両は全く役に立たない」と言った。それから，「後の千金」という言葉が有名になったのだ。

問1<文学史>芥川龍之介は，『宇治拾遺物語』などの古典説話を題材にして，大正5(1916)年に『鼻』，『芋粥』，大正7(1918)年に『地獄変』などの短編小説を発表した。

問2<歴史的仮名遣い>歴史的仮名遣いの「eu」は，「you」となるので，「れう」は「りょう」となる。

問3<古文の内容理解>②今日食べる量の粟をもらいに行った荘子に対して，監河候は，後五日したら千金が入る予定なので，その千金を差し上げましょうと答えた。　④助けてほしいと思ってあなたを呼んだのだという鮒に向かって，荘子は，後二三日したら江湖に行くので，そのとき連れて行こうと答えた。

問4<古文の内容理解>わずかな水の中で苦しんでいる鮒は，ひしゃく一杯分の水で喉を潤したいと助けを求めた。それと同様に，荘子が望んでいるのは，今日食べるだけの量の粟であって，五日後に手に入る千金ではないのである。

問5<古文の内容理解>「やんごとなき人」は，身分や地位がきわめて尊い人，という意味。尊い荘子に対して，わずかに今日食べる量の粟を差し上げるのは申し訳なく，また自分の過失として面目を失うと監河候は言ったのである。

問6<現代語訳>「さらに」は副詞で，下に打ち消しの語を伴って，決して，少しも，など強い否定を表す。「え」は，下に打ち消しの語を伴って，することができない，という不可能の意味を表す。「まじ」は，打ち消しの推量を表す助動詞。鮒は，二三日後に助けてやろうという荘子の言葉を聞いて，それまで待つことは全くできないだろう，と答えたのである。

問7<ことわざ>今困っている者に対して，後で助けてやろうと言っても何の役にも立たないのである。「遠水は近火を救わず」は，どんなに有用なものでも遠くにあるものでは急の役には立たない，という意味。「鉄は熱いうちに打て」は，物事は時機を逸せず行う必要がある，という意味。「損して得取れ」は，目前のちょっとした損には目をつぶって後から大きな利益を得るようにした方がいい，という意味。「禍を転じて福となす」は，災難に見舞われてもくじけることなく，それを逆に利用して幸せに変えてしまう，という意味。

2022年度 江戸川女子高等学校

【英　語】リスニングは，英語科の受験生のみに出題されます。

リスニング　（30分）〈満点：100点〉〈編集部注：放送文は未公表につき掲載してありません。〉

（注意）放送終了後５分で解答用紙を回収します。

※試験開始５分後から英文が流されます。それまで問題を読んでおきなさい。英文は２度ずつ読まれます。

A　ある英単語を説明する英文が５題読まれます。その英文が表す単語を解答欄に記入しなさい。なお、各語の最初の文字は解答欄に与えられています。

B　５つの英文の対話とそれぞれの最後の文に対する応答の英文がａ～ｃまで３つ読まれます。２人の自然な会話になるように、受け答えとして最も適切なものを選び、記号で解答欄に記入しなさい。

C　読まれる英文について、次の英文が内容に一致する場合は○、しない場合は×を答えなさい。

1. Quinceañera is a Spanish word which points to a special ceremony and birthday party as well as a birthday girl.
2. Fifteen is an important age for girls in some Spanish-speaking countries because they are still enjoying the last period of their childhood.
3. A quinceañera starts with a ceremony at church and then a party follows.
4. The birthday girl wears a pink dress and a sparkling crown and dances at her quinceañera party.
5. Americans have quinceañeras when girls turn eighteen.

D　以下２つのニュース記事の英文が読まれます。空欄（　1　）～（　10　）に入る語句（１語とはかぎりません）を解答欄に記入しなさい。（　9　）は数字で書いてもよい。

(1) People who live in big cities are sleeping less and less, which has a big impact on their (　1　) and mental health. The COVID-19 pandemic caused people to (　2　) and the quality of their sleep was (　3　). The reason was (　4　). Many people could not do the things they

(　5　) did, so they got up and went to sleep at different times. This was not good because they needed routines in their lives.

⑵ A company called Biogen made a drug for Alzheimer's disease, which is a drug that could possibly help people who (　6　) the disease. It is also the first new Alzheimer's drug in 18 years. Some people were excited (　7　) others said that more tests were needed (　8　) the drug was safe. The cost of the drug is $(　9　) per year for one person, which could make $1 billion for Biogen in 2022. The hope is that there will be more drugs like this which will (　10　) the cost and that researchers find other cheaper treatments.

E　Joelという男の子に関する英文が読まれます。その内容に関する1～3の質問に日本語で答えなさい。また、4と5の質問の答えとしてふさわしいものを記号で選びなさい。

1. How long had Joel been working at the bookstore at the time of this story?

2. Who was Joel's favorite author and what was the title of the book he loved most?

3. Why did Joel start working at the bookshop?

4. The following are things that Joel enjoyed about working at the bookshop. Choose the incorrect answer.
   (a) He was able to interact with customers who loved books.
   (b) He could get one book for free every month.
   (c) The customers sometimes recommended books to him.
   (d) He had a chance to find a classic book and took it so that he could read for himself.

5. What kind of car did Joel want?
   (a) 1984 Mercedes, a white one with four doors.
   (b) 1984 Mercedes, a black one with two doors.
   (c) 1984 BMW, a white one with four doors.
   (d) 1984 BMW, a black one with two doors.

ライティング （50分）〈満点：100点〉

A 次の各組の単語について、下線部の発音が他と異なるものを選び、記号で答えなさい。

1.	a. caught	b. abroad	c. only	d. saw
2.	a. heart	b. word	c. early	d. heard
3.	a. catch	b. radio	c. graduate	d. stand
4.	a. police	b. busy	c. pretty	d. women
5.	a. breakfast	b. meant	c. breath	d. peace

B 左側の２語の関係を考え、右のカッコ内に入れるのに適当な語を解答欄に記入しなさい。

1.	dear	:	deer	→	one	:	（　　）
2.	beauty	:	beautiful	→	death	:	（　　）
3.	hot	:	hottest	→	bad	:	（　　）
4.	drank	:	drunk	→	fell	:	（　　）
5.	tooth	:	teeth	→	thief	:	（　　）

C 次のコンピュータ会社の秘書（Secretary）と事務用品を扱っている会社の社員（Caller）との電話の対話を読み、空欄①～⑧に入れるのに最も適当な語を解答欄に記入しなさい。ただし、最初の文字が与えられている場合はその文字で始めること。

Secretary : Hello, Ultimate Computers. May I ①（　　　）you?

Caller : Yes, this is Jack Kordell from Hunter's Office Supplies. May I speak to Elaine Strong, please?

Secretary : I'm sorry, but she's not in right now.

Caller : Okay, do you know ②（　　　）she'll be back?

Secretary : Uh, yes, she should be here later on this afternoon, maybe about 4:30. May I take a ③（　　　）?

Caller : Yes. Ms. Strong sent me a pamphlet explaining your newest line of laptop computers, but there wasn't any information about after-sales service.

Secretary : Oh, I'm sorry. Would you like me to fax that to you?

Caller : Yes, but our fax is being repaired at the moment, and it won't be working ④（u　　　）around 2:30. Hum . . . could you try sending that information around 3:30? That should give me time to look over the material before I call Ms. Strong, say, around 5:00.

Secretary : Sure. Could I have your ⑤ (　　　), telephone number, and fax number, please?

Caller : Yes. Jack Kordell and the phone number is 560-1287. And the fax number is 560-1288.

Secretary : Okay. Jack Kordell. Is your name spelled C-o-r-d-e-l?

Caller : No. It's Kordell with a "K" and ⑥ (t　　　) "l's." K-o-r-d-e-l-l."

Secretary : All right, Mr. Kordell. And your phone number is 560-1287, and the fax number is 560-1288. Is that ⑦ (c　　　) ?

Caller : Yes it is.

Secretary : All right. I'll be sure to ⑧ (　　　) you the fax this afternoon.

Caller : Okay, bye.

D　次の各文のカッコ内の語を並べ替えて、日本文の意味の英文を完成させなさい。ただし、下線を引かれた語は文脈から適切な形にかえなさい。なお、文頭に来る語も小文字にしてあります。

1. 私が一昨日買ったカバンは彼女のものとは違います。
The bag (the day / different / hers / yesterday / before / buy / I / is / from).

2. 彼女はまだその宿題をやり終えていません。
(finish / the / have / homework / yet / do / she / not).

3. 世界で富士山ほど美しい山はありません。
There (other / so / be / beautiful / Mt. Fuji / mountain / no / as) in the world.

4. そのドアを開けっぱなしにしてはいけません。
(open / must / door / leave / not / be / the).

5. とても美しい朝だったので、彼女たちは散歩に行きました。
It (that / beautiful / a / go / be / morning / they / for / such) a walk.

E　次の英文を読み、次のページの英文が内容と一致すれば○、しなければ×を解答用紙に記入しなさい。ただし、すべて○または×とした場合には得点を与えません。

LGBT stands for "lesbian" (women who love women), "gay" (men who love men), "bisexual" (people who love both genders), and "transgender" (people whose *gender identity is different from their physical gender). According to some studies, about 8% of the population, or one in 13 people, *fits into one of these categories. This is the same as the number of people who are left-handed or who have the AB blood type. Sometimes LGBT is written as LGBTQ, with the Q meaning "questioning." People in this group are still thinking about their sexuality and gender.

With greater understanding of LGBT people, there have been changes in society. Some local governments have started giving partnership *certificates to lesbian and gay couples. These let the partners receive *benefits such as mobile phone discounts and life *insurance money. In Shibuya and Setagaya *Wards, partners are allowed to visit each other in hospitals as family members, and *real estate companies cannot stop them from living together. Openly LGBT *celebrities have also been appearing on TV. Some schools have started offering toilets that any gender can use, and letting students choose which uniform to wear. And some companies are giving marriage gifts and honeymoon vacation time to same-sex couples, and removing the gender question from their *applications.

However, there are still many LGBT people who feel they cannot be open about their identities. Some societies, like Scandinavian countries, are very open for LGBT people. Children are taught about *diverse family styles from a young age, and laws protect people from hate and *discrimination. This is based on the belief that all people should live in happiness and equality. In some countries, however, there are very strict laws against same-sex relationships. In these countries, LGBT people must live in secret. In a recent survey, 80 percent of Japanese in their 20s to 50s said that same-sex marriage should be *legal. However, same-sex marriage is still prohibited by Japanese law. Hopefully, Japan can be a country where anyone can live and love openly and freely.

＊注　gender identity 性自認　fit 当てはまる　certificate 証明書　benefit 利益、手当
insurance 保険　ward 区　real estate 不動産　celebrity 有名人　application 志願書
diverse 多様な　discrimination 差別　legal 合法の

1. Some studies show that one in eight people belongs to the group of LGBT.
2. People who love both men and women call themselves "transgender".
3. The number of people who have AB blood type is as large as that of people who are left handed.
4. People who have not yet decided about their sexuality and gender are included in Q group.
5. Same-sex couples have been given partnership certificate by some local governments.
6. Some LGBT people have shown up on TV without hiding their sexual identities.
7. When you write applications for some companies, you don't have to specify your gender.
8. In Scandinavian countries, LGBT people are often discriminated against because of the law.
9. Same-sex marriage is common in Japan, because the majority of Japanese population supports it.
10. The author seems to have the opinion that same-sex marriage should be accepted in Japan.

F　次の英文を読み、設問に答えなさい。［　］の中の数字は段落の番号を示している。

［1］It is *fairly easy to tell whether a person is sleeping. Does he have his eyes closed? Is she (a)(lie) down? If the answer to（　ア　）of those questions is "no," you can be fairly sure that the person is not sleeping. But what（　イ　）fish? Fish do not have *eyelids. Fish do not lie down. ①［ whether / is / tell / can / sleeping / how / you / a fish ］?

［2］One way you can tell if an animal is sleeping is by studying its *brain waves. When human beings or other *mammals fall asleep, the pattern of their brain waves changes. However, mammals have different brains from fish. Humans and other mammals have complex brains. A fish's brain is much less complex than a mammal's brain. Because fish have simple brains, they do not have the same types of brain waves（　ウ　）mammals. ②A fish's brain waves do not change when the fish is asleep. This means that we cannot tell if a fish is sleeping by looking at its brain waves. This also means that fish do not really sleep in the same way that people and other animals do.

［3］Although fish may not sleep like people, they do rest. One way to tell if a fish is resting is to watch what it is doing. Most fish will slow down when they are resting. Some fish move toward the bottom of the water. Some *float near the top of the water. Some even hide in *seaweed or *patches of coral to rest. If you have ever had a pet fish, you might have noticed that it will rest near the bottom of the tank for a few hours every night. When the fish rests, it makes very small movements with its fins to keep itself in one place. By staying in one place, the fish is able to rest even though it does not look like it is actually asleep.

［4］While you can tell some fish are resting because they stay in one place, other fish never seem to stop moving. Some sharks, for example, need to keep swimming in order to keep *oxygen flowing into their *gills. Because sharks always need to keep moving, they do not ever seem to sleep. Although sharks are always swimming, they may still be resting. The *organ that helps sharks to swim is located in their *spinal cord, not their brain. This means that sharks might actually be sleeping, in a way—their brains may be resting even though their bodies are still moving.

［5］（　エ　）way to tell that a fish is resting is to watch how it reacts to things that happen to it. When a fish is resting, it will respond much more slowly. In 2007, a group of scientists studied the sleeping habits of *zebrafish. They gave the zebrafish mild *electric shocks when they were fully awake and while they were resting. They discovered that the fully awake zebrafish reacted much (b)(quickly) to the shocks than the resting fish. If you have a pet fish at home, you can try a similar experiment. ③Try giving your fish some food when it is（　オ　）. It should take much longer for the fish to notice that there is food in its tank（　カ　）it does when the fish is fully（　キ　）.

［6］Sleeping allows the body to regain energy and keeps the brain healthy and working properly. Although not every living creature sleeps the way human beings do, most need to have some sort of rest. Fish may not look like they are sleeping, but they do have their own ways of getting some rest.

*注　fairly かなり　eyelid まぶた　brain wave 脳波　mammal 哺乳類
float ただよう　seaweed 海藻　patches of coral サンゴ礁　oxygen 酸素
gill えら　organ 臓器、器官　spinal cord 脊髄（せきずい）
zebrafish ゼブラフィッシュ　electric 電気の

1. 空所（ ア ）～（ エ ）に入れるのに適切な語を下から選びなさい。ただし、文頭に来るべきものも小文字にしてあります。

about / another / as / between / either / if / neither

2. 下線部(a)(b)のカッコの中の語を文脈から考えて正しい形に変えなさい。ただし、答えは1語とはかぎりません。

3. 下線部①が「魚が眠っているかどうかはどのように分かる（見分ける）のでしょうか」という意味になるように、カッコ内の語句を正しい語順に並べ替えなさい。

4. 下線部②の内容から言えることを、具体的に2つ書きなさい。

5. 本文の3～4段落の内容に当てはまるように、下の文章の中のカッコを適切な日本語で埋めなさい。

魚はヒトのように眠らないかもしれないが休息はする。魚が休息しているかを知る一つの方法は、（ A ）ことだ。魚によって、水の底に沈んだり、水面近くを漂ったり、海藻などの中に隠れたりするが、それらの魚は（ B ）ことで、実際に眠っているように見えなかったとしても休息することができるのである。また、動くのを決してやめないように見えるサメのような魚もいる。サメがそうするのは（ C ）ためなのであるが、体が動いていながらも休憩しているかもしれないのは、彼らが泳ぐのを助ける器官が（ D ）にあるからである。

6. 下線部③の空所（ オ ）（ カ ）（ キ ）に入れるのに適切な語を、同じ5段落の中から抜き出して書きなさい。

【数　学】（50分）〈満点：100点〉

1 次の問いに答えなさい。

(1) $\left\{8-2\times\left(-\dfrac{1}{2}\right)^2\right\}\div\left(1-\dfrac{5}{4}\right)^2$ を計算しなさい。

(2) $\dfrac{1}{34}x^3y\div\left(-\dfrac{3}{2}x^2y\right)^2\times 51x$ を計算しなさい。

(3) $3x+2y-\dfrac{4x-y}{3}$ を計算しなさい。

(4) x^4-13x^2+36 を因数分解しなさい。

(5) $\sqrt{1200}+\sqrt{2700}-\sqrt{7500}$ を計算しなさい。

(6) $3\sqrt{2}<\sqrt{n}<4\sqrt{3}$ となるような自然数 n の個数を求めなさい。

(7) 次の連立方程式を解きなさい。

$$\begin{cases} 0.1x+0.2y=1 \\ \dfrac{1}{3}x-\dfrac{1}{9}y=1 \end{cases}$$

(8) x についての方程式 $ax=8$ と $3x-3a+6=0$ が共通の解をもつとき，定数 a の値を求めなさい。ただし，$a>0$ とする。

(9) 2つの関数 $y=x^2$ と $y=ax+b$ について，$-1\leqq x\leqq 2$ における値域が一致するとき，a，b の値を求めなさい。ただし，$a<0$ とする。

(10) Aの袋の中には，1と書かれたボールが2個，4と書かれたボールが3個入っている。また，Bの袋の中には2と書かれたボールが3個，3と書かれたボールが2個入っている。A，Bそれぞれの袋からボールを1個ずつ取り出したとき，Aの袋から取り出したボールの数字の方が大きい確率を求めなさい。

(11) 下の図のように，AD // BC，AB = DCであるような台形ABCDに，円Oが内接している。このとき，∠AOBの大きさを求めなさい。

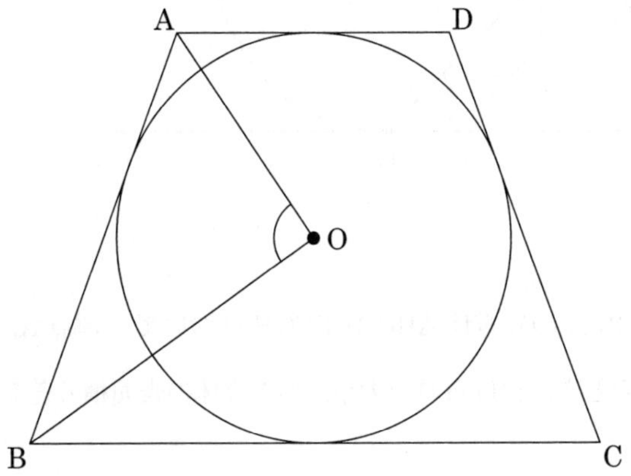

(12) ∠C = 90°，AB = 4 cm，AC = 3 cmの直角三角形ABCにおいて，∠Aの二等分線と辺BCの交点をDとする。このとき，線分ADの長さを求めなさい。

⒀　下の図において，$\angle x$ の大きさを求めなさい。ただし，直線AB，ACは円の接線で点B，Cは接点である。

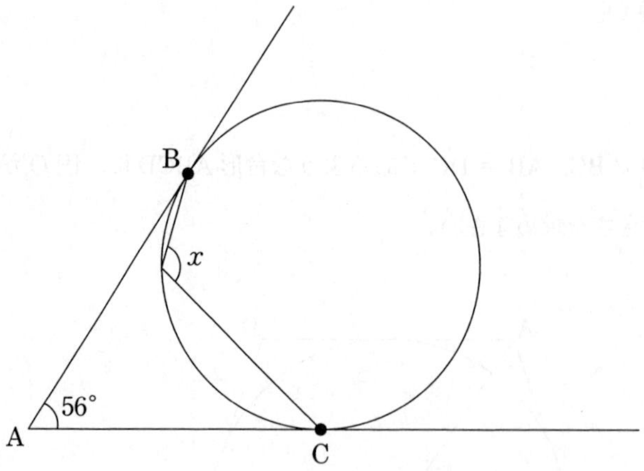

⒁　下の図のような一辺が2 cmの立方体ABCD-EFGHについて，頂点A，C，Fを通る平面で二つに切り分ける。このとき，分けられた大小二つの立体の表面積の差を求めなさい。

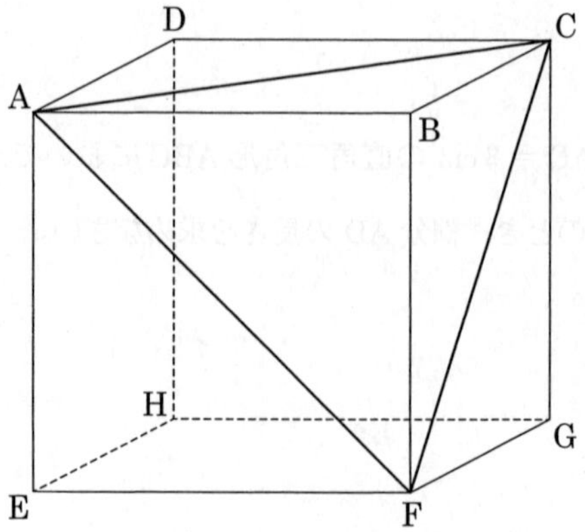

2 さいころを3回投げて，出た目の3つの数字をかけ合わせた積を P とする。このとき，次のものを求めなさい。

(1) P が 5^2 となる確率。

(2) P が6になる確率。

(3) P が16の倍数になる確率。

3 下の図において，$y=ax^2$ 上に点B，Cがあり，y 軸上に点A，Dがある。△OABは正三角形で，△OCDは∠ODC $=90°$ の直角二等辺三角形である。△OCDの面積が2であるとき，次の問いに答えなさい。ただし，$a>0$ とする。

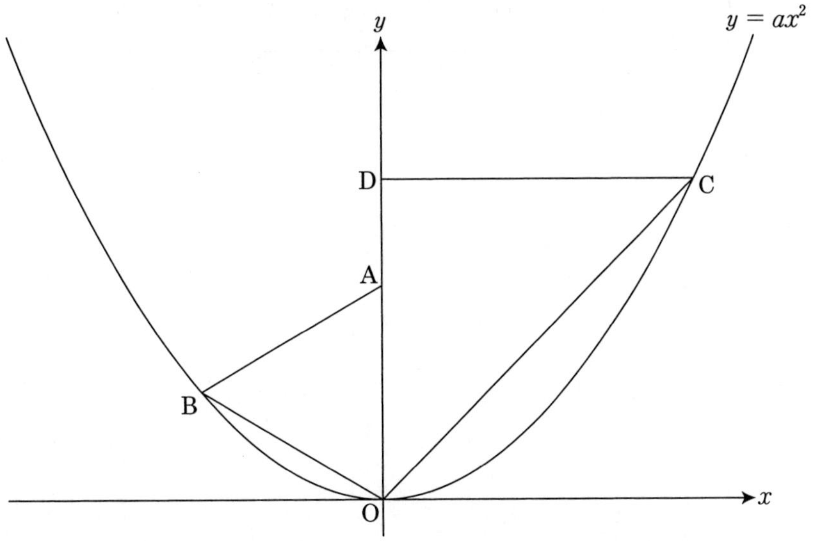

(1) a の値を求めなさい。

(2) 点Bの x 座標を t $(t<0)$ とするとき，t の値を求めなさい。

(3) △OABの面積を求めなさい。

エ　決して狐などがいるはずはない

⑧「奥ざまへまかりつる」

ア　奥方様へお伝えしました

イ　奥の方へと逃げて行きました

ウ　奥方様が出ていらっしゃいました

エ　奥の方へ探しに行きました

問4　傍線部①「これ」とは何を指すか。簡潔に書きなさい。

問5　傍線部⑨「中将いみじく恐ぢけり」とあるが、それはなぜか。次の中から最も適当なものを選び、記号で答えなさい。

ア　狐の子を自分の子だと信じこんで、今まで育てていたことを知ったから。

イ　狐に化かされた結果、自分の子どもに切りかかってしまうところだったから。

ウ　乳母をだました狐が、まだこの近辺に身をひそませているかもしれないから。

エ　危うく自分の子どもを、何者かに連れ去られてしまうところだったから。

問6　本文中の□には、このできごとを踏まえた教訓にあたる言葉が入る。その言葉として、最も適当なものを選び、記号で答えなさい。

ア　狐の年経たる、物の霊、ねんごろに祀《まつ》るべきことなり

イ　人離れたる所には、幼き児どもをば遊ばすまじきことなり

ウ　僧などのいみじき験をば、深く信心いたすべきことなり

エ　知らぬ女房と見知りたる乳母の、引き合はすまじきことなり

のまま読者に伝わるように描かれている。

ウ　登場人物同士の軽快な会話のやりとりを中心に物語が展開し、徐々に「陽子さん」とのわだかまりを解いていく「おれ」の姿を描いている。

エ　「おれ」の心の中の葛藤が率直な言葉で書かれることで、「陽子さん」だけでなく、大田先生やアッキーとも距離を取ってしまう孤独な姿が描かれている。

三

次の文章を読み、後の問いに答えなさい。

今は昔、源雅通中将《みなもとのまさみちちゅうじゃう》といふ人ありき。丹波《たんば》中将となむいひし。その家は四条よりは南、室町よりは西なり。かの中将、その家に住みける時に、二歳ばかりの児《ちご》を乳母《めのと》抱きて、南面《みなみおもて》なりける所にただひとり離れゐて、児を遊ばせけるほどに、にはかに児のおびただしく泣きけるに、乳母も※1ののしる声のしければ、中将は北面にゐたりけるが、①これを聞きて何ごととも知らで、太刀《たち》を提《さ》げて②走り行きて見ければ、同じ形なる乳母二人が中に、この児を置きて、左右の手足を取りて※2引きしろふ。中将③あさましく思ひて、よくまもれば、ともに同じ乳母の形にてあり。いづれかまことの乳母ならむといふことを知らず。しかれば、④さだめて狐などにこそはあらめと思ひて、太刀をひらめかして走りかかりける時に、一人の乳母かき消つやうに失せにけり。

その時に、児も乳母も死にたるやうにて臥《ふ》したりければ、中将、人どもを呼びて、※3験《しるし》ある僧など呼ばせて⑤※4加持《かぢ》せさせなどしければ、暫《しば》しばかりありて、乳母、※5例の心地になりて起きあがりたりけるに、中将、「いかなりつることぞ」と問ひければ、乳母のいはく、「若君を⑥遊ばかしたてまつりつるほどに、奥の方より知らぬ女房のにはかに出で来て、『これは我が子なり』といひて奪ひ取りつれば、奪はれじと引きしろひつるに、殿のおはしまして、太刀をひらめかして走りかからせ給ひつる時になむ、若君も⑦うちすてて、⑧奥ざまへまかりつる」といひければ、⑨中将いみじく恐《お》ぢけり。

しかれば、［　　　　］となむ、人いひける。狐の変じたりけるにや、また物の霊《りやう》にやありけむ、知ることなくてやみにけりとなむ、語り伝へたるとや。

（「今昔物語集」より）

※1　ののしる…大騒ぎする。
※2　引きしろふ…引っ張り合っている。
※3　験ある僧…霊験あらたかな僧侶。
※4　加持…回復させるためのお祈り等。加持祈禱《かぢきとう》。
※5　例の心地…普段通りの気分。

問1　本文中の「児」、「中将」は乳母から別の呼び方をされている。それぞれ何と呼ばれているか。抜き出して答えなさい。

問2　傍線部②「走り行きて見ければ」、⑤「加持せさせなどしければ」、⑥「遊ばかしたてまつりつる」、⑦「うちすてて」の主語（動作主）は誰か。次の中からそれぞれ最も適当なものを選び、記号で答えなさい。なお、同じ記号を複数回用いてもよい。

ア　中将　　イ　児　　ウ　まことの乳母
エ　知らぬ女房　　オ　験ある僧

問3　傍線部③「あさましく思ひて、よくまもれば」、④「さだめて狐などにこそはあらめ」、⑧「奥ざまへまかりつる」の解釈として最も適当なものをそれぞれ選び、記号で答えなさい。

③「あさましく思ひて、よくまもれば」
ア　大変なことだと思って、強く引っ張ると
イ　卑しいことだと思って、しっかりと守ると
ウ　危険なことだと思って、警戒していると
エ　驚いたことだと思って、よく見てみると

④「さだめて狐などにこそはあらめ」
ア　きっと狐などにちがいない
イ　おそらく狐などではないだろう
ウ　もしかしたら狐などがいるのかもしれない

a 具体的にどのような点が違うのか。「ブランドを立ちあげている陽子さんは、」に続けて、二つ書きなさい。

b そのような「陽子さん」は、どのような人たちの中の一人として「おれ」からは見えたか。本文中から二十五字以内の言葉を探し、初めと終わりの五字をそれぞれ抜き出しなさい。

問3 傍線部②「それまでも彼女のすごさは十分に理解していた」とあるが、「それまでも」感じていた「彼女のすごさ」とはどのような点か。次の中から最も適当なものを選び、記号で答えなさい。

ア 靴作りのどの工程も、手際よく作業を進めていける点。
イ どんなに簡単な作業でも、真剣な眼差しで取り組む点。
ウ 靴作り教室で教える傍ら、ブランドを立ちあげている点。
エ 自分の性格に合った靴を自ら製作し、履きこなしている点。

問4 傍線部③「大田先生」について説明したものとして最も適当なものを選び、記号で答えなさい。

ア 受講生だけでなく「陽子さん」や「尾崎くん」にも気を配りながら靴作り教室を取り仕切っている、職人気質の人物。
イ ブランドを立ちあげた「陽子さん」や「尾崎くん」のがんばりは認めつつも、無関係を決め込む、冷たい人物。
ウ ブランドを立ちあげて毎日努力をしている「陽子さん」や「尾崎くん」を少し離れて見守る、優しい人物。
エ 「陽子さん」や「尾崎くん」の腕は認める一方、「おれ」には無関心な態度をとる、気難しい人物。

問5 傍線部④「アッキー」について説明したものとして最も適当なものを次の中から選び、記号で答えなさい。

ア 立ちあげたブランドがうまくいくかどうかわからずに「陽子さん」が悩んでいることに気がつかない、軽率な人物。
イ ブランドを立ちあげたことや「陽子さん」の作った靴に対する自分の感情を素直に表現する、明るい人物。
ウ 「おれ」が「陽子さん」に好意を抱いていることに気づかず、「陽子さん」に色々なことをずけずけと聞く、無神経な人物。
エ ブランドの話を聞いて落ち込む「おれ」に気づき、あえて明るくふるまおうとする、気遣いのある人物。

問6 傍線部⑥「大人のように常識や~行動を起こす」とあるが、このような姿を表す四字熟語として最も適当なものを選び、記号で答えなさい。

ア 天衣無縫　イ 付和雷同
ウ 傍若無人　エ 直情径行

問7 傍線部⑤「なぜいままで気づかなかったのだろう」とあるが、何に「気づかなかった」のか。次の中から最も適当なものを選び、記号で答えなさい。

ア 「陽子さん」が作った「どこか不機嫌な子供を思わせるブーツ」には、普段、靴作りの講師として受講生たちには見せない、子供らしい無邪気さが現れていたこと。
イ 「陽子さん」が作った「どこか不機嫌な子供を思わせるブーツ」に施された男性的な印象の縁は、靴職人としての自立を目指す「陽子さん」の、負けん気の強さが現れていたこと。
ウ 「陽子さん」が作った「どこか不機嫌な子供を思わせるブーツ」には、自分の未来を追い求める「陽子さん」の、子供らしい無防備さが現れていたこと。
エ 「陽子さん」が作った「どこか不機嫌な子供を思わせるブーツ」には、靴作りの講師としては十分でも職人としては未熟な自分の腕前への、もどかしさが現れていたこと。

問8 次の中から、本文の特徴を説明したものとして最も適当なものを選び、記号で答えなさい。

ア 靴作り教室を舞台に、様々な登場人物の思いが錯綜する様子を客観的に描くことで、それぞれの悩みを抱えながら生きている若者たちのリアルな姿を描いている。
イ ブランドを立ちあげて前に進んでいく「陽子さん」の姿を「おれ」の視点で描くことで、それと比べた「おれ」の迷いがそ

「休みのときは基本的にあっち。一緒に休みになることはまずないから、どっちかが行ってる。もちろん他のメンバーも交替で使ってるけど」

交替でアトリエを使っている。靴を作り、ブランドを立ちあげている。売りこみを行っている――。雑誌や新聞なんかではたまに取りあげられている話だ。自分たちの力で未来を切り開いている若者たち。

素直にすごいと思った。でも自分の、おれ自身の現状との間に差がありすぎて、逆に現実感がなかった。まるで別の世界のできごとのようだ。それこそ雑誌や新聞の向こう側にある世界。

「尾崎さん、忙しいんじゃないの？」

アッキーがまたたずねた。

尾崎さんはすでに結婚しており、二歳になる子供もいる、という話だった。

「そうよ。彼が一番、がんばってる」

「すげえな……」

「まだ一足も売れてないけど。でも、いま話を聞いてくれてるショップさんがあるの。チェーン展開もしてるセレクトショップで、うまくいけば春ぐらいから置いてもらえるかもしれない」

「順調じゃん」

アッキーが目を輝かせる。

「どうかな……まだわからない。ぜんぶ手作りだとコストがかかりすぎるから、量産する方法もいま考えてるところで」

陽子さんは自分たちの計画を控えめに、はにかみながら、でもいきいきと語った。未来や結果に自信はなくても、現在の自分たちには、自分たちの行為自体には、これ以上ないほどの確信を持っているように感じられた。

「知らなかったな」

陽子さんは目標を見つけていた。その目標を真摯《しんし》に、真剣にまっすぐに見つめていた。無防備さの原因はこれか。彼女は脇目もふらずに、自分を守ることも忘れて、ただひたすら突き進んでいる。

「あれ、私の作品なの。今日履いてきたブーツ。あれと同じものも、いつか売れるといいんだけど」

陽子さんは教室の入り口を指さし、無邪気に、得意げに言った。

靴箱に講師や受講生たちの靴が並んでいる。そこにその靴はあった。女性的なのに男性的な印象の、縁がぎざぎざに処理された、どこか不機嫌な子供を思わせるブーツ。⑤なぜいままで気づかなかったのだろう。

腰を浮かせ、陽子さんに「見ていい？」とたずねた。

「お母さんに一つどう？」

彼女はいたずらっぽく言った。

「あたしも見るー」

アッキーと二人で席を立った。教室を横切り、靴箱の前に並んだ。陽子さんの作った靴を片方ずつ手にとり、ためつすがめつし、お互いを交換する。

アッキーがため息をついた。

「十分、売り物になるよ」

「うん。なる」

意外と重かった。とはいえ、履けば気にならない重さだ。

おれは最初、彼女のイメージにそぐわない靴だな、と思った。でも実際はそうじゃないのかもしれない。

幼い子供は無防備だ。⑥大人のように常識や損得勘定《かんじょう》や他人の目に惑わされることなく、欲しいものを欲しいと言い、手に入らなければ不機嫌になり、手に入れるための行動を起こす。

少なくとも、手に入らないことの言い訳を考えたりはしない。

（川上　亮「彼女の不機嫌そうな革靴」より）

問１　点線部ａ～ｄが修飾している文節を、それぞれ抜き出しなさい。

問２　傍線部①「おれと陽子さんとの間には地球と太陽ほどの差が開いていた」について、後の問いに答えなさい。

二 次の文章を読み、後の問いに答えなさい。

「おれ」は、靴作り教室に通い始めた高校二年生で、教室の講師である「陽子さん」に密かに好意を抱いている。また、「アッキー」は同じ靴作り教室に通う少し年上の女性である。

対等じゃない。これ以上に真実を的確に表した言葉はなかったと思う。

①おれと陽子さんとの間には地球と太陽ほどの差が開いていた。それどころじゃなかったかもしれない。冥王《めいおう》星と太陽ぐらいの差があったかもしれない。（中略）

②それまでも彼女のすごさは十分に理解していた。

それ専用の包丁を使い、分厚い革をなめらかに切り裂いてみせる彼女。難しい顔で型紙をにらむ彼女。スツールに座り、足型に塡《は》めた靴を腿《ふともも》に挟んで、aハンマーで釘を打ち付ける彼女。おれのb手から作りかけの靴を取りあげ、ペンチのような器具を使い、お手本に革を靴底へ張りつけていく彼女。その真剣な眼差《まなざ》し……。

きれいだった。女性としての美しさではなくて、職人としての美しさを、cむしろ機能美のようなものを感じさせた。それが――矛盾しているかもしれないが――女性としての美しさを高めているような気がした。

でもそれだけじゃなかった、ということだ。

教室では雑談しながら作業するのが普通だった。受講生どうしで話すこともあるし、講師を交えて話すこともある。あの日は同じ作業台を囲む二、三人で話していた。平日はd土日よりも受講生の数が少なくて、多くても六人、来るか来ないかだ。

「あれ、今日はアトリエじゃなかったか？」

教室に入ってきた③大田先生が陽子さんに目をとめ、立ち止まった。

大田先生だけは少し年配の講師だった。五十代のなかばぐらいだろうか。髭面《ひげづら》で、がっしりした体格をしていて、いかにも「おれたちより一世代前の人たち」といった風格がある。

陽子さんはおれと同じ作業台を囲み、靴底を平らにする手順を教えていた。

「明日ですよ」

「そうか。俺の勘違いか」

講師どうしのなにげないやりとりだった。でもおれは気になり、首をめぐらせ、「アトリエって？」と陽子さんに訊いてみた。

「あれ、言ってなかったっけ？　私たち、みんなでアトリエを借りてるの」

「私たちっていうのは――」

「私と尾崎先生と、あとは別の仲間と。五人で」

「アトリエってなにー？」

向かいの④アッキーがたずねた。

大田先生がこたえた。

「知らなかったか？　陽子ちゃんも尾崎くんも、二人とも毎日がんばってる。自分たちでブランドを立ちあげて、デザインから売りこみからぜんぶやって」

大田先生は「俺は関係ないけどな。まあスーパーバイザーみたいなもんだ」と言って笑った。

「ブランドって、靴ですよね？」

大田先生は「当りまえだ」と答えて苦笑し、教室の奥へ遠ざかっていった。

陽子さんがおれたちに言った。

「ブランドって言ってもまだ名ばかりだけど。でもいつかは、少しぐらいは大きくするつもり」

「すごいねー。尾崎さんもやってるんだ？」

アッキーがたずねた。

「一緒に立ちあげたの。ここが――」

陽子さんは教室全体を目で示した。

のであり、便器そのものは意志を伝える手段に過ぎないから。

イ　デュシャンが「泉」に込めようとしたコンセプトと便器では、あまりにかけ離れすぎており、選択を誤ったと考えたから。

ウ　アート界に衝撃を与えた「泉」だが、さらにオリジナルがなくなることでアート史上最大の発見、発明と言われることをもくろんだから。

エ　「泉」というメッセージを込められた「便器」がなくなることで、アート作品はやはりその物体が存在しなければならないことを証明しようとしたから。

オ　「泉」のオリジナルの便器がなくなるという事件はストーリーとしても面白く、「泉」に込められた意志とは別のアート性があるから。

カ　既製の便器に「泉」という思想を添え、展示し、その後その便器がなくなるという一連の流れも含めて作品だとも考えられるから。

問4　傍線部①「アートで迫れるのは～この世界の真実なのだ」とあるが、「アートで迫れる」「世界の真実」とはどのようなことか。「～であること。」につながる、十字以内の言葉を探し抜き出しなさい。

問5　傍線部③「泉」とは、どのような作品だと筆者は考えているか。最も端的に述べている部分を探し、初めと終わりの五字をそれぞれ抜き出しなさい。

問6　傍線部④「彼を一躍有名にしたのは～作品である」とあるが、なぜ「階段を降りる裸体Ｎｏ．２」は「彼」を有名にしたのか。次の中から最も適当なものを選び、記号で答えなさい。

ア　「階段を降りる裸体Ｎｏ．２」は、後年発表されることになる「泉」の出現を予見させるような優れた作品だったから。

イ　「階段を降りる裸体Ｎｏ．２」は網膜からも時間からも自由になった作品で、見ている人の主観を作り変える力を持っていたから。

ウ　「階段を降りる裸体Ｎｏ．２」は静止画であるにも関わらず、脳を効果的にだますことで、動きを感じさせられたから。

エ　「階段を降りる裸体Ｎｏ．２」は「ＭＴ野」の活性化を測る実験で用いられ、脳イメージングの研究に貢献したから。

問7　本文中の空欄に当てはまるものとして最も適当なものを次から選び、記号で答えなさい。

ア　動きを感じる絵を見ている際には、実際に動きに関する脳部位が活動していたのだ

イ　動きを感じる絵を見ている際には、実際に動きに関する脳部位は活動しなかったのだ

ウ　動きを感じない絵を見ている際には、実際に動きに関する脳部位が活動していたのだ

問8　本文で述べているものとして最も適当なものを次の中から選び、記号で答えなさい。

ア　今までのアートは物体そのものの美しさを追求してきたが、それをさらに推し進めることによって真理に到達することができるのである。

イ　アートは早い段階から世界の真理に迫っていたが、現在、なぜそれが可能なのかということを、心理学という科学が証明し始めているのである。

ウ　デュシャンが何の変哲もない便器に「泉」というメッセージを込めたように、日常的なものに意味を付け加えていくことが現代のアートには求められているのである。

エ　アートは脳をだますことで評価を得るが、だまされずに作品の良しあしを正しく評価するために、現代では科学によって作品の良さを証明し始めてきているのである。

問9　傍線部⑤「同じ手法」とはどのような手法か。四十五字以内で説明しなさい。

れぞれが脳内のどこを活性化させるかを調べた。その結果、動きを暗示する抽象画では、脳の中で、実際に動いているものを見る時に活性化する部位、つまり運動を処理すると考えられている脳部位である「MT野」という場所が活動していたことがわかった。［　　　　］。

⑤デュシャンは「階段を降りる裸体No．2」を発表する1年前に、同じ手法を使った「汽車の中の悲しげな青年」という作品を発表している。

この作品では、裸体に用いられた、動きの表現が初めて実験的に用いられているのだが、ご存じの通り「裸体No．2」に比べて知名度が低い。おそらく「裸体」では、静止画による動きの表現が脳を効果的にだましているのに対して、「汽車」の方はそれがうまくできていないのではないかと思う。

つまり、脳をだませた量の違いが、絵の評価の違いにつながっているのだ。

そして、いよいよレディメイドである。レディメイドとは「既製品」という意味である。つまり、大量生産された作家の手が加わっていない現物に、作家の意志、メッセージを託すことで、それをアートだと主張するという試みである。「泉」と名付けられた便器は、それそのものはアートではない。しかし、デュシャンが「泉」というメッセージを添えて、美術館に展示したことで、アートになるのである。

「どこからどこまでがアートなのか」「アートであるか否かを分けるものはその裏にある想いではないか」

とても単純化していえば、現代のコンセプチュアルアートとはこういうことであり、それは、情報こそが意識であるという現在の心理学的決定論と同じ態度である。物理的な基盤に意識は縛られない。肉体や、炭素でできた基盤自体は、c代替可能なものである。これは、便器に埋め込まれた情報、アイデアは、実態を失ってもよいというスタンスと全く同じなのだ。

ちなみに、「泉」に用いられたオリジナルの便器は紛失されている。一説によれば、⑥デュシャン自身があえて紛失させたという話もある。埋め込まれた情報、意志と最も遠い物体として便器を選択したのだろう。このあたりの一連のストーリーテリングとしての巧みさがあってこそのアート性の高さである。

人間の意識も、機械に埋め込むことができるだろう。先に紹介した、コンピュータへの意識のdイショク、映画『トランセンデンス』や『WESTWORLD』の第2部のラストや『アップロード』で予見された事実を、デュシャンは今から1世紀も前に予見していたのである。

意識とは情報であり、それこそが本質である。それを媒介している物質（情報の媒体）「キャリアー（情報の運び屋）」は何であってもよいのだ。

アートは科学より先を歩いている。科学はアートを後追いし、その確かさを認定していく。今、21世紀になりデュシャンの作ったアートも、科学的な証明がなされ始めているのだろう。

（妹尾武治「未来は決まっており、自分の意志など存在しない。心理学的決定論」より）

※バスキア…アメリカの画家。

問1　点線部a「早世」、b「ヒキン」、c「代替」、d「イショク」の漢字は読み方をひらがなで書き、カタカナは漢字に直しなさい。

問2　傍線部②「レディメイド（既製品）の便器」とはどのようなものか。本文中から二十一字の言葉を探し、初めと終わりの五字をそれぞれ抜き出しなさい。

問3　傍線部⑥「デュシャン自身があえて紛失させたという話もある」とあるが、なぜこのような話が生まれてくるのか。次の中からその理由として適当なものを二つ選び、記号で答えなさい。

ア　デュシャンが「泉」で表現しようとした意志が作品の本質な

二〇二二年度 江戸川女子高等学校

【国語】（五〇分）〈満点：一〇〇点〉

一　次の文章を読み、後の問いに答えなさい。

アートで脳に迫るというのがこの数年、心理学では流行している。しかし、実際に①アートで迫れるのは、脳ではなく、もっと先だ。哲学であり思想でありこの世界の真実なのだ。

そして20世紀中盤に、デュシャンによってアート史上最大ともいえる発見、発展がなされる。②レディメイド（既製品）の便器を美術館に作品として陳列し、「泉」と名付けたのである。

デュシャンの「③泉」の芸術的な価値は多様であり、とても一言ではまとめられない。しかし、あえて私なりに（素人が）簡単に説明するならば、アートのアート性は、物・物体に縛られず「概念」「考え方（コンセプト）」こそに本質があり、物体それそのものが美しくなくとも、そこに投影された概念・考えが面白いものであれば、それは「美」として成立する、という発想の革命が、「泉」という作品だったと思う。

つまり、アートの本質は人間の思考や発想であり、表面的な物質は媒体に過ぎないという発想の転換が起こったのである。

デュシャンのレディメイド「泉」に相当する心理学的な発見はまだないのだろうか？　アートが科学に先んじるとすれば、「泉」というアート的な概念、思想を体現するのは、「心は情報に過ぎない」「物体に縛られない」というこの本に記載した心理学的な発見ではないだろうか、と私は思っている。

情報こそが本質であり、外界に存在する箱、情報の乗り物にはさほど意義や意味がないということをデュシャンは、予見していたのではないだろうか？

※バスキアが27歳でa早世したのは、デュシャンを超えた、その先の「世界の真理」を知ったからなのかもしれない。ヘロインに依存することでしか、真理の重みに耐えられなかったのかもしれない。発見されなかった天才ゴッホ。二度とゴッホのような失敗を生むまいと、躍起になった20世紀の美術界によって早々に発見された天才バスキア。2人は共に自死した。作家として売れるかどうか、お金があるかどうかというbヒキンな理由が、彼らの死を決めた訳ではないはずだ。共にその天才性で世界の真理にたどり着いた。その真理の重みは、人間の精神では支えきれなかったのかもしれない。

アンリ＝ロベール＝マルセル・デュシャンは、１８８７年７月27日、フランスのノルマンディー地方に生を受けている。時は、印象派が評価され、ポスト印象派と呼ばれる、セザンヌ、スーラ、ゴッホらが代表作を描いていた時期である。

④彼を一躍有名にしたのは「階段を降りる裸体Ｎｏ．２」という１９１２年発表の作品である。これは階段を降りる女性の「運動」を表現した抽象画だ。静止画なので実際には動かないのだが、裸婦の流れるような歩行行動の動きがありありと描かれていて、絵から、裸婦の動きを錯覚的に知覚することができる。（中略）

デュシャン自体の言葉では、絵画を網膜から自由に、時間からも自由にするという意味合いの表現がなされている。つまり、目の前に見ているものをそのまま表現するのではなく、主観的な世界を、物理的にも時間的にも静止したキャンバスに再構築することが、この絵画の目的であったことがわかる。

このような運動を暗示した静止画を心理学の世界では、インプライド・モーション（暗示された運動）と呼ぶ。

インプライド・モーションを用いた実験で面白いのが、キムとブレークが２００７年に学術雑誌「スペース・ヴィジョン」誌上に発表した、脳イメージングの研究である。

彼らは、静物の抽象画と、動きを暗示した抽象画を提示し、そ

英語解答

〔放送問題〕

A 1 key　2 hobby　3 population　4 busy　5 discover

B 1 c　2 c　3 a　4 c　5 a

C 1 ○　2 ×　3 ○　4 ○　5 ×

D 1 physical　2 sleep less　3 worse　4 stress　5 normally　6 suffer from　7 while　8 to prove　9 56000〔fifty-six thousand〕　10 bring down

E 1 4か月
2 マーク・トウェイン『ハックルベリー・フィンの冒険』
3 (自分の中古の)車を買うため
4 (b)　5 (d)

〔読解問題〕

A 1 c　2 a　3 b　4 a　5 d

B 1 won　2 dead　3 worst　4 fallen　5 thieves

C ① help　② when　③ message　④ until　⑤ name　⑥ two　⑦ correct　⑧ send

D 1 I bought the day before yesterday is different from hers
2 She has not finished doing the homework yet
3 is no other mountain so beautiful as Mt. Fuji
4 The door must not be left open
5 was such a beautiful morning that they went for

E 1 ×　2 ×　3 ○　4 ○　5 ○　6 ○　7 ○　8 ×　9 ×　10 ○

F 1 ア either　イ about　ウ as　エ Another
2 (a) lying
(b) more quickly〔quicker〕
3 How can you tell whether a fish is sleeping
4 (1つ目) 脳波を見るだけでは魚が眠っているかどうかわからない。
(2つ目) 魚は人々や他の動物と同じように本当に眠るわけではない。
5 A 魚が何をしているのか〔していること〕を観察する
B 1つの場所にとどまる
C えらの中に酸素を送りこみ続ける〔取り込む〕
D (脳ではなく)脊髄
6 オ resting　カ than　キ awake

A～**E**〔放送問題〕放送文未公表

A〔単語の発音〕

1．a．caught[ɔː]　b．abroad[ɔː]　c．only[ou]　d．saw[ɔː]
2．a．heart[ɑːr]　b．word[əːr]　c．early[əːr]　d．heard[əːr]
3．a．catch[æ]　b．radio[ei]　c．graduate[æ]　d．stand[æ]
4．a．police[iː]　b．busy[i]　c．pretty[i]　d．women[i]
5．a．breakfast[e]　b．meant[e]　c．breath[e]　d．peace[iː]

B〔単語の関連知識〕

1．dear「親愛な」と deer「シカ」はどちらも[díər]と発音する同音異義語。one「1つ」の発音[wʌ́n]と同音異義語の関係にあるのは win「勝つ」の過去形 won。

2．beauty「美しさ」は名詞，beautiful「美しい」は形容詞なので，名詞の death「死」に対応する形容詞は dead「死んでいる」となる。

3．hottest は hot の最上級にあたる。bad の比較級および最上級は不規則変化をし，bad－worse－worst となるので，worst が適切。

4．動詞の drink「飲む」は drink－drank－drunk と不規則変化をする。fell が過去形になる動詞は fall「落ちる」で，fall－fell－fallen と活用する。

5．tooth「歯」の複数形は teeth。thief「泥棒」の複数形は，thieves となる。一般に ~f および ~fe で終わる名詞は，f，fe を ves に変える。（類例）leaf「葉」→leaves

C〔対話文完成─適語補充〕

≪全訳≫❶秘書(S)：はい，アルティメット・コンピューターです。ご用件を承ります。❷社員(C)：ハンターオフィス用品のジャック・コーデルと申します。エレイン・ストロングさんをお願いします。❸S：申し訳ありませんが，ただ今，席を外しております。❹C：そうですか，いつ頃戻られるかわかりますか？❺S：ああ，はい，今日の午後の遅い時間，おそらく4時30分頃には戻ると思います。伝言を承りましょうか？❻C：はい，お願いします。ストロングさんが御社の最新のノートパソコンのパンフレットを送ってくれたのですが，アフターサービスに関する情報が載っていなかったんです。❼S：ああ，申し訳ございません。ファックスでそちらにお送りしましょうか？❽C：はい，ただ，弊社のファックスが現在修理中で，2時30分頃まで使えないんです。ええっと…3時30分頃にその資料を送ってみてくれませんか？　そうすればストロングさんに，そうですね，5時頃に電話する前に資料に目を通す時間が持てるのですが。❾S：かしこまりました。お名前と電話番号とファックス番号を教えていただけますか？❿C：はい。ジャック・コーデル，電話番号は560-1287，ファックス番号は560-1288です。⓫S：わかりました。ジャック・コーデル様ですね。お名前のつづりはC-o-r-d-e-lでしょうか？⓬C：いいえ。「K」と2つの「l」でKordellです。⓭S：わかりました，コーデル様。電話番号は560-1287，ファックス番号は560-1288。合っていますか？⓮C：はい，合っています。⓯S：かしこまりました。今日の午後に必ずファックスをお送りいたします。⓰C：わかりました，それでは。

＜解説＞①May I help you？「ご用件は何でしょうか」は，客に対応するときの定型表現。　②直後にストロングさんが戻る時間を答えているので，when「いつ」と尋ねたとわかる。　③直後にコーデルさんが用件を伝えているので，秘書は message「伝言」を承ると申し出たと推測できる。④ファックスはあいにく修理中だと答えている。it はファックスを指しており，未来進行形で「動かないだろう」と述べていることと，空所の後に2時30分という‘時’が示されているので，until「～まで(ずっと)」が適切。　⑤直後にコーデルさんが自分の名前を伝えている。　⑥名字のつづりがC-o-r-d-e-lかと尋ねられ，正しいつづりはlが2つのK-o-r-d-e-l-lであると訂正している。⑦秘書は聞き取った名前と電話番号とファックス番号を復唱しているので，これで正しいかと確認していると考えられる。　⑧第8段落でコーデルさんはファックスを送ってほしいと頼んでおり，これに対して秘書は必ず送ると約束したのである。‘send＋人＋物’で「〈人〉に〈物〉を送る」，‘be sure to ～’で「必ず～する」。

D〔整序結合〕

1．「～と違う」は‘be different from ～’で表せるので，文の骨組みとなる「カバンは彼女のものとは違います」を，The bag is different from hers とする。「カバン」を修飾する「私が一昨日買った」は，buyを過去形で用いてI bought the day before yesterdayとまとめ，The bagの後に置く(目的格の関係代名詞を省略した形)。 The bag I bought the day before yesterday is different from hers.

2．「彼女はやり終えていません」は‘have/has＋過去分詞’の現在完了の否定形とfinish ～ing「～し終える」を組み合わせ，She has not finished doingと表す。この後にthe homework「宿題」を置く。「まだ」yetは一般的に，文末に置く。 She has not finished doing the homework yet.

3．「富士山ほど美しい山はありません」は‘no other＋名詞＋so〔as〕 ～ as *A*’「*A*ほど～な〈名詞〉は他にない」の形を用いて，no other mountain so beautiful as Mt. Fujiと表せる。there構文で，主語がmountainという単数形の現在の文なので，be動詞はisとする。 There is no other mountain so beautiful as Mt. Fuji in the world.

4．語群から，‘禁止’のmust not ～「～してはいけない」がつくれるので，「そのドアは開いた状態にされてはいけない」と読み換えて，The doorを主語にした受け身の文をつくる。‘leave＋目的語＋形容詞’「～を…(の状態)にしておく」の形を，受け身形(‘be動詞＋過去分詞’)にする。leaveは不規則動詞でleave－left－leftと活用するので，過去分詞はleftとなる。 The door must not be left open.

5．‘such ～ that …’「とても～なので…」の形を使い，「とても美しい朝だったので」をIt was such a beautiful morning thatと表す。「散歩に行く」はgo for a walk。過去の出来事なので，goはwentにする。goは不規則動詞で，go－went－goneと活用する。 It was such a beautiful morning that they went for a walk.

E 〔長文読解―内容真偽―説明文〕

≪全訳≫❶LGBTとは，レズビアン(女性を愛する女性)，ゲイ(男性を愛する男性)，バイセクシャル(両性を愛する人)，トランスジェンダー(性自認が身体的性別と異なる人)の略である。ある調査によると，人口の約８％，つまり13人に１人がこれらのカテゴリーの１つに当てはまる。これは，左利きの人や血液型がAB型の人の数と同じである。LGBTは，「疑問」を意味するQをつけてLGBTQと書かれることもある。このグループの人たちは，自分の性的志向や性別についてまだ考えているところだ。❷LGBTの人たちへの理解が深まることで，社会に変化が起きている。レズビアンやゲイのカップルにパートナーシップ証明書を発行する自治体も出てきた。これにより，パートナーは携帯電話の割引や生命保険金などの利益が受けられる。渋谷区や世田谷区では，パートナーが互いに家族として病院に見舞いに行けるし，不動産会社は彼らの同居を断ることはできない。また，LGBTであることを隠さない有名人がテレビに出演している。性別に関係なく使えるトイレを提供したり，どちらの制服を着るかを生徒に選ばせたりする学校も出てきている。また，同性カップルに結婚祝いや新婚旅行の休暇を与えたり，志願書から性別欄を排除したりする企業もある。❸とはいえ，自分の性自認を公にできないと感じているLGBTの人はいまだに多い。北欧諸国のように，LGBTに対して非常にオープンな社会もある。子どもたちは幼い頃から多様な家族のあり方について教えられ，人々は法律によって憎悪や差別から守られている。これは全ての人が幸せで平等に暮らすべきだという信念に基づいている。しかしながら，国によっては同性の関係を禁ずる非常に厳しい法律がある。これらの国では，LGBTの人たちはひっそりと暮らさなければならない。最近の調査では，20代から50代の日本人の80％が「同性婚は合法であるべき」と回答した。しかし，日本の法律ではまだ同性婚は禁止されている。願わくは日本という国が，誰もがオープンで自由に生きたり，愛したりできる国であってほしいものだ。

＜解説＞1.「ある調査は8人に1人がLGBTのグループに属していることを示している」…×　第1段落第2文参照。正しくは13人に1人。　2.「男性も女性も愛する人たちは自らを『トランスジェンダー』」と呼ぶ」…×　第1段落第1文参照。両性を愛する人はバイセクシャルと呼ばれる。
3.「血液型がAB型の人の数は，左利きの人の数と同じである」…○　第1段落半ばに一致する。
4.「自分の性的志向や性別についてまだ決めていない人はQグループに含まれる」…○　第1段落最後の2文に一致する。　5.「いくつかの自治体によって同性カップルはパートナーシップ証明書を与えられている」…○　第2段落第2文に一致する。　6.「自分の性的志向を隠さずにテレビ出演するLGBTの人たちもいる」…○　第2段落半ばに一致する。　7.「企業によっては，志願書を書くときに性別を明記する必要はない」…○　第2段落最終文に一致する。　8.「北欧諸国では，法律のせいでLGBTの人たちはよく差別される」…×　最終段落第2，3文参照。法律により差別から守られている。　9.「日本人の大多数が支持しているので，日本では同性婚が一般的である」…×　最終段落最後から2文目参照。同性婚は日本の法律ではまだ認められていない。
10.「筆者は日本で同性婚が認められるべきだという意見を持っているようである」…○　最終段落最終文に一致する。

F〔長文読解総合―説明文〕

≪全訳≫❶人が眠っているかどうかを見分けるのは，かなり簡単である。目を閉じているか。横になっているか。もしこれらの質問のどちらかの答えが「いいえ」なら，その人は眠っていないと思ってよい。しかし，魚はどうだろうか。魚にはまぶたがない。魚は横にならない。魚が眠っているかどうかはどのようにわかるのだろうか。❷動物が眠っているかどうかを見分ける方法の1つが，脳波を調べることである。人間やその他の哺乳類が眠りに入ると，脳波のパターンが変化する。しかし，哺乳類は魚とは違う脳を持っている。人間やその他の哺乳類の脳は複雑だ。魚の脳は哺乳類の脳に比べてはるかに単純である。魚の脳は単純なので，哺乳類と同じタイプの脳波ではない。魚の脳波は寝ているときに変化しないのだ。このことは，魚の脳波を見てもその魚が眠っているかどうかは見分けられないことを意味する。このことはまた，魚が人間やその他の動物と同じ方法で寝ているわけではないことをも意味している。❸魚は人間のようには眠らないかもしれないが，休息はする。魚が休んでいるかどうかを見分ける方法の1つが，魚がしていることを観察することである。ほとんどの魚は休んでいるときに動きがゆっくりになる。水の底の方に移動する魚もいる。水面近くを漂う魚もいる。休むために海藻やサンゴ礁の中に隠れる魚さえいる。もしペットとして魚を飼ったことがあるなら，毎晩数時間，水槽の底の近くで休んでいるのに気づいたかもしれない。こうした魚は休むとき，1か所にとどまるために，ひれを使ってごくわずかに動いている。1か所にとどまることで，実際に寝ているようには見えなくても，休息が取れるのだ。❹1か所にとどまることで休んでいることがわかる魚がいる一方で，動きを一切止めないように見える魚もいる。例えば，サメの中には，えらに酸素が流れている状態を保つために，泳ぎ続けなければならないものがいる。サメは常に動き続ける必要があるので，眠ることはないように思える。サメは常に泳いでいるが，休息しているのかもしれない。サメの泳ぎを助ける器官は脳ではなく脊髄《せきずい》にある。このことは，たとえ体が動いていても脳は休息している可能性があり，ある意味，サメは実際には眠っているかもしれないことを意味している。❺魚が休んでいることを見分けるもう1つの方法は，自分の身に起きたことに対して魚がどう反応するかを観察することである。魚は休んでいるとき，反応がずっと遅くなる。2007年，科学者のグループはゼブラフィッシュの睡眠習慣を調べた。ゼブラフィッシュが完全に目覚めているときと，休んでいる最中に軽い電気ショックを与えたのだ。完全に目覚めているゼブラフィッシュは，休息中のゼブラフィッシュよりもショックに対してはるかにすばやく反応することが判明した。もし家でペットの魚を飼っているなら，同じような実験を試みることができる。魚が休んでいるときに餌を与えてみるとよい。魚が水槽に餌があるのに気づくには，完全に目覚めているときよりずっと時間がかかるはずだ。❻睡眠を取ると体にエネルギーを取り戻すことができ，脳を健康に保つことができ，かつ正常にはたらかせることができる。全ての生き物が人間のように眠るわけではないが，ほとんどの生き物が何らかの休息を必要とする。魚は寝ているようには見えないかもしれないが，彼らなりの休息の取り方があるのだ。

1＜適語選択＞ア．those questionsとは直前の2文で示されている，目を閉じているか，横になっているかという2つの質問を指す。答えが「いいえ」だと就寝中ではないとあるので，2つの質問の「いずれか一方」がいいえであればよい。　イ．直前までは人間の話をしており，ここで魚の話に話題を転換しているので，What about ～?「(他の人やものについて)～はどうか」と尋ねる文にする。　ウ．前にthe sameとあり，哺乳類と魚の脳波が同じかどうかを述べているので，‘the same ～ as *A*’「*A*と同じ～」の形にする。　エ．第3段落第2文にOne way to tell …「…を見分ける1つの方法」とあり，その後，魚の行動を観察する方法が述べられている。第5段落ではこれとは別の方法が紹介されているので，another「もう1つの」が適切。

2＜語形変化＞⒜このlieは「横になる」という意味の動詞。文頭にIsがあるので，lyingとして現在進行形をつくる。一般に，～ieで終わる動詞はieをyに変えてingをつける。（類例）die→dying　⒝後ろに「～よりも」を表すthanがあることと，目覚めているときと休息しているときの魚の反応を比べていることから，比較級にする。一般に，形容詞＋lyの形の副詞の比較級は，moreをつけてつくる。

3＜整序結合＞youがあるので，文の骨組みを「あなたはどのようにわかるのでしょうか」と読み換え，How can you tellとする。「魚が眠っているかどうか」は文中の一部となる疑問文なので，‘疑問詞＋主語＋動詞...’の間接疑問の形にする。　How can you tell whether a fish is sleeping?

4＜英文解釈＞直後の2文にThis means ...「これは…を意味する」，This also means ...「またこれは…も意味する」とあり，これらのthisは下線部の文で述べられていることを指しているので，ここをまとめればよい。

5＜要旨把握＞A．第3段落第2文に，魚がしていることを観察するとある。　B．第3段落最終文に，魚は1つの場所にとどまることで休息できるとある。　C．第4段落第2文に，サメはえらの中に酸素を欠かさないために泳ぎ続けるとある。　D．第4段落の最後の2文に，サメの泳ぎを支える器官は脊髄にあるので，泳いでいても脳は休息できるとある。

6＜適語補充＞オ．これまでに休息中の魚は反応が鈍いという研究結果が述べられ，それを家で試してみるとよいと提案している。空所の前のitはyour fishを指しており，休息中の魚の反応を調べるのだから，restingが適切。　カ，キ．‘It ～ for … to ―’「…が〔…にとって〕―することは～だ」の構文。カの後のit doesはthe fish notices that there is food in its tankを表している。longerという比較級があることから，休んでいるときと目覚めているときで，餌に気づくまでの所要時間を比べていると判断できる。よって，カには「～よりも」を表すthan，キには「目が覚めて」を表すawakeが当てはまる。

数学解答

1 (1) 120　(2) $\dfrac{2}{3y}$　(3) $\dfrac{5x+7y}{3}$

(4) $(x+2)(x-2)(x+3)(x-3)$　(5) 0

(6) 29個　(7) $x=4$，$y=3$

(8) 4　(9) $a=-\dfrac{4}{3}$，$b=\dfrac{8}{3}$

(10) $\dfrac{3}{5}$　(11) 90°

(12) $\dfrac{6\sqrt{14}}{7}$cm　(13) 118°

(14) 12cm²

2 (1) $\dfrac{1}{72}$　(2) $\dfrac{1}{24}$　(3) $\dfrac{7}{54}$

3 (1) $\dfrac{1}{2}$　(2) $-\dfrac{2\sqrt{3}}{3}$　(3) $\dfrac{4\sqrt{3}}{9}$

1〔独立小問集合題〕

(1)＜**数の計算**＞$\left(8-2\times\dfrac{1}{4}\right)\div\left(\dfrac{4}{4}-\dfrac{5}{4}\right)^2=\left(8-\dfrac{1}{2}\right)\div\left(-\dfrac{1}{4}\right)^2=\left(\dfrac{16}{2}-\dfrac{1}{2}\right)\div\dfrac{1}{16}=\dfrac{15}{2}\times16=120$

(2)＜**式の計算**＞与式$=\dfrac{x^3y}{34}\div\dfrac{9x^4y^2}{4}\times51x=\dfrac{x^3y}{34}\times\dfrac{4}{9x^4y^2}\times51x=\dfrac{2}{3y}$

(3)＜**式の計算**＞与式$=\dfrac{3(3x+2y)-(4x-y)}{3}=\dfrac{9x+6y-4x+y}{3}=\dfrac{5x+7y}{3}$

(4)＜**式の計算―因数分解**＞与式$=(x^2)^2+(-4-9)x^2+(-4)\times(-9)=(x^2-4)(x^2-9)=(x^2-2^2)(x^2-3^2)$ $=(x+2)(x-2)(x+3)(x-3)$

(5)＜**数の計算**＞与式$=\sqrt{20^2\times3}+\sqrt{30^2\times3}-\sqrt{50^2\times3}=20\sqrt{3}+30\sqrt{3}-50\sqrt{3}=0$

(6)＜**数の性質**＞$3\sqrt{2}=\sqrt{3^2\times2}=\sqrt{18}$，$4\sqrt{3}=\sqrt{4^2\times3}=\sqrt{48}$ より，$\sqrt{18}<\sqrt{n}<\sqrt{48}$ となるから，$18<n<48$ である。よって，自然数 n は，19以上47以下の自然数なので，$47-19+1=29$(個)ある。

(7)＜**連立方程式**＞$0.1x+0.2y=1$……①，$\dfrac{1}{3}x-\dfrac{1}{9}y=1$……②とする。①×10 より，$x+2y=10$……①′　②×9 より，$3x-y=9$……②′　①′+②′×2 より，$x+6x=10+18$，$7x=28$　∴$x=4$　これを①′に代入して，$4+2y=10$，$2y=6$　∴$y=3$

(8)＜**二次方程式の応用―解の利用**＞x についての方程式 $3x-3a+6=0$ の解は，$3x=3a-6$，$x=a-2$ である。よって，方程式 $3x-3a+6=0$ と方程式 $ax=8$ が共通の解を持つから，$ax=8$ に $x=a-2$ を代入して，$a\times(a-2)=8$ が成り立つ。これを解くと，$a^2-2a-8=0$，$(a+2)(a-4)=0$ より，$a=-2$，4 となり，$a>0$ だから，$a=4$ である。

(9)＜**関数―a，b の値**＞関数 $y=x^2$ において，x の値の絶対値が大きいほど y の値は大きくなる。よって，x の変域が $-1\leqq x\leqq2$ のとき，$x=0$ で最小値 $y=0$ をとり，$x=2$ で最大値，$y=2^2=4$ をとるから，値域は $0\leqq y\leqq4$ である。これより，関数 $y=ax+b$ において，x の変域が $-1\leqq x\leqq2$ のとき，値域が $0\leqq y\leqq4$ となる。ここで，$a<0$ より，関数 $y=ax+b$ は x が増加すると y は減少するので，$x=-1$ で最大値 $y=4$ をとり，$x=2$ で最小値 $y=0$ をとる。したがって，$4=a\times(-1)+b$ より，$a-b=-4$……①となり，$0=a\times2+b$ より，$2a+b=0$……②となる。①+②より，$a+2a=-4$，$3a=-4$　∴$a=-\dfrac{4}{3}$　これを②に代入して，$2\times\left(-\dfrac{4}{3}\right)+b=0$　∴$b=\dfrac{8}{3}$

(10)＜**確率―数字が書かれたボール**＞Aの袋の中にはボールが，$2+3=5$(個)，Bの袋の中にはボールが，$3+2=5$(個)入っているから，それぞれの袋からボールを1個取り出すときの取り出し方は全部で，$5\times5=25$(通り)ある。このうち，Aの袋から取り出したボールの数字の方が大きいのは，Aの袋から4と書かれたボールを取り出す場合である。Aの袋の中には4と書かれたボールは3個入っているから，ボールの取り出し方は3通りあり，Bの袋の中にはボールが5個入っていて，どのボールを取り出してもよいから，ボールの取り出し方は5通りある。よって，このときのボールを取り出す場合の数は，$3\times5=15$(通り)あるので，求める確率は $\frac{15}{25}=\frac{3}{5}$ となる。

(11)<平面図形—角度>右図1のように，円Oと辺AB，AD，BCの接点をそれぞれE，F，Gとすると，接点に引いた半径は接線と垂直に交わるので，$\mathrm{OE}\perp\mathrm{AB}$，$\mathrm{OF}\perp\mathrm{AD}$，$\mathrm{OG}\perp\mathrm{BC}$ である。△OAEと△OAFにおいて，$\angle\mathrm{OEA}=\angle\mathrm{OFA}=90^\circ$，$\mathrm{OA}=\mathrm{OA}$(共通)，円Oの半径より $\mathrm{OE}=\mathrm{OF}$ だから，直角三角形で斜辺と他の1辺がそれぞれ等しく，$\triangle\mathrm{OAE}\equiv\triangle\mathrm{OAF}$ となる。これより，$\angle\mathrm{AOE}=\angle\mathrm{AOF}$ であり，同様に，$\triangle\mathrm{OBE}\equiv\triangle\mathrm{OBG}$ となり，$\angle\mathrm{BOE}=\angle\mathrm{BOG}$ である。また，$\mathrm{AD}/\!/\mathrm{BC}$，$\angle\mathrm{OFD}=\angle\mathrm{OGB}=90^\circ$ より，直線OFと直線OGは一致するから，$\angle\mathrm{AOF}+\angle\mathrm{AOE}+\angle\mathrm{BOE}+\angle\mathrm{BOG}=180^\circ$ である。よって，$\angle\mathrm{AOF}=\angle\mathrm{AOE}$，$\angle\mathrm{BOE}=\angle\mathrm{BOG}$ より，$\angle\mathrm{AOE}+\angle\mathrm{AOE}+\angle\mathrm{BOE}+\angle\mathrm{BOE}=180^\circ$，$2\angle\mathrm{AOE}+2\angle\mathrm{BOE}=180^\circ$，$2(\angle\mathrm{AOE}+\angle\mathrm{BOE})=180^\circ$，$\angle\mathrm{AOE}+\angle\mathrm{BOE}=90^\circ$ となり，$\angle\mathrm{AOB}=\angle\mathrm{AOE}+\angle\mathrm{BOE}$ であるから，$\angle\mathrm{AOB}=90^\circ$ となる。

図1

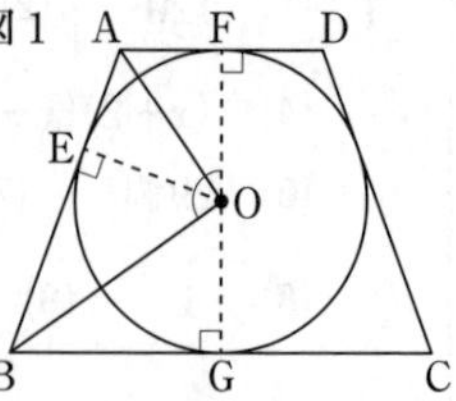

(12)<平面図形—長さ>右図2の△ABCは $\angle\mathrm{ACB}=90^\circ$ の直角三角形だから，三平方の定理より，$\mathrm{BC}=\sqrt{\mathrm{AB}^2-\mathrm{AC}^2}=\sqrt{4^2-3^2}=\sqrt{7}$ となる。次に，図2のように，頂点B，Cから直線ADにそれぞれ垂線BE，CFを引く。△ABEと△ACFにおいて，$\angle\mathrm{BEA}=\angle\mathrm{CFA}=90^\circ$，$\angle\mathrm{BAE}=\angle\mathrm{CAF}$ より，2組の角がそれぞれ等しいから，$\triangle\mathrm{ABE}\backsim\triangle\mathrm{ACF}$ であり，$\mathrm{BE}:\mathrm{CF}=\mathrm{AB}:\mathrm{AC}=4:3$ となる。また，△BEDと△CFDにおいて，$\angle\mathrm{BED}=\angle\mathrm{CFD}=90^\circ$，$\angle\mathrm{BDE}=\angle\mathrm{CDF}$(対頂角)より，$\triangle\mathrm{BED}\backsim\triangle\mathrm{CFD}$ だから，$\mathrm{BD}:\mathrm{CD}=\mathrm{BE}:\mathrm{CF}=4:3$ である。これより，$\mathrm{CD}=\frac{3}{4+3}\mathrm{BC}=\frac{3}{7}\times\sqrt{7}=\frac{3\sqrt{7}}{7}$ となる。よって，△ADCで，三平方の定理より，$\mathrm{AD}=\sqrt{\mathrm{AC}^2+\mathrm{CD}^2}=\sqrt{3^2+\left(\frac{3\sqrt{7}}{7}\right)^2}=\sqrt{\frac{72}{7}}=\frac{6\sqrt{14}}{7}$(cm)である。

図2

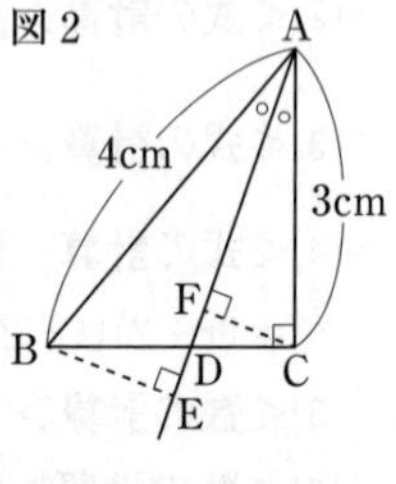

(13)<平面図形—角度>右図3のように，円の中心をOとし，中心Oと接点B，Cをそれぞれ結ぶと，$\mathrm{OB}\perp\mathrm{AB}$，$\mathrm{OC}\perp\mathrm{AC}$ より，$\angle\mathrm{OBA}=\angle\mathrm{OCA}=90^\circ$ となる。よって，四角形ACOBの内角の和が 360° より，$\angle\mathrm{BOC}=360^\circ-\angle\mathrm{BAC}-\angle\mathrm{OBA}-\angle\mathrm{OCA}=360^\circ-56^\circ-90^\circ-90^\circ=124^\circ$ である。これより，点Dを含まない $\overset{\frown}{\mathrm{BC}}$ に対する中心角は，$360^\circ-124^\circ=236^\circ$ となる。したがって，円周角と中心角の関係より，$\angle x=\frac{1}{2}\times236^\circ=118^\circ$ である。

図3

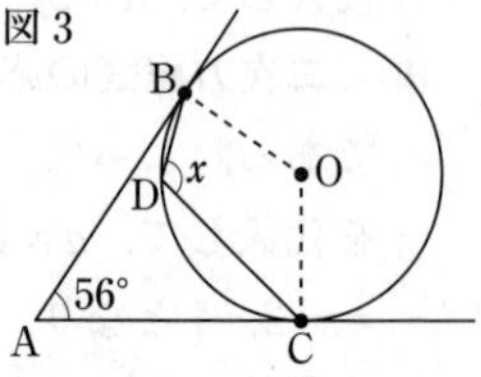

(14)<空間図形—表面積>右図4で，立方体ABCD-EFGHを頂点A，C，Fを通る平面で2つに切り分けると，点Dを含む大きい方の立体の面である△ACD，△AFE，△CFGは，それぞれ点Bを含む小さい方の立体の面である△ACB，△AFB，△CFBと合同であり，△ACFは2つの立体に共通している。よって，大小2つの立体の表面積の差は，大きい方の立体の面AEHD，面CDHG，面EFGHの面積の和となる。これらの面は全て1辺が2cmの正方形だから，求める表面積の差は，$2\times2\times3=12(\mathrm{cm}^2)$ である。

図4

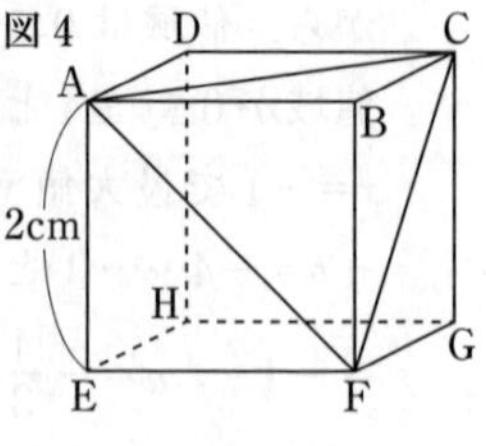

2 〔データの活用—確率—さいころ〕

(1)<確率>さいころを3回投げるとき，出た目の組合せは全部で，$6\times6\times6=216$(通り)ある。このうち，$P=5^2$ となる場合は，1の目が1回，5の目が2回出る場合で，出た目の組合せは，(1回目，2回目，3回目)=(1，5，5)，(5，1，5)，(5，5，1)の3通りあり，求める確率は $\frac{3}{216}=\frac{1}{72}$ となる。

(2)＜確率＞$P=6$となる場合は，(i)1の目が2回，6の目が1回出る場合か，(ii)1の目が1回，2の目が1回，3の目が1回出る場合である。(i)の場合，(1)と同様に出た目の組合せは3通りあり，(ii)の場合，1回目に出る目は3通りあり，2回目に出る目は1回目に出た目以外の2通り，3回目に出る目は残りの1通りだから，出た目の組合せは，$3\times2\times1=6$(通り)ある。よって，(i)，(ii)より，$P=6$となる場合は，$3+6=9$(通り)あるから，求める確率は$\dfrac{9}{216}=\dfrac{1}{24}$となる。

(3)＜確率＞$16=2^4$だから，nを自然数として，2^4の倍数を$2^4\times n$と表す。$n=1$の場合，$P=2^4\times1=2^4$となるのは，さいころの目は1～6だから，1の目が1回，4の目が2回出るときと，2の目が2回，4の目が1回出るときで，それぞれのときの出た目の組合せは(1)と同様に3通りずつあるから，$3+3=6$(通り)ある。$n=2$の場合，$P=2^4\times2=2^5$となるのは，2の目が1回，4の目が2回出るときで，出た目の組合せは3通りある。$n=3$の場合，$P=2^4\times3$となるのは，2の目が1回，4の目が1回，6の目が1回出るときと，3の目が1回，4の目が2回出るときで，それぞれのときの出た目の組合せは(2)と同様に6通りと3通りあるから，$6+3=9$(通り)ある。$n=4$の場合，$P=2^4\times4=2^6$となるのは，4の目が3回出るときで，出た目の組合せは1通りある。$n=5$の場合，$P=2^4\times5$となるのは，4の目が2回，5の目が1回出るときで，出た目の組合せは3通りある。$n=6$の場合，$P=2^4\times6=2^5\times3$となるのは，4の目が2回，6の目が1回出るときで，出た目の組合せは3通りある。$n=7$，$n=8$の場合，それぞれ$P=2^4\times7$，$P=2^4\times8=2^7$となり，このようになる目の組合せはない。$n=9$の場合，$P=2^4\times9=2^4\times3^2$となるのは，4の目が1回，6の目が2回出るときで，出た目の組合せは3通りある。$n\geqq10$の場合，Pが16の倍数になる組合せはない。以上より，Pが16の倍数になる場合は，$6+3+9+1+3+3+3=28$(通り)あるから，求める確率は$\dfrac{28}{216}=\dfrac{7}{54}$となる。

3 〔関数―関数と図形〕

≪基本方針の決定≫(2) 内角が30°，60°，90°の直角三角形の辺の比を利用する。

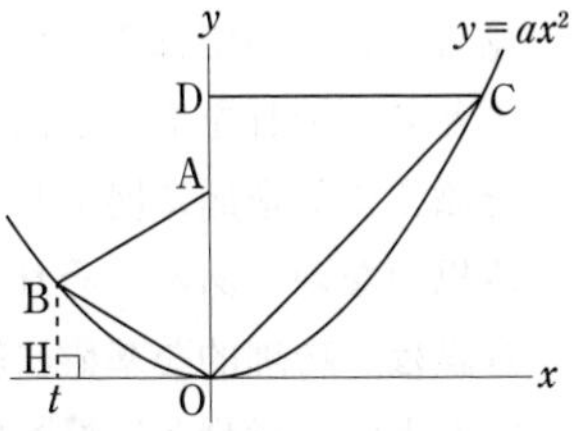

(1)＜比例定数＞右図の△OCDは∠ODC＝90°の直角二等辺三角形で，点Cのx座標をcとすると，OD＝CD＝cより，△OCDの面積について，$\dfrac{1}{2}\times c\times c=2$が成り立ち，$c^2=4$，$c>0$より，$c=2$となる。よって，C(2，2)となり，点Cは関数$y=ax^2$のグラフ上の点だから，$y=ax^2$に$x=2$，$y=2$を代入して，$2=a\times2^2$より，$a=\dfrac{1}{2}$である。

(2)＜tの値＞右上図で，点Bからx軸に垂線BHを引く。△OABは正三角形で∠AOB＝60°だから，∠BOH＝90°−60°＝30°となり，△OBHは3辺の比が$1:2:\sqrt{3}$の直角三角形である。よって，点Bのx座標が$t(t<0)$のとき，OH＝$-t$となるから，BH＝$\dfrac{1}{\sqrt{3}}$OH＝$\dfrac{1}{\sqrt{3}}\times(-t)=-\dfrac{\sqrt{3}}{3}t$である。これより，$\mathrm{B}\left(t,\ -\dfrac{\sqrt{3}}{3}t\right)$となり，(1)より点Bは関数$y=\dfrac{1}{2}x^2$のグラフ上の点だから，$-\dfrac{\sqrt{3}}{3}t=\dfrac{1}{2}\times t^2$が成り立つ。これを解くと，$3t^2+2\sqrt{3}t=0$，$t(3t+2\sqrt{3})=0$，$t<0$より，$t=-\dfrac{2\sqrt{3}}{3}$となる。

(3)＜面積＞右上図で，(2)より△OBHは3辺の比が$1:2:\sqrt{3}$の直角三角形で，OH＝$\dfrac{2\sqrt{3}}{3}$だから，OA＝OB＝$\dfrac{2}{\sqrt{3}}$OH＝$\dfrac{2}{\sqrt{3}}\times\dfrac{2\sqrt{3}}{3}=\dfrac{4}{3}$である。よって，△OAB＝$\dfrac{1}{2}\times$OA$\times$OH＝$\dfrac{1}{2}\times\dfrac{4}{3}\times\dfrac{2\sqrt{3}}{3}=\dfrac{4\sqrt{3}}{9}$となる。

国語解答

一 問1 a そうせい b 卑近 c だいたい d 移植
問2 大量生産さ〜いない現物
問3 ア，カ
問4 情報こそが本質［であること。］
問5 アートのア〜発想の革命
問6 ウ 問7 ア 問8 イ
問9 主観的な世界を，物理的にも時間的にも静止したキャンバスに再構築し，動きを表現する手法。(43字)

二 問1 a 打ち付ける b 取りあげ c 感じさせた d 少なくて
問2 a ・［ブランドを立ち上げている陽子さんは,］自分たちの行為自体に確信を持っている点。
・［ブランドを立ち上げている陽子さんは,］目標を見つけている点。
b 自分たちの〜る若者たち
問3 ア 問4 ウ 問5 イ
問6 エ 問7 ウ 問8 イ

三 問1 児 若君 中将 殿
問2 ②…ア ⑤…ア ⑥…ウ ⑦…エ
問3 ③…エ ④…ア ⑧…イ
問4 子どもの泣き声と乳母の大騒ぎする声。
問5 エ 問6 イ

一〔論説文の読解—芸術・文学・言語学的分野—芸術〕出典；妹尾武治『未来は決まっており，自分の意志など存在しない。心理学的決定論』。

≪本文の概要≫アートのアート性は，物体に縛られない。物体そのものが美しくなくても，そこに投影された概念がおもしろいものであれば，美として成立する。アートの本質は人間の思考や発想であり，表面的な物質は媒体にすぎない。デュシャンの「泉」は，そうした発想の転換の表れだった。デュシャンは，情報こそが本質であり，外界に存在する情報の乗り物にはさほど意味がないことを予見していたのではないだろうか。デュシャンの「泉」は，大量生産された現物に，作家の意志を託すことで，それをアートだと主張する試みなのである。便器は，デュシャンが「泉」というメッセージを添えて美術館に展示したことで，アートになった。アートであるか否かを分けるのは，その裏にある思いなのである。それは，情報こそが意識であるという現在の心理学的決定論と同じ態度である。意識は，物理的な基盤に縛られない。肉体や基盤は代替可能なもので，情報やアイデアは実態を失ってもよい。意識とは情報であり，それを媒介している物質は，何であってもいいのである。

問1＜漢字＞a．若くして世を去ること。 b．ありふれていて，高尚でないこと。 c．本来のものをそれに見合ったほかのものに代えること。 d．組織や臓器をほかの場所や別の個体に移しかえること。

問2＜文章内容＞レディメイドは，既製品のこと。美術館に作品として展示されたのは，「大量生産された作家の手が加わっていない現物」だった。大量生産された便器に，作家の意志，メッセージを託すことで，それをアートだと主張したのが，デュシャンの「泉」である。

問3＜文章内容＞「アートの本質は人間の思考や発想であり，表面的な物質は媒体に過ぎない」のである。「埋め込まれた情報，アイデアは，実態を失ってもよい」と考え，デュシャンは，物体としての便器をあえて紛失させたと考えられるのである。

問4＜文章内容＞デュシャンによって，「アートの本質は人間の思考や発想であり，表面的な物質は媒体に過ぎない」という発想の転換が起こった。デュシャンは，「情報こそが本質であり，外界に存在する箱，情報の乗り物にはさほど意義や意味がない」という「この世界の真実」を予見していたのかもしれないのである。

問５＜文章内容＞「アートのアート性は，物・物体に縛られ」ず，「そこに投影された概念・考えが面白いものであれば，それは『美』として成立する，という発想の革命」が，デュシャンの「泉」の芸術的な価値だといえる。

問６＜文章内容＞デュシャンは，「階段を降りる裸体No.２」で，主観的な世界を静止したキャンバスに再構築しようとしたのだが，「裸婦の流れるような歩行行動の動きがありありと描かれていて，絵から，裸婦の動きを錯覚的に知覚すること」ができたのである。

問７＜文章内容＞実験によって，動きを暗示した抽象画を見るとき，「脳の中で，実際に動いているものを見る時に活性化する部位」が活動していたことがわかった。

問８＜要旨＞アートの本質は人間の思考や発想であり，表面的な物質は媒体にすぎないという，デュシャンが20世紀中盤に「泉」で示した発想は，情報こそが意識であるという現在の心理学的決定論と同じ態度である(イ…○)。

問９＜文章内容＞デュシャンは，「『運動』を表現した抽象画」として，「階段を降りる裸体No.２」や「汽車の中の悲しげな青年」という作品を発表している。これらは，「目の前に見ているものをそのまま表現するのではなく，主観的な世界を，物理的にも時間的にも静止したキャンバスに再構築」しようとした作品で，流れるような動きを錯覚的に知覚することができるのである。

二〔**小説の読解**〕出典；川上亮『彼女の不機嫌そうな革靴』(『放課後。』所収)。

問１＜文の組み立て＞ａ．彼女は，釘を「ハンマーで」「打ち付ける」のである。　ｂ．彼女は，つくりかけの靴を「おれ」の「手から」「取りあげ」るのである。　ｃ．靴をつくる彼女の姿は，職人としての美しさというより機能美のようなものを「むしろ」「感じさせた」のである。　ｄ．平日は，受講生の数が，「土日よりも」「少な」いのである。

問２＜文章内容＞ａ．ブランドを立ち上げている陽子さんは，「おれ」には，「未来や結果に自信はなくても，現在の自分たちには，自分たちの行為自体には，これ以上ないほどの確信を持っている」ように感じられた。陽子さんは見つけた「目標を真摯に，真剣にまっすぐに見つめ」て，「ひたすら突き進んでいる」のである。　ｂ．ブランドを立ち上げた陽子さんは，「自分たちの力で未来を切り開いている若者たち」のようで，「おれ」は，まるで別世界の出来事のように感じた。

問３＜文章内容＞「おれ」は，以前から，靴をつくっているときの陽子さんのすごさを十分に理解していた。その姿は，「おれ」に，「職人としての美しさを，むしろ機能美のようなもの」を感じさせていたのである。

問４＜文章内容＞大田先生は，陽子さんと尾崎先生の姿を，「二人とも毎日がんばってる。自分たちでブランドを立ちあげて，デザインから売りこみからぜんぶやって」と温かく見守りつつ，スーパーバイザーとして指導や助言を行っているのである。

問５＜文章内容＞アトリエやブランド立ち上げの経緯が，アッキーの発言によって，はっきりしていく。明るく好奇心旺盛な人物として，アッキーは描かれている。

問６＜四字熟語＞「直情径行」は，感情をそのまま言動に表すこと。「天衣無縫」は，人柄が無邪気で何の飾りもないこと。「付和雷同」は，一定の主張がなく，他人の意見や行動にすぐ同調すること。「傍若無人」は，人前をはばからず勝手気ままに振る舞うこと。

問７＜文章内容＞陽子さんの「どこか不機嫌な子供を思わせるブーツ」には，「幼い子供」のように無防備に「欲しいものを欲しいと言い，手に入らなければ不機嫌になり，手に入れるための行動を起こす」陽子さんの姿が投影されているのである。

問８＜表現＞靴づくり教室に通う「おれ」の視点から，自分を守ることも忘れてひたすら突き進んでいる陽子さんの姿が描写される。「おれ」が，自分たちの力で未来を切り開いていく陽子さんと自分の間には「地球と太陽ほどの差」があると感じていることが，読者に伝わってくる。

三 〔古文の読解―説話〕出典；『今昔物語集』巻第二十七ノ第二十九。

≪現代語訳≫今は昔，源雅通中将という人がいた。丹波の中将といわれていた。中将の家は四条よりは南，室町よりは西にあった。その中将が，その家に住んでいたとき，二歳くらいの子どもを乳母が抱いて，南面にただ一人離れていて，子どもを遊ばせていたところ，急に子どもがひどく泣き，乳母も大騒ぎする声がするので，中将は北面にいたのだが，これを聞いて何事が起きたのかもわからないまま，太刀を下げて走って行って見ると，そっくりな姿をした乳母二人が間に，この子を置いて，左右の手足を取って引っ張り合っている。中将は驚いたことだと思って，よく見てみると，二人とも同じ乳母の姿であった。どちらが本当の乳母かわからない。だから，きっと狐などに違いないと思って，太刀をひらめかせて走りかかったとき，一人の乳母がかき消すようにいなくなったのであった。／そのとき，子どもも乳母も死んだようになって伏しているので，中将は，人々を呼んで，霊験あらたかな僧侶などを呼ばせて加持祈祷をさせたりなどしたら，しばらくして，乳母は，普段どおりの気分になって起きあがったので，中将が，「いったい何があったのだ」ときくと，乳母が言うには，「若君を遊ばせ申し上げておりましたら，奥の方から知らない女房が急に出てきて，『これは我が子です』と言って奪い取りましたので，奪われまいと引っ張り合ううちに，殿がいらっしゃって，太刀をひらめかして走りかかられたときに，(知らない女房は)若君を捨てて，奥の方へと逃げていきました」と言ったので，中将は心底恐ろしいと思った。／だから，〈人から離れた所では，幼い子どもを遊ばせてはならない〉と，人が言うのだ。狐が化けたのか，それとも何かの霊がついたのか，わからないままだったと，語り伝えているとのことだ。

問１＜古文の内容理解＞南面で子どもを遊ばせていた乳母は，知らない女が来て若君を奪い取ろうとしたと語った。奪われまいと女と若君を引っ張り合っていたところへ，殿が来たので，女は奥の方へ逃げていったと，乳母は中将に語ったのである。

問２＜古文の内容理解＞②子どもがひどく泣く声と乳母が大騒ぎしている声を聞いて，中将は太刀を持って駆けつけた。　⑤子どもも乳母も死んだようになっているので，中将は霊験あらたかな僧侶を呼んで，加持祈祷をさせた。　⑥乳母は，南面で若君を遊ばせていた。　⑦若君を奪おうとした女は，中将が太刀をひらめかして走りかかったので，若君を捨てて奥の方へ逃げていった。

問３＜現代語訳＞③「あさまし」は，驚きあきれる，という意味。「まもる」は，目を離さずに見つめる，という意味。中将は，そっくりな姿の二人の乳母が子どもを取り合っているのを見て，驚いたことだと思ってじっと見つめたのである。　④「さだめて」は，きっと，必ず，という意味。「に」は，断定の助動詞「なり」の連用形。「こそ」は，強意の係助詞。「め」は，推量の助動詞「む」の已然形。「にこそはあらめ」で，～であるに違いない，という意味。　⑧「ざま」は，場所や方向を表す名詞について，～の方，という意味を表す接尾語。「まかる」は，「行く」の丁寧語。「つる」は，完了の助動詞「つ」の連体形。知らない女房は，奥の方へ行ってしまったのである。

問４＜古文の内容理解＞中将は，急に子どもが大声で泣く声と，乳母が大騒ぎしている声を聞いたので，何が起こったのかわからないまま，太刀を持って駆けつけたのである。

問５＜古文の内容理解＞知らない女房が若君を自分の子だと言って奪おうとするので，奪われまいと引っ張り合っていたと，乳母は語った。中将は，自分の子を危うく何者かに奪われるところだったと知って，たいそう恐れたのである。

問６＜古文の内容理解＞乳母がただ一人離れて子どもを遊ばせていたところ，そっくりな女が出てきて子どもを奪おうとした。中将が駆けつけて危うく難を逃れたが，何か怪しいものに子どもを奪われるところだった。人々は，人のいない所で子どもを遊ばせるのは危険なのだと考えたのである。

2021年度 江戸川女子高等学校(B推薦)

【英　語】リスニングは，英語科の受験生のみに出題されます。

リスニング　(30分)〈満点：100点〉〈編集部注：放送文は未公表につき掲載してありません。〉

(注意) 放送終了後５分で解答用紙を回収します。

※試験開始５分後から英文が流されます。それまで問題を読んでおきなさい。英文は２度ずつ読まれます。

A　ある英単語を説明する英文が５題読まれます。その英文が表す単語を解答欄に記入しなさい。なお、各語の最初の文字は解答欄に与えられています。

B　５つの英文の対話とそれぞれの最後の文に対する応答の英文がａ～ｃまで３つ読まれます。２人の自然な会話になるように、受け答えとして最も適切なものを選び、記号で解答欄に記入しなさい。

C　読まれる英文について、次の英文が内容に一致する場合は○、しない場合は×を答えなさい。

1．About half of the parents in the U.S. are choosing to teach their children at home instead of sending them to schools.

2．Some parents choose to homeschool because they do not feel their children are safe in school.

3．Families who live in the country can't send their children to school because there are no schools near their house.

4．There are chances for some homeschooled students to learn and play together.

5．Homeschooled students cannot go to college because they don't create a portfolio at a school.

D　以下３つのニュース記事の英文が読まれます。空欄（　1　）～（　10　）に入る語句（1語とはかぎりません）を解答欄に記入しなさい。（　8　）は数字で書きなさい。

1．Retail stores in Japan started this month to (　1　) for single-use (　2　) in line with the global trend of reducing plastic waste. The move is aimed at encouraging (　3　) to bring their own bags.

2．Britain officially（　4　）the European Union on Friday more than three years after the Brexit vote. Thousands of supporters held celebrations（　5　）the British parliament, waving national flags, singing and cheering.

3．（　6　）Japanese males regularly smoke than ever before, according to a health ministry survey. The survey found that the country's smoking（　7　）for males was（　8　）% last year, a drop of 2.3 percentage points from the previous survey in 2016. The（　9　）smoking rate（　10　）by 0.7 to 8.8% in the same survey. The survey is conducted every three years by the Health, Labor and Welfare Ministry.

E　「ソーシャルメディアに対する依存とそこから回復するための断食（ファスティング）」に関する英文が読まれます。その内容に関する１～３の質問に日本語で答えなさい。また、４と５の質問の答えとしてふさわしいものを記号で選びなさい。

1．Which social media is mentioned in the passage? Give two examples.

2．What does the word "selfies" mean?

3．How many hours do most people, on average, spend on social networking sites in a day?

4．Many people decide not to use social media sites for a period of time. This is called a "social media fast". In this passage, how long do they choose to stay away from social media in such a case?

(a) thirteen hours　(b) thirty hours　(c) thirteen days　(d) thirty days

5．Why do people choose to undertake a media fast? Choose the answer which is NOT mentioned in the passage.

(a) They want to avoid anxiety and stress.
(b) They want to write handwritten postcards or letters.
(c) They want to be more productive at work.
(d) They want to reconnect with their families or friends.

ライティング　（50分）〈満点：100点〉

（注意）長文問題のFとGはどちらかを解答しなさい。ただし「関係代名詞」について学習していない者は，Gを選択すること。

A　次の各組の単語について、下線部の発音が他と異なるものを選び、記号で答えなさい。

1. a. goal　b. only　c. taught　d. most
2. a. shout　b. money　c. country　d. touch
3. a. radio　b. said　c. lady　d. tail
4. a. through　b. thought　c. thirteenth　d. together
5. a. cellphone　b. enough　c. fight　d. farm

B　次の各文の空所に適語を入れなさい。

1. Let's go to Disneyland, (　　　) we ?
2. It was stupid (　　　) him to say such a thing.
3. There are two cups. One is white and the (　　　) is blue.
4. She came to Tokyo when she was fifteen.
   = She came to Tokyo at the (　　　) of fifteen.
5. May I use your bike?
   = Would you mind my (　　　) your bike?

C　次の対話を読み、空欄①～⑧に入れるのに最も適当な語を解答欄に記入しなさい。ただし、最初の文字が与えられている場合はその文字で始めること。

Hotel Clerk：Hello. Sunnyside Inn. May I ①(h　　　) you?

Man：Yes, I'd like to reserve a room for two on the 21st of March.

Hotel Clerk：Okay. Let me check our computer here for a moment. The 21st of ②(　　　), right?

Man：No. March, not May.

Hotel Clerk：Oh, sorry. Let me see here. Hmmm.

Man：Are you all booked that night?

Hotel Clerk：Well, we have one suite* available. And the view of the city is great, too.

Man：How ③(　　　) is that?

Hotel Clerk：It's only $200 dollars, plus a 10% room tax.

Man：Oh, that's a little too ④(e　　　) for me. Do you have a cheaper room available

⑤(e　　) on the 20th or the 22nd?

Hotel Clerk：Well, would you like a smoking or a non-smoking room?

Man：⑥(　　　), please.

Hotel Clerk：Okay, we do have a few rooms available on the 20th; we're full on the 22nd, unless you want a smoking room.

Man：Well, how much is the non-smoking room on the 20th?

Hotel Clerk：$80 dollars, plus the 10% room tax.

Man：Okay, that'll be fine.

Hotel Clerk：All right. Could I have your ⑦(　　　), please?

Man：Yes. Bob Maexner.

Hotel Clerk：How do you ⑧(s　　) your last name, Mr. Maexner?

Man：M-A-E-X-N-E-R.

Hotel Clerk：Okay, Mr. Maexner, we look forward to seeing you on March 20th.

Man：Okay. Goodbye.

* 注　*suite スウィートルーム

D　次の各文のカッコ内の語を並べ替えて、日本文の意味の英文を完成させなさい。ただし、下線を引かれた語は文脈から適切な形にかえなさい。なお、文頭に来る語も小文字にしてあります。

1. 彼女は医者であっただけでなく小説家でもあった。
She (a / a / as / as / doctor / well / novelist / was).

2. あなたは世界にいくつの国があるかを知っていますか。
(how / know / are / many / do / you / countries / there) in the world?

3. お久しぶりですね。
(time / I / long / it / be / has / since / a) saw you last.

4. 私はあなたに、できるだけ早くそのレポートを書き終えてほしいと思います。
I want (report / as / to / write / the / quickly / you / finish) as possible.

5. その高い辞書は、叔母が私にくれたものです。
The (my / me / to / by / dictionary / was / expensive / give) aunt.

E　次の英文を読み、設問に答えなさい。[　]の中の数字は段落の番号を示している。

The Circle

[1] Sometimes, it rains. It rains and rains. The rain comes down in heavy sheets. Sometimes, it rains so hard that it makes it difficult to see.

[2] We all know what it's like when it rains. But have you ever wondered where all the rainwater goes? Does it just disappear*? Well, we know things can't just disappear. We know it has to go somewhere, right?

[3] Here's how it works. Raindrops fall to the ground. They join together. They form puddles*. Then more raindrops fall. The puddles get bigger and bigger. Finally, they overflow*.

[4] Like the raindrops, the puddles join together. They form a stream. The stream carries the water down the hill. After a while, the stream joins a river.

[5] Rivers carry the rainwater down the mountain. The water travels in a river for a long distance. Some rivers are very long. The Mississippi River is 2,320 miles long!

[6] After traveling in the river for a long time, the water finally makes it home. When the water makes it home, it joins the biggest body of water in the world: the ocean.

[7] So now you know where all the rainwater goes. But wait! Where does it come from?

[8] The water sits in the ocean. Most of it will stay there for a very long time. But some of it evaporates*. This means it changes from a liquid to a gas. It moves from the ocean to the air. The ocean water becomes a cloud!

[9] Clouds are a lot like rivers. Strange, right? But it's true! Clouds are like rivers because they both carry water over long distances. Clouds can carry millions of gallons of water for thousands of miles. The water from the ocean travels in the clouds. It makes its way back to the mountains. Then it falls from the sky in the form of rain. And the circle is complete.

＊注　*disappear 消える　*puddle 水たまり　*overflow あふれる、氾濫《はんらん》する
*evaporate 蒸発する

1. 次の①～⑤の問いに対する答えとして適切なものを下から選び、記号で答えなさい。

① The author of this passage is most interested in explaining

A. how water evaporates.

B. how rivers carry water.

C. where rainwater goes.

D. what raindrops look like.

② In this passage, we learn that as puddles get bigger and bigger, they finally

A. overflow.

B. evaporate.

C. form a river.

D. make it home.

③ In paragraph 6, why does the author most likely use the word "home" to describe the ocean?

A. Because the ocean is the place where evaporation takes place.

B. Because most of the rainwater stays in the ocean for a very long time.

C. Because some of the rainwater moves from the ocean to the clouds.

D. Because the ocean is the last place the rain will ever travel.

④ When something evaporates, it

A. changes from a solid to a gas.

B. changes from a liquid to a solid.

C. changes from a liquid to a gas.

D. changes from gas to a liquid.

⑤ Which detail is most important to the title "The Circle"?

A. Sometimes, it rains so hard that it makes it difficult to see.

B. Puddles join together to from a stream.

C. Most of the water sits in the ocean for a very long time.

D. The ocean water travels in a cloud back to the mountains.

2. 次の３つの英文が本文の内容と一致すれば○、しなければ×を解答用紙に記入しなさい。

1. A stream is formed by the joined-together puddles and it carries water down the hill.
2. The Mississippi River (2,320 miles long) is longer than any other river in the world.
3. Clouds are similar to rivers because both of them carry lots of water for thousands of miles.

※F と G は選択問題です。どちらかを選んで解答しなさい。

F　次の英文を読み、設問に答えなさい。[　]の中の数字は段落の番号を示している。

〔編集部注…課題文は著作権上の問題により掲載しておりません。作品の該当箇所につきましては次の書籍を参考にしてください〕
READTHEORY
https://ttaltonclass.weebly.com/uploads/8/4/4/3/8443179/workbookedition_5_sometimes_dangerous.pdf
・Reading Comprehension Assessment
Sometimes Dangerous
1行目「The sun」～13行目「the sun:」（中略）20行目「This is 」～27行目「the sun.」（中略）30行目「Like」～38行目「dangerous.」
〈一部改訂〉
6行目「to bask」→「relax」
9行目「104 degrees」→「40 degrees」
10行目「lightheadedness,」は削除

＊注　*heatstroke 熱中症　*nausea 吐き気　*feel faint めまいがする
*exposure 触れること　*itching かゆい　*peel（皮膚の皮が）むける

1. カッコ（　ア　）（　イ　）（　エ　）の動詞を文脈から考えて正しい形に変えなさい。ただし、答えは1語とはかぎりません。

2. 空所（　ウ　）（　オ　）の中に入れるのに適切な関係詞を下から選びなさい。
how / that / where / who / why

3.　次の英語の1文を本文の中に加えるとすれば、どの段落に入れるのがふさわしいか。その段落の番号を書きなさい。

A person's risk of getting skin cancer doubles if he or she has had five or more sunburns.

4.　下線部①の具体的内容として本文に書かれていないものを1つ選び記号で答えなさい。

(a) 光を与えてくれる。

(b) 物事の成長の助けになる。

(c) エネルギーの源になる。

(d) 暖かくしてくれる。

5.　下線部②の和訳としてふさわしいものを以下から選び記号で答えなさい。

(a) 夏の暑い日に、太陽の下で外にいることほど素晴らしいことはない。

(b) 夏の暑い日に、太陽の下で外出することは好きではない。

(c) 夏の暑い日に、太陽の下にいることには問題がある。

6.　空所（　③　）に入れるのに適切な語句を下から選び、記号で答えなさい。

(a) the other　(b) no　(c) some　(d) another

7.　下線部④が「私たちの多くはこれが何であるかをすでに知っており、それを以前に実際に経験したことがある」という意味になるように、カッコ内の語句を正しい語順に並べ替えなさい。

8.　下線部⑤を和訳しなさい。

9.　下線部⑥が「サングラスがあれば、太陽がとても明るいときに、見るのがもっと容易になる」という意味になるように、カッコ内の語句を正しい語順に並べ替えなさい。文頭に来るものは大文字で始めること。

10.　次の問いに対する答えとして適切なものを下から選び、記号で答えなさい。

What is the main purpose of this passage?

(a) To show why we should be thankful for the sun.

(b) To explain how the sun can make you go blind.

(c) To warn us about the harmful effects of the sun.

(d) To argue why we should stay inside on hot days.

※ F と G は選択問題です。どちらかを選んで解答しなさい。

G　次の英文を読み、設問に答えなさい。

You want to eat that last chocolate chip cookie. It is on the plate and looks delicious. You get it from the plate. You bring it to your mouth. At that moment, you drop it on the floor! You remember the five-second rule and pick it up right away. According to ①the five-second rule, if you drop food on the floor, it is still safe to eat if you pick it up within five seconds. Many people believe this rule is a scientific fact, but, it is just a myth*.

Scientists from Clemson University tested the five second rule in 2007. First, they covered floor surfaces* with Salmonella bacteria*. Salmonella is a big cause of food poisoning*. After coating the floors in Salmonella, they dropped sandwiches on these dirty surfaces. Finally, they counted the number of bacteria on the food.

The scientists discovered ②the following. When food was on the floor for just five seconds, it could have 8,000 bacteria on it. When food was left there for one minute, it increased to 80,000 bacteria. Because you can get food poisoning from just ten Salmonella bacteria, even a small number of Salmonella can be dangerous. This means that the five-second rule is not true at all.

The location of the floor also plays an important part in how many bacteria may be transferred* to your food. (　③　), many outdoor locations are actually cleaner than some places inside your house. According to Dr. Harley Rotbart, the sidewalk is likely to be cleaner than your kitchen floor. Rotbart argues that ④the germs from raw meats in your kitchen (more / on / the bacteria / than / found / are / dangerous / far) the sidewalk. The bathroom floor is also likely to have more dangerous bacteria on it than the sidewalk.

The type of food can also affect* the number of bacteria on the food. (　⑤　), cookies or crackers are high in salt or sugar but low in water content. These kinds of foods grow fewer bacteria on them after they have come into contact with the floor. Food with a higher water content, such as cooked pasta or sliced fruit, pick up a larger number of bacteria.

So what does this mean for your dropped chocolate chip cookie? If you drop it outside on the sidewalk, the five-second rule may keep you safe. (　⑥　), if you dip it in milk first and then drop it in your kitchen or bathroom, you should probably ⑦follow a zero-second rule instead. Even though you think that cookie is delicious, it is not worth a trip to the hospital!

＊注　*myth 作り話　*floor surface 床面　*Salmonella bacteria サルモネラ属細菌
*food poisoning 食中毒　*transfer 移す、運ぶ　*affect 影響を及ぼす

1. 下線部①の内容を説明しなさい。

2. 下線部②の内容を説明しなさい。

3. 空所（ ③ ）に入れるのに適切な語を下から選び、記号で答えなさい。

(a) Naturally (b) Surprisingly (c) Unfortunately (d) Clearly

4. 下線部④が「あなたの台所の生の肉のなかにある細菌は、歩道で見つかる細菌よりもはるかに危険である」という意味になるように、カッコ内の語句を正しい語順に並べ替えなさい。

5. 空所（ ⑤ ）に入れるのに適切な語を下から選び、記号で答えなさい。

(a) Firstly (b) On the other hand (c) Luckily (d) For example

6. 空所（ ⑥ ）に入れるのに適切な語を下から選び、記号で答えなさい。

(a) However (b) So (c) Therefore (d) Though

7. 下線部⑦の内容を説明しなさい。

8. 本文の内容から判断して、最も高いレベルの危険なバクテリアを含んでいる可能性が高いものを下の選択肢から選び記号で答えなさい。

(a) 台所の床に落ちた熱いクッキー

(b) 歩道に落ちたクッキー

(c) 台所の床に落ちたバナナ

(d) 歩道に落ちたポテトチップス

9. 次の問いに対する答えとして適切なものを下から選び、記号で答えなさい。

(1) According to the passage, how many Salmonella bacteria can it take to get you sick?

(a) 10 (b) 100 (c) 8000 (d) 80000

(2) According to the passage, the number of bacteria on dropped food depends on

1 where the food has been dropped

2 what kind of food has been dropped

3 how long the food has been on the floor

(a) 1 and 2 only

(b) 2 and 3 only

(c) 1 and 3 only

(d) 1, 2, and 3

【数　学】（50分）〈満点：100点〉

（注意）設問[1]，[2]は必答問題であり，[3]，[4]は選択問題です。選択問題は[3]，[4]のうち**いずれかを選択**して解答しなさい。ただし，設問[4]は「三平方の定理」の内容を含みます。

[1] 次の問いに答えなさい。

(1) $(-8)\times\left\{\dfrac{1}{3}-\left(-\dfrac{3}{4}\right)\right\}-(-2^3)\div\dfrac{6}{5}$ を計算しなさい。

(2) $x-\dfrac{3}{2}y-\dfrac{7x-2y}{5}$ を計算しなさい。

(3) $\left(-\dfrac{2}{3}xy^3\right)^2\div\left(-\dfrac{y^2}{12x}\right)\div(-4x)^3$ を計算しなさい。

(4) $(x^2-6x)^2+13(x^2-6x)+40$ を因数分解しなさい。

(5) 連立方程式 $\begin{cases}3x-11y=7x+4\\5x-2(3x-11y)=10\end{cases}$ を解きなさい。

(6) 2次方程式 $3x^2-2x-7=0$ を解きなさい。

(7) 2つの関数 $y=ax^2$，$y=\dfrac{3}{4}x+b$ について，xの変域を $-1\leqq x\leqq 3$ とすると，それぞれのyの変域は同じになる。このとき，a，bの値を求めなさい。ただし，$a>0$とする。

(8) $x=\dfrac{2}{\sqrt{5}-1}$ の整数部分をa，小数部分をbとするとき，$x^2-2bx+b^2-a$ の値を求めなさい。

(9) 自然数a，b（ただし$a>b$）について，$a^2=b^2+36$ となるa，bの組を求めなさい。

(10) A，B 2個のサイコロを同時に投げ，出た目の大きい方をx，小さい方をyとする。同じ目が出たときは，その同じ数をx，yとする。このとき，$x+10y\geqq 30$ となる確率を求めなさい。

(11)　下の図のように，$\ell /\!/ m$ である２本の平行線に，正五角形 ABCDE が点 A と D で接している。
このとき，$\angle x$ の大きさを求めなさい。

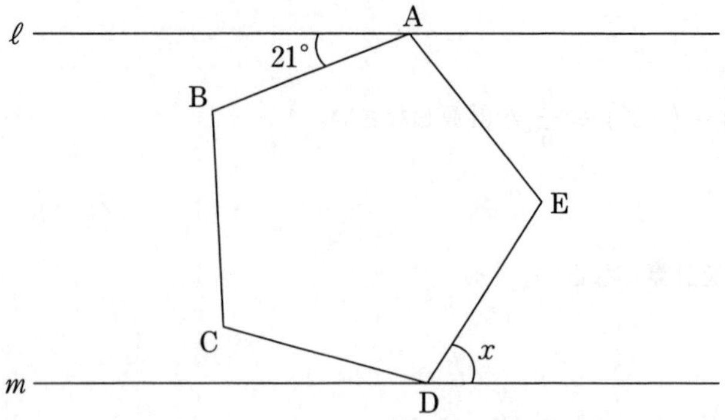

(12)　下の図において，$\angle x$ の大きさを求めなさい。
ただし，点 A，B はそれぞれの円の中心である。

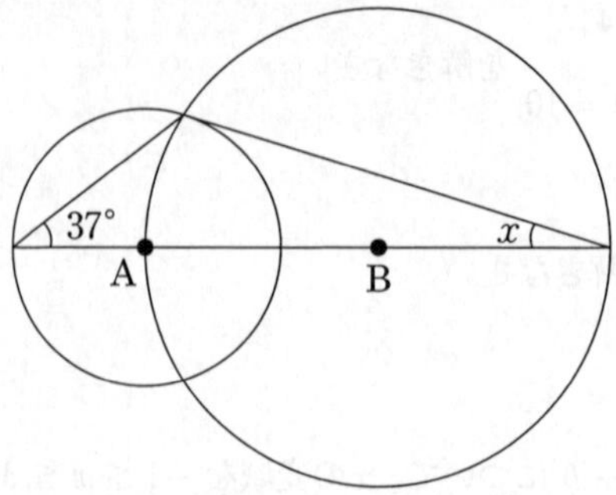

(13)　下の図は立方体 ABCD-EFGH である。点 M，N は，それぞれ辺 AD，CD の中点である。
点 P が辺 BF 上にあるとき，３点 M，N，P を通る平面で立方体を切ったときの切り口は何角形になりますか。ただし，点 P は点 B，F とは重ならないものとする。

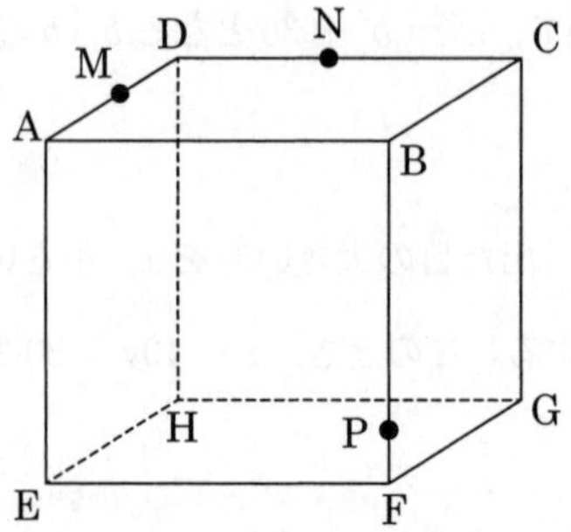

(14) 下の図のように，平行四辺形 ABCD の辺 AD，CD 上にそれぞれ点 E，F があり，

AE：ED = 1：1，CF：FD = 1：2 である。また，AF と BE の交点を G とする。

このとき，AG：GF を求めなさい。

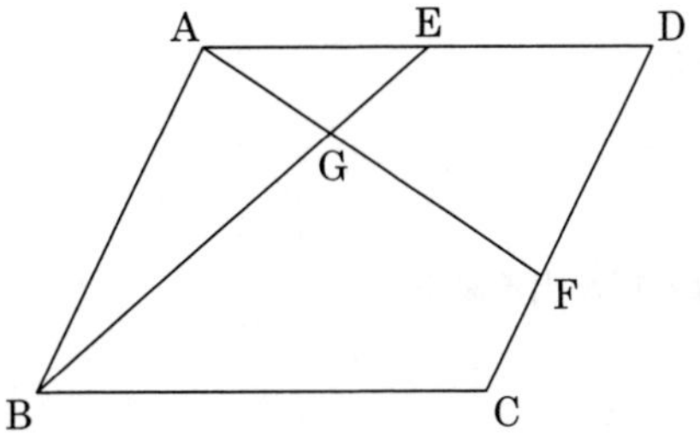

2 下の図において，点 A，B は曲線 $y = \dfrac{12}{x}$ 上の点で，x 座標はそれぞれ 3 と 4 である。直線 OA と平行で点 B を通る直線と x 軸との交点を C とする。さらに，点 C から直線 OA に下ろした垂線の足を H とする。このとき，次の問いに答えなさい。

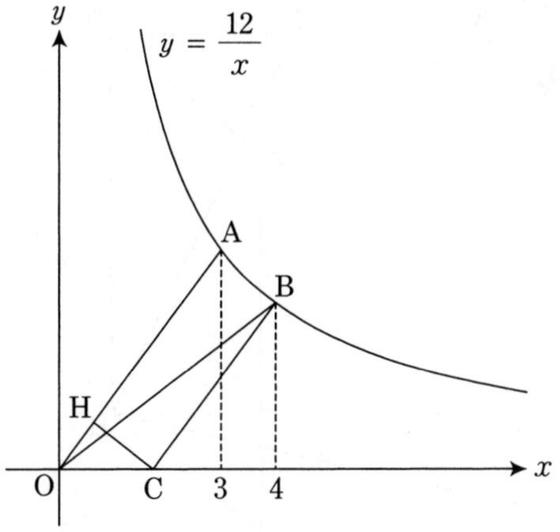

(1) 点 C の x 座標を求めなさい。

(2) △OAB の面積を求めなさい。

(3) 線分 CH の長さを求めなさい。ただし，OA の長さが 5 であることは必要ならば用いてよい。

【選択問題】設問[3]，[4]のいずれかを選択して解答しなさい。

[3] 大中小３つのさいころを同時に投げるとき，次の確率を求めなさい。

⑴ ３つの目がすべて同じになる確率。

⑵ ２つの目が同じで，１つだけ異なる目が出る確率。

⑶ ３つの目で最も大きいものが４である確率。

[4] 下の図は１辺の長さが６cmの立方体ABCD-EFGHであり，点M，Nはそれぞれ辺AB，ADの中点である。このとき，次の問いに答えなさい。

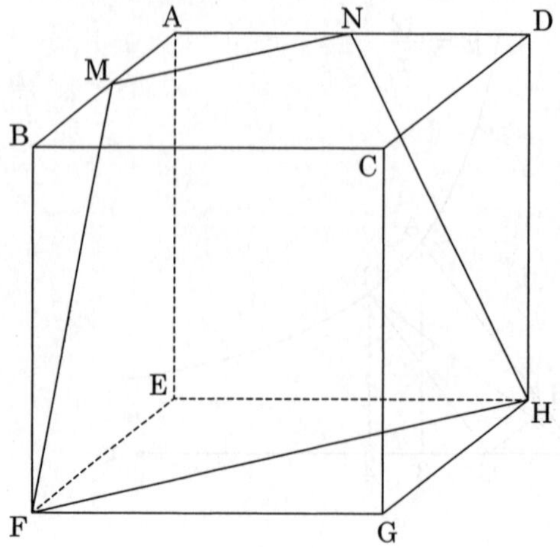

⑴ MNの長さを求めなさい。

⑵ ４点M，N，H，Fを通る平面で立方体を切ったときの切り口の面積を求めなさい。

⑶ 点Mから，辺BF，CGを通って点Hまで長さが最短になるように糸をかけたとき，その糸の長さを求めなさい。

④「いかにもして」
ア　どうして　　イ　なんとかして
ウ　どのようにして　　エ　誰かに頼んで

⑥「まことの心ざし」
ア　本当の思い　　イ　切実な願い
ウ　誠実な気持ち　　エ　真実の贈り物

問4　傍線部③「人ほどうらやましきものはなし」とあるが、これはなぜか。最も適当なものを次から選び、記号で答えなさい。
ア　蛙よりも寿命が長いから。
イ　泳ぐことを得意としているから。
ウ　長い手足を持っているから。
エ　立って歩くことができるから。

問5　傍線部⑤「と祈りける」とあるが、蛙が心の内で祈ったことばはどこからか。最初の五字を抜き出しなさい。

問6　傍線部⑦「思しめしけむ」の主語は何か。本文中から抜き出しなさい。

問7　傍線部⑧「ただ元のごとく這はせて給はれ」とあるが、なぜ蛙は元に戻してほしいと頼んだのか。理由にあたる出来事を本文中から三十字以内で探し、最初の五字を書きなさい。

問8　本文の内容に合致しているものを次から一つ選び、記号で答えなさい。
ア　蛙は人間のように陸の上で生きていきたいと願い、観音堂にお参りに行くことにした。
イ　蛙たちは観音堂に参拝して一生懸命に祈ったが、願いはかなえられなかった。
ウ　蛙は観音様に願いを叶えてもらえたため、他の蛙もお参りに連れていこうとした。
エ　蛙は立つことができるようになったものの気に入らなかったので、観音に祈り直した。

【　　】。

ア　非のうちどころがない
イ　背に腹は代えられない
ウ　枚挙にいとまがない
エ　取り付く島もない

問4　傍線部①「同僚が朝、～十分理解できる」とあるが、どのような集団であればこの例のような理解が可能なのか。それを説明した次の文の空欄に合うように、十三字で［1］内から探し、最初の五字を抜き出しなさい。

【　　】が共通している集団であること。

問5　空欄［Ⅰ］に入る言葉は何か。次から適当なものを選び、記号で答えなさい。

ア　外科医は女性　　イ　外科医は男性
ウ　外科医は実父　　エ　父親は実父

問6　本文の内容に合致しているものを次から選び、記号で答えなさい。

ア　私たちは考えることによって事実を認知して解釈しているが、そのためにはスキーマが必要不可欠である。
イ　スキーマはその人が生まれ育った環境によって作られるものであるため、幼少期の経験が非常に重要である。
ウ　私たちはスクリプトによってその場に合った行動を取ることができるので、初めての状況でも困惑することはない。
エ　スキーマをブラッシュアップするためには、多くの人とコミュニケーションを取ることが必要である。

問7　傍線部④「事実とかけはなれた事柄を、疑うことなく信じ込んでいることが少なくない」とあるが、なぜ私たちは事実とかけ離れた事柄を事実であると解釈してしまうのか。四十字以内で説明しなさい。

四　次の文章を読み、後の問いに答えなさい。

今は昔、池のほとりに①蛙のあまた集まりて言ふやう、「②あはれ生きとし生けるものの中に、③人ほどうらやましきものはなし。われら、いかなればかかる生をうけて、手足をば備へながら、水を泳ぐを能として、陸に上がりて這《は》ひつくばひ居り、行くときも心のままに走り行くことかなはず、ただ※ひよくひよくと跳ぶばかりにて早技もならず。④いかにもして人のごとく立ちて行くならば良かるべし。いざや観音に願をかけて立つことを祈らむ。」とて、観音堂にまゐりて、願わくは我らを憐《あは》れみ給ひ、せめて蛙の身なりとも、人のごとくに立ちて行くやうに守らせ給へ⑤と祈りける。⑥まことの心ざしをあはれと⑦思しめしけむ、そのまま後ろの足にて立ち上がりけり。「所願成就したり。」と喜びて池に帰り、「さらば連れ立ちて歩きて見む。」とて陸に立ち並び、後ろ足にて立ちて行けば目が後ろになりて一足も向《むこ》ふへ行かれず。先も見えねば危ふさ言ふばかりなし。「これにては何の用にも立たず。⑧ただ元のごとく這《は》はせて給はれ。」と祈り直し侍りと言へり。

（『浮世物語』による）

※　ひよくひよく…ぴょこぴょこ。

問1　この文章の出典である『浮世物語』は、江戸時代に書かれたものである。同じ時代に書かれた作品を次から一つ選び、記号で答えなさい。

ア　『万葉集』　　イ　『おくのほそ道』
ウ　『枕草子』　　エ　『平家物語』

問2　傍線部②「あはれ」を現代仮名遣いに直しなさい。

問3　傍線部①「蛙のあまた集まりて」、④「いかにもして」、⑥「まことの心ざし」の現代語訳として最も適当なものを後からそれぞれ選び、記号で答えなさい。

①「蛙のあまた集まりて」

ア　蛙の夫婦が集まって　　イ　蛙の声が集まって
ウ　蛙がたくさん集まって　　エ　蛙がうるさく騒いで

はむしろ少なく、自然概念つまりスキーマのほうを、より頻繁に用いているようである。この自然概念は少々厳密さには欠けているが、子どものころから日常的に接してきたさまざまな体験が下敷きになって形成されているので、言葉だけでなく、視覚像や、それに対する感情など非言語的記憶とも結び付いているだろう。

　私たちはスキーマなしでは、記憶することも理解することも、さらに考えることもできないと言える。だが、先ほどから繰り返しているように、スキーマとは、典型例、つまり少なくともそのスキーマを持つ当人あるいは、その周辺の人たちが共通に持っている知識に過ぎない。そして新たに出会った出来事やものを、既存のスキーマに関連したものとして一旦解釈してしまうと、たとえ、そのスキーマに合わない部分があっても、そこを無視してしまったり、場合によると、スキーマに合うように、記憶の内容を変えてしまっても気づかなかったりする。

[3] スキーマは情報の理解を早めてくれる便利なものではあるが、時には、スキーマが邪魔をして、ものの見方が固定されてしまうこともある。次の状況が正しく理解できるだろうか？

　嵐の夜。父親と幼い息子が乗った車が急カーブでスリップし、道路脇の木に激突した。父親は即死だったが、息子は何とか命をとりとめた。病院に搬送された少年は、緊急手術を受けることになった。手術を担当することになった当直の外科医は少年の顔を見るなり、「自分の息子の手術なんてできない！」と叫ぶと、手術室を飛び出した。

　この状況の説明としてよくある回答は、即死した少年の父親は養父で、外科医は実父だったというものである。他にも、亡くなったのは父親ではなく、本当は祖父だったのではないかという回答もある。これらの回答から読み取れるのは、「[　Ⅰ　]」というスキーマ的な解釈（別の言い方をすれば性役割ステレオタイプ）が働いていることである。こうした固定化した見方がなければ、「外科医は少年の母親」である可能性を考えることができるはずである。

　性役割だけでなく、私たちは「外国人はみな英語が話せるはず」、「南は北より暑いはず」、「東京を起点にすると、真西にロンドン、真東にニューヨーク、真南にシドニーがある」などと④事実とかけはなれた事柄を、疑うことなく信じ込んでいることが少なくない。自分の持つスキーマを時々疑ってみることは重要である。さらに、スキーマをブラッシュアップするためには、自分の中の情報を常に最新のものに更新する努力が欠かせないだろう。

（星　薫「となりの心理学」による）

※「どさ」「ゆさ」「け」「く」…東北地方の方言。「どさ（どこに行くの）」「ゆさ（お風呂だよ）」「け（食べなさい）」「く（食べるよ）」

問1　空欄[A]、[B]に入る接続詞を次からそれぞれ選び、記号で答えなさい。

ア　さらに　　イ　たとえば　　ウ　つまり
エ　すると　　オ　だが

問2　傍線部②「もちろん、こうしたスキーマやスクリプトは生まれつき持っているものではなく、生後の生活の中で徐々に作り上げていくものである」とあるが、スキーマやスクリプトの概念について説明した次の空欄に入る語句を本文中から探し、それぞれ抜き出しなさい。なお、Cは最初の五字のみ抜き出すこと。

　スキーマやスクリプトには、【A　（四字）】と【B　（四字）】という二つの概念があるが、Bを用いることが多い。そしてこのBの概念は、【C　（十六字）】から作りあげた概念である。

問3　傍線部③「こうしたスキーマやスクリプトの違いが相手に対する無理解や反感へとつながっていった事例を、人類の歴史は嫌というほど提供している」とあるが、この文を言い換えた次の空欄に当てはまる慣用句を次から選び、記号で答えなさい。

　人類の歴史において、こうしたスキーマやスクリプトの違いが相手に対する無理解や反感へとつながっていった事例は、理解できる。なぜなら、聞いた側に「飲みすぎた」本人との共通の知識、つまりスキーマがあるからである。あえて覗いてみれば、「昨日の夜、仕事帰りに、友人たちと会社近くの居酒屋へ酒を飲みに行き、その酒の量が自分の許容範囲を超えるほど大量になったため、今朝は二日酔い状態だ。胃がひっくり返りそうだし、頭はガンガンするし、寝不足で頭が働かないし……」といったところだろう。

[A]、こんなにくどくどと説明する必要はなく「夕べ飲みすぎた」というだけで、少なくとも酒を飲んだことある人には理解できる。冒頭の※「どさ」「ゆさ」や「け」「く」と同じで、共通のスキーマを持ち合っている者同士なら、難なく理解できる会話の例と言える。つまり、我々が持つスキーマは出来事、状況などにも存在すると考えられる。

[B]、スキーマは言葉だけではなく、行動にもあると考えられる。もし江戸時代の人が現代にタイムスリップしたとしたら、電車に乗ることも、電話をかけることも、歯医者で診てもらうこともできないだろう。彼は、現代人には当たり前に知っているさまざまな「やり方」を知らないからである。たとえば現代人である私たちは、「歯医者で診てもらう」手順を説明することができる。まず、①歯医者のドアを開ける、②診察券を受付に出す、③待合室で順番が来るのを待つ、④自分の名前が呼ばれたら診察室に入って、診療台に座り、医師が来るのを待つ、といった順番だろうか。もちろん個々の診療所によって、人によって多少の違いはあるが、大体はこんなところである。

こうした行動の典型例は、スキーマの中でも特に「スクリプト」と呼ばれる。そして、これをもとに我々は、個々の場面で状況を理解したり、その場にふさわしい行動をしたりすることができる。

②もちろん、こうしたスキーマやスクリプトは生まれつき持っているものではなく、生後の生活の中で徐々に作り上げていくものである。そのため、日本で生まれ育った人のスキーマやスクリプトと、中央アジアのウズベキスタンで生まれ育った人のそれは違っていて当然である。どちらが正しい・間違っているというものでも、どちらが進歩している・劣っているというものでもない。たまたま生まれ育った環境が違うので、当たり前だと思っている内容が違うだけのことである。それにもかかわらず、③こうしたスキーマやスクリプトの違いが相手に対する無理解や反感へとつながっていった事例を、人類の歴史は嫌というほど提供している。

[2] 私たちが「考える」と呼ぶ心的活動の中には、実にさまざまなものが含まれている。推理する、想像する、判断する、決心する、選ぶ、問題を解決する、何かを創造する、夢想する、理解する、興味を持つ……それらはみな、「考える」という行為の一部である。学校で数学の問題を解いている時だけではなく、起きて活動している間、ほとんど常に私たちは何かを考えていると言える。それどころか、睡眠中の夢も「考える」の一部といえるのかもしれない。

思考の働きによって私たちは、バラバラな認知の破片を、その人なりの、意味のあるまとまりにしていく。だから、私たちが何をどう考えるかによって、幸福感を感じることも、不幸に陥ることもあり得る。心理学では、この思考という心の働きを、「既存の情報を操作して、新しい心的表象を形成する認知過程」と定義している。ここでいう既存の情報とは、私たちが記憶の中に保存している情報、つまりさまざまなスキーマであり、思考はスキーマなしでは成立しないと言える。

もちろん、自分の体験から作り上げたスキーマだけでは知識として不十分な場合も多いので、より正確な概念的知識も思考の材料として使われる。正確な概念的知識は「人工概念」と呼ばれており、ルールとか特性によって正確に定義された概念で、辞書や事典に掲載されているものである。例えば、「三角形」の人工概念は、「三本の直線で囲まれた図形で、その内角の和は一八〇度」であり、「鳥」についての人工概念なら「くちばしを持つ卵生の脊椎動物」となる。

人工概念に対して、自分の体験などがもとになった概念は「自然概念」と言われる。我々は通常、人工概念だけを使って考えることを見ながら、俺はそうつぶやいた。

（瀬尾まいこ「君が夏を走らせる」による）

※　由奈ちゃん…公園で出会った「鈴香」の遊び相手。

問1　点線部a～eの「と」のうちから、格助詞であるものを一つ選びなさい。

問2　二重傍線部A「小さな」、B「柔らかく」の品詞名を漢字で答えなさい。

問3　傍線部①「今日の昼ご飯は、パン粉と玉ねぎをたくさん入れたふわふわのハンバーグだ」とあるが、「大田」が手をかけて料理を作ったのはどのような考えがあったからか。「～という考え。」という文末になるように四十字以内で説明しなさい。

問4　傍線部②「俺は自分で放った言葉に、眉をひそめた」とあるが、なぜ「大田」はこのような反応をしたのか。最も適当なものを次から選び、記号で答えなさい。

ア　周りの大人たちが自分に注意をしていた時の気持ちがようやく分かり、感謝の気持ちが生まれたため。
イ　自分が注意され続けて来たことを、鈴香に大人ぶって言っていることにおかしさを感じたため。
ウ　鈴香に言っている言葉が、自分が言われてきたものと同じだと気づき、過去の自分を思い出したため。
エ　鈴香も自分と同じく、うまく言い表せない感情を発散していることに気付き、共感したため。

問5　傍線部③「いや、あれこれ手を考えるより、もっと根本的なことなのかもしれない」とあるが、「大田」の考える「根本的なこと」とは何か。次の文に合うように本文中から十一字で抜き出し、最初の五字を答えなさい。

人として【　　　　】が必要だと考えた。

問6　傍線部④「鈴香だって俺のことをどこかで見透かしているのじゃないだろうか」とあるが、「大田」が今の自分に引け目を感じていることが分かる発言をここより前の会話文中から一文で探し、最初の五字を答えなさい。

問7　「大田」と「鈴香」の関係性について、本文の内容に合致しているものを次から選び、記号で答えなさい。

ア　「鈴香」はまだ上手く話すことができないが、「大田」は「鈴香」の意図を全て読み取ることができている。
イ　「大田」は丁寧に食事を作るなどして「鈴香」に愛情を持って接しているが、「鈴香」は「大田」を怖がっている。
ウ　「大田」は丁寧に作った食事を「鈴香」に拒絶されて落ち込んでおり、今後の子守りに対して不安を感じている。
エ　「大田」は、「鈴香」がよりよく成長していくためには自分が変わる必要があると気付き、行動を起こそうとしている。

問8　本文の表現の説明として正しくないものを次から選び、記号で答えなさい。

ア　話し言葉での会話文を多く用いることで、高校生と幼児の交流をテンポよく描いている。
イ　擬音語や擬態語を使うことで、幼い「鈴香」の様子を生き生きと描いている。
ウ　比喩表現を多く用いることで、読者の想像力をかきたてている。
エ　「大田」の目線から作品を描くことで、「大田」の心の動きや考えの変化を鮮明に描いている。

三

次の文章は、人が記憶をするためには「スキーマ」が必要であるということを説明したものである。読んで後の問いに答えなさい。なお、1～3は意味段落の番号である。なお、出題の都合上、本文を一部省略した箇所がある。

1　例えば私たちの日常会話について考えてみよう。①同僚が朝、職場に疲れた顔でやってきて「夕べちょっと飲みすぎちゃって……」と言ったとすれば、それだけで夕べの彼に何があったか十分

「なにが不満なんだよ」
「ぶんぶー」
「ご飯が嫌なのか？　食べたくねえのか？」
「ぶんぶー」
「だから、ぶんぶばっか言ってて、わかるわけねえだろう」
「ぶんぶー！」
「ぶんぶーじゃなくて、お前、言いたいことがあればちゃんと言えよ」
　なんだこれ。②俺は自分で放った言葉に、眉をひそめた。俺が何度も何度も言われてきた言葉じゃないか。「うざい」「しばくぞ」「死ね」俺がそういう言葉をはくたびに、教師はこぞって、「うざいじゃわからないだろう。思っていることをちゃんと言いなさい」と言った。
　あのころの俺の言いたいことは何だったんだろうか。もちろん、うざいや死ねと言いたかったわけではない。だけど、その奥に何か伝えたいことがあったのかと聞かれれば、そうではない気もする。不安や不満やいら立ち。どうしていいかわからないそれらを前に、ただ、吠《ほ》えたかっただけなのかもしれない。鈴香はどうだろう。あのころの俺と同じように、持て余した気持ちが、何かのきっかけで爆発しているのだろうか。
　相変わらず鈴香は泣き叫びながら転がっているだけで、どうしてほしいのかなんて読み取れやしない。ただ、鈴香の泣き声を聞きながらでは、食欲がわかないのは確かだ。
「ったく。俺もごちそうさまだな」
　俺も食べるのをあきらめて、鈴香の横に寝転がった。いつもうまくいくわけじゃないし、思い通りになんて物事は運ばない。子どもを相手にするというのはそういうことだ。けれど、このまま鈴香がずっとうろうろしながらご飯を食べるようになっても困る。
　おいしい食事を用意したところで、うまくいかないとなれば、どうすればいいのだろう。由奈ちゃんのところみたいに早々に片づけるのがいいのだろうか、早く食べられるように量を減らすのがいいのだろうか。それとも、椅子に体を固定させるようにしたほうがいいのだろうか。
　③いや、あれこれ手を考えるより、もっと根本的なことなのかもしれない。
　俺の頭の中を、公園のお母さんたちのことがよぎった。あそこにいるお母さんたちはそろいもそろって、いい人ばかりだ。会えば必ず挨拶《あいさつ》をしてくれ、何かあれば声をかけてくれ、自分の子どもでなくても泣けば心配し手を貸してくれる。たまたまあの公園に、朗らかで気遣いができる人たちが集まっているのだろうか。まさかそんなわけはない。
　きっと、どのお母さんも、どこかで良い人間であろうとしているのだと思う。子どもにもそうあってほしいと望むから、自分も礼儀正しく快活で、公平にみんなに気を配っているんじゃないだろうか。子どもに何かを示すには、それにふさわしい人間でいようとしなければならないのかもしれない。
「子どもって本当大人の顔色見るのうまいよね」と、お母さんたちはよく言う。④鈴香だって俺のことをどこかで見透かしているのじゃないだろうか。
　不良でどうしようもない俺の言葉など、何の説得力もなくて当然だ。好き勝手やっている俺が、ご飯一つ座って食べさせられなくてもしかたない。「俺みたいになったら困る」と言っているやつの言うことを聞く子どもなんて、いるわけがない。
　だからと言って、突如良い人間になれはしない。でも、あのお母さんたちみたいに正しくあろうとすることは、手の込んだ料理を作ることより有効なのかもしれない。どうすればいいのかは思いつかないけど、俺の中でひっかかっているものくらいはクリアにしたほうがいい。
「面倒だけど、しかたねえな」
　転がりながら泣いていたくせに、もううとうとし始めている鈴香

「いしー」
「ああ、おいしいよな」
「いしー、とっととー」
「おい、とっとじゃねえよ」
　鈴香はパクパクと食べていたくせに、三分の一ほど残したところでいつものごとく椅子《いす》から出ようと足を動かし始めた。
「まだごちそうさまじゃねえだろ？　おいしいんだったら、ちゃんと味わって食えって」
　俺は立ち上がろうとする鈴香の足を押さえながらスプーンを口に向けた。
「とっとー」
「おいこら。動かず食えよ」
「とっととー」
　鈴香はハンバーグを食べながらも、体中くねらせて俺が押さえるのをふりほどこうとする。まったくどうしようもないやつだ。
「お前、どんだけふざけてるんだ。そんなことじゃ、大きくなったら俺みたいになっちまうぜ」
　※由奈ちゃんのお母さんが言っていたように、「もうごちそうさまだな」と片付けようかとも考えたけど、せっかくまだ食べようとしているんだ。そこまでしなくてもいいだろうと思ってしまう。
「さあ、もう少しだ。ちゃんと食べろって」
　最初は足を押さえられながらも食べていた鈴香も、じっとしていられなくなってきたのか「ぶんぶー」と叫びだした。
「なんだよ。食えよ。おいしいだろう？」
「ぶんぶー」
「ほらさっさと食っちまおう」
「ぶんぶー！」
　鈴香は動けないことが耐えられないらしく、大きな声で叫ぶと、目の前のスプーンを手で払いのけた。その勢いで、スプーンは床に転がり、ハンバーグのソースがべたりとついた。
「おい、汚ねえじゃねえか」
　俺が布巾《ふきん》で床の上を拭いていると、鈴香は半分泣き声を混じらせながら、「ぶんぶ」と訴えてきた。
「何が嫌なんだよ。おいしいもの食べてるのに、どうしてじっとできねえんだよ」
「ぶんぶ」
「ああ、こんなとこまで汚しちまって。って、おいあぶねえ」
　俺が服に飛び散ったソースを拭いてやろうとすると、鈴香は体をそらしながら拒否し、そのまま椅子ごとひっくり返った。
「おい、大丈夫か？」
　小さな椅子と一緒にじゅうたんに倒れただけだから、どこも痛くはないはずだ。それなのに、鈴香は床に転がったのと同時に堰《せき》を切ったように泣き出した。
「ぶんぶ」
「ほら、鈴香」
　俺が起こしてやろうとしても、鈴香は首をぶんぶん振っている。
「いったいどうしたいんだよ」
「ぶんぶー！」
「泣いてたってしかたねえだろ」
「ぶんぶ」
　何を言っても、鈴香はごろごろと転がりながら泣くだけだ。
「なにが嫌なんだ？」
　丁寧に作ったものを慎重に食べさせていたのに暴れられるのだから、泣きたいのはこっちだ。
「ぶんっぶ」
「お前、意味わかんねえやつだな」
「ぶー」
　鈴香は泣きながら足をバタバタさせ始めた。こうなるとなかなか泣きやまない。ただ昼ご飯を食べていただけなのに、どうしてこうなるのだろう。

二〇二一年度 江戸川女子高等学校（B推薦）

【国語】（五〇分）〈満点：一〇〇点〉

一 A・Bのいずれかを選択して答えなさい。ただし、両方解答した場合は採点しないものとする。

A 次の傍線部を正しく漢字で書きなさい。

① イベントの成功にコウケンした。
② 世界中の人がその試合にネッキョウした。
③ ケイヤク書にサインをした。
④ 成長をソクシンする作用がある。
⑤ 彼のジョウダンが場の空気を和ませた。

B 次のことわざの空欄に入る漢字一字を答え、あてはまる意味を選びなさい。（完答）

① 雨降って（　）固まる
② 焼け石に（　）
③ 三つ子の魂（　）まで
④ 鬼の目にも（　）
⑤ 一寸の（　）にも五分の魂

ア　無慈悲な人でも時には優しくなること。
イ　実力のあるものはむやみにそれをあらわさないこと。
ウ　いざこざが起こった後、物事がかえって落ち着きおさまること。
エ　幼い頃の性格は年をとっても変わらないということ。
オ　労力ばかりかかって効果のないこと。
カ　辛抱すればいつかは成功すること。
キ　小さくて弱いものにも意地があってあなどれないこと。

二 次の文章を読んで、後の問いに答えなさい。

高校にもろくに行かずにだらだらと日々を過ごしていた「大田」は、ある日先輩に頼まれて一歳十か月の「鈴香《すずか》」の子守りを一か月ほど引き受けることになる。次の場面は、子守りを始めて二週間ほどが経ったある日のことである。

「鈴香、今日はちゃんａと座って食べろよ」

「まーす！」

食卓に昼食を並べるｂと、鈴香は威勢良く手を合わせた。

①今日の昼ご飯は、パン粉と玉ねぎをたくさん入れたふわふわのハンバーグだ。時間をかけて丁寧に何度もこねて、鈴香好みの甘めのソースで煮込んでやった。

「どうだ。おいしいだろ？」

「いしー！」

鈴香はハンバーグをＡ小さな口にほおばるｃと、ほっぺをぺたぺた叩いてよろこんだ。いつも、最初は調子よくきちんｄと食べる。

「よし。いい子だな。はい」

俺が口に入れてやるたびに、鈴香は「いしー」と繰り返した。よっぽどハンバーグが気に入ったようで、人参ｅとほうれん草を細かくしたものが入っているとも知らずに、鈴香は夢中で食べている。

「いいぞー。さあ食べよう食べよう」

動きたくなくなるくらいおいしいものを作ろうと、いつもより時間をかけて作ったご飯だ。これなら最後まで鈴香も大人しく食べてくれるだろう。俺はどうか立たないでくれと心の中で唱えながら、どんどん鈴香の口にハンバーグを運んだ。

「いしいしいしー！」

「だよなー。俺も食べるか……。おお、いけるじゃねえか」

子ども向けに作ったハンバーグは肉の食感は足りないけどＢ柔らかく、甘めのソースも昔から慣れ親しんだ味でおいしい。俺は鈴香の口に運ぶ間に、自分もハンバーグを口にした。

2021年度／江戸川女子高等学校（B推薦）

英語解答

〔放送問題〕

A 1 letter 2 quiet
3 history 4 move
5 nose

B 1 b 2 c 3 b 4 c
5 c

C 1 × 2 ○ 3 × 4 ○
5 ×

D 1 charge 2 plastic bags
3 customers 4 left
5 in front of 6 Fewer
7 rate 8 28.8
9 female 10 fell

E 1 ツイッターとフェイスブック
2 自撮り〔自分の写真を自分で撮ること〕
3 (約) 4時間 4 (d) 5 (b)

〔読解問題〕

A 1 c 2 a 3 b 4 d
5 c

B 1 shall 2 of 3 other
4 age 5 using

C ① help ② May ③ much
④ expensive ⑤ either
⑥ Non-smoking ⑦ name
⑧ spell

D 1 was a novelist as well as a doctor
2 Do you know how many countries there are
3 It has been a long time since I
4 you to finish writing the report as quickly
5 expensive dictionary was given to me by my

E 1 ①…C ②…A ③…B ④…C ⑤…D
2 1…○ 2…× 3…○

〔選択問題〕

F 1 ア to relax イ getting
エ Looking〔To look〕
2 ウ why オ that 3 ［3］
4 (c) 5 (a) 6 (d)
7 know what this is and have actually experienced
8 (例)太陽の光は明るすぎて，あなたの目を傷つける可能性がある。
9 They make it easier to see when
10 (c)

G 1 (例)床に食べ物を落としても，5秒以内に拾えば，食べても安全であるというルール。
2 (例)食べ物が床の上に5秒しかないと，その食べ物は8000の細菌を持つ可能性がある一方，床の上に1分間放置されると，細菌は80000に増えること。
3 (b)
4 are far more dangerous than the bacteria found on
5 (d) 6 (a)
7 (例)落ちた食べ物を拾って食べないこと。
8 (c) 9 (1)…(a) (2)…(d)

A～**E**〔放送問題〕 放送文未公表

A〔単語の発音〕

1．a．goal[ou]　　b．only[ou]　　c．taught[ɔː]　　d．most[ou]
2．a．shout[au]　　b．money[ʌ]　　c．country[ʌ]　　d．touch[ʌ]
3．a．radio[ei]　　b．said[e]　　c．lady[ei]　　d．tail[ei]
4．a．through[θ]　　b．thought[θ]　　c．thirteenth[θ]　　d．together[ð]
5．a．cellphone[f]　　b．enough[f]　　c．fight[黙字]　　d．farm[f]

B〔適語補充・書き換え〕

1．Let's ～「～しましょう」の文を付加疑問にする場合は，shall we をつける。　「ディズニーランドに行きましょうか」

2．「〈人〉が～するのは…だ」はふつう'It is ～ for＋人＋to＋動詞の原形'で表すが，「～するなんて〈人〉は…だ」と'…'に入る形容詞が'人の性質'を表すときは，for の代わりに of を使う。　「そんなことを言うなんて彼は愚かだった」

3．2つあるもの(や人)のうち，「1つ(1人)」は one，「もう1つ(もう1人)」は the other で表す。　「カップが2つある。1つは白で，もう1つは青だ」

4．「彼女は15歳のとき東京に来た」→「彼女は15歳で東京に来た」　at the age of ～「～歳で」

5．「あなたの自転車を使ってもいいですか」→「あなたの自転車を使ってもかまいませんか」　mind は「気にする」という意味で，目的語に動名詞(～ing)をとる。my using your bike で「私があなたの自転車を使うこと」という意味を表し，文全体では「あなたは，私があなたの自転車を使うことを気になさいますか」→「私があなたの自転車を使ってもかまいませんか」となる。

C〔対話文完成―適語補充〕

≪全訳≫❶ホテルの受付係(H)：こんにちは。サニーサイドインです。ご用件をお伺いいたします。❷男性(M)：はい，3月21日に2名で部屋を予約したいのですが。❸H：かしこまりました。少しの間，こちらのコンピュータをお調べいたします。5月21日でございますね。❹M：いいえ。5月ではなく3月です。❺H：ああ，失礼しました。こちらで見てみます。うーん。❻M：その日は満室ですか？❼H：ええと，スウィートルームに1室空きがございます。街の眺めもすばらしいです。❽M：おいくらでしょうか。❾H：わずか200ドルに加え，10％の部屋税です。❿M：ああ，私には少し高すぎますね。20日か22日にもっと安い部屋の空きはありますか。⓫H：ええと，喫煙と禁煙ではどちらのお部屋がよろしいでしょうか。⓬M：禁煙でお願いします。⓭H：かしこまりました，20日に2，3室空きがございます。喫煙のお部屋をお望みでなければ，22日は満室です。⓮M：では，20日の禁煙の部屋はおいくらでしょうか。⓯H：80ドルと10％の部屋税です。⓰M：わかりました，それで大丈夫です。⓱H：かしこまりました。お名前をちょうだいできますか。⓲M：はい。ボブ・メクスナーです。⓳H：メクスナー様，名字はどのようにつづりますか。⓴M：M-A-E-X-N-E-Rです。㉑H：かしこまりました，メクスナー様，3月20日のお越しをお待ちしております。㉒M：わかりました。それでは。

①May I help you？は，店員などが客に言う決まり文句。　②直後の男性の返答から，受付係は3月を5月と間違えたのだとわかる。　③直後の受付係の返答から，男性は料金を尋ねたのだとわかる。　how much「いくら」　④直後で別の日にもっと安い部屋はないかと尋ねていることから，スウィートルームは男性には高すぎたと判断できる。　⑤'either ～ or …'「～か…のどちらか」　⑥この後，受付係が「喫煙室でなければ22日は空きがない」と伝えていることから，男性は

禁煙室を希望したことがわかる。　⑦次の男性の返答から，名前を尋ねたのだとわかる。　⑧次の男性の返答から，名前のつづりを尋ねたのだとわかる。

D〔整序結合〕

1．She was a novelist.「彼女は小説家だった」が文の骨組み。「*A*だけでなく*B*も」は‘*B* as well as *A*’と表せるので，as well as の後に a doctor を続ける。　She was a novelist as well as a doctor.

2．Do you know ～？「～を知っていますか」の‘～’に，「いくつの～が…か」‘how many＋複数名詞＋主語＋動詞’という間接疑問がくる。how many countries の後には，「～がある」の there are を続ける。　Do you know how many countries there are in the world？

3．与えられた語と最後の saw you last から，「最後にあなたに会ってから，長い時間がたっています」という現在完了（‘have/has＋過去分詞’）の文になるとわかる。文の後半は since I saw you last となる。主語は It。動詞には be を使うが，現在完了の文なので，過去分詞の been にする。残った語で a long time というまとまりをつくり，has been の後に置く。　It has been a long time since I saw you last.

4．「〈人〉に～してほしい」は‘want＋人＋to＋動詞の原形’。「～し終える」は finish ～ing の形になるので，finish の後に writing を続ける。「できるだけ早く」は‘as＋形容詞〔副詞〕＋as possible’の形で表せる。　I want you to finish writing the report as quickly as possible.

5．最初に The が与えられているので，‘物’を主語にした受け身形（‘be動詞＋過去分詞’）の文にする。主語の後，was given to me「私に与えられた」と続け，最後に by my aunt「叔母によって」を置く。　The expensive dictionary was given to me by my aunt.

E〔長文読解総合―説明文〕

≪全訳≫循環❶ときどき，雨が降る。どしゃ降りになる。滝のように降る。ときには，ものが見づらくなるほど激しく降ることもある。❷私たちはみんな，雨が降るときはどんな様子か知っている。しかし，全ての雨水はどこへ行くのだろうと考えたことはあるだろうか。ただ消えるだけなのだろうか。そう，私たちは物がただ消えることはないと知っている。どこかへ行くはずだとわかっているはずだろう。❸以下は，それがどのようにはたらくかである。雨水は地面に落ちる。それらは集まる。水たまりをつくる。それから，もっとたくさんの雨水が落ちてくる。水たまりはだんだん大きくなる。最後には，あふれる。❹雨水と同じように，水たまりも集まる。それらは小川をつくる。小川は水を運んで丘を下る。その後，小川は川に合流する。❺川は雨水を運び，山を下る。水は川を流れて長い距離を移動する。とても長い川もある。ミシシッピ川は2320マイルだ。❻長い間川を流れた後，水は最終的に家に帰る。水は家に帰るとき，世界で最も大きな水の母体，つまり海に注ぐ。❼さて，全ての雨水がどこへ行くかもうおわかりだろう。でも，待ってくれ。水はどこから来るのだろう。❽水は海にある。水のほとんどはとても長い間そこにとどまる。しかし，いくらかは蒸発する。これは，水が液体から気体に変化するということだ。それは海から大気へ移動する。海の水は雲になる。❾雲は川によく似ている。おかしいだろう。しかし，本当のことだ。雲も川も，水を遠くへ運ぶので，それらは似ている。雲は何百万ガロンもの水を何千マイルも運ぶことができる。海からの水は雲に乗って移動する。それは山に帰る。それは雨の形で空から落ちる。そして循環が完成する。

1＜英問英答＞①「この文章の著者は(　　)を説明することに最も興味がある」―C.「雨水がどこに行くか」　この文章は雨水の循環について説明している。②「この文章では，水たまりがだんだん大きくなり，最後に(　　)ということがわかる」―A.「あふれる」　第3段落最終文参照。③「第6段落で，著者が海のことを説明するのに『家』という言葉を多く使うのはなぜか」―B.「雨水のほとんどはとても長い間海にとどまるから」　第8段落第2文参照。　④「物は蒸発するとき，(　　)」―C.「液体から気体に変わる」　第8段落第3，4文参照。　⑤「『循環』というタイトルに対して，どの内容が最も重要か」―D.「海の水は雲に乗って山に帰る」　第9段落最後の3文参照。

2＜内容真偽＞1.「小川は集まった水たまりからつくられ，水を運んで丘を下る」…○　第4段落に一致する。　**2**.「ミシシッピ川(2320マイル)は，世界のほかのどの川よりも長い」…×　「世界で最も長い」とは書かれていない。　**3**.「雲も川も大量の水を何千マイルも運ぶので，それらは似ている」…○　第9段落第4，5文に一致する。

〔選択問題〕

F〔長文読解総合―説明文〕

≪全訳≫❶太陽はすばらしいことをする。私たちを温かく保つ。光を与えてくれる。物の成長を助ける。しかし，あなたは太陽について賢くならなければならない。太陽は私たちを大いに助けてくれるが，ときには危険なこともある。❷夏の暑い日，太陽の下にいることに勝るものはない。あらゆることをやめ，暖かさの中でリラックスするひとときを過ごすのは，とても気持ちがいい。でもときに，気をつけないと，太陽はあなたを温めすぎることがある。これは特に，暑い日に一生懸命働いていたり遊んでいたりするときに当てはまる。体が40度以上に達すると，熱中症になる。大量に汗をかいたり吐き気やめまいを感じ始めたりしたら，すぐに涼しい場所へ行くべきだ。❸熱中症に加えて，太陽の危険な影響はもう1つある。これは，よくある日焼けだ。私たちの多くはすでにこれがどんなものか知っており，以前実際にこれを経験したことがある。そして，もし経験したことがあるなら，これが愉快でないことはわかるだろう。肌が太陽にさらされすぎると，日焼けが起きる。日よけもなく何時間も日当たりのいいビーチに座っていれば，日焼けを起こすだろう。ほとんどの日焼けの影響は，かゆみ，ヒリヒリする感じ，皮膚がむけることなどだ。しかし，ほとんどの日焼けでかゆみが起き，皮膚がむける一方，ひどい日焼けになると，さらに悪い影響があるかもしれない。ひどい日焼けをした場合，皮膚がんになる危険性が増えるかもしれないのだ。[3]5回以上日焼けをすると，皮膚がんになるリスクは2倍になる。だから，日焼けするのを避けるため，太陽の下で自分を守ることが大切だ。❹日焼けのように，太陽に起因する決定的な危険は，光線の形で現われる。太陽は私たちに見るための光を与えてくれる。それがなければ，私たちは暗闇の中だ。しかしときに，太陽の光が明るすぎて，目を傷つけることがある。そんなわけで，サングラスをかけるのを好む人がいる。サングラスとは，目に影を与える暗い眼鏡のことだ。太陽がとても明るいとき，それがあるとより見えやすくなる。しかし，サングラスをかけていても，太陽をまっすぐに見てはいけない。太陽をまっすぐに見ると，目をひどく傷つけてしまうことがある。失明することさえあるかもしれない。❺太陽はすばらしいことをする。太陽がないと，私たちは迷子になってしまう。太陽が私たちに与えてくれる全ての物に感謝するべきだ。しかし，太陽を楽しむ一方で，それがときには危険であることも覚えておかなければならない。

1＜語形変化＞ア．「～するひととき」という意味で moment を後ろから修飾するように，to不定詞(形容詞的用法)にする。　イ．avoid は目的語に動名詞(～ing)をとる。　エ．「まっすぐ太陽を見ること」が主語になるので，動名詞(～ing)または to不定詞(名詞的用法)にする。

2＜適語選択＞ウ．This is why ～「こういうわけで～」　オ．all (　) it gives us は「それ(太陽)が私たちに与えてくれる全て」という意味になると考えられるので，名詞と文をつなぐはたらきを持つ関係代名詞 that が適切。

3＜適所選択＞挿入する文は「５回以上日焼けをすると，皮膚がんになるリスクは２倍になる」という意味。皮膚がんと日焼けの関係については，第３段落最後から２文目(挿入する文を除く)で述べられているので，この後に入れる。

4＜要旨把握＞第１段落参照。(a)は第３文，(b)は第４文，(d)は第２文に記述がある。

5＜英文和訳＞直後の文で「(太陽の)暖かさの中でリラックスするひとときを過ごすのは気分がいい」と述べられていることから，ここでは「太陽の下にいること」をよいものと考えていることがわかる。

6＜適語選択＞直前の第２段落では日光の悪い影響として「熱中症」が，第３段落では，もう１つの(another)悪い影響として「日焼け」が挙げられている。

7＜整序結合＞主語は与えられており，動詞は know「知っている」と have experienced「経験したことがある」の２つ。これらを and でつなぐ。know の目的語「これが何であるか」は‘what＋主語＋動詞’という間接疑問で表せる。副詞の actually は，have と過去分詞の間に置く。Many of us already know what this is and have actually experienced it before.

8＜英文和訳＞‘so＋形容詞＋that …’「とても～なので…」の文。この can は「～する可能性がある」という意味。

9＜整序結合＞「太陽がとても明るいときに」は，when を the sun is very bright の前に置く。語群の they は直前の文の sunglasses を指すと考えられるので，これを主語とし，「サングラスは見ることをもっと容易にする」という文をつくる。‘make＋～＋形容詞’で「～を…にする」を表すが，‘～’に to不定詞がくるときは，‘make it＋形容詞＋to＋動詞の原形’「～することを…にする」の形になる。　They make it easier to see when the sun is very bright.

10＜英問英答＞「この文章の主な目的は何か」―(c)「太陽の有害な影響について私たちに警告すること」　主に，太陽の２つの悪い影響(熱中症と日焼け)について説明している。

G〔長文読解総合―説明文〕

≪全訳≫❶あなたはあの最後のチョコチップクッキーが食べたい。それは皿の上にあり，おいしそうだ。あなたは皿からそれをとる。それを口に運ぶ。その瞬間，あなたはクッキーを床に上に落としてしまう。あなたは５秒ルールを思い出し，すぐにそれを拾う。５秒ルールによると，食べ物を床に落としても，５秒以内に拾えばまだ食べても安全だ。このルールは科学的な事実だと多くの人が考えているが，これはただのつくり話だ。❷2007年，クレムソン大学の科学者が５秒ルールを実験した。まず，床面をサルモネラ属細菌で覆った。サルモネラは食中毒の重大な要因である。床をサルモネラで覆った後，この汚い床面にサンドイッチを落とした。最後に，食べ物についている細菌の数を調べた。❸科学者は，次のことを発見した。食べ物は，５秒間しか床の上になくても，8000の細菌がつく可能性がある。食べ物を１分間そこに放置すると，細菌は80000に増えた。サルモネラ属細菌が10あれば食中毒になりうるので，少数のサルモネラであっても，危険な物となりうる。これは，５秒ルールがまったく正しくないということだ。❹床の位置も，いくつの細菌があなたの食べ物に運ばれるかということに重要な役割を果たしている。驚いたことに，実際，多くの屋外の場所の方が，家の中のいくつかの場所よりも清潔だ。ハーレー・ロトバート博士によると，歩道は台所の床よりも清潔なようだ。ロトバートは，台所の生肉の中にいる細菌は，歩道で見つかる細菌よりもはるかに危険であると論じた。浴室の床も，危険な細菌の数は，歩道より多いようだ。❺食べ物の種類も，食べ物につく細菌の数に影響を及ぼす可能性がある。例えば，クッキーやクラッカーは塩分や糖分は高いが，水分は少ない。これらの種類の食品は，床に接触した後，食べ物についた細菌がほとんど育たない。調理済みのパスタやカットフルーツなど，水分の多い食べ物には，より多くの細菌がつく。❻では，あなたが落としたチョコチップクッキーでは，どういうことになるか。外の歩道で落としたのであれば，５秒ルールはあなたを安全に保つかもしれない。しかし，牛乳に浸した後，台所や浴室で落としたのであれば，代わりに０秒ルールに従うべきかもしれない。そのクッキーをおいしいと思っても，病院へ行くほどの価値はない。

１＜語句解釈＞直後の文をまとめる。'it is＋形容詞＋to＋動詞の原形'「～することは…だ」の文。within は「～以内に」。

２＜語句解釈＞直後の２文が，「科学者が発見した」ことなので，これをまとめる。

３＜適語選択＞「家の中より外のほうが清潔」というのは，「驚くべき」ことだといえる。

４＜整序結合＞「～よりもはるかに危険である」は be動詞 are の後に，比較級を強める far，比較級 more dangerous，than「～よりも」を続ける。「歩道で見つかる細菌」は「歩道で見つけられる細菌」と考え，'名詞＋過去分詞＋語句' の形で表す（過去分詞の形容詞的用法）。 Rotbart argues that the germs frow raw meats in your kitchen are far more dangerous than the bacteria found on the sidewalk.

５＜適語（句）選択＞この段落では，食べ物によってつく細菌の数が違うと述べ，空所以下でその例を挙げているので，for example「例えば」が適切。

６＜適語選択＞空所の前では５秒ルールを適用しても大丈夫な例，空所の後では５秒ルールを適用できない例が挙げられているので，'逆接' の However「しかし」が適する。

７＜語句解釈＞下線部は「０秒ルールに従う」という意味。５秒ルールは，「食べ物を落としても５秒以内に拾えば大丈夫」というものだが，０秒ルールは，「１秒でも大丈夫ではない」ということ。

８＜要旨把握＞まず，第４段落第２文より，歩道より台所の方が危険であることがわかる。また，第５段落第２～最終文から，クッキーよりバナナの方が危険であることがわかる。

９＜英問英答―内容一致＞⑴「この文章によると，いくつのサルモネラ属細菌を摂取すると病気になる可能性があるか」―⒜「10」　第３段落第４文参照。　⑵「この文章によると，落とした食べ物につく細菌の数は，（１．食べ物を落とした場所　２．どんな種類の食べ物を落としたか　３．食べ物が床にある時間）による」―⒟「１，２，３」　１は第４段落第１文，２は第５段落第１文，３は第３段落第２，３文に記述がある。

2021年度／江戸川女子高等学校（Ｂ推薦）

数学解答

1 (1)　-2　(2)　$-\frac{4x+11y}{10}$　(3)　$\frac{y^4}{12}$

(4)　$(x-1)(x-2)(x-4)(x-5)$

(5)　$x=-2$，$y=\frac{4}{11}$

(6)　$x=\frac{1\pm\sqrt{22}}{3}$

(7)　$a=\frac{1}{3}$，$b=\frac{3}{4}$　(8)　0

(9)　$a=10$，$b=8$　(10)　$\frac{4}{9}$

(11)　$57°$　(12)　$16°$

(13)　五角形　(14)　$3:5$

2 (1)　$\frac{7}{4}$　(2)　$\frac{7}{2}$　(3)　$\frac{7}{5}$

〔選択問題〕

3 (1)　$\frac{1}{36}$　(2)　$\frac{5}{12}$　(3)　$\frac{37}{216}$

4 (1)　$3\sqrt{2}$cm　(2)　$\frac{81}{2}$cm^2

(3)　$3\sqrt{29}$cm

1〔独立小問集合題〕

(1)＜**数の計算**＞与式$=(-8)\times\left(\frac{4}{12}+\frac{9}{12}\right)-(-8)\div\frac{6}{5}=(-8)\times\frac{13}{12}-(-8)\times\frac{5}{6}=(-8)\times\left(\frac{13}{12}-\frac{5}{6}\right)$ $=(-8)\times\left(\frac{13}{12}-\frac{10}{12}\right)=(-8)\times\frac{3}{12}=-2$

(2)＜**式の計算**＞与式$=\frac{10x-15y-2(7x-2y)}{10}=\frac{10x-15y-14x+4y}{10}=\frac{-4x-11y}{10}=-\frac{4x+11y}{10}$

(3)＜**式の計算**＞与式$=\frac{4}{9}x^2y^6\div\left(-\frac{y^2}{12x}\right)\div(-64x^3)=\frac{4x^2y^6}{9}\times\frac{12x}{y^2}\times\frac{1}{64x^3}=\frac{y^4}{12}$

(4)＜**因数分解**＞$M=x^2-6x$とすると，与式$=M^2+13M+40=(M+5)(M+8)$である。Mをもとに戻して，与式$=(x^2-6x+5)(x^2-6x+8)=(x-1)(x-5)(x-2)(x-4)=(x-1)(x-2)(x-4)(x-5)$である。

(5)＜**連立方程式**＞$3x-11y=7x+4$より，$-4x-11y=4$……①　$5x-2(3x-11y)=10$より，$5x-6x+22y=10$，$-x+22y=10$……②　①×2＋②より，$-8x+(-x)=8+10$，$-9x=18$　$\therefore x=-2$　これを②に代入して，$-(-2)+22y=10$，$2+22y=10$，$22y=8$　$\therefore y=\frac{4}{11}$

(6)＜**二次方程式**＞解の公式より，$x=\frac{-(-2)\pm\sqrt{(-2)^2-4\times3\times(-7)}}{2\times3}=\frac{2\pm\sqrt{88}}{6}=\frac{2\pm2\sqrt{22}}{6}$ $=\frac{1\pm\sqrt{22}}{3}$である。

(7)＜**関数―*a*，*b*の値**＞関数$y=ax^2$について，$a>0$だから，xの変域を$-1\leqq x\leqq3$とすると，yの値が最も小さいのは$x=0$のときで，$y=a\times0^2=0$，yの値が最も大きいのは$x=3$のときで，$y=a\times3^2=9a$である。また，関数$y=\frac{3}{4}x+b$について，傾き$\frac{3}{4}$は正だから，xの変域を$-1\leqq x\leqq3$とすると，yの値が最も小さいのは$x=-1$のときで，$y=\frac{3}{4}\times(-1)+b=-\frac{3}{4}+b$，$y$の値が最も大きいのは$x=3$のときで，$y=\frac{3}{4}\times3+b=\frac{9}{4}+b$である。よって，2つの関数で$y$の変域が同じになるとき，$0=-\frac{3}{4}+b$……①，$9a=\frac{9}{4}+b$……②が成り立つ。①より，$b=\frac{3}{4}$である。これを②に代入して，$9a=\frac{9}{4}+\frac{3}{4}$，$9a=3$，$a=\frac{1}{3}$である。

(8)＜**式の値**＞$x=\frac{2}{\sqrt{5}-1}\times\frac{\sqrt{5}+1}{\sqrt{5}+1}=\frac{2(\sqrt{5}+1)}{(\sqrt{5})^2-1^2}=\frac{2(\sqrt{5}+1)}{4}=\frac{\sqrt{5}+1}{2}=\frac{\sqrt{5}}{2}+\frac{1}{2}$である。$\left(\frac{\sqrt{5}}{2}\right)^2=$

$\frac{5}{4}$，$1^2=1$，$\left(\frac{3}{2}\right)^2=\frac{9}{4}$ より，$1^2<\left(\frac{\sqrt{5}}{2}\right)^2<\left(\frac{3}{2}\right)^2$ だから，$1<\frac{\sqrt{5}}{2}<\frac{3}{2}$，$1+\frac{1}{2}<\frac{\sqrt{5}}{2}+\frac{1}{2}<\frac{3}{2}+\frac{1}{2}$，$\frac{3}{2}<\frac{\sqrt{5}}{2}+\frac{1}{2}<2$ である。よって，$\frac{3}{2}<x<2$ だから，整数部分は $a=1$ である。また，$x^2-2bx+b^2=(x-b)^2$ より，与式 $=(x-b)^2-a$ となる。ここで，a，b は x の整数部分と小数部分だから，$x=a+b$ より，$x-b=a$ である。これを与式に代入すると，与式 $=a^2-a=1^2-1=0$ である。

⑼＜**数の性質**＞$a^2=b^2+36$ より，$a^2-b^2=36$，$(a+b)(a-b)=36$ となり，a，b はともに自然数だから，$a+b$ は自然数で，$a+b>a-b$ である。よって，$a+b$ と $a-b$ の値の組は，$(a+b,\ a-b)=(36,\ 1)$，$(18,\ 2)$，$(12,\ 3)$，$(9,\ 4)$ である。$(a+b,\ a-b)=(36,\ 1)$ のとき，$a+b=36$，$a-b=1$ より，$(a+b)+(a-b)=36+1$，$2a=37$，$a=\frac{37}{2}$ となり条件に適さない。同様に，$(a+b,\ a-b)=(18,\ 2)$ のとき，$(a+b)+(a-b)=18+2$，$2a=20$，$a=10$ となり，これを $a+b=18$ に代入して，$10+b=18$，$b=8$ である。$(a+b,\ a-b)=(12,\ 3)$ のとき，$(a+b)+(a-b)=12+3$，$2a=15$，$a=\frac{15}{2}$ となり，条件に適さない。$(a+b,\ a-b)=(9,\ 4)$ のとき，$(a+b)+(a-b)=9+4$，$2a=13$，$a=\frac{13}{2}$ となり条件に適さない。以上より，$a=10$，$b=8$ である。

⑽＜**確率―サイコロ**＞A，B 2個のサイコロを同時に投げたとき，サイコロA，Bの出る目の数はそれぞれ6通りあるから，目の出方は全部で，$6\times6=36$（通り）ある。出た目の数のうち大きい方を x，小さい方を y とすると，$x+10y\geqq30$ となるのは $y\geqq3$ のときで，サイコロA，Bの出た目の数はともに3以上となる。サイコロA，Bの出る目の数のうち，3以上の数はそれぞれ4通りずつあるから，条件を満たす目の出方は，$4\times4=16$（通り）ある。よって，求める確率は $\frac{16}{36}=\frac{4}{9}$ である。

⑾＜**図形―角度**＞右図1のように，点Eを通り直線 l，m に平行な直線 n を引き，3点P，Q，Rを定める。正五角形の内角の和は，$180°\times(5-2)=540°$ だから，1つの内角の大きさは，$540°\div5=108°$ である。よって，$\angle\mathrm{PAE}=180°-(\angle\mathrm{QAB}+\angle\mathrm{BAE})=180°-(21°+108°)=51°$ である。$l /\!/ n$ で錯角は等しいから，$\angle\mathrm{AER}=\angle\mathrm{PAE}=51°$ となり，$\angle\mathrm{DER}=\angle\mathrm{AED}-\angle\mathrm{AER}=108°-51°=57°$ である。したがって，$n /\!/ m$ で錯角は等しいから，$\angle x=\angle\mathrm{DER}=57°$ である。

図1

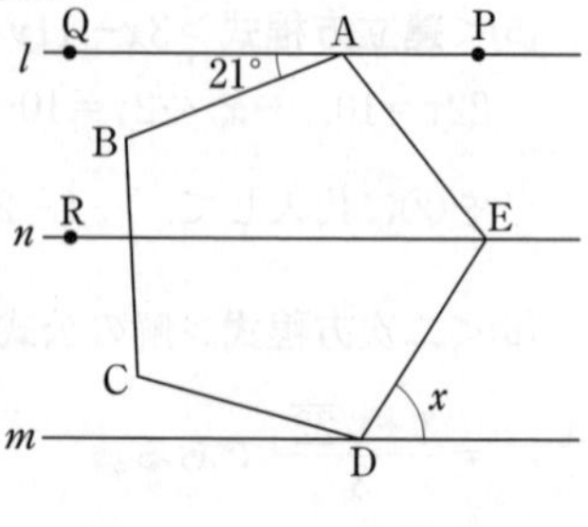

⑿＜**図形―角度―円周角**＞右図2のように3点P，Q，Rを定めると，AQは円Bの直径だから，$\angle\mathrm{APQ}=90°$ である。また，円Aにおいて，円周角の定理より，$\angle\mathrm{PAQ}=2\angle\mathrm{PRA}=2\times37°=74°$ である。よって，$\triangle\mathrm{PAQ}$ で内角の和より，$\angle x=180°-(\angle\mathrm{APQ}+\angle\mathrm{PAQ})=180°-(90°+74°)=16°$ である。

図2

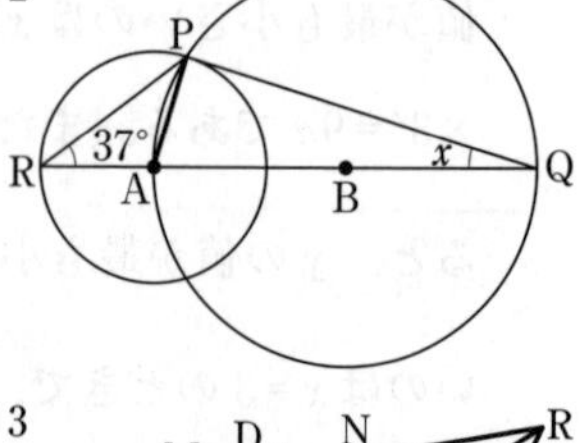

⒀＜**図形―切り口**＞右図3で，直線MNと直線BAの交点をQ，直線MNと直線BCの交点をRとする。2点P，Qを結ぶと，辺AEと交わり，2点P，Rを結ぶと，辺CGと交わる。これらの交点をS，Tとすると，切り口の図形は，図3のように，五角形PSMNTとなる。

図3

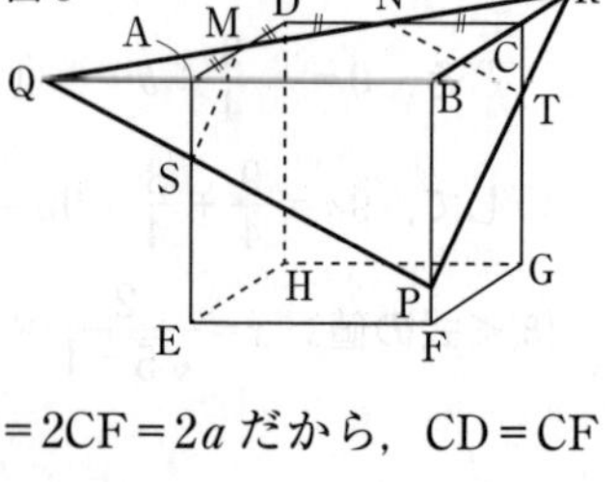

⒁＜**図形―長さの比―相似**＞次ページの図4で，直線BEと直線CDの交点をPとする。CF $=a$ とすると，CF : FD $=1:2$ より，FD $=2$CF $=2a$ だから，CD $=$ CF

＋FD＝$a+2a=3a$である。平行四辺形の対辺の長さは等しいから，AB＝CD＝$3a$である。また，AE：ED＝1：1よりAE＝DE，対頂角は等しいから，∠AEB＝∠DEP，平行線の錯角は等しいから，∠EAB＝∠EDPとなり，1組の辺とその両端の角がそれぞれ等しいから，△AEB≡△DEPとなり，DP＝AB＝$3a$である。ここで，平行線の錯角は等しいから，∠GAB＝∠GFP，∠GBA＝∠GPFとなり，2組の角がそれぞれ等しいから，△GAB∽△GFPである。したがって，AG：GF＝AB：FPとなり，FP＝FD＋DP＝$2a+3a=5a$より，AG：GF＝$3a$：$5a$＝3：5である。

図4

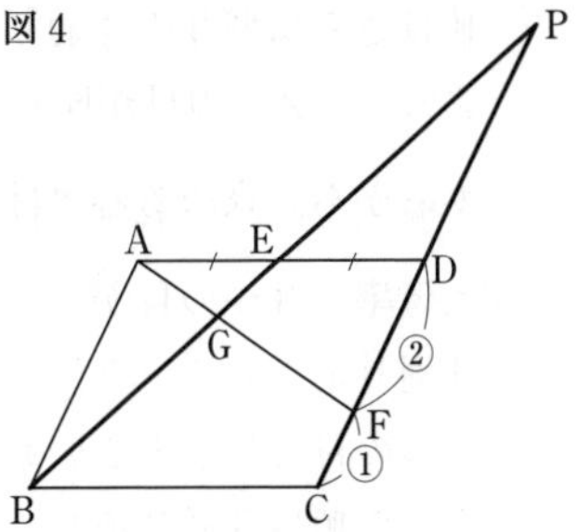

2〔関数―反比例と直線〕

(1)＜点の座標＞右図で，2点A，Bは曲線$y=\frac{12}{x}$上にあり，点Aのx座標は3だから，y座標は，$y=\frac{12}{3}=4$であり，点Bのx座標は4だから，y座標は，$y=\frac{12}{4}=3$である。これより，A(3，4)，B(4，3)である。点Aの座標より，直線OAの傾きは，$\frac{4-0}{3-0}=\frac{4}{3}$で，OA∥BCだから，直線BCの傾きは$\frac{4}{3}$となり，切片を$b$とすると，直線BCの式は，$y=\frac{4}{3}x+b$と表せる。B(4，3)はこの直線上の点だから，$3=\frac{4}{3}\times4+b$より，$b=-\frac{7}{3}$である。よって，直線BCの式は，$y=\frac{4}{3}x-\frac{7}{3}$となり，点Cは直線BCと$x$軸の交点で，$y$座標は0だから，点Cの$x$座標は，$0=\frac{4}{3}x-\frac{7}{3}$より，$x=\frac{7}{4}$である。

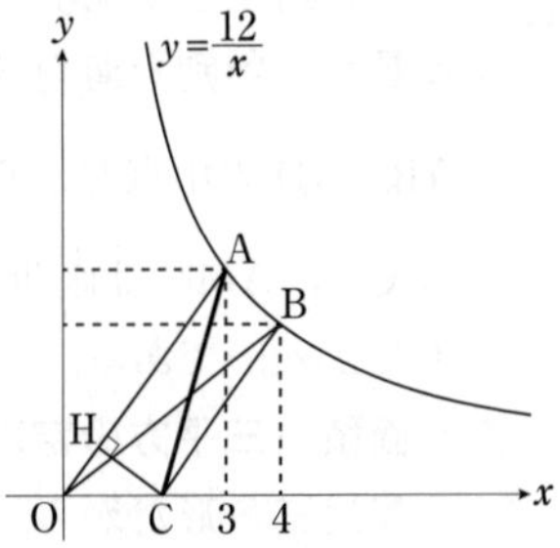

(2)＜面積―等積変形＞右上図で，OA∥BCだから，△OAB＝△OACである。(1)より，C$\left(\frac{7}{4},\ 0\right)$だから，OC＝$\frac{7}{4}$である。また，点Aの$y$座標より，OC＝$\frac{7}{4}$を底辺としたときの△OACの高さは4である。よって，△OAC＝$\frac{1}{2}\times\frac{7}{4}\times4=\frac{7}{2}$だから，△OAB＝$\frac{7}{2}$である。

(3)＜長さ＞右上図で，CH＝hとすると，OA＝5より，△OAC＝$\frac{1}{2}$×OA×CH＝$\frac{1}{2}\times5\times h=\frac{5}{2}h$である。(2)より，△OAC＝$\frac{7}{2}$だから，$\frac{5}{2}h=\frac{7}{2}$より，$h=\frac{7}{5}$である。

〔選択問題〕

3〔確率―さいころ〕

(1)＜確率＞大中小3つのさいころの出る目の数をそれぞれa，b，cとすると，aの値は6通りあり，それぞれについてb，cの値も6通りあるから，大中小のさいころを同時に投げるとき，目の出方は全部で，6×6×6＝216(通り)ある。また，3つの目が全て同じになるような目の出方は，(a，b，c)＝(1，1，1)，(2，2，2)，(3，3，3)，(4，4，4)，(5，5，5)，(6，6，6)の6通りあるから，求める確率は$\frac{6}{216}=\frac{1}{36}$である。

(2)＜確率＞(1)より，3つの目が全て同じになるような目の出方は6通りある。また，3つのさいころの目の数が全て異なるとき，aの値は6通りあり，それぞれについてbの値は残りの5通り，cの値はさらに残りの4通りあるから，3つの目が全て異なる目の出方は，$6\times5\times4=120$(通り)ある。よって，2つの目が同じで，1つだけ異なる目が出るような目の出方は，$216-(6+120)=90$(通り)あるから，求める確率は $\frac{90}{216}=\frac{5}{12}$ である。

(3)**＜確率＞**3つの目が全て4以下になるとき，a の値は4通りあり，それぞれについて b，c の値も4通りあるから，3つの目が全て4以下になる目の出方は，$4\times4\times4=64$(通り)ある。このうち，3つの目で最も大きいものが4にならないのは，3つの目が全て3以下になるときである。このとき a の値は3通りあり，それぞれについて b，c の値も3通りあるから，3つの目が全て3以下になる目の出方は，$3\times3\times3=27$(通り)ある。よって，条件を満たす目の出方は，$64-27=37$(通り)あるから，求める確率は $\frac{37}{216}$ である。

4 〔空間図形―立方体〕

(1)**＜長さ―特別な直角三角形＞**右図1で，2点M，Nはそれぞれ辺AB，ADの中点だから，$AM=AN=\frac{1}{2}AD=\frac{1}{2}\times6=3$ である。よって，△AMNは直角二等辺三角形だから，$MN=\sqrt{2}AM=\sqrt{2}\times3=3\sqrt{2}$(cm)である。

図1

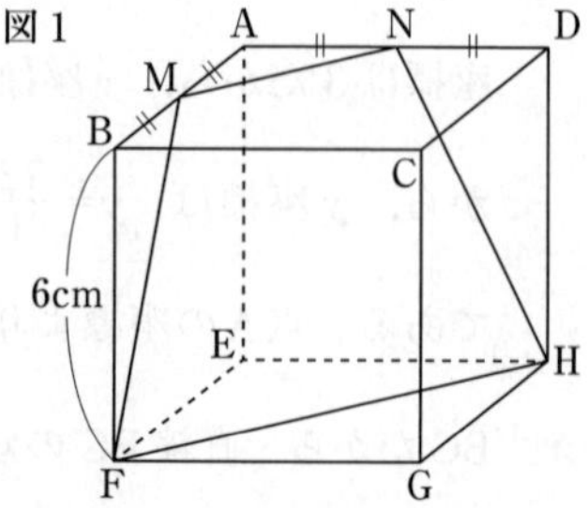

(2)**＜面積―三平方の定理＞**右図1で，△EFHは $EF=EH=6$ の直角二等辺三角形だから，$FH=\sqrt{2}EF=\sqrt{2}\times6=6\sqrt{2}$ である。△BFMで，$BM=AM=3$ だから，三平方の定理より，$MF=\sqrt{BF^2+BM^2}=\sqrt{6^2+3^2}=\sqrt{45}=3\sqrt{5}$ となり，$BM=DN$，$BF=DH$，$\angle MBF=\angle NDH=90^\circ$ より，2組の辺とその間の角がそれぞれ等しいので，△BMF≡△DNHより，$NH=MF=3\sqrt{5}$ である。また，面ABCDと面EFGHは平行だから，MN∥FHである。よって，切り口の図形は，右図2の台形MFHNとなる。図2で，2点M，Nから辺FHへそれぞれ垂線MI，NJを引くと，四角形MIJNは長方形となるから，$IJ=MN=3\sqrt{2}$ となり，$MF=NH$，$MI=NJ$，$\angle FIM=\angle HJN=90^\circ$ より，直角三角形の斜辺と他の1辺がそれぞれ等しいので，△MFI≡△NHJより，$FI=HJ$ である。よって，$FI=\frac{1}{2}(FH-IJ)=\frac{1}{2}(6\sqrt{2}-3\sqrt{2})=\frac{3\sqrt{2}}{2}$ だから，△MFIで三平方の定理より，$MI=\sqrt{MF^2-FI^2}=\sqrt{(3\sqrt{5})^2-\left(\frac{3\sqrt{2}}{2}\right)^2}=\sqrt{\frac{81}{2}}=\frac{9}{\sqrt{2}}=\frac{9\sqrt{2}}{2}$ である。したがって，〔台形MFHN〕$=\frac{1}{2}\times(MN+FH)\times MI=\frac{1}{2}\times(3\sqrt{2}+6\sqrt{2})\times\frac{9\sqrt{2}}{2}=\frac{81}{2}$(cm²)である。

図2

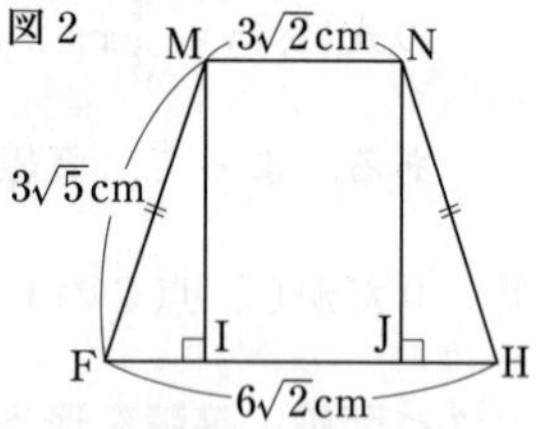

(3)**＜長さ―展開図＞**右上図1の立方体ABCD-EFGHについて，面ABFE，面BCGF，面CDHGの展開図をかくと，右図3のようになり，点Mから辺BF，CGを通って点Hまで長さが最短になるように糸をかけたとき，糸は線分MHとなる。図3で，点Mから辺EFへ垂線MKを引くと，$MK=AE=6$，$EK=AM=3$ である。また，$EH=3EF=3\times6=18$ だから，$KH=EH-EK=18-3=15$ である。よって，△MKHで三平方の定理より，$MH=\sqrt{MK^2+KH^2}=\sqrt{6^2+15^2}=\sqrt{261}=3\sqrt{29}$ だから，糸の長さは $3\sqrt{29}$ cmである。

図3

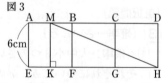

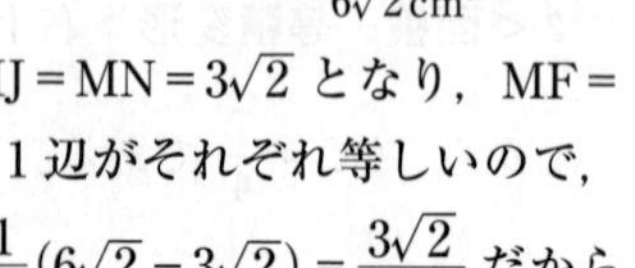

国語解答

一〔選択問題〕

Ａ　①　貢献　②　熱狂　③　契約
　④　促進　⑤　冗談

Ｂ　①　地・ウ　②　水・オ
　③　百・エ　④　涙・ア
　⑤　虫・キ

二　問１　e

問２　Ａ　連体詞　Ｂ　形容詞

問３　鈴香に最後まで座ってご飯を食べてもらうために，おいしいものをつくろうという考え。（40字）

問４　ウ　問５　正しくあろ

問６　そんなこと　問７　エ

問８　ウ

三　問１　Ａ…オ　Ｂ…ア

問２　Ａ　人工概念　Ｂ　自然概念
　Ｃ　日常的に接

問３　ウ　問４　当たり前だ

問５　イ　問６　ア

問７　自分のスキーマによって物事を解釈するため，固定化した見方をしてしまうから。（37字）

四　問１　イ　問２　あわれ

問３　①…ウ　④…イ　⑥…イ

問４　エ　問５　願わくは我

問６　観音　問７　後ろ足にて

問８　エ

一〔国語の知識（選択問題）〕

Ａ＜漢字＞①役に立つように尽力すること。　②興奮し熱中すること。　③二人以上の当事者が意思表示の合意を取り交わすこと。　④物事がはかどるようにうながすこと。　⑤遊びで言う言葉やふざけた内容の話のこと。

Ｂ＜ことわざ＞①「雨降って地固まる」は，もめごとの後は，かえって落ち着いた状態になる，という意味。　②「焼け石に水」は，努力や援助が少なくて，何の役にも立たないこと。　③「三つ子の魂百まで」は，幼い頃の性格は年を取っても変わらない，という意味。　④「鬼の目にも涙」は，冷酷な人でもときには同情や哀れみを感じて涙を流すこと。　⑤「一寸の虫にも五分の魂」は，小さくて弱い者にも意地があり，あなどってはならないこと。

二〔小説の読解〕出典；瀬尾まいこ『君が夏を走らせる』。

問１＜品詞＞「人参とほうれん草」の「と」は，並立の関係を表す格助詞。「並べると」，「ほおばると」の「と」は，接続助詞。「ちゃんと」，「きちんと」の「と」は，副詞の一部。

問２＜品詞＞Ａ．「小さな」は，活用のない自立語で，名詞を修飾する連体詞。　Ｂ．「柔らかく」は，形容詞「柔らかい」の連用形。

問３＜文章内容＞大田は，鈴香がご飯を途中で食べるのをやめて立ち上がろうとすることに困っており，鈴香に，最後まで「大人しく食べて」もらいたいと思って，おいしい食事をつくったのである。

問４＜文章内容＞鈴香に言った「言いたいことがあればちゃんと言えよ」という言葉が，自分が「何度も何度も言われてきた言葉」であると気づき，大田は眉をひそめたのである。

問５＜文章内容＞どのお母さんも，子どもによい人間であってほしいと望むから，自分もよい人間であろうとしているのであり，人として「正しくあろうとすること」が手の込んだ料理をつくったりすることより大切だという根本的なことに，大田は気がついたのである。

問６＜心情＞大田が，食事の途中で立ち上がろうとする鈴香に「そんなことじゃ，大きくなったら俺みたいになっちまうぜ」と言ってしまうのは，今の自分は他人と比べて劣っていると感じて，鈴香には今の自分のようにはなってほしくないと思っているからである。

問7＜文章内容＞大田は，鈴香によい人間に育ってほしいと願うならば，自分が人として正しくあろうとすることが大切だという考えに至った。

問8＜表現＞大田と鈴香の短い会話文が多く，大田と鈴香の様子が生き生きと描かれている(ア…○)。「パクパクと食べて」や「足をバタバタさせ」という表現で，幼い鈴香の様子がわかりやすく描かれている(イ…○)。大田と鈴香の日常が明快な文体でつづられており，物事を別の何かにたとえる比喩表現は用いられていない(ウ…×)。全編通して，大田の視点から描かれ，大田が鈴香の反応に困りながらも，鈴香のためにも正しくあろうとしていく姿が描かれている(エ…○)。

三 〔論説文の読解─社会学的分野─コミュニケーション〕出典；星薫『となりの心理学』。

≪本文の概要≫私たちの日常会話は，出来事や状況に対する共通の知識であるスキーマによって成り立っている。また，私たちが，個々の場面で状況を理解し，その場にふさわしい行動を取ることができるのは，スキーマの中でも特にスクリプトと呼ばれる行動の典型例を共有しているからである。スキーマやスクリプトは，生まれつき持っているものではなく，生まれ育った環境によってつくり上げていくものである。私たちが「考える」際には，自分の体験からつくり上げたスキーマと，人工概念と呼ばれる正確な概念的知識を使っている。私たちは，スキーマなしでは，記憶することも理解することも考えることもできないが，一方で，スキーマがものの見方を固定させてしまう危険もある。スキーマの違いは人によって当たり前だと思っている内容が違うだけであるということを，私たちは理解するとともに，自分の持つスキーマをときどき疑い，スキーマをブラッシュアップするために，自分の中の情報を更新する努力が欠かせないのである。

問1＜接続語＞A．夕べ飲みすぎたという状況を具体的に説明するならば，「昨日の夜，～頭が働かないし」といったところだが，実際は「くどくどと説明する必要」はなく，酒を飲んだことがある人なら「夕べ飲みすぎた」と言うだけで理解できる。　B．共通のスキーマは，言葉，出来事，状況にも存在し，そのうえ，「言葉だけではなく，行動にもある」と考えられる。

問2＜文章内容＞自分の体験からつくり上げたスキーマだけでは不十分なため，ルールや特性によって正確に定義された「人工概念」と呼ばれる概念的知識も，思考の材料として使われる。一方，「自分の体験などがもとになった概念は『自然概念』」と呼ばれ，私たちが考える際には，「人工概念」も「自然概念」も用いるが，「自然概念」の方を「より頻繁に」用いる(…Ａ・Ｂ)。「自然概念」は，「日常的に接してきたさまざまな体験」が下敷きになって形成されている(…Ｃ)。

問3＜慣用句＞「枚挙にいとまがない」は，たくさんありすぎて数えきれない，という意味。「スキーマやスクリプトの違いが相手に対する無理解や反感へとつながっていった事例」は，数えきれないほどたくさん存在するのである。

問4＜文章内容＞会社の同僚は，飲みすぎた状況に対して共通のスキーマやスクリプトを持っていて，「当たり前だと思っている内容が」同じだから，状況をくどくど説明しなくても，短い会話で内容を理解できるのである。

問5＜文章内容＞「外科医は少年の母親」である可能性に気づかないのは，外科医は男性であるという思い込みのためである。

問6＜要旨＞私たちは，生後の生活の中で獲得した行動の典型例であるスクリプトを基に，状況を理解し，その場にふさわしい行動を取ることができる(ウ…×)。スキーマやスクリプトは，生まれ育った環境によって違っていて当然であり，どちらが正しい，どちらが進歩しているというものではない(イ…×)。私たちは思考のはたらきによって，バラバラな認知の破片を意味のあるまとまりにしていくのであるが，思考はスキーマなしでは成立しない(ア…○)。スキーマをブラッシュアップするためには，自分の中の情報を常に最新のものに更新する努力が欠かせない(エ…×)。

問７＜文章内容＞「スキーマは情報の理解を早めてくれる便利なもの」であるが，一方で，自分の持つスキーマを通した解釈は，ものの見方を「固定」してしまう可能性があり，「事実とかけはなれた事柄を，疑うことなく」信じ込むことにもつながりかねないのである。

四〔**古文の読解―仮名草子**〕出典；浅井了意『浮世物語』巻第五ノ一。

≪現代語訳≫今となっては昔のことだが，池のほとりに，カエルがたくさん集まって言うには，「ああこの世に生きている全てのものの中で，人ほどうらやましいものはない。私たちは，どうしてこのように生まれて，手足を持ちながら，水を泳ぐ能力があり，陸に上がると這いつくばっており，進むときも思うままに走って行くことはできず，ただぴょこぴょこと跳ぶばかりですばやい行動もできない。何とかして人のように立って行く(ことができる)ならばよいはずだ。さあ観音様に願をかけて立つことを祈ろう」と，観音堂にお参りして，願わくは私たちを(観音様が)気の毒に思ってくださり，せめてカエルの身であっても，人のように立って行くようにお守りになってくださいと祈った。(観音様はカエルの)切実な願いをしみじみとお感じになられたのだろう，(カエルは)そのまま後ろの足で立ち上がった。「願いがかなった」と(カエルは)喜んで池に帰って，「さあ一緒に立って歩いてみよう」と陸に立って並び，後ろ足で立って進むと目が後ろになって一歩も前に進めない。先も見えないので危ないことは何とも言いようがない。「これでは何の役にも立たない。すぐに元のように這わせてください」と(カエルは観音様に)祈り直しましたということだ。

問１＜文学史＞『おくのほそ道』は，江戸時代中期成立の俳諧紀行文で，作者は松尾芭蕉。『万葉集』は，奈良時代成立の現存する日本最古の歌集。『枕草子』は，平安時代中期成立の随筆で，作者は清少納言。『平家物語』は，鎌倉時代の源平争乱を描いた軍記物語で，作者は不詳。

問２＜歴史的仮名遣い＞歴史的仮名遣いの語頭以外のハ行は，原則として現代仮名遣いでは「わいうえお」で表記するので，「あはれ」は「あわれ」となる。

問３＜現代語訳＞①「あまた」は，数多く，たくさん，という意味。　④「いかに」は，どうにか，という意味。「も」は，意味を強める助詞。「して」は，手段を表す助詞。全体で，なんとかして，という意味。　⑥「まこと」は，真実，誠実，という意味。「心ざし」は，意向，という意味。全体で，誠実な意向，という意味で，ここでは，カエルの祈りが切実なものだと，観音様が思った，ということ。

問４＜古文の内容理解＞カエルは，人間が「立ちて行く」ことをうらやましく思っている。

問５＜古文の内容理解＞カエルは観音堂にお参りして，「願わくは～守らせ給へ」と，人間のように立って歩くことができるようになるようにと祈った。

問６＜古文の内容理解＞「思しめす」は，お思いになる，という意味で，観音様に対する敬語表現。観音様は，カエルの切実な願いを「あはれ」とお思いになったのだろう，という意味。

問７＜古文の内容理解＞カエルは，人間のように立って歩きたいと観音堂にお参りして願ったところ，願いがかない，後ろ足で立つことができるようになった。しかし，後ろ足で立って歩こうとすると，目が後ろになって一歩も進めず，先も見えなくて危険なため，元に戻してほしいと，再び観音様にお願いすることになったのである。

問８＜古文の内容理解＞カエルは人間のように立って歩きたいと願い，集まって観音堂にお参りに行った(ア・ウ…×)。カエルの願いはかない，後ろ足で立つことができるようになった(イ…×)。しかし，後ろ足で立つと前が見えず危ないので，カエルは元に戻してほしいと，観音様に再びお願いした(エ…○)。

2021年度 江戸川女子高等学校

【英　語】リスニングは，英語科の受験生のみに出題されます。

リスニング　（30分）〈満点：100点〉〈編集部注：放送文は未公表につき掲載してありません。〉

（注意）放送終了後５分で解答用紙を回収します。

※試験開始５分後に英文が流れ始めます。それまでに問題を読んでおきなさい。また、英文はすべて２回読まれます。

A　ある英単語を説明する英語の表現が５つ読まれます。その英単語を解答欄に記入しなさい。なお、各語の最初の文字は解答欄に与えられています。

B　５つの英文と、それぞれに対する応答の英文がａ～ｃまで３つ読まれます。２人の自然な会話になるように、応答として最も適当なものを選び、解答欄に記号で記入しなさい。

C　英文を聞き、空欄⑴～⑽に入る英単語、または数字を解答欄に記入しなさい。

Kanako is a 16-year-old Japanese girl. She moved to Canada with her family this (1). Now she is a high school student in Calgary and can speak English well. Many of her friends in her class have part-time jobs. She was (2) because her friends in Japan don't work. Her new friend Mary works in a bakery. She sells (3). In western countries, many high school students have part-time jobs. The most (4) part-time jobs are in fast food restaurants or in supermarkets. Students (5) work on (6) or sometimes after school. In the summer (7), they can work three or four days (8) week. Summer is the best time to get extra money. Kanako now works in a large shopping mall. She sells (9). The job is fun because her boss at the store is very kind and her customers are (10).

D オーストラリアの山火事（Forest fire）についての英文を聞き、次の文の空欄①～⑬に入れるのに適当な日本語、または数字を解答欄に記入しなさい。

（ ① ）年はオーストラリアにとっては非常に乾燥した年であった。例年と比較すると、平均気温は（ ② ）度高く、降水量は（ ③ ）％程度であった。このために国内各地で山火事が発生した。その多くは2020年（ ④ ）月の豪雨で消火したものの、被害は深刻であった。

（ ⑤ ）ヘクタールを越える森林が焼失した。これは日本の面積の約（ ⑥ ）に相当する。山火事で約（ ⑦ ）頭の動物が死亡した。特にカンガルー島では被害が大きく、島のほぼ（ ⑧ ）が焼失し、島内の国立公園の（ ⑨ ）が失われた。多くのコアラやカンガルーが死亡した。（ ⑩ ）に火傷を負ったものもいれば、熱い煙を吸い込んで死亡したものもいた。火事で死ななくても、（ ⑪ ）や住む所を見つけるのが困難である。

オーストラリアはここ数十年暖かくなり続けている。高温と乾燥で容易に火事が発生する。この状況は将来世界に広がるであろう。（ ⑫ ）によれば、火事の原因は地球温暖化で、（ ⑬ ）などの温室効果ガスを減らす必要があるとのことだ。

E 下の表は、食物のカロリーと、運動によるカロリーの消費時間を示しています。これについてＡ～Ｈの８人が意見を述べていますが、表の内容から考えてその意見が正しければ○、誤っていれば×を解答欄に記入しなさい。

Food	Calories (kcal)	How Long Does It Take To *Work Off Calories By Exercise? (in minutes)				
		Walking	Cycling	Swimming	Running	Sleeping
Apple	101	19	12	9	5	78
Orange	68	13	8	6	4	52
Egg, boiled	77	15	9	7	4	59
Chicken, fried	232	45	28	21	12	178
Pie, apple, 1 piece	377	73	46	34	19	290
Hamburger	350	67	43	31	18	269
Sandwich, tuna salad	278	53	34	25	14	214
Spaghetti	396	76	48	35	20	305
Steak, T-bone	235	45	29	21	12	181

*注　work off…　…を消費する

ライティング　(50分) 〈満点：100点〉

A　左側の２語の関係を考え、右のカッコ内に入れるのに適当な語を解答欄に記入しなさい。

1.	ski	：	skier	→	run	：(　　)
2.	old	：	young	→	senior	：(　　)
3.	photo	：	album	→	word	：(　　)
4.	student	：	school	→	nurse	：(　　)
5.	fast	：	slow	→	early	：(　　)

B　次の各文には文法的・語法的に１か所誤りがあります。その部分を抜き出して訂正し、解答欄に記入しなさい。

1. I'm looking forward to hear from you soon.
2. This desk is so heavy that I cannot carry.
3. It is not necessary of you to speak English in that area.
4. Walking fast for thirty minutes are good for your health.
5. Please don't forget mailing this letter on your way to school this morning.

C　次の各文のカッコ内の語を並べ替えて日本文の意味の英文を完成させ、解答欄に記入しなさい。なお、文頭に来る語は大文字で書き始めなさい。

1. I (as, finished, for, as, I, school, left, soon) breakfast.
朝食を終えてすぐに私は学校へ向かった。

2. (off, very, for, thank, seeing, much, you, us) at the station.
駅で私たちを見送ってくださってありがとうございました。

3. She has two PCs, (them, use, she, very, doesn't, of, but, either) often.
彼女はパソコンを２台持っているが、どちらもあまり使っていない。

4. (more, the, getting, were, and, nervous, students, more).
学生たちはますます緊張していった。

5. My mother (what, asked, my, me, wanted, birthday, I, for).
母は私に、誕生日に何が欲しいのか、と尋ねた。

6. They say (the, he, of, at, that, started, age, college) forty.
彼は４０歳で大学に入学したと言われている。

D 次の会話文を読み、設問に答えなさい。

Nancy : HI, Jack. Are you excited about your holiday?
Jack : Hmm… Not really. I'm not going (1 a-). How about you?
Nancy : I'm going to *Vancouver Island to stay in *Nanaimo for two weeks.
Jack : Have you ever been to Canada (2 b-)?
Nancy : No. This is my (3 f-) time.
Jack : (　A　) there?
Nancy : I'm going to watch the Nanaimo *bathtub race.
Jack : A bathtub race?
Nancy : Yes, it's a summer event there. People race bathtubs across the harbor.
Jack : That (4 s-) exciting. When does it start?
Nancy : It's (5 f-) July 22nd to the 25th.
Jack : Is it a four day race?
Nancy : No. The race is on the 25th. There are concerts, a children's carnival, and a big *fireworks show, too.

＊注　Vancouver Island, Nanaimo いずれもカナダの地名　bathtub 浴槽　firework 花火

1. 空欄(1)～(5)に入れるのに適当な語１語を解答欄に記入しなさい。なお、各語の最初の文字は解答欄に与えられています。

2. 空欄(A)に入れるのに適当な英文を６語で作り、解答欄に記入しなさい。

E　次の英文を読み、下の英文が内容と一致すれば○、しなければ×を解答用紙に記入しなさい。ただし、すべて○または×と記入した場合には得点を与えません。

Iceland is a small island country in Northern Europe. It is a *volcanic island with many *active volcanoes and hot springs. About 10 percent of its land is covered with ice, so the country is called "the land of fire and ice".

Iceland has few natural *energy resources and *used to *depend on imported oil and coal, just like Japan today. Now, the country does not use *fossil fuels *anymore, and it doesn't have any *nuclear power plants, either. Instead, it makes use of *geothermal energy in many ways. About 30 percent of the electricity in Iceland comes from geothermal energy, and the other 70 percent comes from water. Geothermal energy and water are clean energy sources. They *emit little *carbon dioxide.

Geothermal energy is also used for heating houses and buildings. Most houses and buildings in Iceland have a heating system. It uses heat from hot underground water or hot waste water coming out of geothermal power plants.

Hot waste water helps tourism, too. The Blue Lagoon, a spa using hot waste water from the Svartsengi geothermal power plant, is the world's largest open-air spa. About 700,000 people go to this spa every year.

＊注　volcanic 火山が多い　active volcanoes 活火山　energy resources エネルギー源
used to... 昔は…していた　depend on... …に依存する
fossil fuels 化石燃料（石炭・石油等）　not...anymore もはや…していない
nuclear power plants 原子力発電所　geothermal 地熱の　emit 排出する
carbon dioxide 二酸化炭素

1. Iceland is in Europe, and is not a large country.
2. Iceland is called "the land of fire and ice" because of its climate.
3. There are many natural energy resources in Iceland.
4. Japan depends on imported oil and coal for energy resources.
5. Iceland now uses no oil or coal.
6. More than half of the electricity in Iceland comes from water.
7. Geothermal energy is clean because it emits no carbon dioxide.
8. Most houses in Iceland are heated by geothermal energy.
9. Geothermal power plants use hot waste water coming from houses and buildings.
10. Iceland has the largest open-air spa in the world.

F　次の英文を読み、設問に答えなさい。

The fight against Covid-19 is a fight against the *unknown. When this virus started, we knew almost (1) about it. There were no drugs or vaccines for this new virus. We did not know how many people would die from it. However, this is not the (2) global virus pandemic. There have been similar experiences over humanity's long history. The 1918 pandemic (the "Spanish flu") took the lives of tens of millions of people. Because of this history, (A) wanted / natural / it / most / that / was / to / people stop *social activities to fight the virus.

The media reported about the new coronavirus every day. (B) This made people's fear even greater. This fear was about (3) only our health, but also society. People worried, "If I get the coronavirus, what will (4) people think?" There were cases of "coronavirus harassment" in schools, workplaces and on social media.

Most of us avoided getting the coronavirus. We stayed in our homes and we kept our *distance from other people. We did not *have contact with large groups of people. Being careful in these ways kept us safer.

People had to work at supermarkets and restaurants because everyone needs (5). We throw out large amounts of *garbage, so there had to be people to take that away. Without these people, life would be difficult. And we also needed to help Covid-19 patients. We couldn't live without our doctors, (6) and other healthcare workers. (C) We need to be thankful for these people. They were just as *scared of the unknown virus (7) everyone else was.

＊注　unknown 未知の（もの）　social activity 社会活動　distance 距離
have contact with... …と接触する　garbage ごみ　scared 恐れる

1. 空所（１）～（７）に入れるのに適当な語を次より選びなさい。
as / nurses / other / first / last / food / nothing / anything / not / than

2. 下線部(A)を意味が通じるように並べ替えなさい。

3. 下線部(B)の内容を２５～３０字の日本語で説明しなさい（句読点は含みません）。

4. 下線部(C)を和訳しなさい。

5. 人々が新型コロナウイルスを恐れなくても済むように心掛けた３つの方法を日本語で述べなさい。

6.　次の一文は本文のどこに入りますか。入るべき個所の直後に来る文の冒頭の２語を解答欄に記入しなさい。

However, some people were not able to stay home.

7.　次の各文が本文の内容に一致するように選択肢 a ～ c より１つを選び、記号で答えなさい。

1.　There was a pandemic of a very deadly virus (a. about one hundred years ago　b. over the human history　c. almost every year). It killed tens of millions of people.

2.　(a. Very few of us　b. None of us　c. Almost all of us) were able to avoid getting the coronavirus.

3.　Life would be difficult if no one (a. thanks healthcare workers　b. works at supermarkets and restaurants　c. throws away large amounts of garbage).

【数　学】 (50分) 〈満点：100点〉

（注意）設問**1**，**2**は必答問題であり，**3**，**4**は選択問題です。選択問題は**3**，**4**のうち**いずれかを選択**して解答しなさい。ただし，設問**4**は「三平方の定理」の内容を含みます。

1 次の問いに答えなさい。

(1) $-\left(-2^3\right)+\left\{5+(-1)-(-4)^2\right\}\div\left(\frac{6}{5}\right)^2$ を計算しなさい。

(2) $x-\frac{3x-2y}{4}-y$ を計算しなさい。

(3) $\left(-\frac{2}{3}xy\right)^3\div\frac{4}{5}x^2y\div\left(-\frac{1}{3}xy\right)$ を計算しなさい。

(4) $(x-2y)(x-2y-7)+12$ を因数分解しなさい。

(5) 連立方程式 $\begin{cases}0.03x+0.07y=0.04\\ \frac{x-3y}{4}-\frac{2x+y}{3}=-1\end{cases}$ を解きなさい。

(6) x についての2次方程式 $x^2+2ax-a^2+17=0$ の1つの解が $x=2$ であるとき，もう1つの解を求めなさい。ただし，$a<0$ であるものとする。

(7) $a=\sqrt{3}+\frac{1}{\sqrt{2}}$，$b=\sqrt{3}-\frac{1}{\sqrt{2}}$ のとき，a^2+b^2+4ab の値を求めなさい。

(8) 関数 $y=ax^2$ において，x の変域が $-3\leqq x\leqq 2$ のとき，y の変域が $-3\leqq y\leqq 0$ であるという。このとき，a の値を求めなさい。

(9) $\sqrt{756n}$ が整数となるような，最も小さい自然数 n を求めなさい。

(10) 4人の生徒をA，B2つの部屋のいずれかに入れる方法は何通りあるか求めなさい。ただし，1人も入らない部屋は作らないこととする。

(11)　下の図のように，長方形の紙 ABCD を線分 EF を折り目として，点 A が辺 CD 上にくるように折り返した。∠A'EF = 59° のとき，∠x の大きさを求めなさい。

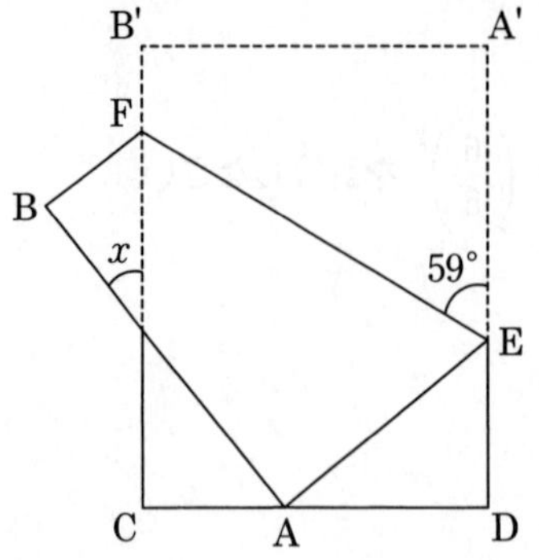

(12)　下の図で点 A から点 L は円周を 12 等分する点であるとき，∠x + ∠y + ∠z の大きさを求めなさい。

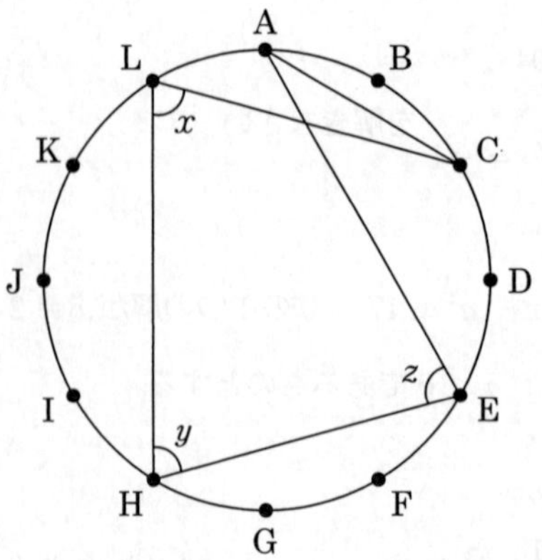

(13)　1 辺が 4 cm の立方体 ABCD - EFGH がある。点 M，N はそれぞれ辺 AD，AB の中点であり，この立体を 3 点 E，M，N を通る平面で 2 つに分ける。このとき，頂点 C を含む立体の体積を求めなさい。

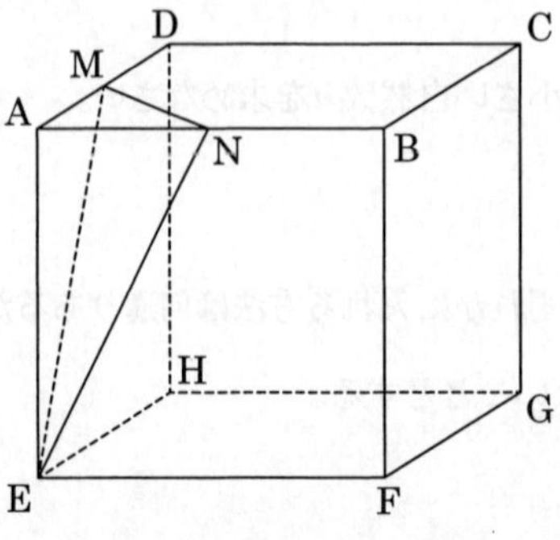

(14)　下の図において，四角形ABCDは平行四辺形であり，AD // EFであるものとする。

AE：EB＝4：3であるとき，GH：HFを最も簡単な整数の比で求めなさい。

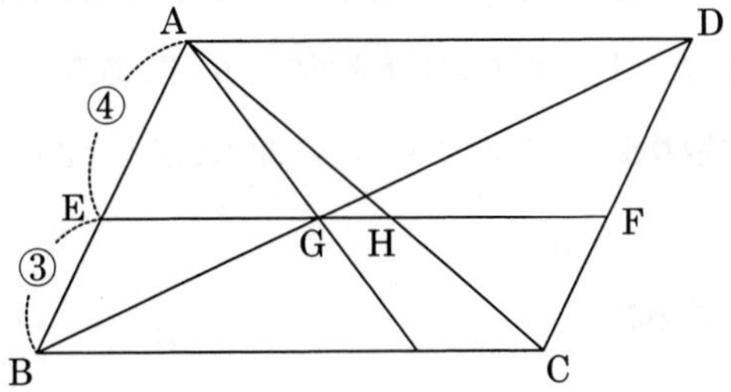

2　下の図のように，放物線 $y=ax^2$ と直線 ℓ が2点A，Bで交わっている。

点Bの座標が（3，3）のとき，次の問いに答えなさい。

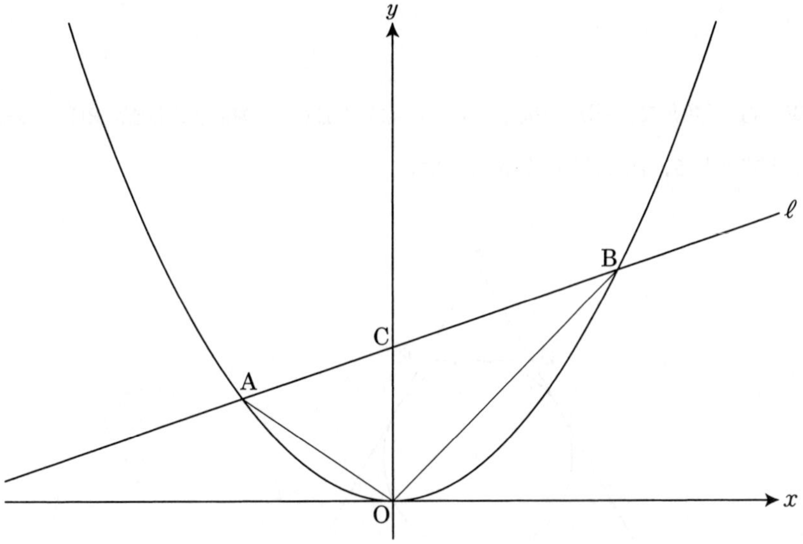

(1)　定数 a の値を求めなさい。

(2)　直線 ℓ と y 軸との交点をCとする。このとき，△OACと△OBCの面積の比が2：3となった。直線 ℓ の式を求めなさい。

(3)　(2)のとき，直線 ℓ の上側に点Dをとり，四角形OBDAが平行四辺形となった。点Dの座標を求めなさい。

【選択問題】設問3，4のいずれかを選択して解答しなさい。

3 袋の中に，500円硬貨1枚，100円硬貨2枚，50円硬貨2枚，10円硬貨2枚，メダル3枚の合計10枚のコインが入っている。ただし，メダルは価値がなく0円であるものとする。この袋から2枚のコインを同時に取り出す。このとき，次の問いに答えなさい。

(1) 合計金額が0円となる確率を求めなさい。

(2) 合計金額が550円となる確率を求めなさい。

(3) 合計金額が200円未満となる確率を求めなさい。

4 下の図の△ABCは正三角形で，円が内接している。線分DEは円の接線でDE // BCである。この円の半径をrとするとき，次の問いに答えなさい。

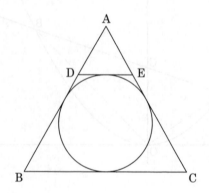

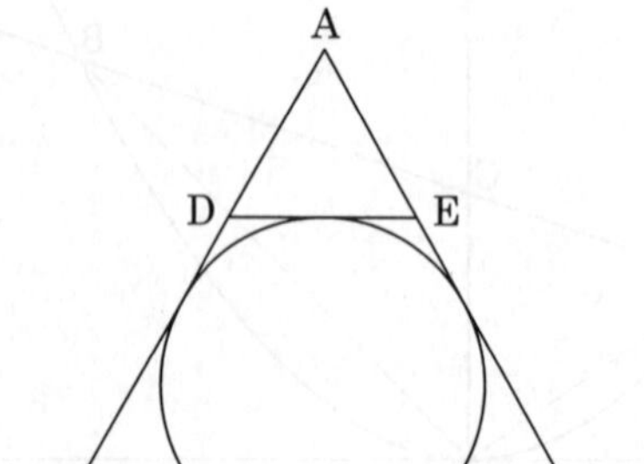

(1) 正三角形ABCの1辺の長さをrを用いた式で表しなさい。

(2) 線分DBの長さをrを用いた式で表しなさい。

(3) 台形DBCEの面積をrを用いた式で表しなさい。

※7　痴者…愚か者。

※8　人屋…牢獄。

※9　徳…ここでは富・財産のこと。

※10　司…官職。

問1　芥川龍之介は『宇治拾遺物語』等、古典の説話を題材にして、多くの作品を描いた。以下の選択肢から、芥川龍之介の作品ではないものを一つ選びなさい。

ア　「浮雲」　イ　「地獄変」　ウ　「羅生門」　エ　「鼻」

問2　傍線部A～Cの本文中の意味として、最も適切なものを以下から一つ選びなさい。

A　いくばくもなくして

ア　何気なく過ごしていると。

イ　少しの時もたたないうちに。

ウ　さらに貧しくなったところ。

エ　持ち物を失って。

B　思ひわびて

ア　謝って。　イ　悩んで。

ウ　気持ちをこめて。　エ　混乱して。

C　謀るなり

ア　素晴らしい。　イ　価値あることだ。

ウ　計画的である。　エ　だますのだ。

問3　傍線部①について、「この由」とは何か。その説明として最も適切なものを以下から一つ選びなさい。

ア　相手が賭け事で負け、金銭もないので、二千度も清水寺へお参りした御利益を渡されるという事情。

イ　清水寺へ二千度もお参りすることは、賭け事よりもはるかに良いことであるという言葉。

ウ　賭け事で負けた分の金銭はないものの、清水寺へ二千度お参りして得られた御利益だけは渡せないという気持ち。

エ　清水寺へ二千度お参りした意味は全くなかったので、双六でたくさん負けてしまったといういきさつ。

問4　傍線部②について、「それがし」とは誰のことか。最も適切なものを以下から一つ選びなさい。

ア　生侍　イ　同じやうなる侍

ウ　傍らにて聞く人　エ　仏

問5　傍線部③について、「まことの心」とは何か。最も適切なものを以下から一つ選びなさい。

ア　嘘をつかない正直な心。

イ　手間を惜しまない心。

ウ　仏の功徳を信じる心。

エ　人を思いやる優しい心。

基づいている美。

イ　外見や内面等、様々な観点から解釈することのできる、多元的に判断される美。

ウ　古くから現代まで途切れることなく続いてきた、普遍的に誰もが感じられる美。

エ　人や時代によって、対象の解釈が異なることを認める、寛容的な美。

(2)　多くの現代人が「制度的な美」へ回帰して行くのはなぜか。それを説明した次の文の空欄に当てはまる言葉を、本文中から十一字で抜き出し、初めの五字を答えなさい。

存在するものは皆、[十一字]を持つという考え方が理解できないから。

(3)　傍線部③と同じ論理は「美しさ」だけでなく、「人生」においても当てはまると本文から読み取れる。その時、「制度的な美」に相当する語句を、本文中から五字で抜き出しなさい。

問7　本文の内容に合致しているものとして、最も適切なものを以下から一つ選びなさい。

ア「自分とは関係のない他者」に対し、筆者が「醜い」と思わないのは、「醜い」という概念がそもそも相対的であるからである。

イ　人は、自分がどういう存在であるかイメージして生きているが、そのイメージは当然他者の意見と食い違うことがある。

ウ「自分の人生に失敗した」と言う人の多くは、その人が自分の作り上げる理想が高すぎるためである。

エ「性格美人」という言葉は、多くの人にとって美しくないが、美しく見える人もいる、というニュアンスが含まれている。

四　次の文章を読んで、後の問いに答えなさい。

今は昔、人のもとに宮仕えしてある※1生侍《なまさぶらひ》ありけり。する事のなきままに、※2清水《きよみづ》へ人まねして、※3千日詣を二度したりけり。その後Aいくばくもなくして、主のもとにありける同じやうなる侍と※4双六《すごろく》を打ちけるが、多く負けて、渡すべき物なかりけるに、いたく責めければ、B思ひわびて、「我持ちたる物なし。只今貯《たくわ》へたる物とては、清水に二千度参りたる事のみなんある。それを渡さん」といひければ、傍らにて聞く人は、C謀《はか》るなりと、※5をこに思ひて笑ひけるを、この勝ちたる侍、「いとよき事なり。渡さば得ん」といひて、「いな、かくては請《う》け取らじ。三日して、①この由《よし》を申して、おのれ渡す由の文書きて渡さばこそ請け取らめ」といひければ、「よき事なり」と契りて、その日より※6精進して、三日といひける日、「さは、いざ清水へ」といひければ、この※7痴者《しれもの》にあひたると、をかしく思ひて、悦《よろこ》びてつれて参りにけり。いふままに文書きて、御前にて師の僧呼びて、事の由申させて、「二千度参りつる事、②それがしに双六に打ち入れつ」と書きて取らせければ、請け取りつつ悦びて、伏し拝みまかり出でにけり。

その後、いく程なくして、この負侍、思ひかけぬ事にて捕へられて※8人屋《ひとや》にゐにけり。取りたる侍は、思いかけぬたよりある妻まうけて、いとよく※9徳つきて、※10司などなりて、頼もしくてぞありける。

「目に見えぬ物なれど、③まことの心を致して請け取りければ、仏、あはれと思しめしたりけるなめり」とぞ人はいひける。

（『宇治拾遺物語』より）

※1　生侍…年が若く、身分の低い侍。
※2　清水…清水寺。
※3　千日詣…神社や寺院に、千度参って祈願を込めること。
※4　双六…賭け事の一つ。
※5　をこに…ばからしく。
※6　精進…ここでは、身を清めて心を慎むこと。

うことです。どうも人間というものは、そうまでして「容貌の美しさ＝美人」という称号を手に入れたいものらしいです。

なんでそうまでして「②表相」にこだわるのかと言えば、「存在の美しさ」なんていうものが、「表現としては分かるが、実際にはよく分からないもの」だからです。そして、人間だけが「美しい」を発見して、「美しくない＝醜い」という判断をするものだからです。

それをするからこそ、「醜い」は生まれます。「醜い」と言われることを、人間は恐れます。「その人なりの美しさ」という言葉にうなずいて、「私には〝私なりの美しさ〟がある。だから私は美人だ」という短絡に走るのです。人がこうまで「美しさ」に縛られているのは、やはり、「美しい」が長い間「制度的」な存在だったからでしょう。

柳宗悦《やなぎむねよし》の「民芸運動」に代表されるような、「美しいのは特別なことではない。生活の中から生み出されたものは、それ自体が固有な美しさを持っている」という思想は、二十世紀になってからようやく生み出された思想なのです。「それ自体が固有な美しさを持っている」とは、すなわち、「存在に美醜はない。存在そのものは〝美しい〟という前提に立たなければならない」ということで、この発想自体がまだまだ新しいものなのです。

新しいから耳慣れない。馴染まない。それで人は、「古い時代の当然」をいとも簡単に選択してしまう。「美しい」が制度でありうるのなら、「美貌」とてまた、制度なのです。だからこそ「美人コンテスト」という、当人にとっては真剣、周りにすれば「お遊び」でしかないものもあります。ちょっとした贅沢が可能になっただけで、自分を、制度上はもう存在しなくなってしまっている「王侯貴族」の類と同一視して、③それがあった時代の「制度的な美」へと回帰して行く――そういう人はいくらでもいます。そうして、他との差異を言い立てて、「美しい」「美しくない＝醜い」を作り出す。人にとって、「美貌」というのもまた、貴族的な社会特権なのでしょう。

（橋本　治『人はなぜ「美しい」がわかるのか』より）

問1　空欄 I ・ II に当てはまる語として、最も適切なものを、以下からそれぞれ選びなさい。

I　ア　先天　イ　観念　ウ　現実　エ　一般

II　ア　最上　イ　仮　ウ　質　エ　虚構

問2　空欄 X に当てはまる語として、最も適切なものを、本文中から二字で抜き出しなさい。

問3　傍線部①について、その理由として最も適切なものを以下から一つ選びなさい。

ア　存在しているものは、そもそも美しさを前提にしているが、人はそれに気づくことができないから。

イ　他人の容貌を見て、その人が美人かどうか判断するように、外面的なものだけを人は重視するから。

ウ　人にとっての「醜い」とは、「存在」そのものではなく、他者の視点を前提にしないと成立しないものであるから。

エ　人は、自分がこうあるべき、という基準を自分の都合で作りだし、それに見合っているかどうかで美醜を判断するから。

問4　傍線部②について、「表相」とは、ここではどういう意味で使われているか。本文中から最も適切な語を抜き出しなさい。

問5　本文には次の文が抜けている。正しい箇所に戻した時、直後の文の初めの五字を答えなさい。

［だから、「存在の醜さ」を隠そうとして、「容貌の美しさ」に走るのです。］

問6　傍線部③について、以下の問いに答えよ。

(1)　「制度的な美」とは何か。その説明として、最も適切なものを以下から選びなさい。

ア　「美とはこういうものである」という固定的な価値基準に

三　次の文章を読み、後の問いに答えなさい。なお、出題の都合上一部本文を変更した箇所がある。

「自分とは関係のない他者」に対する私の反応は、「いきなり〝美しい〟と思う」と「いきなり〝美しい〟とは思わない」の二つに分かれます。分かれるとして、この二つだけです。「いきなり〝美しい〟とは思わない」に分類されたものが、その先「〝美しい〟と思える」になることもありますが、ならないこともあります。なぜそういう分かれ方をするのかと言ったら、私も人間で、私にも私なりの X があるからです。

私は、「いきなり〝美しい〟と思う」と「いきなり〝美しい〟とは思わない」の二つにだけ分けて、「美しい」と「醜い」という分け方はしません。なぜかと言えば、自然界に「危険なもの」はあっても、「醜いもの」は存在しないからです。①「醜い」は、人間にだけ関わるものなのです。

「存在に美醜はない」と言って、私は、「人間の存在にだけは美醜がある」と思います。なぜかと言えば、人だけが「自分の存在」を作るからです。

人間は、「自分の都合」を第一にして生きています。それはそれで仕方のないことですが、「自分の都合を第一にして生きる」とは、自分の責任で自分の人生を作り上げることであり、「自分という存在」を自分で作り上げることです。「自分の都合」とは、脳が勝手に決めた I 的なものですから、「自分の現実」とはずれていることがいくらでもあります。「ずれてはいない。これが自分の現実だ」と言ったとしても、そう言うこと自体が「自分の都合」かもしれません。「自分の都合」に従えば、「自分の現実」は、自分に相応の「あるがまま」かもしれませんが、でもそれは、他人の目からはまた違ったものになっているのかもしれません。「セルフイメージ」というのが、他人の見た目とは違う自分独特のものになっているのは、人が「自分の都合」を第一にして生きるからです。

「自分の人生に失敗した」と言う人もいます。「失敗した」と言って自殺をしてしまう人もいます。しない人もいます。その人達が、本当に「自分の人生に失敗した」であるかどうかは分かりませんが、そういう判断が生まれるということは、「自分の失敗しない人生」がどのようなものであるかを想定している、ということです。つまり、人間は自分の人生のあり方を、自分で判断するのです。「かくもあらん、かくもあってしかるべき」と、自分の人生を作ろうとします。「存在」は、人生の一点です。人間は、自分の「存在」を作り、人生を作るのです。更にはその上で、批評さえも求めます。つまり、「他人の判断を仰ぐ」です。

（中略）

人の「存在」の美醜は、容貌とは直接に関係がありません。自分の容貌をどのように解釈するかが「人の都合」で、人の美醜はその下にあります。だから、「美しい容貌を持つ、存在が醜い人」というのは、ちゃんといます。「こないだまでは〝いい〟と思っていたのに、最近はちっともいいとは思えない」と人に対して思うようになったら、その人の「存在」が醜くなったか、その人の「存在」をあなたが「醜い」と思うようになったかのどちらかです。「存在」という言葉がややこしかったら、「ありよう」というルビをお振り下さい。

世間には「性格美人」という言葉もあって、この言葉の意味するところは、「容貌は美しくないが、存在は美しい」であろうと思いますが、だったらそれは、「魅力的」とか「愛嬌がある」ですむことです。そこに「美人」という言葉を組み込んでいるところに、なんらかの下心を感じます。「美人」というのは、所詮《しょせん》「容貌が美しい」で、「容貌が美しくない」を前提とする人が、一周遅れで「容貌の美しい人」という称号を獲得しようとしているところが浅薄です。つまり、「性格美人」という言葉には、「〝容貌は美しくないが存在は美しい〟という II の容貌の美しさを狙う存在の醜さ」が隠されているとい

ことを知るのだ。

（小川洋子『完璧な病室』より）

※1 私生児…結婚していない男女の間に生まれた子。
※2 アル中…「アルコール中毒」の略。
※3 その頃の～…現在高校生である「純」は、水泳の飛び込み競技選手である。

問1 波線部a～dのうち、文法的に他と性質の異なるものを一つ選びなさい。

問2 傍線部A～Cの本文中の意味として、最も適当なものを以下から一つ選びなさい。

A とりとめのない
ア はっきりとしない。　イ 手が届かない。
ウ 予想できない。　エ 解決しない。

B よじれさせている
ア 感情移入しやすくさせている。
イ 複雑な状態にさせている。
ウ 間違った方向に向かわせている。
エ 心配を多くさせている。

C 健気な
ア 心がけが良い。　イ 健康的な。
ウ 大人びた。　エ 今よりも優れた。

問3 空欄 X ・ Y にあてはまる言葉の組み合わせとして、最も適切なものを以下から一つ選びなさい。
ア X さらり　Y ざっくり
イ X さらり　Y すっきり
ウ X ふわり　Y すっきり
エ X ふわり　Y ざっくり

問4 傍線部①について、どうして現在も「わたしの不思議」があるのか。孤児たち、両親がそれぞれどうしているからかを踏まえて、四十字以内で説明しなさい。

問5 傍線部②・③について、「アルバム」を見る「わたし」の描写から読み取れる心情を表現した語として、最も適切なものを以下から一つ選びなさい。
ア 葛藤　イ 羨望　ウ 憤慨　エ 孤独

問6 傍線部④について、わたしのこの「記憶」は本文中ではどこからどこまでか。初めと終わりの五字をそれぞれ抜き出しなさい。ただし、句読点・記号も字数に含める。

問7 傍線部⑤について、この時の「わたし」の心情の説明として、最も適切なものを以下から一つ選びなさい。
ア 生い立ちのせいで、自身の家族像が非常に曖昧である状況に対しあれこれと思索するが、結局打破することはできないとやりきれなさを感じている。
イ 父母から、家族らしい愛情を受けることなく育ったことを悲しむとともに、そのことについて昔からくよくよといつまでも思い悩む自分を情けなく思っている。
ウ 家が孤児院であるという環境は変えられないが、それでも家族について理解しようと努力しようと、現状を受け入れ、肯定していくしかないと前向きに捉えている。
エ よその家族と異なる周囲の状況に不満を抱きつつも、他者を責めても解決しないと理解しているため、運命をあまり悲観しないようにしている。

――ここにいる純はいったい誰なんだろう。ある日突然やってきて、わたしと一緒に住んでいる。兄弟でもないのに。純だけじゃない。わたしの家にはあやふやな他人がいっぱいいて、家族のように振る舞っている。本当は父さんと母さんの三人家族のはずなのに。どこかよその家と違っている。よその家族と違っている。――

わたしの気持ち悪さはだんだんに、具体的な不思議になってわき出してきた。わたしはもっとたくさんミルクの出そうな太い枝を折って、切り口を純の唇に塗り付けた。純は眉間に少し皺《しわ》を寄せながら、唇をなめた。

①あれからずっと、わたしの不思議は消えずに連なっている。家族とか家庭とかいう言葉を耳にした時、それだけが特別仕立ての言葉のように思えて、どうしても X と聞き流せない。けれど実際手にとってみると、言葉の中身は空洞で、空缶のようにカラカラとわたしの足元を転がってゆく。

父と母は、神と信者の間を取り次ぐ教会の先生で、ひかり園の園長だ。ひかり園は孤児院で、わたしはひかり園で生まれた孤児じゃない唯一の子供。このことが、わたしの家をひどく B よじれさせている。

わたしは自分に取りついている気持ち悪さを確かめるかのように、時々遊戯室の本箱の一番下の段に並んでいるアルバムを開く。床に散らばった絵本や積み木の間に横坐りして、適当な一冊を取り出す。写真はどれも、ひかり園の行事の時に撮ったもの。お花見、潮干狩、バーベキュー大会、そしてぎんなん拾い。どの写真にも孤児があふれている。遠足の時に写すクラスの集合写真のように、子供の顔が並んでいる。②彼らの中に、わたしは紛れている。学校の遠足なら、終わればみんなバラバラに家へ帰るけれど、孤児たちはひとかたまりになってまたひかり園に戻ってくる。わたしの周りから孤児がいなくなることはない。

父と母は大抵、孤児たちの後ろで笑っている。父の笑いはもの静かで無傷で平等で、やはりどことなく儀式めいている。彼の生活の大部分は祈りの儀式で占められているのだから、それは仕方のないことだ。彼はほとんどいつも、神聖で退屈なお祈りの時間の中にいるのだ。③礼拝用の長椅子から神壇を眺める時のような目で、わたしは写真の父を見る。

わたしは無表情でアルバムをめくる。集合写真ばかりの代わり映えのしない写真を眺める。出生時の体重や身長の記録もない、墨でとった足形もない、親子三人のスナップもないアルバムを、切ない気持ちで眺める。そしてアルバムを閉じるパタンという音を、自分の家が孤児たちの間で押し潰される音のように聞く。

いっそのことわたしも孤児だったらよかったのに、と思うことがある。ひかり園にあふれているいろいろな種類の不幸、アル中の母親、殺人犯の父親、死に別れ、捨て子、どれか一つでいいからわたしの物だったらいいのに。そうしたら、わたしも立派な孤児になれる。二人の園長を本当の両親だと思うように努力したり、できるだけいい家にもらってもらえるように無邪気さを装ったり、そんな C 健気《けなげ》な自分をいとおしく思うことができる。この方が、人生としてはずっと Y している。

④潰れた井戸に生えた無花果の記憶の中から、わたしはずっと天使のようにいちずに願い続けている。ありふれていて、まわりくどくなくて、ひっそりとした家を。

純がロッカー室に消えて、プールの水面が静まっていくのを見ながら足元の学生鞄を持ち上げる時や、競技会に出掛けた純が緑の闇を踏み分けて帰ってくる音を、聞き逃さないようにじっと待っている日曜日の夜、自分の願いが霞《かすみ》のように蒸発してゆくのを感じる。淋しいという程きつい気持ちの時ではなく、とりとめもなく胸がきしむような時、わたしの純粋な願いはゆらゆらと立ち昇って手触りがなくなってしまう。

わたしは手探りしながら、どうしようもできないことを知る。世の中には沢山のどうしようもできないことがあって、⑤わたしにとっての一番のどうしようもできないことが、ひかり園なんだという

二〇二一年度 江戸川女子高等学校

【国語】（五〇分）〈満点：一〇〇点〉

一

A・Bのいずれかを選択して答えなさい。ただし、両方解答した場合は採点しないものとする。

A 傍線部を漢字に直せ。

① クレナイの炎。
② メンミツな計画を練る。
③ この神社はケイダイが大きい。
④ トツジョの雷に皆が驚く。
⑤ 地獄のサタも金次第。

B 次の①～⑤の外来語を漢字で表すとどうなるか。空欄に当てはまる一字を漢字で書きなさい。

① アイロニー → □肉
② バーチャル → 仮□
③ リズム → 調□
④ モラル → □理
⑤ シンボル → □徴

二

次の文章を読み、後の問いに答えなさい。なお、出題の都合上、一部本文を変更した箇所がある。

　自分の中にある古い記憶を整理して順番に並べると、一番最初の記憶が一番鮮やかなフィルムで焼き付けられていることに気づく。日差しのきつい初夏の午後だった。わたしは純と二人、裏庭の井戸のところで遊んでいた。井戸はもうずっと以前に土で埋められていて、そこに一本の無花果《いちじく》が植わっていた。純もわたしも四つか五つだったから、純はひかり園に引き取られてまだ間がない頃だ。純は※1私生児だったが、母親が※2アル中ですっかりaだめになってしまい、ある熱心な信者さんのbつてでひかり園にやってきたのだ。

　わたしは無花果の枝を折って、そこからにじみ出てくる白い不透明な液を眺めていた。触れるとそれは思った以上に粘り気があり、指先に絡みついてきた。わたしはもう一本枝を折りながら純に言った。

「さあ、ミルクの時間ですよ。」

　わたしは膝の上に純を坐らせ、肩に手を回して、もう片方の手で無花果の枝を純の唇の間に差し込んだ。※3そのc頃の純の身体には、透明なプールの水に包まれて光っている筋肉のラインを思い起こさせるような部分は、どこにもなかった。腕の中には、ただ平凡な幼児の柔らかさがあるだけだった。純は本当の赤ん坊と同じように、唇をすぼめてちゅうちゅう音をたてた。両手でわたしの手を包んで、哺乳ビンをつかむ真似までしてみせた。無花果のミルクは、苦い土のd匂いがした。

　その時わたしは不意に、何かAとりとめのない気持ち悪さが自分に取りついているのを感じた。それが最初だった。無花果のミルクとか純の身体の柔らかさとかが、その何かを引き起こしたのかもしれなかった。それとももっと以前、もしかしたら生まれる前から、気持ちの悪い何かがまつわりついていたのかもしれなかった。

英語解答

〔放送問題〕

A　1　climb　2　university
3　swim　4　purple
5　friend

B　1　c　2　c　3　b　4　a
5　a

C　1　spring　2　surprised
3　bread　4　popular
5　usually　6　weekends
7　vacation　8　a
9　shoes　10　friendly

D　①　2019　②　1.52　③　60
④　2　⑤　120万　⑥　1/3
⑦　10億　⑧　半分　⑨　ほぼ全て
⑩　足　⑪　食物　⑫　専門家
⑬　CO_2

E　A　×　B　○　C　○　D　×
E　○　F　○　G　○　H　×

〔読解問題〕

A　1　runner　2　junior
3　dictionary　4　hospital
5　late

B　1　hear→hearing
2　carry→carry it　3　of→for
4　are→is　5　mailing→to mail

C　1　left for school as soon as I finished
2　Thank you very much for seeing us off
3　but she doesn't use either of them very
4　The students were getting more and more nervous
5　asked me what I wanted for my birthday
6　that he started college at the age of

D　1　1　anywhere　2　before
3　first　4　sounds
5　from
2　What are you going to do

E　1　○　2　×　3　×　4　○
5　○　6　○　7　×　8　○
9　×　10　○

F　1　1　nothing　2　first
3　not　4　other
5　food　6　nurses
7　as
2　it was natural that most people wanted to
3　(例)メディアが新型コロナウイルスについて毎日報道したこと。(27字)
4　我々はこれらの人々に感謝しなくてはならない
5　自分の家にいる，他人と距離を保つ，大人数の人との接触を避ける
6　People had
7　1　a　2　b　3　b

A～E〔放送問題〕放送文未公表

A〔単語の関連知識〕

1．ski「スキーをする」と skier「スキーヤー」は，「～する」と「～する人」の関係なので，run「走る」の場合は runner「走者」になる。

2．old「年老いた」の対義語が young「若い」なので，senior「年上の」の対義語である junior「年下の」が適切。

3．たくさんの photo「写真」を入れたものが album「アルバム」だとすると，たくさんの word「単語」を入れたものは dictionary「辞書」になる。

4．student「生徒」は school「学校」に，nurse「看護師」は hospital「病院」にいる。

5．fast「(速度が)速い，速く」の対義語が slow「(速度が)遅い，遅く」なので，early「(時間が)早い，早く」の対義語である late「(時間が)遅い，遅く」が適切。

B〔誤文訂正〕

1．look forward to ～ing で「～するのを楽しみにする」。この to は前置詞なので，後にくる動詞は動名詞(～ing)になる。　「あなたからすぐに便りがもらえるのを楽しみにしています」

2．‘so ～ that …’「とても～なので…」の文。that 以下は独立した文なので，carry の目的語として this desk を受ける it が必要。　「この机はとても重いので，私はそれを運べない」

3．‘It is ～ for＋人＋to＋動詞の原形’「〈人〉にとって…することは～だ」の文。‘～’の部分にくる形容詞が‘人の性質’を表す場合，for の代わりに of が用いられるが，necessary はこれに当てはまらない。　「あなたがその地域で英語を話す必要はない」

4．主語は動名詞(～ing)のまとまりで，これは3人称単数扱いになるので，be動詞は are ではなく is になる。　「速いスピードで30分歩くことは，健康によい」

5．forget ～ing は「～したことを忘れる」。ここでは，forget to ～「(これから)～するのを忘れる」の形が適する。　「今朝学校へ行く途中でこの手紙を投函するのを忘れないでください」

C〔整序結合〕

1．I left for school.「私は学校へ向かった」が文の骨組み。「～するとすぐに」は‘as soon as＋主語＋動詞’で表す。　I left for school as soon as I finished breakfast.

2．Thank you for ～ing「～してくれてありがとう」の形を使い，これを very much で強調する。「～を見送る」は see ～ off。　Thank you very much for seeing us off at the station.

3．either は「どちらか」という意味だが，否定文 not ～ either では，「どちらも～ない」という意味になる。them「それら」は2台のパソコンを指しており，そのうちの「どちらも」を表す either of them を she doesn't use の後に続ける。「あまり(頻繁に)～しない」は not ～ very often。　She has two PCs, but she doesn't use either of them very often.

4．主語は The students。動詞のまとまりとして were getting とつなげると，「～になりつつあった」という進行形ができる。「ますます～」は‘比較級＋and＋比較級’。前に more をつけて比較級にする形容詞の場合は，‘more and more＋形容詞’の形になる。　The students were getting more and more nervous.

5．‘ask＋人＋物’「〈人〉に〈物〉を尋ねる」の文。‘物’に「誕生日に何が欲しいのか」がくる。「(私は)誕生日に何が欲しいのか」は‘疑問詞＋主語＋動詞...’という間接疑問の語順で表す。　My mother asked me what I wanted for my birthday.

6．They say that ～「～と言われている」で始め，that の後は「大学に入学した」を「大学を始めた」と考えて he started college と続ける。「～歳で」は at the age of ～。　They say that he started college at the age of forty.

D〔長文読解総合―対話文〕

≪全訳≫❶ナンシー(N)：はあい，ジャック。休日は楽しみ？❷ジャック(J)：うーん。そうでもないよ。どこにも行かないし。君は？❸N：私は2週間ナナイモへ滞在しに，バンクーバー島へ行くの。❹J：前にカナダへ行ったことがあるの？❺N：ううん。初めて。❻J：そこでは何をする予定なの？❼N：ナナイモ浴槽レースを見るつもりよ。❽J：浴槽レース？❾N：ええ，そこの夏のイベントよ。人が浴槽に乗って港を横切るレースをするの。❿J：おもしろそうだね。いつ始まるの？⓫N：7月22日から25日までよ。⓬J：4日間のレース？⓭N：ううん。レースは25日。コンサートや子どものカーニバル，大がかりな花火大会もあるのよ。

1＜適語補充＞**1**．休日の予定は特にないという発言に続く内容なので，どこにも行かないのだと推測できる。　**2**．「～に行ったことはあるか」という‘経験’を問う現在完了の文なので，before「前に」が適する。　**3**．カナダに行ったことはないと言っているので，今回が初めてだとわかる。　**4**．That sounds ～. で「～そうですね」という意味。　**5**．続けてジャックが「４日間のレース」と言っているので，「22日から25日まで」とするのが適切。 from ～ to ...「～から…まで」

2＜条件作文＞次のナンシーの返答から，滞在先で何をする予定かを尋ねる文が適切。be going to ～ を用いた疑問文にする。

E〔長文読解─内容真偽─説明文〕

≪全訳≫❶アイスランドは北ヨーロッパにある小さな島国だ。多くの活火山と温泉のある火山島だ。国土の約10パーセントが氷で覆われているので，この国は「火と氷の地」と呼ばれている。❷アイスランドには自然のエネルギー源がほとんどなく，ちょうど今日の日本と同じように，昔は石油や石炭の輸入に頼っていた。現在，この国ではもはや化石燃料を使わず，原子力発電所もない。その代わりに，多くの方法で地熱エネルギーを利用している。アイスランドの電気の約30パーセントは地熱エネルギーに由来し，残りの70パーセントは水に由来する。地熱エネルギーと水は，クリーンなエネルギー源だ。それらはほとんど二酸化炭素を排出しない。❸地熱エネルギーは，家や建物を温めるのにも使われている。アイスランドのほとんどの家や建物には，暖房システムがある。このシステムは，熱い地下水，あるいは地熱発電所から出る熱い排水の熱を使っている。❹熱い排水は，旅行業の役にも立っている。ブルーラグーンはスヴァルスエインギ地熱発電所からの熱い排水を利用した温泉で，世界最大の露天温泉だ。毎年，約70万人がこの温泉に行く。

1．「アイスランドはヨーロッパにあるが，大きな国ではない」…○　第１段落第１文に一致する。
2．「アイスランドはその気候から『火と氷の地』と呼ばれている」…×　第１段落第２，３文参照。「気候から」ではなく「地理から」が正しい。　**3**．「アイスランドには自然のエネルギー源が多い」…×　第２段落第１文参照。　**4**．「日本はエネルギー源を石油と石炭の輸入に頼っている」…○　第２段落第１文に一致する。　**5**．「アイスランドは現在，石油も石炭も使っていない」…○　第２段落第２文に一致する。　**6**．「アイスランドの電気の半分以上が水由来のものだ」…○　第２段落第４文より，70パーセントが水由来とわかる。　**7**．「地熱エネルギーは二酸化炭素を全く出さないので，クリーンだ」…×　第２段落最終文参照。emit little carbon dioxide とある。
8．「アイスランドのほとんどの家は，地熱エネルギーで温められている」…○　第３段落第２，３文に一致する。　**9**．「地熱発電所は家や建物から出る温かい排水を使う」…×　第３段落最終文参照。地熱発電所から出る温かい排水を，家や建物が利用しているので，逆である。　**10**．「アイスランドには世界最大の露天温泉がある」…○　最終段落第２文に一致する。

F〔長文読解総合─説明文〕

≪全訳≫❶Covid-19との闘いは，未知との闘いである。このウイルスが出始めたとき，私たちはそれについてほとんど何も知らなかった。この新しいウイルスに効く薬もワクチンもなかった。そのウイルスのせいで何人の人が亡くなることになるのかもわからなかった。しかし，これが初めての世界規模のウイルス大流行ではない。人類の長い歴史の中で，似たようなことはあった。1918年の大流行（「スペイン風邪」）は，何千万人もの命を奪った。この歴史のせいで，ほとんどの人がウイルスと闘うために社会活動をやめたいと思うのは当然だった。❷メディアは毎日，新型コロナウイルスについて報道した。このため，人々の恐怖はいっそう大きくなった。この恐怖は，自分たちの健康に対するものだけでなく，社会に対するものでもあった。人々は「コロナウイルスに感染したら，他の人はどう思うだろう」と心配した。学校や職場，ソーシャルメディア上で，「コロナウイルスハラスメント」の実例が見られた。❸私たちのほとんどはコロナウイルスに感染しないようにしていた。自宅にいて，他人と距離を保った。大人数との接触を避けた。こうした方法で気をつけることが，私たちをより安全に保った。❹$_6$しかし，家にいられない人もいた。みんな食べ物は必要なので，人々はスーパーマーケットやレストランで働かなければならなかった。私たちは大量のごみを捨てるので，それを持ち去ってくれる人が必要だった。こうした人がいなければ，生活は難しくなるだろう。私たちはまた，Covid-19の患者を助ける必要があった。私たちは医者や看護師，他の医療従事者なしで暮らすことはできなかった。私たちはこうした人々に感謝しなければならない。彼らも他のみんなと同じように，未知のウイルスを恐れていたのだから。

1＜適語選択＞1．直前に「未知との闘い」とあるので，ほとんど何も知らなかった，とするのが適切。　2．次の文で，過去に起きた世界規模のウイルス大流行について説明しているので，これが初めての大流行ではないことがわかる。　3．not only ～ but also ...「～だけでなく…も」　4．ウイルス感染について社会面での心配について述べている。次の文の「コロナウイルスハラスメント」より，他人がどう思うか心配しているとわかる。　5．人々がスーパーマーケットやレストランで働くのは，みんな食べ物が必要だからである。　6．「医者，(　　)，他の医療従事者」と医療に携わる人について述べているので，nurse「看護師」が適切。　7．as ～ as …「…と同じくらい～」　ここでは‘～’に形容詞 scared を修飾する語句として of the unknown virus が含まれている。

2＜整序結合＞文末の stop social activities to fight the virus「ウイルスと闘うために社会活動をやめる」の主語となりえるのは people。また，語群から it was natural that ～「～するのも当然だった」というまとまりがつくれるので，この後に‘主語＋動詞’を続ければよい。残った語の中に動詞 wanted があるので，to とともに people の後に続け，people wanted to とする。残った most は people の前に置き，「ほとんどの人々」というまとまりにする。　Because of this history, it was natural that most people wanted to stop social activities to fight the virus.

3＜指示語＞This は直前の文の内容を指しているので，これをまとめる。

4＜英文和訳＞need to ～「～する必要がある(しなくてはならない)」　be thankful for ～「～に感謝する」

5＜要旨把握＞第３段落第２，３文の内容をまとめる。

6＜適所選択＞挿入する文は「しかし，家にいられない人もいた」という意味。第３段落ではコロナウイルスの感染対策として，「家にいること」が挙げられている。また，続く最終段落では，「家にいられない人」，すなわちスーパーマーケットやレストランの従業員や医療従事者が取り上げられているので，この間に入れるのが適切。

7＜内容一致＞1．「(　　)，人を死に至らしめるウイルスの大流行が起きた。何千万人もの人が亡くなった」―a．「約100年前」　第１段落第７文参照。　2．「コロナウイルスの感染を避けることができる人は(　　)」―b．「誰もいなかった」　本文の内容から，未知のウイルスの大流行の中では，ウイルスに感染しないように気をつけていても，いつ感染するかもしれず，避けることができた人はいなかったと判断できる。　3．「誰も(　　)ことをしなければ，生活は難しくなるだろう」―b．「スーパーマーケットやレストランで働く」　最終段落第１，３文参照。

数学解答

1 (1) $-\frac{1}{3}$　(2) $\frac{x-2y}{4}$　(3) $\frac{10}{9}y$

(4) $(x-2y-3)(x-2y-4)$

(5) $x=-8,\ y=4$　(6) $x=4$

(7) 17　(8) $-\frac{1}{3}$　(9) 21

(10) 14通り　(11) 28°　(12) 225°

(13) $\frac{184}{3}\mathrm{cm}^3$　(14) 1：3

2 (1) $\frac{1}{3}$　(2) $y=\frac{1}{3}x+2$

(3) $\left(1,\ \frac{13}{3}\right)$

〔選択問題〕

3 (1) $\frac{1}{15}$　(2) $\frac{2}{45}$　(3) $\frac{7}{9}$

4 (1) $2\sqrt{3}r$　(2) $\frac{4\sqrt{3}}{3}r$　(3) $\frac{8\sqrt{3}}{3}r^2$

1〔独立小問集合題〕

(1)＜数の計算＞与式 $=-(-8)+(5-1-16)\div\frac{36}{25}=8+(-12)\times\frac{25}{36}=8-\frac{25}{3}=\frac{24}{3}-\frac{25}{3}=-\frac{1}{3}$

(2)＜式の計算＞与式 $=\frac{4x-(3x-2y)-4y}{4}=\frac{4x-3x+2y-4y}{4}=\frac{x-2y}{4}$

(3)＜式の計算＞与式 $=-\frac{8x^3y^3}{27}\times\frac{5}{4x^2y}\times\left(-\frac{3}{xy}\right)=\frac{10}{9}y$

(4)＜因数分解＞$x-2y=A$ とおくと，与式 $=A(A-7)+12=A^2-7A+12=(A-3)(A-4)$ と因数分解できる。A をもとに戻すと，与式 $=(x-2y-3)(x-2y-4)$ となる。

(5)＜連立方程式＞$0.03x+0.07y=0.04$……①，$\frac{x-3y}{4}-\frac{2x+y}{3}=-1$……②とする。①の両辺を100倍すると，$3x+7y=4$……①′　②の両辺を12倍して整理すると，$3(x-3y)-4(2x+y)=-12$，$3x-9y-8x-4y=-12$，$-5x-13y=-12$，$5x+13y=12$……②′となる。②′×3－①′×5より，$39y-35y=36-20$，$4y=16$　∴$y=4$　これを①′に代入すると，$3x+28=4$，$3x=-24$　∴$x=-8$

(6)＜二次方程式の応用＞$x^2+2ax-a^2+17=0$ に，解の $x=2$ を代入すると，$2^2+2a\times2-a^2+17=0$ が成り立つ。これを解くと，$4+4a-a^2+17=0$，$-a^2+4a+21=0$，$a^2-4a-21=0$，$(a+3)(a-7)=0$ より，$a=-3,\ 7$ となり，$a<0$ より，$a=-3$ である。$a=-3$ のとき，与えられた二次方程式は，$x^2+2\times(-3)\times x-(-3)^2+17=0$，$x^2-6x-9+17=0$，$x^2-6x+8=0$ となり，これを解くと，$(x-2)\times(x-4)=0$ より，$x=2,\ 4$ となる。よって，$x=2$ 以外のもう1つの解は $x=4$ である。

(7)＜式の値＞与式 $=a^2+2ab+b^2+2ab=(a+b)^2+2ab$ と変形する。$a=\sqrt{3}+\frac{1}{\sqrt{2}}$，$b=\sqrt{3}-\frac{1}{\sqrt{2}}$ より，$a+b=\sqrt{3}+\frac{1}{\sqrt{2}}+\sqrt{3}-\frac{1}{\sqrt{2}}=2\sqrt{3}$，$ab=\left(\sqrt{3}+\frac{1}{\sqrt{2}}\right)\left(\sqrt{3}-\frac{1}{\sqrt{2}}\right)=(\sqrt{3})^2-\left(\frac{1}{\sqrt{2}}\right)^2=3-\frac{1}{2}=\frac{5}{2}$ となるので，$a+b=2\sqrt{3}$，$ab=\frac{5}{2}$ を代入すると，与式 $=(2\sqrt{3})^2+2\times\frac{5}{2}=12+5=17$ である。

(8)＜関数─a の値＞関数 $y=ax^2$ において，y の変域 $-3\leqq y\leqq0$ より，y の値が0以下であるから，a は負の数であり，$y=ax^2$ のグラフは右図1のように，原点を頂点とする y 軸について線対称な下に開いた放物線である。この関数 $y=ax^2$ において，x の変域が $-3\leqq x\leqq2$ のとき，y の変域が $-3\leqq y\leqq0$ であることより，点 $(-3,\ -3)$ が関数 $y=ax^2$ のグラフ上にあるので，$-3=a\times(-3)^2$ が成り立つ。よって，$-3=9a$，$a=-\frac{1}{3}$ である。

図1

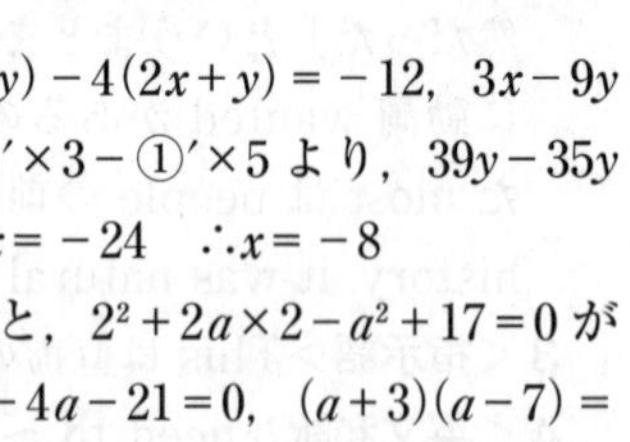

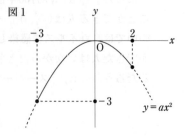

(9)＜**数の性質**＞$756=2^2\times3^3\times7$ より，$\sqrt{756n}=\sqrt{2^2\times3^2\times3\times7\times n}=6\sqrt{21n}$ と変形できる。よって，$\sqrt{756n}$ が整数となるような，最も小さい自然数 n は $n=21$ である。

(10)＜**場合の数—部屋割り**＞4人の生徒をA，B 2つの部屋のいずれかに入れるとき，(ア)Aの部屋に1人，Bの部屋に3人，(イ)Aの部屋に3人，Bの部屋に1人，(ウ)Aの部屋に2人，Bの部屋に2人，の3つの場合が考えられる。(ア)の場合，4人の生徒の中からAの部屋に入れる1人を選べばよいので，4通りの入れ方があり，(イ)の場合も同様に4通りある。(ウ)の場合，4人の生徒の中から，Aの部屋に入れる2人を選べばよく，1人目は4通り，2人目は残りの3通りずつあるが，1人目と2人目が入れかわってもAの部屋に入れる2人は同じなので，$\dfrac{4\times3}{2\times1}=6$(通り)ある。よって，4人の生徒を部屋に入れる方法は全部で，$4+4+6=14$(通り)ある。

図2

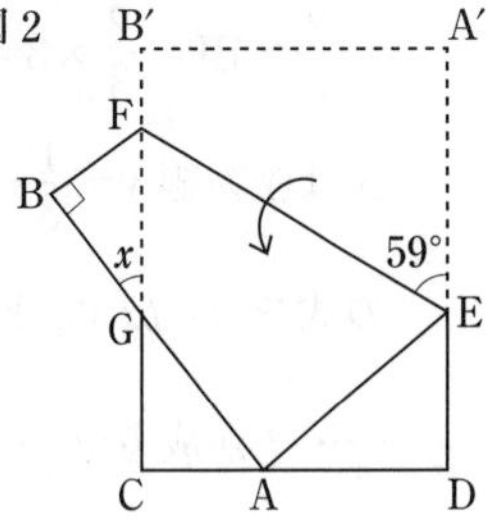

(11)＜**図形—角度**＞右図2で，FG∥A′Eの錯角より，$\angle\mathrm{GFE}=\angle\mathrm{A'EF}=59^\circ$ だから，$\angle\mathrm{B'FE}=180^\circ-\angle\mathrm{GFE}=180^\circ-59^\circ=121^\circ$ となる。また，長方形の紙ABCDを線分EFを折り目として折り返したものだから，$\angle\mathrm{BFE}=\angle\mathrm{B'FE}=121^\circ$ より，$\angle\mathrm{BFG}=\angle\mathrm{BFE}-\angle\mathrm{GFE}=121^\circ-59^\circ=62^\circ$ となる。よって，△BFGで内角の和より，$\angle x=180^\circ-\angle\mathrm{BFG}-\angle\mathrm{FBG}=180^\circ-62^\circ-90^\circ=28^\circ$ である。

図3

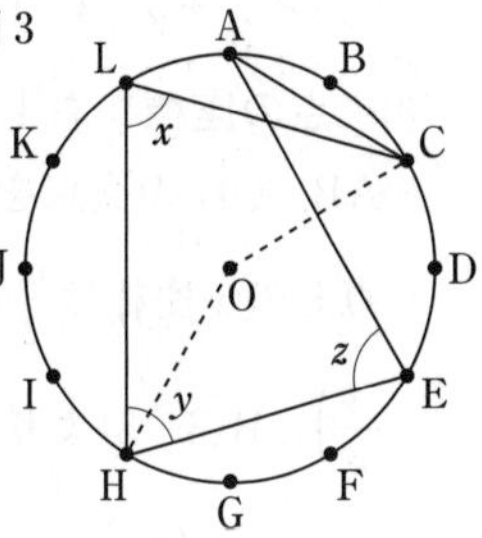

(12)＜**図形—角度—円周角**＞右図3のように，円の中心をOとする。点A～Lは円周を12等分する点であるから，$\overset{\frown}{\mathrm{CEH}}$ に対する中心角は，$\angle\mathrm{COH}=360^\circ\times\dfrac{5}{12}=150^\circ$ となり，円周角と中心角の関係より，$\angle x=\angle\mathrm{CLH}=\dfrac{1}{2}\angle\mathrm{COH}=\dfrac{1}{2}\times150^\circ=75^\circ$ である。また，$\overset{\frown}{\mathrm{EAL}}=\overset{\frown}{\mathrm{ALH}}=\overset{\frown}{\mathrm{CEH}}$ より，等しい弧に対する円周角は等しいので，$\angle y=\angle z=\angle x=75^\circ$ となる。よって，$\angle x+\angle y+\angle z=75^\circ\times3=225^\circ$ である。

図4

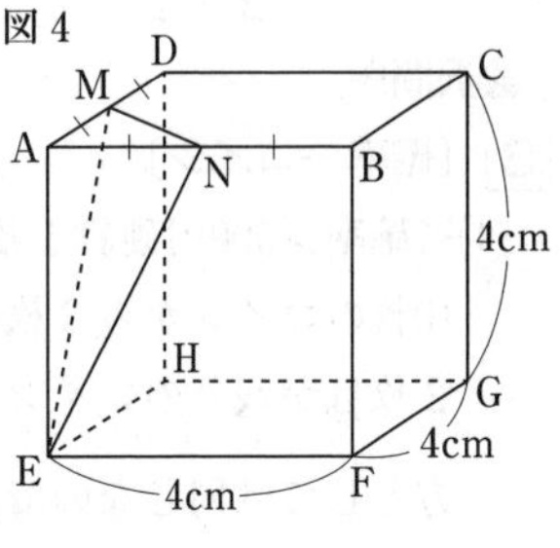

(13)＜**図形—体積**＞右図4の立方体を3点EMNを通る平面で2つに分けたときの，頂点Cを含む立体の体積は，立方体ABCD-EFGHの体積から，三角錐E-AMNの体積をひくことで求められる。立方体ABCD-EFGHの体積は，$4\times4\times4=64$ であり，点M，Nはそれぞれ辺AD，ABの中点であるから，$\mathrm{AM}=\mathrm{AN}=4\div2=2$ より，三角錐E-AMNの体積は，$\dfrac{1}{3}\times\triangle\mathrm{AMN}\times\mathrm{EA}=\dfrac{1}{3}\times\dfrac{1}{2}\times2\times2\times4=\dfrac{8}{3}$ となる。よって，求める体積は，$64-\dfrac{8}{3}=\dfrac{192}{3}-\dfrac{8}{3}=\dfrac{184}{3}(\mathrm{cm^3})$ である。

図5

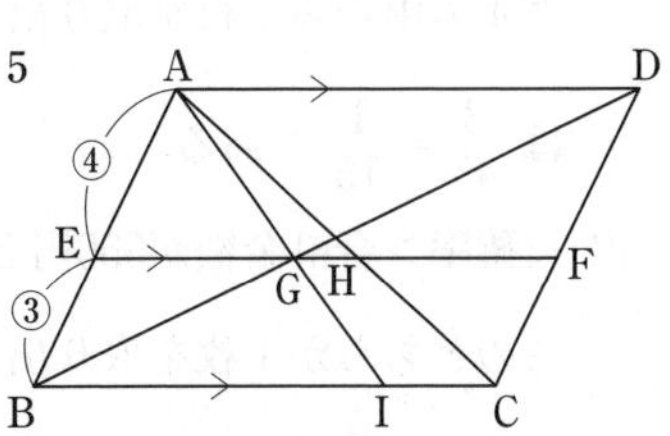

(14)＜**図形—辺比—相似**＞右図5のように，直線AGと辺BCとの交点をIとする。AD∥EF∥BCより，AE：EB＝DF：FC＝4：3である。GF∥BCより△DGF∽△DBCで，その相似比は，DF：DC＝4：(4＋3)＝4：7であるから，$\mathrm{GF}=\dfrac{4}{7}\mathrm{BC}$ となる。同様に，HF∥ADより△CHF∽△CADで，その相似比は，CF：CD＝3：(4＋3)＝3：7であるから，$\mathrm{HF}=\dfrac{3}{7}\mathrm{AD}$ となり，AD＝BCより，$\mathrm{HF}=\dfrac{3}{7}\mathrm{BC}$ である。よって，$\mathrm{GH}=\mathrm{GF}-\mathrm{HF}=\dfrac{4}{7}\mathrm{BC}-\dfrac{3}{7}\mathrm{BC}=\dfrac{1}{7}\mathrm{BC}$ となるから，$\mathrm{GH}:\mathrm{HF}=\dfrac{1}{7}\mathrm{BC}:\dfrac{3}{7}\mathrm{BC}=1:3$ である。

2 〔関数—関数 $y=ax^2$ と直線〕

≪基本方針の決定≫(2)　底辺を共有する三角形の高さの比は，面積の比に等しい。(3)　平行四辺形の２本の対角線はそれぞれの中点で交わる。

(1)＜aの値＞右図で，B(3, 3)が放物線 $y=ax^2$ 上にあることから，$3=a\times3^2$ が成り立ち，これより，$3=9a$，$a=\frac{1}{3}$ となる。

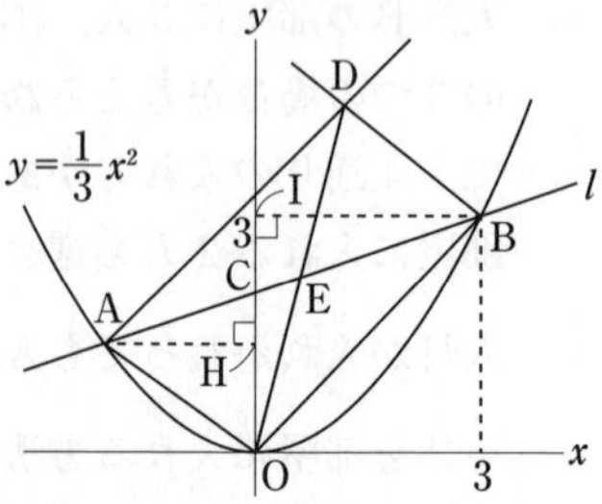

(2)＜直線の式＞右図のように，点A，Bからそれぞれ y 軸上に垂線AH，BIを引く。右図で，△OAC：△OBC＝2：3のとき，これらをOCを底辺とする三角形と見ると，AH：BI＝2：3であり，$\mathrm{AH}=\frac{2}{3}\times\mathrm{BI}=\frac{2}{3}\times3=2$ となるので，点Aの x 座標は -2 である。点Aは放物線 $y=\frac{1}{3}x^2$ 上の点だから，$y=\frac{1}{3}\times(-2)^2=\frac{4}{3}$ より，$\mathrm{A}\left(-2,\ \frac{4}{3}\right)$ である。ここで，直線 l の式を $y=px+q$ とおくと，点Aの座標より，$\frac{4}{3}=-2p+q$……①が，点Bの座標より，$3=3p+q$……②が成り立つ。②−①より，$3-\frac{4}{3}=3p-(-2p)$，$\frac{5}{3}=5p$　$\therefore p=\frac{1}{3}$　これを②に代入して，$3=3\times\frac{1}{3}+q$，$3=1+q$，$q=2$ となる。よって，直線 l の式は $y=\frac{1}{3}x+2$ である。

(3)＜点の座標＞右上図のように，平行四辺形OBDAの点Dの座標を $(m,\ n)$ とおき，２本の対角線AB，ODの交点をEとする。平行四辺形の性質より，点Eが対角線ODの中点であることから，点Eの x 座標は $\frac{m}{2}$，y 座標は $\frac{n}{2}$ と表せる。一方，点Eが対角線ABの中点であることから，$\mathrm{A}\left(-2,\ \frac{4}{3}\right)$，B(3, 3)より，点Eの x 座標は，$\frac{-2+3}{2}=\frac{1}{2}$，$y$ 座標は，$\left(\frac{4}{3}+3\right)\div2=\frac{13}{3}\times\frac{1}{2}=\frac{13}{6}$ となる。よって，$\frac{m}{2}=\frac{1}{2}$，$\frac{n}{2}=\frac{13}{6}$ が成り立つから，$m=1$，$n=\frac{13}{3}$ となるので，$\mathrm{D}\left(1,\ \frac{13}{3}\right)$ である。

〔選択問題〕

3 〔確率—コイン〕

(1)＜確率＞500円硬貨１枚，100円硬貨２枚，50円硬貨２枚，10円硬貨２枚，０円のメダル３枚の合計10枚のコインから２枚のコインを同時に取り出すとき，その全ての場合の数は，１枚目が10通り，２枚目が残りのコインの９通りあるが，１枚目と２枚目が入れかわっても２枚のコインの取り出し方としては同じなので，$\frac{10\times9}{2\times1}=45$(通り)ある。この中で，合計金額が０円となるのは，３枚のメダルの中から２枚を取り出すときだけなので，同様に，$\frac{3\times2}{2\times1}=3$(通り)ある。よって，求める確率は $\frac{3}{45}=\frac{1}{15}$ である。

(2)＜確率＞合計金額が550円となるコインの取り出し方は，500円硬貨１枚と，２枚ある50円硬貨のうちのどちらか１枚を取り出すときだけなので，全部で２通りある。よって，求める確率は $\frac{2}{45}$ である。

(3)＜確率＞２枚のコインを取り出した合計金額は，200円以上か200円未満のどちらかである。そこで，200円以上となる金額を考えると，(ア)600円，(イ)550円，(ウ)510円，(エ)500円，(オ)200円の５つの場合が考えられる。(ア)の場合，500円硬貨１枚と，２枚ある100円硬貨のうちのどちらか１枚，(ウ)の場合，500円硬貨１枚と，２枚ある10円硬貨のうちのどちらか１枚を取り出すときなので，(2)と同様に，(ア)，

(イ)，(ウ)はそれぞれ２通りある。(エ)の場合，500円硬貨１枚と，３枚あるメダルのうちの１枚を取り出すときだから３通りあり，(オ)の場合，２枚ある100円硬貨を２枚とも取り出すときだから１通りある。以上より，合計金額が200円以上となるコイン２枚の取り出し方は，$2\times3+3+1=10$(通り)あるので，合計金額が200円未満となるのは，$45-10=35$(通り)ある。よって，求める確率は $\frac{35}{45}=\frac{7}{9}$ である。

4 〔平面図形—正三角形と円〕

(1)＜**長さ—特別な直角三角形**＞右図のように，正三角形ABCに内接する円の中心をOとし，３辺BC，CA，ABと円Oとの接点をそれぞれP，Q，Rとする。△OAQと△OARにおいて，∠OQA＝∠ORA＝90°，OA＝OA，OQ＝OR＝r より，直角三角形の斜辺と他の１辺がそれぞれ等しいので，△OAQ≡△OARである。よって，直線OAは正三角形ABCの∠BACの二等分線となり，直線OAは辺BCを垂直に２等分する。これより，OA⊥BC，OP⊥BCより，３点A，O，Pは同一直線上にあり，点Pは辺BCの中点となる。同様に，３点B，O，Qも，３点C，O，Rもそれぞれ同一直線上にあり，点Q，Rはそれぞれ辺CA，ABの中点となる。また，∠OAR＝$\frac{1}{2}$∠BAC＝$\frac{1}{2}\times60°=30°$ より，△OARは３辺の比が $1:2:\sqrt{3}$ の直角三角形であるから，AR＝$\sqrt{3}$OR＝$\sqrt{3}r$ となり，AB＝2AR＝$2\times\sqrt{3}r=2\sqrt{3}r$ より，正三角形ABCの１辺の長さは $2\sqrt{3}r$ と表せる。

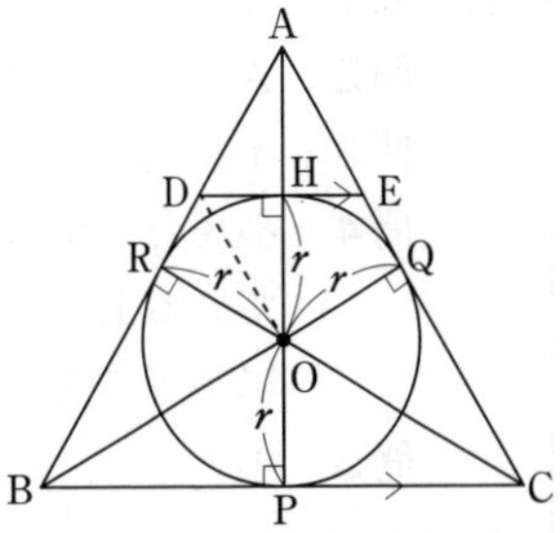

(2)＜**長さ—特別な直角三角形**＞右上図のように，線分DEと円Oの接点をHとすると，(1)と同様に，△OHD≡△ORDより，直線ODは∠BDEの二等分線であり，DE∥BCの同位角より，∠ADE＝∠ABC＝60°だから，∠ODB＝$\frac{1}{2}$∠BDE＝$\frac{1}{2}\times(180°-60°)=60°$ となる。また，∠OARと同様に，∠OBR＝30°だから，△OBDも△ORBもともに３辺の比が $1:2:\sqrt{3}$ の直角三角形となる。よって，OB＝2OR＝$2r$ より，DB＝$\frac{2}{\sqrt{3}}$OB＝$\frac{2}{\sqrt{3}}\times2r=\frac{4r\times\sqrt{3}}{\sqrt{3}\times\sqrt{3}}=\frac{4\sqrt{3}}{3}r$ と表せる。

(3)＜**面積**＞台形DBCEの面積は，$\frac{1}{2}\times$(DE＋BC)×HPで求められる。(1)，(2)より，AD＝AB－DB＝$2\sqrt{3}r-\frac{4\sqrt{3}}{3}r=\frac{2\sqrt{3}}{3}r$ となり，△ADEは正三角形だから，DE＝AD＝$\frac{2\sqrt{3}}{3}r$ と表せ，(1)より，BC＝$2\sqrt{3}r$ と表せる。また，HP＝2OH＝$2r$ である。よって，求める面積は，$\frac{1}{2}\times\left(\frac{2\sqrt{3}}{3}r+2\sqrt{3}r\right)\times2r=\frac{8\sqrt{3}}{3}r^2$ と表せる。

国語解答

一〔選択問題〕

A ① 紅 ② 綿密 ③ 境内
④ 突如 ⑤ 沙汰

B ① 皮 ② 想 ③ 子 ④ 倫
⑤ 象

二 問1 a

問2 A…ア B…イ C…ア

問3 イ

問4 孤児たちが家族のように振る舞っている上に，両親は私と孤児たちに平等に接するから。(40字)

問5 エ

問6 日差しのき～をなめた。

問7 ア

三 問1 Ⅰ…イ Ⅱ…ウ 問2 都合

問3 エ 問4 容貌

問5 「その人な

問6 ⑴…ア ⑵ それ自体が
⑶ 他人の判断

問7 イ

四 問1 ア

問2 A…イ B…イ C…エ

問3 ア 問4 イ 問5 ウ

一〔国語の知識(選択問題)〕

A＜漢字＞①他の訓読みは「べに」で，音読みは「紅白」などの「コウ」と，「深紅」などの「ク」。②詳しく細かいこと。③境界の内側，特に神社や寺院の敷地内のこと。④予兆なく物事が起こること。突然。⑤物事の善悪・是非などを論じ定めること。「地獄の沙汰も金次第」は，全て金の力で物事が決まる，という意味。

B＜語句＞①「アイロニー」は，皮肉のこと。②「バーチャル」は，実体を伴わないさま。仮想的。③「リズム」は，音楽における音の速さや強弱などの周期的な変化，調子のこと。④「モラル」は，倫理，道徳のこと。⑤「シンボル」は，象徴のこと。

二〔小説の読解〕出典；小川洋子『完璧な病室』。

問1＜品詞＞「だめ」は，形容動詞「だめだ」の連用形「だめに」の一部。「つて」「頃」「匂い」は，名詞。

問2＜語句＞A.「とりとめのない」は，はっきりとしたまとまりがないさま。B.「よじれる」は，ねじ曲げたような状態になる，という意味。C.「健気」は，心がけがよく，しっかりしているさま。

問3＜表現＞X.「家族」や「家庭」は，「わたし」にとって，こだわりなく聞き流すことのできない言葉である。Y. ほかの子と同じように自分も孤児であれば，「家族」について余計なことを考えずに気持ちよくいられると，「わたし」は考えている。

問4＜文章内容＞「わたしはひかり園で生まれた孤児じゃない唯一の子供」である。けれども，「わたし」の周りには常に孤児がいて，「家族のように振る舞っている」し，両親は「わたし」を特別扱いせず，「三人家族」として過ごすことがない。「わたし」は，自分の家族が「よその家族と違っている」という感覚を，ずっと持ち続けているのである。

問5＜心情＞アルバムの写真は集合写真ばかりで，父母が「わたし」と一緒に写っているのは，両親としてではなく，ひかり園の園長としてである。両親は，「わたし」を孤児と同じように扱い，「わたし」もまた，父を遠い存在として感じている。「わたし」は，「親子三人」の写真がなく，普通の家族とは違うことにさみしさや「切ない気持ち」を抱いているのである。

問6＜文章内容＞「井戸に生えた無花果」の記憶は，「わたし」と純が，四つか五つの頃で，「日差しのきつい初夏の午後」，井戸端で「わたし」が純に無花果の枝の液をミルクに見立てて飲ませたというものであり，枝の切り口を順の唇につけると，純は「唇をなめた」のであった。

問７＜心情＞「わたし」は，孤児院で育つ唯一の孤児じゃない子どもという立場ではなく，普通の家族の子どもでいたいと思っている。しかし実際には，自分の両親は孤児院の園長で，それは「どうしようもできないこと」であり，自分の願いがかなうことはないと，「わたし」は思っている。

三　**〔論説文の読解―哲学的分野―人間〕**出典；橋本治『人はなぜ「美しい」がわかるのか』。

≪本文の概要≫自然界に醜いものは存在しないが，人間の存在にだけは美醜がある。人間だけが「美しい」と「美しくない＝醜い」という判断をするものだからである。人間は，自分の都合を第一にして，自分の責任で自分の人生をつくり上げる。そして，自分の人生のあり方を自分で判断するばかりではなく，他人の判断を仰ぎ，また，批評することもある。人間が容貌の美しさという表相にこだわるのは，存在の美しさがわからないからであり，また美しいことが制度的な価値観に結びついていたからである。柳宗悦の民芸運動に代表される，美しいことは特別なことではなく，生活の中から生み出されたものは固有の美しさを持っているという思想は，二十世紀以降の新しいものであり，人間は，古い時代の制度的な価値観で自分の存在をつくろうとするのである。

問１．Ⅰ＜表現＞「自分の都合」とは，自分の人生に必要であると脳が考えたことであり，それは必ずしも他人の目から見た「自分の現実」とは一致しないのである。「観念的」は，具体的な事実に基づくのではなく，頭の中で考えられるさま。　**Ⅱ＜文章内容＞**「性格美人」という言葉が表しているのは，「容貌は美しくないが存在は美しい」ということであり，容貌という外見ではなく，中身である質の美しさを表す言葉である。

問２＜文章内容＞容貌の美醜が「人の都合」によるのと同じく，「私」が「“美しい”と思う」と「“美しい”とは思わない」の二つに分けるのは，「私」の「都合」によるのである。

問３＜文章内容＞人間だけが「『自分の存在』を作る」のである。人間は，自分の都合でつくり上げた自分の「存在」が，想定した「失敗しない人生」に沿っているかどうかを判断し，「存在」の美醜を判断するのである。

問４＜文章内容＞「表相」は，外面に表れているもののこと。人間が「容貌の美しい人」という称号を獲得したがるのは，「存在の美しさ」を理解しないからである。

問５＜文脈＞人間が「美しくない＝醜い」という判断をするから，「醜い」が生まれ，人間は「醜い」と言われることを恐れて，「醜さ」を隠そうとし，「『容貌の美しさ』に走る」のである。

問６＜文章内容＞(1)柳宗悦による「美しいのは特別なことではない」という民芸運動が起こるまで，「美しい」のは「特別なこと」であった。その「美しい」とは，そのもの自体が持っている「固有な美しさ」ではなく，「古い時代の当然」とされた基準に基づいたものである。　(2)「生活の中から生み出されたものは，それ自体が固有な美しさを持っている」という思想は，新しいものであるために理解されず，古い制度的な価値観に基づいて他との差異を言い立てて美醜をつくりだす人もいるのである。　(3)「自分の人生に失敗した」と言う人がいる。そういう人は，人生そのものを「美しい」と評するのではなく，人生にも美醜，すなわち成功と失敗があると考えているのであり，「他人の判断」によって，失敗と見なしているのである。

問７＜要旨＞「自分とは関係のない他者」を，「私」は，「いきなり“美しい”と思う」と「いきなり“美しい”とは思わない」の二つに分けて，「美しい」と「醜い」という分け方はしないが，それは，自然界に「醜いもの」は存在しないからである(ア…×)。人間は，自分の都合で自分の人生をつくり上げるものであるが，自分に相応の「あるがまま」は，他人から見たものとは違っているかもしれない(イ…○)。「自分の人生に失敗した」と言う人は，「自分の失敗しない人生」がどのようなものかを想定しており，その想定と違った場合に失敗と考えているのである(ウ…×)。「性格美人」という言葉は，「容貌は美しくないが存在は美しい」ということを表している(エ…×)。

四〔古文の読解—説話〕出典；『宇治拾遺物語』巻第六ノ四。

≪現代語訳≫今となっては昔のことだが，ある人の所にお仕えしている身分の低い若侍がいた。することもないので，清水寺へ人のまねをして，千日詣を二度していた。その後少しの時もたたないうちに，主人の所にいた同じような侍とすごろくを打ったが，大負けして，渡すべき物がなかったところ，(勝った侍が)ひどく責めたので，(若侍は)悩んで，「私が持っている物はない。ただいま蓄えている物といえば，清水寺に二千度参ったことだけである。それを渡そう」と言ったので，そばで聞いている人は，だますのだと，ばからしく思って笑っていたが，この勝った侍は，「とてもよいことだ。(二千度お参りしたことを)渡すならば受け取ろう」と言って，「いや，このままでは受け取るまい。三日(の間身を清めることを)して，このことを(清水寺の御前に)申し上げ，自分が渡すということを文書に書いて渡すならば受け取ろう」と言ったので，(負けた侍は)「いいだろう」と約束して，その日から身を清めて心を慎み，三日(経過した)という日に，(勝った侍が)「さあ，清水寺へ(行こう)」と言ったので，この負けた侍は，このような愚か者に会ったものだと，おかしく思って，喜んで(勝った侍を清水寺へ)連れて参詣した。(勝った侍の)言うように文書に書いて，(清水寺の)御前で身分の高い僧を呼んで，事の次第を言わせて，「(清水寺へ)二千度お参りしたことを，誰それにすごろくで(負けた代償として)渡した」と書いて(勝った侍に)渡したところ，(勝った侍は文書を)受け取って喜び，伏し拝んで退出した。／その後，少しの時もたたないうちに，この負けた侍は，思いがけないことで捕らえられて，牢獄《ろうごく》に入った。(文書を)取った侍は，思いがけない縁のある妻を得て，とてもよく財産もなし，官職にも就いて，裕福になった。／「目に見えない物であるけれども，誠実な心で(二千度参りを)受け取ったので，仏も，情け深くお思いになったのだろう」と人々は言ったものだ。

問１＜文学史＞『浮雲』は，明治時代に発表された，二葉亭四迷の小説。

問２＜現代語訳＞A.「いくばく」は，「いくばくも」の形で，下に打ち消しの語を伴うと，いくらも，大して，という意味。「なく」は，形容詞「なし」の連用形。「して」は，助詞で，ここでは状態を表す。全体で，いくらも(時間の経過が)なくて，つまり，いくらも時間がたたないうちに，という意味。　B.「思ひわび」は，動詞「思ひわぶ」の連用形で，思い嘆く，思い煩う，という意味。C.「謀る」は，だます，という意味の動詞「謀る」。「なり」は，ここでは断定を表す助動詞。全体で，だますのだ，という意味。

問３＜古文の内容理解＞負けた侍が，すごろくで負けて渡す物もないので，自分が清水寺へ二千度お参りしたことを勝った侍に渡すという経緯を，清水寺の御前に説明するように，勝った侍は要求したのである。

問４＜古文の内容理解＞勝った侍は，負けた侍に，清水寺へ二千度お参りしたことを，誰それにすごろくで負けた代償として渡したと，文書に書かせた。誰それとは，勝った侍のことであり，「生侍」がすごろくをした「同じやうなる侍」である。

問５＜古文の内容理解＞清水寺に二千度お参りしたことを渡すという話をそばで聞いていた人は，負けた侍がだまそうとしていると思った。しかし，勝った侍が清水寺の御前で経緯を申し上げて，その旨を書いた文書を受け取ると言ったのは，仏を信じる気持ちが強いからである。また，三日精進してから受け取るという点にも，勝った侍の信心深さが表れている。そのような仏を深く敬う気持ちが勝った侍にあったので，仏も情け深くお思いになり，勝った侍は良縁に恵まれたのである。

2020年度 江戸川女子高等学校（B推薦）

【英　語】リスニングは，英語科の受験生のみに出題されます。

リスニング　（30分）〈満点：100点〉〈編集部注：放送文は未公表につき掲載してありません。〉

（注意）放送終了後５分で解答用紙を回収します。

※試験開始５分後に英文が流れ始めます。それまでに問題を読んでおきなさい。また、問題はすべて２回読まれます。

A　ある英単語を説明する英文が５つ読まれます。その英文が表わす英単語を書きなさい。

B　６つの対話文とそれに続く応答の英文がａ～ｄまで４つ読まれます。２人の自然な会話になるように、最も適当なものを選び、記号で答えなさい。

C　英文を聞いて、空所に適語を入れなさい。答えはカッコ内のみ書きなさい。

One day I ①（　　　）（　　　）with my dog on a mountain. It was a fine day, and I felt good. My dog was running ②（　　　）and（　　　）around me. Suddenly he stopped and began to move very carefully. When I looked toward him, I saw a baby *sparrow ③（　　　）a（　　　）. It was so young that it couldn't yet move. My dog was going ④（　　　）（　　　）it. Just then the mother sparrow cried out, came down from the tree, and flew just under the ⑤（　　　）（　　　）. She wanted to help her baby. She did not think ⑥（　　　）（　　　）. To the sparrow the dog was a monster. ⑦（　　　）（　　　）the dog looked to the sparrow!

The mother sparrow was not afraid of anything, so she ⑧（　　　）（　　　）to fly down from the tree to the dog. Then my dog ⑨（　　　）（　　　）, and watched the bird for a while. Soon he began to move back. He must have felt that the sparrow was not afraid at all.

I was impressed that the mother bird was very brave. I knew she loved her baby deeply. I ⑩（　　　）my dog（　　　）and left.

＊注　sparrow　スズメ

D　英文を聞いて、設問に答えなさい。

1．次に読む英文が読まれた本文の内容に一致する場合は○、しない場合は×を答えなさい。
（No.1 ～ No.4）

2．本文の内容についての質問と答えが読まれます。最も適当な答えを選び、記号で答えなさい。
（No.5 ～ No.8）

ライティング　(50分)〈満点：100点〉

A　次の各組の単語について、1～3は下線部の発音が、4，5はアクセントの位置が他と異なるものを選び、記号で答えなさい。

1.	a. already	b. said	c. great	d. heaven
2.	a. price	b. introduce	c. ocean	d. percent
3.	a. energy	b. goal	c. giant	d. large
4.	a. ro-bot	b. a-gree	c. her-self	d. in-vent
5.	a. char-ac-ter	b. his-to-ry	c. prob-a-bly	d. suc-cess-ful

B　次の文の空所に与えられた語を正しい形（一語とは限らない）に変えて入れなさい。ただし、変える必要がないものはそのままの形を書きなさい。

1. Who is the (　　　) of this land?　[own]
2. Is that man dead or (　　　)?　[live]
3. You had better not (　　　) by his house so often.　[stop]
4. This morning I got up (　　　) in my family.　[early]
5. I don't feel like (　　　) tonight.　[study]

C　与えられた語（句）に1語追加して英文を作りなさい。ただし、文頭に来る語も小文字にしてあります。

1. あの4人の子供たちはこの女性によって育てられました。
(by, four, brought, those, this, up, woman, children).

2. 私が先週貸した小説を読み終わりましたか。
(you, novel, lent, week, last, finished, I, have, the, you)?

3. 彼女は彼がドアをノックするのが聞こえなかった。
(hear, door, didn't, on, knock, she, the).

4. 手遅れになる前に手を打つべきです。
(something, do, is, late, we, it, should, too).

5. 私たちの先生は実際より若く見えます。
(looks, she really, teacher, younger, our, is).

D　次の会話文を読み、設問に答えなさい。

Jim：Hello.
Yuri：Hi, Jim. This is Yuri.
Jim：Oh, hi, Yuri.
Yuri：You didn't come to（　ア　）today. What's the matter?
Jim：I caught a（　イ　）, so I stayed home.
Yuri：Oh, are you all right?
Jim：Yes. Thanks a lot. I think I can go to（　ア　）tomorrow.
Yuri：That's good news. Now I have something to tell you.
Jim：Oh, what is it?
Yuri：Well, we have decided to have reading time every Tuesday from tomorrow.
Jim：Really? What（　ウ　）will it be?
Yuri：It will be from eight twenty to eight thirty-five, and each of us should bring a（　エ　）we want to read.
Jim：O.K.
Yuri：I have another thing to tell you. Tomorrow the first class will be math, not English, and（t　オ　）class will be science, not music.
Jim：I see. Then I have to do my（　カ　）for math today.
Yuri：Yes. Good luck and see you tomorrow.
Jim：電話ありがとう。 See you.

1. 空所ア～カに適語を入れなさい。ただし、同じ記号のところは同じ単語が入ります。また、最初の文字が示されている単語もあります。

2. 下線部を英語**4語**で書きなさい。

E　次の英文を読み、後の英文が本文の内容に一致する場合は○、しない場合は×を書きなさい。ただし、すべて同じ記号にした場合は得点としません。

The Apollo 11 spacecraft landed on the Moon in July 1969. In the next three years, people walked on the Moon's surface six times. But no one has walked on the Moon since 1972. Now, 50 years after the first Moon landing, humans are going back there.

In recent years, private companies have been working on space projects. Jeff Bezos, the founder of Amazon, started a space *exploration company called Blue Origin. One of his goals is to lower the cost of sending people to space. In May 2019, his company announced the development of the Blue Moon spacecraft. Bezos says that he thinks it will be possible to take people to the Moon in the 2020s. And he wants people to be able to stay there for a few days.

Another reason that people are interested in the Moon is its *resources. Many scientists believe that there is water on the Moon, but we do not know what other resources there are. If we can explore the Moon, we may be able to find valuable resources. Developing the Moon's resources is also the goal of a Japanese company called ispace. It wants to do business in space to make people's lives better on Earth.

Recently NASA announced it wants to build Gateway, a space station that goes around the Moon. It will be used as a base for spacecraft going to the Moon. It will also be a place for people to train to live on other planets for a year or more. If we develop the Moon in the future, people will need to be able to live there for a long time. The plan is for the U.S. to work together with other countries, such as Japan and Russia. The U.S. hopes to put people back on the Moon in the 2020s.

*注　exploration 探索　　resources 資源

1. No one has ever landed on the Moon since the Apollo 11.
2. Some companies have set about space projects to go to the Moon recently.
3. Jeff Bezos was asked to found Blue Origin by the government.
4. Jeff Bezos wants to send people to space at a lower cost and thinks it possible for them to go to the Moon in the near future.
5. If we can find any resources on the Moon, we will be able to live there.
6. A Japanese company is also interested in the Moon's resources and it wants to use them for people on Earth.
7. The U.S. wants Japan and Russia to act together in building Gateway.
8. Gateway will be built on the Moon to help people staying there.

F 次の英文を読み、設問に答えなさい。

The British are famous (ア) drinking tea, but ①(know, be, surprised, may, to, you) that until 200 years ago tea was rare and expensive in England. Tea was brought all the way from China and it was heavily taxed by the British government. ②Tea was so expensive that even rich family kept it locked in a special box. (イ), tea was so expensive that tea leaves were often used, dried and used again --- not just (ウ), but two or three times!

Because of the tax on tea, ③coffee was much more popular. Coffee was first introduced to England in 1600 by an English *diplomat called Anthony Sherley. He brought it back from a trip to the Middle East. Coffee soon became popular, especially after people began to add milk and sugar in the 1680s. Soon after that, coffee beans started to be imported to Britain from all over the world, and over 2,000 coffee shops opened in London.

One of the main producers of coffee for England was the small island of Sri Lanka.

A → B → C

Nowadays Sri Lanka is most famous (ア) its Ceylon tea, and the British are world-famous tea drinkers. Each British person drinks 1,650 cups of tea a year --- that's five cups of tea per person per day!

*注 diplomat 外交官

1. 空欄(ア)と(ウ)に適語を入れなさい。

2. 空欄(イ)に入るべき語を下から選び、記号で答えなさい。
   a. In fact　b. Of course　c. For example　d. On the other hand

3. 下線部①を正しく並べ替えなさい。

4. 下線部②を訳しなさい。

5. 下線部③の理由を第1段落の内容をふまえて30字から40字で書きなさい。

6. 第３段落の A→B→C には３つの文が入ります。下の３つの文を内容に合うように並べ替えて、記号で答えなさい。

a. The coffee beans were destroyed, and many planters were forced to change to growing tea.

b. Then, in the late nineteenth century, the Sri Lankan coffee plants were attacked by a terrible disease.

c. Because of the disease, the price of coffee went up, and many British people switched to drinking tea.

7. 第２段落の内容に合うように、次の各文の空所に適語を入れなさい。

1. Anthony Sherley was the first man (　　)(　　)(　　) to England in 1600.

2. From the latter part of the 17th century, British people liked to drink coffee (　　) (　　) and (　　).

3. Coffee became (　　) among people, and (　　)(　　) more than 2,000 coffee shops in London.

8. 本文の主題を下から選び、記号で答えなさい。

a. British people love tea most in the world.

b. Sri Lanka produces tea as well as coffee.

c. Tea is not expensive now, so every British person drinks it every day.

d. British people often drink tea, but they didn't in the past.

【数　学】（50分）〈満点：100点〉

1　次の問いに答えなさい。

(1)　$-6\times\left(-\dfrac{3}{2^2}\right)-(-6)\div\left(-\dfrac{3}{2}\right)^2$ を計算しなさい。

(2)　$\dfrac{(2xy^2z)^2}{x^2y^3}\times\dfrac{3}{xyz}\div\dfrac{1}{2}yz$ を計算しなさい。

(3)　$2x-\{3y-2(3x-2y)\}$ を計算しなさい。

(4)　連立方程式 $\begin{cases}\dfrac{x+2y}{3}-\dfrac{5x-y}{2}=\dfrac{1}{6}\\ 0.03x-0.02y=-0.01\end{cases}$ を解きなさい。

(5)　$x=2+\sqrt{3}$ のとき，x^2-4x+9 の値を求めなさい。

(6)　下の図のように，直線 $y=-x+5$ と y 軸との交点を A とし，この直線上の点 B(2, 3) を通る直線 ℓ と y 軸との交点を C とする。△ABC の面積が 4 となるとき，直線 BC の方程式を求めなさい。ただし，点 C の y 座標は 5 未満とする。

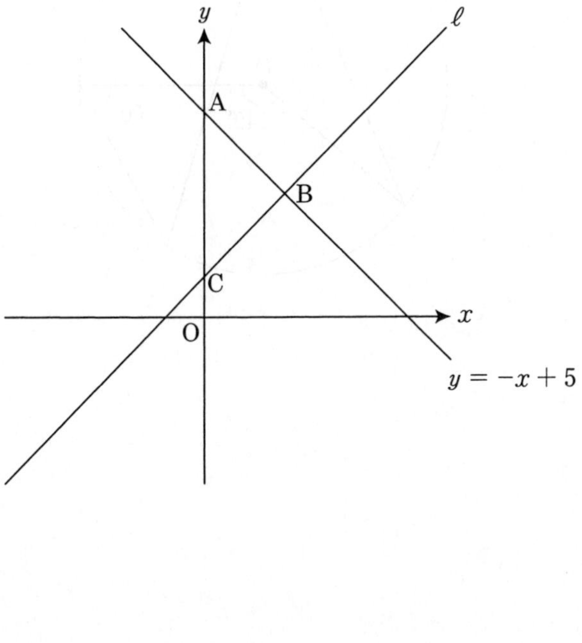

(7) 関数 $y=4x-3$ と $y=ax^2$ について，$0 \leqq x \leqq 3$ における変化の割合が一致するとき，a の値を求めなさい。

(8) 1個60円の柿と1個100円のりんごを合計10個以上買う。総額800円以下で買う方法は何通りあるか求めなさい。ただし，柿とりんごのどちらも少なくとも1個は買うこととする。

(9) ある分数に $\dfrac{125}{2}$ をかけても $\dfrac{50}{27}$ をかけても自然数になった。このような分数のうちで最も値の小さいものを求めなさい。

(10) 生徒5人の身長を計測したところ，平均値はちょうど157.0 cmとなった。ところが，このうち145.4 cmと記録されていた1人の生徒の身長は誤りで，正しい身長は154.4 cmであることが分かった。この5人の正しい身長の平均値を求めなさい。

(11) 下の図の$\angle x$の大きさを求めなさい。ただし，点Oは円の中心である。

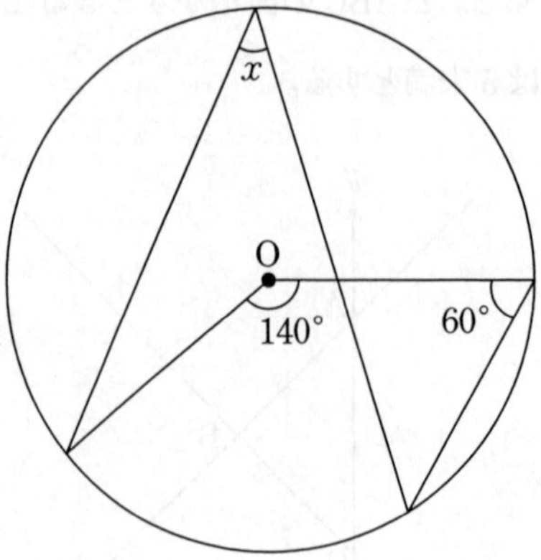

(12) 下の図の点 A から H は，円周を八等分する点である。このとき，∠FAD の大きさを求めなさい。

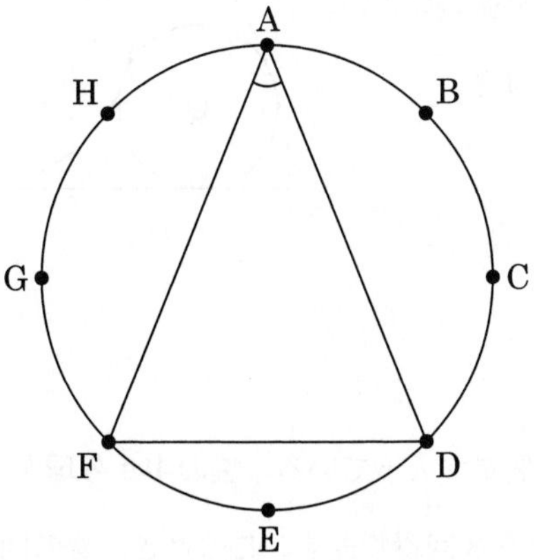

(13) 下の図は円すいの展開図である。OA = 8 cm，$\overset{\frown}{\mathrm{AB}} = 6\pi$ cm のとき，組み立ててできる円すいの高さを求めなさい。ただし，π は円周率とする。

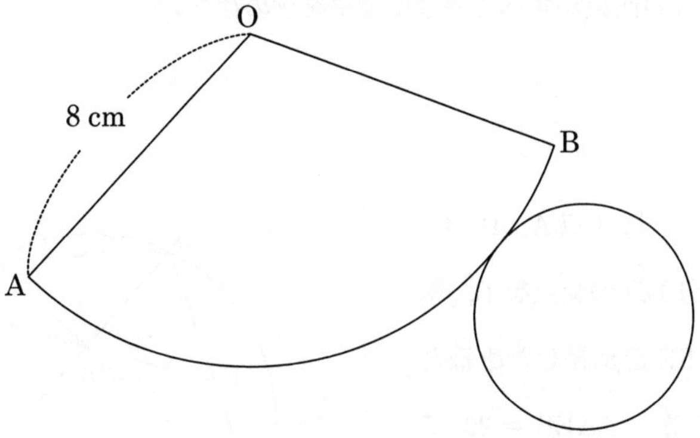

(14) 右の図のように，AB = 3 cm，AC = 4 cm の△ABC があり，∠A の二等分線と辺 BC との交点を D とする。点 B，C から直線 AD に図のように垂線 BE，CF を引くとき，△BDE と△CDF の面積の比を求めなさい。

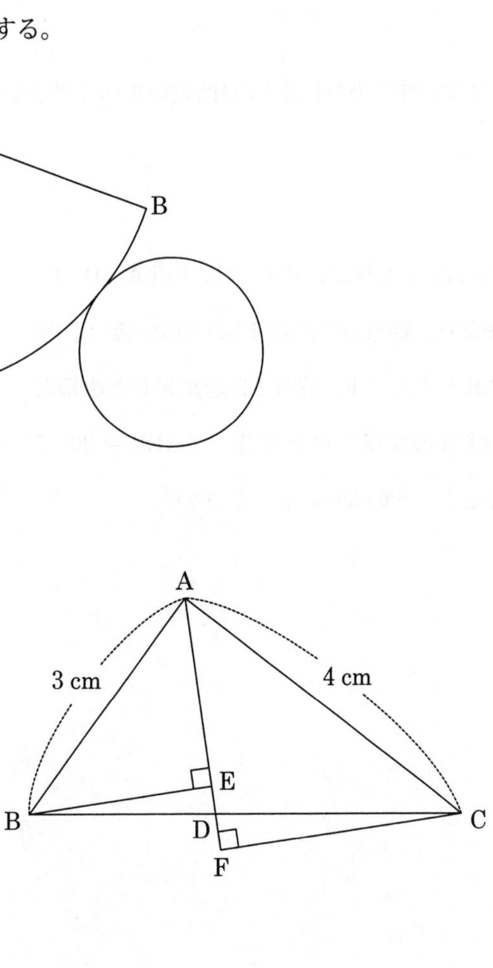

(15) 右の図のように，半円Oに円P，Qが内接し，円Pと円Qも接している。円Pの半径が4cmのとき，円Qの半径を求めなさい。ただし，図のOは半円の中心とする。

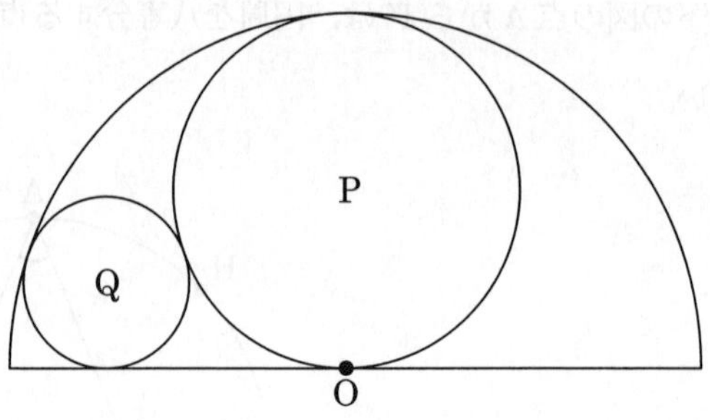

2 袋の中に赤球，青球，白球が1個ずつ入っている。袋の中から球を1個取り出し，取り出した球に○を1つ書いて袋に戻すことを3回繰り返す。このとき，次の問いに答えなさい。

(1) 青球に○が3つ書かれる確率を求めなさい。

(2) 3個の球に書かれる○の個数がすべて異なる確率を求めなさい。

3 右の図のように，円周上に4点A，B，C，Dがあり，線分ACと線分BDの交点をE，線分ABの中点をF，線分FEを延長した直線と線分CDの交点をGとする。∠AEB = 90°であるとき，次の問いに答えなさい。

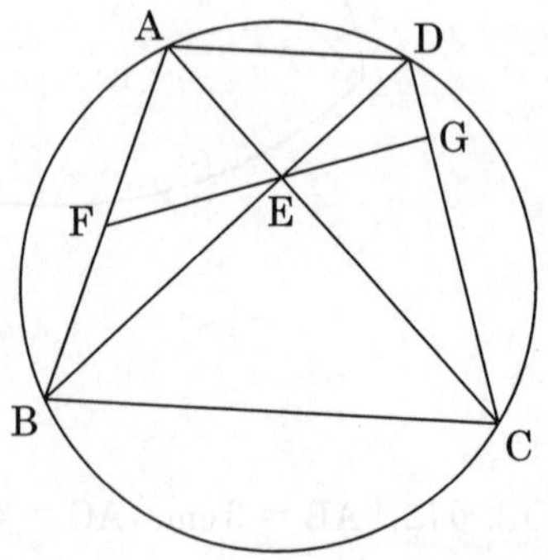

(1)　△ABE ∽ △ECG となることを次のように証明した。$\boxed{\text{(a)}}$，$\boxed{\text{(b)}}$，$\boxed{\text{(c)}}$，$\boxed{\text{(d)}}$に入る最も適当なものを，選択肢ア～サのうちから1つずつ選び，記号で答えなさい。

【証明】

仮定より，点Fが線分ABの中点で，∠AEB = 90°であるから

AF = BF = $\boxed{\text{(a)}}$

よって

∠AEF = ∠$\boxed{\text{(b)}}$　……①

対頂角は等しいので

∠AEF = ∠CEG　……②

①，②より

∠$\boxed{\text{(b)}}$ = ∠CEG　……③

また，円周角の定理より

∠ABD = ∠$\boxed{\text{(c)}}$　……④

③，④より，$\boxed{\text{(d)}}$等しいので

△ABE ∽ △ECG

【選択肢】

ア　EA	イ　ED	ウ　EF	エ　EG
オ　ACD	カ　ADB	キ　EAD	ク　EAF

ケ　3組の辺の比がすべて　　コ　2組の辺の比とその間の角がそれぞれ

サ　2組の角がそれぞれ

(2)　AB = 10 cm，BC = 12 cm，DA = 6 cm のとき，線分AEの長さを求めなさい。

(3)　(2)のとき，△DEGの面積を求めなさい。

号で答えなさい。

A　葉の色が濃く、枝が細い。

B　木に咲く花の中で最も素晴らしい。

ア　梅　　イ　桜　　ウ　藤　　エ　橘　　オ　梨

問4　傍線部③「なほさらに言ふべうもあらず」は「やはり全く言いようがない」という文意だが、これはどういうことか。最も適当なものを次から選び、記号で答えなさい。

ア　言うまでもなく桜のほうが、橘よりもずっと美しいということ。

イ　白い花が美しい橘は、言うまでもなく香りも素晴らしいということ。

ウ　橘の花は表現し尽くせないほどに素晴らしいということ。

エ　言うまでもなくほととぎすに選ばれている木だということ。

問5　傍線部②「黄金の玉」とは何をたとえているのか。最も適当なものを次から選び、記号で答えなさい。

ア　太陽の光　　イ　橘の実　　ウ　橘の花びら　　エ　雨露

問6　傍線部④「梨の花」に関する本文の記述に合致しないものを次から選び、記号で答えなさい。

ア　容姿が優れていない人のたとえとして、梨の花を用いることもある。

イ　梨の花びらの端をよく見ると、美しい色がほんのわずかについている。

ウ　唐土では梨の花がこの上なく素晴らしいものとしてもてはやされている。

エ　梨の花の観賞はしないが、枝に手紙を結び付けて送ることはある。

問5　傍線部①「動物たちの配置や環境の演出などに、同時代の私たちが保有している『世界観』が投影されている」とあるが、動物園についての本文の内容と異なるものを次から選び、記号で答えなさい。

ア　中世になると、動物は科学的研究の対象となり、人間との差異を確認するために展示された。

イ　古代においては、動物は神話的・想像的・魔術的な力を持つと考えられていた。

ウ　十九世紀のイギリスでは異国の風景を感じ取れるものとして、市民が安価に楽しめる娯楽となった。

エ　ベルサイユ宮殿に開設されたことを皮切りに、動物園はサイエンス・センターとなった。

問6　傍線部③「『人間』と『動物』に境界を引く二分法が、そもそも恣意的であることに気づかされる」とあるが、これはどういうことか。最も適当なものを次から選び、記号で答えなさい。

ア「人間」と「動物」の境界は、個人の感覚で決まるということ。

イ「人間」と「動物」の境界は、社会によって異なるということ。

ウ「人間」と「動物」の境界には、明確な線引きがあるということ。

エ「人間」と「動物」の境界は、意図的にねじまげられるということ。

問7　傍線部④「この主題についても、多様な解答が示されてきた」とあるが、日本では一例としてどのような解答を示したのか。次の空欄に当てはまるように規定の字数に従って本文中から探し、最初の五字を書き抜きなさい。

【日本では、（二十五字前後）を作り上げた。】

問8　傍線部⑤「『太陽の塔』という名の塔」とあるが、筆者はこの塔をどのようなものであるととらえているか。四十字で探し、最初の五字を抜き出しなさい。

問9　傍線部⑥「岡本太郎の代表作は、この解釈によれば両義的な存在であるとみることができる」とあるが、「太陽の塔」が「両義的」とはどういうことか。四十字以内で書きなさい。

三　次の文章を読んで、後の問いに答えなさい。

木の花は、濃きも薄きも紅梅。桜は、花びら大きに、葉の色濃きが、枝細くて咲きたる。藤の花は、しなひ長く、色濃く咲きたる、いとめでたし。

四月のつごもり、五月のついたちの①ころほひ、橘《たちばな》の葉の濃く青きに、花のいと白う咲きたるが、雨うち降りたるつとめてなどは、世になく心あるさまにをかし。花の中より②黄金《こがね》の玉かと見えて、いみじうあざやかに見えたるなど、朝露に濡れたるあさぼらけの桜に劣らず。ほととぎすのよすがとさへ思へばにや、③なほさらに言ふべうもあらず。

④梨の花、世にすさまじきものにして、近くもてなさず、はかなき文つけなどだにせず。愛敬おくれたる人の顔などを見ては、たとひに言ふも、げに、葉の色よりはじめて、あいなく見ゆるを、唐土《もろこし》には限りなきものにて、文にも作る、なほさりともやうあらむと、せめて見れば、花びらの端に、をかしきにほひこそ、心もとなくつきためれ。※楊貴妃《やうきひ》の、帝の御使ひに会ひて泣きける顔に似せて、「梨花一枝、春、雨を帯びたり」など言ひたるは、おぼろけならじと思ふに、なほいみじくめでたきことは、たぐひあらじとおぼえたり。

（清少納言の随筆による）

※楊貴妃…唐の玄宗皇帝の妃。美しい妃であったと伝えられる。

問1　この作品は平安時代に書かれた随筆で、作者は清少納言である。作品名を正しく漢字で答えなさい。

問2　傍線部①「ころほひ」を現代仮名遣いに直しなさい。

問3　次の記述はどの植物のことか。選択肢からそれぞれ選び、記

（中略）

この異形のタワーの内部には、生物の進化を体系化した系統図を立体にした「生命の樹」が収められていた。根本には原生動物やアメーバの模型があり、上方に行くにつれ魚類、爬虫類、両生類、哺《ほ》乳類《にゅうるい》が登場する。あるものは木の幹にからみつき、あるものは枝にぶら下がり、またあるものは枝の上に立ち上がる。垂直方向に時間の経緯を示す軸があるという設定である。

造形デザインは、ウルトラマンなど一連の円谷怪獣のデザインで知られる成田亨が担当した。「進化」をエンターテインメントに昇華した展示であり、当時、小学生だった私は実にわくわくしながら、何度も観覧したことを覚えている。「塔」の内部には、絶滅した種も含めて、地上にあって繁栄をみたさまざまな種が並んでいる。単に進化することがよいというだけではなく、いかなる動物もいずれ滅ぶという教訓が託されていた。そこに「生」と「死」に関する根元的なメッセージを読み取ることができる。

それだけではない。近年、「太陽の塔」そのものが、生き物の生と死を象徴する存在であったという解釈がなされている。作者である岡本太郎のバックグラウンドには、ヨーロッパで文化人類学の理論とともにアフリカの民族芸術を勉強した経験がある。欧州で得た知識と思索が、太陽の塔のデザインにも活かされている。一例が切断した首と、そこから突き出している黄金のマスクの意味だ。ある解釈では、塔が母体であり、顔は子供の顔だという。天に伸ばしている双方の腕は、実は足であって、あの塔は転倒している母胎が新しい生命を産んだ瞬間を表しているのだという。

また別の解釈もある。見た通り首を切断された巨人の姿は、祭りの際に不可欠な生け贄を意味しているという。世界には牛の首や、鶏とか豚とかの頭を落として神前に供える例が少なくない。万国博覧会という空前のお祭り騒ぎに対して、首を落とした像を岡本は用意したというわけだ。

双方の解釈を重ねると、女性の身体から新しい生命が生まれているという造形に、生け贄の首を落とすというダブルイメージが浮かび上がる。さらには女性が自分の首を落とされて、死ぬ瞬間に新しい生命を産むという風にも解釈できる。純白の肌を持つ者が首を落とされ、赤い血を流し、そこから新たな黄金の生命を産んでいるという外観であるというのだ。いずれにせよ胴体に描かれた赤いギザギザ文様は、血が流れているところを表していることになる。⑥岡本太郎の代表作は、この解釈によれば両義的な存在であるとみることができる。

太陽の塔は、人型に見えるタワーの内部に、人類だけでなくさまざまな生き物の「進化」と「共生」の様を表現していた。「人類の進歩と調和」を主題とする博覧会にあって、生と死を同時に予見させつつ、内部に進化の過程を展示した、まさに「生命」のシンボルであったとみなすことができるだろう。

（橋爪紳也『ニッポンの塔　タワーの都市建築史』による）

※アッシリアやバビロニア…現在のイラク付近の地域。

※ノアの方舟…旧約聖書に出てくる物語。大洪水の際にノアは方舟をつくり、家族とすべての動物を引き連れて避難したとされる。

※版図…一国が治める領土。

問1　傍線部a「陳列」、b「傍観」、c「愛玩物」の読み方をそれぞれ答えなさい。

問2　空欄［A］に入る語句を次から選び、記号で答えなさい。

ア　不変性　　イ　依存性　　ウ　同質性　　エ　両極性

問3　傍線部②とあるが、「自画像を映す『あわせ鏡』であるとみなす」とはどういうことか。次の空欄に当てはまるように規定の字数に従って本文中から探し、最初の五字を書き抜きなさい。

【動物の姿と(二十五字以内)を重ね合わせてしまうということ。】

問4　次の一文は、本文のどこに入れるのが適当か。挿入する場所の直後の語句五字(句読点などを含む)を本文から抜き出しなさい。

「もちろんもっとも上の枝には、類人猿が、そして猿人や原人、そして人類がいるわけだ。」

古代の※アッシリアやバビロニアにあって動物園は、パラダイスと呼ばれたという。神話にある「※ノアの方舟《はこぶね》」の物語を想起するならば、動物の集合体そのものが「楽園」の象徴であった。やがて近代に至ると、中世まで動物が保有していた神話的・想像的・魔術的な力は剝《は》ぎ落とされ科学的研究の対象となる。一六六二年、ルイ十四世がベルサイユ宮殿に開設した先例をもって、動物園はサイエンス・センターとなる。さらに十九世紀にはロンドン動物園のような公共動物園が整えられ、植民地政策とともに大英帝国の※版図《はんと》が拡大するに合わせて、飼育する動物も充実してゆく。動物園は「異国の光景」を提供する装置に転じ、大衆が安価に楽しめる見世物となった。このあたりの事情は、たとえば渡辺守雄他著『動物園というメディア』に詳しい。

このように文明化を果たした都市にあって、動物園は不可欠な施設となる。それは地球上にある生命の連鎖と進化、そして多様性を一瞬のうちに見極めることができる展示装置である。同時にそれは、檻のうちに「野生」「未開」を囲い込み、人が築いた「都市」と対比させることで、「文明」というものの価値を意識させる装置でもあった。

②ただ考えようによれば、それは自画像を映す「あわせ鏡」であるとみなすこともできる。以前、あるテレビコマーシャルで、ペンギンが親子連れで「人間動物園」に出かけ、檻のなかに展開される人間世界の出来事をb傍観し、とりわけ「まいっている人たち」を見て呆れるというシリーズがあった。実に示唆的な描写である。動物を見ている私たちは、動物たちの生活を通じて、実は日常生活の檻のなかから逃げ出せていない自分たちの姿を見ているのではないか。

そもそも人と動物との「差異」を見せようとする動物園にあっても、両者の［A］に着目することも可能である。近年、日本の大都市では、c愛玩物である犬や猫を集め、触れ合うことのできるペットショップの類が人気である。ペットを飼うことができない集合住宅で暮らす家族連れで、週末などはおおいににぎわっている。多くの人間に包囲され、休む間もなく触られるからだろうか、生気のない犬や猫を見かけるところもある。柵や檻から逃れることもできず、過激な労働でストレスを溜め、疲れ切った愛玩動物たちの様子に自身を重ね合わせることはたやすい。

メキシコの侵略者として名を遺すコルテスは、新大陸にあって、かつてアステカ皇帝モンテズマが保有したという動物園のことを知って驚いたという。ジャガーやピューマといった猛獣、各種の爬虫《はちゅう》類《るい》や珍鳥のほか、身体に障害を持つ人たちも檻に囲っていたというのだ。もとより現在ではありえない差別的な行いである。異民族の土地を占領した欧州人等でさえ、「人間」を飼い慣らす施設を目にして驚かざるをえなかった。ここにあって③「人間」と「動物」に境界を引く二分法が、そもそも恣意的《しいてき》であることに気づかされる。

現状を分類して見せる動物園に対して、これまでの進化の過程をいかにわかりやすく伝えるのか。西洋近代において科学博物館なるものが発明されて以来、④この主題についても、多様な解答が示されてきた。

わが国でも面白い試みがある。なかでも昭和四十五年(一九七〇)、大阪万国博覧会のテーマ館における展示などは印象深い先例である。ここでは「人類の進歩と調和」という主題を具現化すべく、地上・地下・空中に区分されるシンボリックな展示空間が構想された。

地下では人類文明の原初形態を示すべく、仮面や人形がならべられた。また大屋根の上には、未来都市の模型が陳列されていた。地の底にある「過去」と天空に飾られた「未来」をつなぐ役割を果たしたのが、⑤「太陽の塔」という名の塔であったわけだ。

腕を天に広げる巨大な人型の塔は、いうまでもなく故岡本太郎の代表作だ。巨大ではあるが、呪術的な人形を想起させる。プリミティブで力強い造形である。改めて記すまでもなく、高度経済成長を祝す国家的祭典、日本万国博覧会の記憶を今に伝えるモニュメントである。

れたような気持ちになったから。

エ　自分が歌わなくても、「御木元さん」が指導をすれば優勝できると思ったから。

問6　傍線部②「彼女の指導は厳しくて、ただでさえ集まりが悪かったのに回を追うごとに人が集まらなくなった」とあるが、「御木元さん」はなぜこのように振る舞ったのか。最も適当なものを次から選び、記号で答えなさい。

ア　「御木元さん」は指揮者を引き受けた以上は、合唱コンクールで優勝したいと思っていたため。

イ　「御木元さん」はクラスのみんなに、歌うことの楽しさを伝えたいと思っていたため。

ウ　「御木元さん」にとっては、どんな音楽でも真剣に向き合うことが当たり前だったため。

エ　「御木元さん」は厳しく練習すれば、もっと上手く歌えるようになるはずだと思っていたため。

問7　傍線部③「すごいなあ、と私は素直に感心している」とあるが、「ひかり」はなぜ感心したのか。最も適当なものを次から選び、記号で答えなさい。

ア　「御木元さん」の出す指示が具体的で分かりやすく、みんなの合唱がどんどん上達していくのが分かったため。

イ　声楽のプロを目指している「御木元さん」に直接歌の指導をしてもらっていることに改めて感動したため。

ウ　「御木元さん」がクラスメイトに心を許し、クラスメイトも「御木元さん」を信頼するようになったため。

エ　厳しい指導しかできなかった「御木元さん」が、優しくクラスメイトに指摘できるようになったため。

問8　本文の内容に合致しているものを次から選び、記号で答えなさい。

ア　「御木元さん」はクラスメイトに反発されていると分かっていながらも、合唱の完成度をあげるためについつい厳しい指導をしてしまっていた。

イ　「ひかり」は「御木元さん」が真剣に音楽に向き合っている姿を見て憧れを抱き、自分も一生懸命になれるものが欲しいと前向きな気持ちになった。

ウ　「千夏」に声をかけられた「ひかり」は一緒にされたくない気持ちもあったが、前向きな「千夏」の言葉を信じてみたい気持ちにもなった。

エ　担任の「浅原」はバラバラだったクラスを一つにするためにもう一度合唱することを提案し、「ひかり」たちクラスメイトはそれを渋々受け入れた。

問9　本文の表現の特徴として適当なものを次から選び、記号で答えなさい。

ア　第三者の視点から語られており、登場人物の心情がそれぞれ表現されている。

イ　擬音語が多く使われていて、テンポよく物語を進める役割を果たしている。

ウ　春夏秋冬のエピソードを入れることで、クラスの一年間の変化を表現している。

エ　合唱をする場面では短文を重ね、比喩を使うことで臨場感を表している。

問10　傍線部④「はい、と姿勢を正しながら、小さな驚きとよろこびに打たれてしまった」とあるが、なぜ「ひかり」は喜んだのか。四十字以内で答えなさい。

二

次の文章を読んで、後の問いに答えなさい。

私たちは、さまざまな手法をもって、動物を物語化し、さまざまな意味を託して、ある種の「装置」として都市に配置し、また展示してきた。多くの動物を分類して展示・a陳列する動物園も、一種のメディアである。①動物たちの配置や環境の演出などに、同時代の私たちが保有している「世界観」が投影されている。

ふうに指示を出せる。みんながそれに従っている。音楽というのは、お互いの親密さと信頼があって育っていくものらしい。マラソン大会のゴール前で芽を出した私たちの歌は、時間をかけて、今、ゆっくりと双葉を開いたところくらいだろうか。

「そうそう、いいね、そんな感じ。みんないいかな、顔の明るさを忘れないで。これで声のピッチが揃うよ」

御木元さんの右手が挙がり、千夏のピアノが弾む。

よろこびの歌がはじまる。ほんとうだ、みんなの声が明るくなっている。

御木元さんの指揮の腕を大きく振るその軌跡《きせき》から音楽があふれ出す。私たちの声が伸びていく。重なっていく。弾み、広がり、膨らんでいく。

歌が終わっても、まだ光の粒がそこかしこに残っているような感じがする。汗ばむような熱気を逃がしたくて、窓を開けに立つ。重いサッシを開くと、さっと風が入り込んできた。頬に受ける風が気持ちいい。もうすぐ、春だ。

三月に入れば卒業式がある。その前日、卒業生を送る会で歌うのがこの合唱のゴールになる。

「ものすごく楽しみにしてるからね」

浅原は教師らしからぬ不敵な笑みで私たちを挑発する。のるよ。受けて立つよ。クラス委員はクラスの気持ちを代表して胸を張る。

「ひかり、それじゃ浅原の思うツボだって」

「合唱は気合いで歌うものじゃないってわかってるよね、ひかり」

意気込む私にあやちゃんが、史香が、みんなが口々に声をかける。ああ、こういうとき、春なんじゃないかな、と思う。今、もしかしたら私は春のまっただ中にいるんじゃないか。

御木元さんが一度、手を大きく打った。

「じゃあ今日の仕上げ。最後にもう一度、通していってみよう」

その声で、音楽室の中がしんとなる。

「さあ、明るい気持ちを忘れないでね。あ、待って、ひかり、背筋を伸ばそう」

④はい、と姿勢を正しながら、小さな驚きとよろこびに打たれてしまった。今、御木元さんが、ひかり、と呼んだ。佐々木さんから、昇格だ。

（宮下奈都『よろこびの歌』による）

※ 彼女…指揮者を務める「御木元玲」のこと。

※ サボタージュ…なまけること。

問1 傍線部a「フウイン」、b「シゲキ」、c「ダキョウ」を正しく漢字で書きなさい。

問2 空欄 I には四字熟語が入る。解答用紙の空欄を埋めなさい。

問3 二重傍線部A「ぴたりと」、B「素晴らしい」と文法的に同じものを次の選択肢からそれぞれ選び、記号で答えなさい。

ア この店は、あらゆるものが揃っている。

イ 便利なものは積極的に活用していこう。

ウ 美しい夕日を見ていると心が洗われるようだ。

エ お待ちの方はこちらの受付へお越しください。

オ この苦境を乗り越えるとは、たいした度胸だ。

カ 淡い期待は、たちまち消え失せてしまった。

問4 この文章は回想の場面から始まっているが、回想はどこで終わるのか。最後の五文字を書き抜きなさい。（句読点を含む）

問5 傍線部①「そういうとき、私は昂揚し、かえってうまく声が出なくなってしまう」とあるが、なぜ「ひかり」はこのようになってしまうのか。最も適当なものを次から選び、記号で答えなさい。

ア 「御木元さん」が才能を見せびらかしているような気がして、反発したくなったから。

イ 「御木元さん」の持つ歌声の素晴らしさに、圧倒されてしまったから。

ウ 「御木元さん」の厳しい物言いによって、自分自身を否定さ木元さんて、なんて眉をひそめる子もいた。
「なんか、わかるよ、ひかりの気持ち」
そうつぶやいたのは千夏だった。千夏は合唱コンクールでピアノを担当していた。お気楽そうな千夏に何がわかるのかと思ったけれど、意外に真剣な目を見たら何もいえなくなってしまった。
「御木元さんを見てると、自分にはなんにもないんだな、ってつくづく思うよ」
千夏はいい、それからにっこりと笑った。
「それなのに、不思議なんだ、見ていたいんだよ。御木元さんにはどんどん進んでいってほしいし、それをずっと見ていたい気持ちになるんだ」
半分くらい、同じ気持ちだ。でもあとの半分では、羨んでいる。春もなく夏も秋も冬も無視して、歌うことで何の迷いもなく進んでいける御木元玲と、なんにもない私。
「なんにもないって思わされて、平気？」
聞くと、ちょっと考えてから千夏は答えた。
「……これからじゃないかな。なんにもないんだから、これからなんじゃないの、あたしたち」
のんきだな、と思う。あたしたち、と一緒にされたのもなんだか面白くない。ただ、これから、という千夏の言葉に賭けてみたい気もした。そうでなければ、私は一生冬のまま、春から目を逸らして生きていかなければならない。
あのときから、何が変わったのだろう。
クラス替えを目前にして、このクラスでもう一度合唱コンクールの歌を歌わないかという提案が担任の浅原から出されている。また御木元さんの力を見せつけられることになる。わかっていたけれど、はい、と答えた私の気持ち。クラスのみんなの気持ち。そして御木元さんの気持ち。ほんの何か月か前のあの頃とは変わっているのがわかる。
冬のマラソン大会で、私たちはもう一度あの歌を歌うことになった。合唱コンクールではさんざんな出来に終わった『麗しのマドンナ』を、マラソン大会で走る御木元さんの応援歌として歌ったのだ。そのときに思いがけず見た彼女の一粒の涙が私たちの胸を濡らした。彼女を固めていた雪が溶けかけているのがわかった。
たったそれだけで、だ。私たちは変わった。毎日、昼休みや放課後に十五分ずつ続ける練習にほとんどクラス全員が揃うようになった。
本番直前となった今日からは、浅原の肝煎《きもいり》で終礼の時間から音楽室を使わせてもらっている。ただし、浅原本人は顔を出さない。先に見ちゃったらつまんないじゃない、と彼女はあくまでも陰から楽しむつもりらしい。
「ここは明るく歌うところなの。もう歌詞も覚えたでしょ？　できるだけ楽譜は見ないで、顔を上げて」
御木元さんの指示で三十の顔が上がる。
「じゃあ四十八小節、出だしから」
千夏のピアノが鳴り、みんなが歌い出すとすぐにまた御木元さんが腕を振って歌を止めた。
「もうちょっと明るく歌おう。マドンナたちの華やいだ気持ちになって。さあ、明るい顔をして」
そういって自ら明るい笑顔をつくってみせた。そうして、こちらを見渡して、
「明るい顔ってわかる？　頬骨を上げて。そう、そして目の奥を開けて。はい、各自十回、目の奥を大きく開けて、閉じて、開けて」
えー、どうやってー、とあちこちから声が上がった。
「目の奥に扉があると思ってみて。そこを大きく開くイメージ」
御木元さんは大きく目を見開いている。くすくす笑い声が聞こえる。
「あれって扉じゃなくて目そのものじゃん」
③早希が小声でいい、それでも真似をして大きく目を開いている。すごいなあ、と私は素直に感心している。御木元さんがこんな

二〇二〇年度　江戸川女子高等学校（B推薦）

【国語】（五〇分）〈満点：一〇〇点〉

一　高校二年の「ひかり」たちのクラスは、合唱コンクールで歌った歌を、卒業生を送る会でもう一度披露することになった。指揮者は声楽の心得がある「御木元《みきもと》玲」である。次の文章は、合唱コンクールの練習風景を回想した場面から始まる。次の文章を読んで、後の問いに答えなさい。

級友たちをどうにか引っ張っていくために［　I　］する※彼女は、自分では歌わず、指揮と指導に徹していた。それでも彼女が各パートの出だしや山場を歌って示す、その歌声に触れただけで身体に鳥肌が立つようなことが何度もあった。①そういうとき、私は昂《こう》揚《よう》し、かえってうまく声が出なくなってしまう。光輝くような声の主を、ただ見つめていることしかできなかった。

練習を重ねるにつれ、歌うことってこんなに奥が深いのかと目が覚めるようだった。ときたまみんなの声がAぴたりと重なると、合唱の楽しさに触れることができた気がして、よろこびがこみ上げた。ただし、この人を指揮者にしてしまったのは間違いだったとたぶんクラス全員が思っていただろう。指揮者は歌えない。御木元玲の声をaフウインしてしまったのはあまりにもったいなかったという後悔。それに、彼女の歌がうますぎて自分が歌う気がなくなってしまうという子もいたし、歌い手としてはB素晴らしいけれど——素晴らしいからこそ——指導者としては不向きだなどという声も挙がっていた。

御木元さんは、級友たちがやる気のないふりをしていると思っていたみたいだ。少しは燻《くすぶ》っているはずの、歌いたい気持ちをbシゲキしようとした。まずは声を出させるところから始め、声を合わせたときの気持ちよさを私たちに教えようとした。残念ながらポーズなんかじゃなく、みんなほんとうにやる気がなかったのだけれど。そして、こっそりとやる気のあった何人かにしたって、彼女の要求にしっかり応えられるような力量はなかった。

私も小さい頃からピアノを習っていてそこそこ弾けたから多少の音感はあるはずだったのに、御木元さんのハーモニーの追求は生半《なまはん》可《か》じゃなかった。否定されるような気分になった子がいたのもわかる。私たちにそこまで求めてもしかたないと思うよ、と何度いいたくなったことか。無理だということがわからないのか、わかっていてもcダキョウができないのか、②彼女の指導は厳しくて、ただでさえ集まりが悪かったのに回を追うごとに人が集まらなくなった。しかたないよ、と私は思った。今度はクラスメイトたちに対して。御木元さんにはこうすることしかできない。音楽に関して、歌うことに関しては、こんなふうにがっぷり四つに組む以外に彼女に手はないんだ。

私はそれをクラスメイトたちに伝えられなかった。彼女の歌声に、そして合唱を導こうとする情熱に圧倒されて、すごい、すごい、この人はすごい、と涙が出そうだったのだ。御木元さんのことが猛烈に羨《うらや》ましかった。敵《かな》わない。敵わない。歌ではもちろん、人間としてぜんぜん敵わない。勉強そのものが好きなわけでもないのに勉強してクラス委員をやっているだけじゃ、だめだ。それは勤勉ではなく、むしろ※サボタージュなんじゃないか。初めから春を捨ててしまうのは、逃げているってことなんじゃないか。

でも、どうすればいいのかわからなかった。ずっと人のまとめ役で、今さら自分にも何かほしい、何者かになりたいなんて、いったい何をどうすればいいのだろう。べつにいちばんにならなくたっていい。ただ一生懸命になれる何かがほしくてたまらなくなった。

合唱コンクールの前後、無口になってしまった私を友人たちが気遣ってくれた。どうかしたの、とか、ひかりらしくないよ元気出してよ、とか、たくさんの子が声をかけてくれた。やりにくいよね御

英語解答

〔放送問題〕

A 1 Friday 2 tiger
3 newspaper 4 tomato
5 dream

B 1 b 2 b 3 a 4 d
5 c 6 b

C ① was walking ② here, there
③ behind, tree ④ to catch
⑤ dog's nose ⑥ about herself
⑦ How large ⑧ was able
⑨ stopped moving
⑩ called, back

D 1 1…○ 2…× 3…○ 4…×
2 5…a 6…c 7…b 8…b

〔読解問題〕

A 1 c 2 c 3 b 4 a
5 d

B 1 owner 2 alive 3 stop
4 (the) earliest 5 studying

C 1 Those four children were brought up by this woman.
2 Have you finished reading the novel I lent you last week?
（別解あり）
3 She didn't hear him knock on the door.（別解あり）
4 We should do something before it is too late.
5 Our teacher looks younger than she really is.

D 1 ア school イ cold ウ time
エ book オ third
カ homework
2 Thank you for calling.

E 1 × 2 ○ 3 × 4 ○
5 × 6 ○ 7 ○ 8 ×

F 1 ア for ウ once 2 a
3 you may be surprised to know
4 紅茶はとても高価だったので，金持ちの家庭でさえそれを特別な箱の中に鍵をかけて入れておいた。
5 紅茶は中国から運ばれ，珍しいものだったので，政府が重税を課したから。(34字)
6 A…b B…a C…c
7 1 to bring〔introduce〕coffee/that brought〔introduced〕coffee
2 with milk, sugar
3 popular, there were
8 d

A～**D**〔放送問題〕放送文未公表

A〔単語の発音・アクセント〕

1．a．already[e] b．said[e] c．great[ei] d．heaven[e]
2．a．price[s] b．introduce[s] c．ocean[ʃ] d．percent[s]
3．a．energy[dʒ] b．goal[ɡ] c．giant[dʒ] d．large[dʒ]
4．a．ró-bot b．a-grée c．her-sélf d．in-vént
5．a．chár-ac-ter b．hís-to-ry c．prób-a-bly d．suc-céss-ful

B〔語形変化〕

1．前がthe，後ろがofなので，名詞が入る。own「～を所有する」の名詞形はowner「所有者」。

「この土地の所有者は誰ですか」

2．dead は「死んでいる」という意味の形容詞。「生きている」という意味を表す形容詞は alive。「あの男性は死んでいるのだろうか，生きているのだろうか」

3．‘had better not＋動詞の原形’で「～しない方がいい」。 stop by ～「～に立ち寄る」 「君はそんなに頻繁に彼の家に立ち寄らない方がいい」

4．in my family「家族の中で」と続くことから「一番早く」という意味になると考えて，最上級にする。 「今朝，私は家族の中で一番早く起きた」

5．feel like ～ing「～したい気分だ」 「今晩は勉強したい気分ではない」

C〔整序結合〕

1．主語の「あの4人の子供たち」はThose four childrenとまとまる。「育てられました」は‘be動詞＋過去分詞’の受け身形で表せるが，語群にbe動詞がないので，wereを補いwere brought upとする。この後にby this woman「この女性によって」を続ける。were brought upはbring up ～「～を育てる」の受け身形。このように動詞句の受け身形は，過去分詞の後ろにその動詞句を構成する語(句)をそのままの順で置き，その後に「～によって」のbyを置く。

2．語群にhaveがあるので現在完了形で表す。現在完了の疑問文は‘Have/Has＋主語＋過去分詞…?’の語順になるのでHave you finishedとする。「読み終える」はfinish ～ing「～し終える」の形で表せるのでreadingを補う。「私が先週貸した小説」はthe novelをI lent youが後ろから修飾する形にする(目的格の関係代名詞が省略された‘名詞＋主語＋動詞’の形)。

3．see，hear，feelなどの動詞は知覚動詞と呼ばれ‘知覚動詞＋目的語＋動詞の原形’という形をとることができ，これは「～が…するのを見る〔聞く，感じる〕」という意味になる。「彼がドアをノックするのが聞こえなかった」は，この形を用いる。himを補ってhear him knock on the doorとする。

4．「手を打つべきです」は「何かすべきだ」と考えてshould do somethingとまとめる。「手遅れになる」はit is too lateと表し，この前に接続詞before「～する前に」を補う。

5．「私たちの先生は(より)若く見えます」→Our teacher looks youngerが文の骨組み(‘look＋形容詞’「～に見える」の形)。「実際より」は「～より」を表すthanを補い，その後にshe really isとまとめればよい。これはisの後にyoungが省略された形で，「彼女の実際の若さよりも若く見える」ということ。

D〔長文読解総合―対話文〕

≪全訳≫❶ジム(Ｊ)：もしもし。❷ユリ(Ｙ)：こんにちは，ジム。ユリよ。❸Ｊ：ああ，やあ，ユリ。❹Ｙ：今日学校に来なかったわね。どうしたの？❺Ｊ：風邪をひいたから，家にいたんだよ。❻Ｙ：まあ，大丈夫？❼Ｊ：うん。どうもありがとう。明日は学校に行けると思う。❽Ｙ：よかった。それで，あなたに言わないといけないことがあるの。❾Ｊ：えっ，何だい？❿Ｙ：あのね，明日から毎週火曜日に読書タイムを設けることになったの。⓫Ｊ：本当かい？ 何時に？⓬Ｙ：8時20分から35分までよ。それぞれ読みたい本を持ってこないといけないの。⓭Ｊ：わかった。⓮Ｙ：もう1つ言わないといけないことがあるの。明日，1時間目は英語じゃなくて数学に，3時間目は音楽じゃなくて理科になるの。⓯Ｊ：わかった。じゃあ，今日数学の宿題をやらなくちゃならないんだね。⓰Ｙ：そうね。がんばってね。じゃあ明日。⓱Ｊ：電話ありがとう。じゃあね。

1＜適語補充＞ア．この後でジムは「家にいた」と言っているので，その日「学校」に来なかったのだとわかる。　イ．catch a cold で「風邪をひく」。catch－caught－caught　ウ．直後のユリの返答から，ジムはそれ(＝読書タイム)が行われる時間について尋ねたと考えられる。what time「何時」　エ．読書タイムについて話している部分。読書タイムのために持ってくるべき物として考えられるのは「読みたい本」。　オ．時間割の変更について話している部分。直前の the first class will be math, not English と同じ形になっているので，空所には t で始まる序数が入ると判断できる。　カ．英語の授業が数学に変更になったために，数学の宿題をしなくてはならなくなったと考えられる。do ～'s homework で「宿題をする」。

2＜和文英訳＞Thank you for ～ing.「～してくれてありがとう」

E〔長文読解―内容真偽―説明文〕

≪全訳≫❶1969年７月，宇宙船アポロ11号は月に着陸した。その後３年のうちに，人類は月の表面を６度歩いた。しかし，1972年を最後に，誰も月の上を歩いていない。月に初めて着陸してから50年がたった今，人類はそこへ戻ろうとしている。❷近年，民間企業が宇宙計画に取り組んでいる。アマゾンの創業者ジェフ・ベゾスは，ブルーオリジンという宇宙探索会社を創設した。彼の目標の１つは，人を宇宙に送る費用を下げることだ。2019年５月，彼の会社は宇宙機ブルームーン号の開発を発表した。2020年代のうちに人を月に連れていくことが可能になると思っている，とベゾスは言う。彼は，人々が数日間そこに滞在できることを望んでいる。❸人が月に関心を持つまた別の理由は，その資源だ。多くの科学者たちは，月に水があると信じているが，他にどんな資源があるかはわからない。もし月を探索することができれば，私たちは貴重な資源を見つけることができるかもしれない。月の資源を開発することは，ispace という日本の会社の目標でもある。この会社は，地球の人々の暮らしをより良くするため，宇宙で事業を行いたいと考えている。❹最近，NASA は月を周回する宇宙ステーションのゲートウェイを建設したいと発表した。これは月へ行く宇宙船の基地として使われる。また，人が１年以上別の惑星で暮らすための訓練をする場所にもなる。将来月を開発するなら，人々は長期間そこに住むことができるようになる必要があるだろう。アメリカが日本やロシアといった他の国と協力する計画だ。アメリカは，2020年代に人々を月に戻したいと思っている。

1.「アポロ11号以来，誰も月に着陸していない」…×　第１段落第２文参照。　2.「近年，いくつかの会社が月へ行く宇宙計画を始めた」…○　第２段落第１文に一致する。　set about ～「～にとりかかる」　3.「ジェフ・ベゾスは，政府にブルーオリジン社を創設するよう頼まれた」…×　そのような記述はない。　4.「ジェフ・ベゾスは，人々をより低いコストで宇宙に送りたいと考えており，近い将来，人々が月へ行くことが可能になると思っている」…○　第２段落第３，５文に一致する。　5.「月で資源を見つけることができれば，そこに住むことができるようになるだろう」…×　そのような記述はない。　6.「ある日本の会社も月の資源に関心があり，地球の人々のためにそれらを使いたいと考えている」…○　第３段落最後の２文に一致する。　7.「アメリカは，ゲートウェイを建設する際，日本とロシアに協力してほしいと思っている」…○　最終段落最後から２文目に一致する。　8.「ゲートウェイは，人々が月に滞在するのを助けるため，月面につくられる」…×　最終段落第１～３文参照。月を周回するもので，宇宙船の基地などに使われる。

F〔長文読解総合―説明文〕

≪全訳≫❶イギリス人は，紅茶を飲むことで有名だが，200年前までイングランドでは紅茶は珍しくて高価なものだったと知ると，驚くかもしれない。紅茶ははるばる中国から運ばれ，イギリス政府によって重税をかけられていた。紅茶はとても高価だったので，金持ちの家庭でさえそれを特別な箱の中に鍵をかけて入れておいた。実際，紅茶はとても高価だったので，茶葉は，使っては乾かし，そしてまた使われることが多かった。１度だけでなく，２度や３度もだ。❷茶税のせいで，コーヒーの方がずっと人気だった。コーヒーは1600年，アンソニー・シャーリーというイギリス人外交官によって，イングランドに初めて持ち込まれた。彼は中東への旅から，それを持ち帰った。コーヒーはすぐに人気になったが，1680年代にミルクと砂糖を加え始めてから，特に人気となった。その後まもなく，コーヒー豆は世界中からイギリスに輸入され始め，ロンドンには2000軒を超すコーヒー店が開業した。❸イングランド向けのコーヒーの主要な生産地の１つが，スリランカという小さな島だった。／→ｂ．その後，19世紀後半に，スリランカのコーヒーの木が，ひどい病気にかかった。／→ａ．コーヒー豆はだめになり，多くの農園主は，茶の栽培に切り替えざるをえなかった。／→ｃ．病気のため，コーヒーの値は上がり，多くのイギリス人は紅茶を飲むようになった。／現在，スリランカはセイロン紅茶で最も有名であり，イギリス人は世界で有名な紅茶飲みだ。イギリス人は１年に１人当たり1650杯の紅茶を飲む。これは，１日に１人当たり紅茶５杯ということだ。

１＜適語補充＞ア．be famous for ～「～で有名である」　ウ．‘not *A*, but *B*’「*A* ではなく *B*」の形。「一度」は once。

２＜適語句選択＞空所後の一文は，「紅茶が高価である」という前文の内容をさらに強調した内容になっている。in fact「実際は」は，前で述べた内容を補強するときに使われる表現。

３＜整序結合＞‘be surprised to＋動詞の原形’「～して驚く」の形（‘感情の原因’を表す to不定詞の副詞的用法）。　may「～かもしれない」

４＜英文和訳＞‘so ～ that …’「とても～なので…」の構文。kept it locked は ‘keep＋目的語＋過去分詞’「～を…(の状態)にしておく」の形。it は tea を受けている。lock は「(鍵をかけて)～をしまう」。以上より，kept it locked in a special box は，「それ(＝紅茶)を特別な箱に入れて鍵がかけられた状態にしておいた」→「紅茶を特別な箱の中に鍵をかけて入れておいた」となる。

５＜文脈把握＞直前の because of the tax on tea「茶税のせいで」が，コーヒーが人気になった理由である。税金については，第１段落第２文に具体的に述べられているので，その内容をまとめる。

６＜文整序＞ａとｃは病気になった結果なので，まず病気にかかったという内容のｂを置く。「コーヒー豆がだめになった」→「コーヒーの値が上がった」という順序が自然なのでａ→ｃとする。

７＜内容一致＞１．「アンソニー・シャーリーは，1600年，初めてイングランドにコーヒーを持ち込んだ男だ」　第２段落第２，３文参照。to不定詞の形容詞的用法を用いて the first man を修飾する。または関係代名詞 that を用いて表すこともできる。　２．「17世紀後半から，イギリス人はミルクと砂糖の入ったコーヒーを好んで飲んだ」　第２段落第４文参照。to add milk and sugar の部分を，前置詞 with を用いて言い換える。　３．「コーヒーは人々の間で人気となり，ロンドンには2000軒以上のコーヒー店があった」　第２段落最後の２文参照。2000軒以上の店がオープンしたということは，それだけの店が「あった」ということ。

８＜主題＞イギリス人が紅茶を飲むようになった経緯について述べた文章なので，ｄ．「イギリス人はよく紅茶を飲むが，昔はそうではなかった」が適切。

数学解答

1 (1) $\dfrac{43}{6}$ (2) $\dfrac{24}{xy}$ (3) $8x-7y$

(4) $x=1$, $y=2$ (5) 8

(6) $y=x+1$ (7) $\dfrac{4}{3}$ (8) 10通り

(9) $\dfrac{54}{25}$ (10) 158.8cm (11) 40°

(12) 45° (13) $\sqrt{55}$ cm (14) 9：16

(15) 2cm

2 (1) $\dfrac{1}{27}$ (2) $\dfrac{2}{3}$

3 (1) (a)…ウ (b)…ク (c)…オ (d)…サ

(2) $2\sqrt{5}$ cm (3) $\dfrac{16}{5}\text{cm}^2$

1〔独立小問集合題〕

(1)＜数の計算＞与式 $=-6\times\left(-\dfrac{3}{4}\right)-(-6)\div\dfrac{9}{4}=\dfrac{9}{2}+6\times\dfrac{4}{9}=\dfrac{9}{2}+\dfrac{8}{3}=\dfrac{27}{6}+\dfrac{16}{6}=\dfrac{43}{6}$

(2)＜式の計算＞与式 $=\dfrac{4x^2y^4z^2}{x^2y^3}\times\dfrac{3}{xyz}\times\dfrac{2}{yz}=\dfrac{4x^2y^4z^2\times3\times2}{x^2y^3\times xyz\times yz}=\dfrac{24}{xy}$

(3)＜式の計算＞与式 $=2x-(3y-6x+4y)=2x-(-6x+7y)=2x+6x-7y=8x-7y$

(4)＜連立方程式＞$\dfrac{x+2y}{3}-\dfrac{5x-y}{2}=\dfrac{1}{6}$……①，$0.03x-0.02y=-0.01$……②とする。①×6より，$2(x+2y)-3(5x-y)=1$，$2x+4y-15x+3y=1$，$-13x+7y=1$……①′ ②×100より，$3x-2y=-1$……②′ ①′×2＋②′×7より，$-26x+21x=2-7$，$-5x=-5$ ∴$x=1$ これを②′に代入して，$3-2y=-1$，$-2y=-4$ ∴$y=2$

(5)＜式の値＞与式 $=x^2-4x+4-4+9=(x-2)^2+5$ と変形して，これに $x=2+\sqrt{3}$ を代入すると，与式 $=(2+\sqrt{3}-2)^2+5=(\sqrt{3})^2+5=3+5=8$ となる。

(6)＜関数―直線の式＞右図1で，△ABCの辺ACを底辺と見ると，点Bの x 座標より，高さは2となる。△ABCの面積が4となるとき，$\dfrac{1}{2}\times\text{AC}\times2=4$ が成り立ち，これを解くと，AC＝4となる。点Aは，直線 $y=-x+5$ と y 軸との交点なので，切片より，y 座標が5となり，点Cの y 座標は5未満だから，$5-4=1$ となる。よって，直線BCの式は，$y=ax+1$ とおけ，これがB(2, 3)を通るので，$x=2$，$y=3$ を代入して，$3=2a+1$，$-2a=-2$，$a=1$ となる。したがって，直線BCの式は $y=x+1$ である。

図1

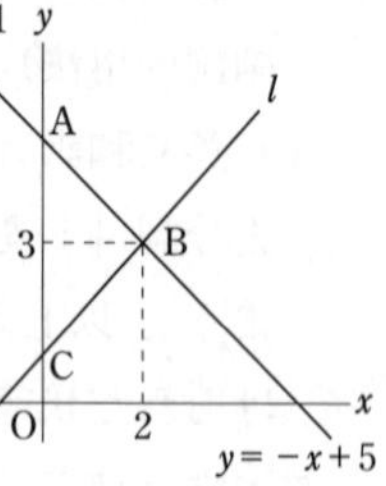

(7)＜関数―比例定数＞一次関数 $y=4x-3$ の変化の割合は常に一定で，傾きと等しいから，4である。また，関数 $y=ax^2$ において，$x=0$ のとき $y=a\times0^2=0$，$x=3$ のとき $y=a\times3^2=9a$ となるので，$0\leqq x\leqq3$ における変化の割合は，$\dfrac{9a-0}{3-0}=\dfrac{9a}{3}=3a$ と表される。よって，$3a=4$ が成り立ち，これを解くと，$a=\dfrac{4}{3}$ となる。

(8)＜場合の数＞りんごを1個買い，残りは柿を買うとき，$800-100\times1=700$ より，柿の代金の合計は700円以下となる。このとき，$700\div60=11$ あまり40より，柿は最大で11個買える。柿とりんごを合計10個以上買うので，りんごを1個買うとき，総額が800円以下となる柿の個数は，9，10，11個の3通りとなる。同様に考えると，りんごを2個買うとき，$800-100\times2=600$，$600\div60=10$ より，柿は最大で10個買えるので，柿の個数は8，9，10個の3通り，りんごを3個買うとき，$800-100\times3=500$，$500\div60=8$ あまり20より，柿は最大で8個買えるので，柿の個数は7，8個の2通り，りんごを4個買うとき，$800-100\times4=400$，$400\div60=6$ あまり40より，柿は最大で6個買えるので，柿の個数は6個の1通り，りんごを5個買うとき，$800-100\times5=300$，$300\div60=5$ より，柿は最大で5個買えるので，柿の個数は5個の1通り，りんごを6個買うとき，$800-100\times6=200$，

200÷60=3あまり20より，柿は最大で3個買えるが，りんごと柿の合計が10個以上とならないので適さない。また，これ以上はりんごの個数を増やすことができない。以上より，条件を満たすのは，3+3+2+1+1=10(通り)となる。

(9)＜数の性質＞求める分数を$\frac{x}{y}$とおく。$\frac{x}{y}\times\frac{125}{2}$が自然数となるとき，$x$は2の倍数，$y$は125の約数であり，$\frac{x}{y}\times\frac{50}{27}$が自然数となるとき，$x$は27の倍数，$y$は50の約数である。よって，$\frac{x}{y}$に$\frac{125}{2}$をかけても$\frac{50}{27}$をかけても自然数になるのは，$x$が2と27の公倍数，$y$が125と50の公約数のときである。このうち，$\frac{x}{y}$が最も小さくなるのは，分子が最も小さく，分母が最も大きいときで，xは2と27の最小公倍数より54，yは125と50の最大公約数より25となる。したがって，求める分数は$\frac{54}{25}$となる。

(10)＜平均値＞5人の身長の平均値が157.0cmとなるとき，5人の身長の合計は，157.0×5=785.0(cm)である。145.4cmを154.4cmに直すと，合計は154.4−145.4=9.0(cm)増えて，785.0+9=794.0(cm)となるから，5人の正しい身長の平均値は，794.0÷5=158.8(cm)である。

(11)＜図形―角度＞右図2のように，円周上の4点をA～Dとし，線分OCを引く。△OCDは，OC=ODより∠OCD=∠ODC=60°なので，正三角形となり，∠COD=60°である。よって，∠BOC=∠BOD−∠COD=140°−60°=80°だから，$\overset{\frown}{BC}$に対する円周角と中心角の関係より，∠x=∠BAC=$\frac{1}{2}$∠BOC=$\frac{1}{2}$×80°=40°となる。

図2

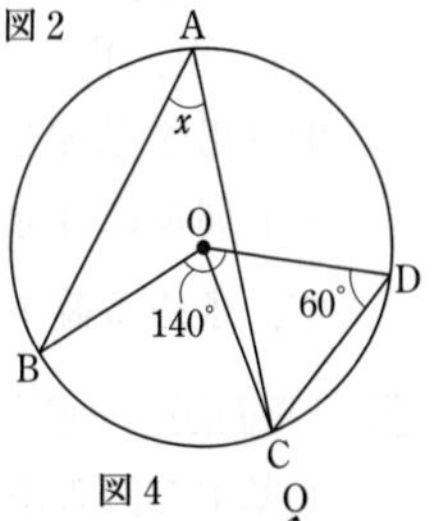

(12)＜図形―角度＞右図3のように，円の中心をOとし，点Oと点D，Fをそれぞれ結ぶ。点A～Hは円周を8等分する点だから，$\overset{\frown}{DF}$に対する中心角は，360°×$\frac{2}{8}$=360°×$\frac{1}{4}$=90°である。よって，$\overset{\frown}{DF}$に対する円周角と中心角の関係より，∠FAD=$\frac{1}{2}$∠FOD=$\frac{1}{2}$×90°=45°となる。

図3

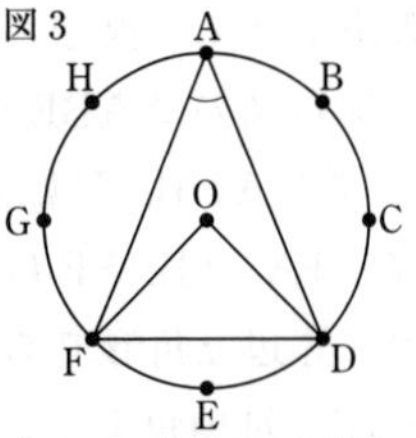

図4

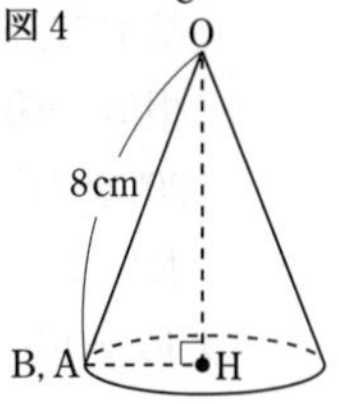

(13)＜図形―長さ＞右上図4は，展開図を組み立ててできる円錐である。底面の円周の長さは，側面のおうぎ形の$\overset{\frown}{AB}$の長さと等しいので，2×π×AH=6πより，AH=3となる。よって，△OHAにおいて，∠OHA=90°だから，三平方の定理より，OH=$\sqrt{OA^2-AH^2}=\sqrt{8^2-3^2}=\sqrt{55}$(cm)である。

(14)＜図形―面積比＞右図5で，△AEBと△AFCにおいて，∠AEB=∠AFC=90°であり，線分ADが∠Aの二等分線より，∠BAE=∠CAFだから，2組の角がそれぞれ等しく，△AEB∽△AFCとなる。よって，BE：CF=AB：AC=3：4となる。また，△BDEと△CDFにおいて，∠BED=∠CFD=90°，対頂角が等しく∠BDE=∠CDFだから，△BDE∽△CDFとなる。よって，BE：CF=3：4より，△BDEと△CDFの相似比は3：4だから，面積の比は，3^2：4^2=9：16となる。

図5

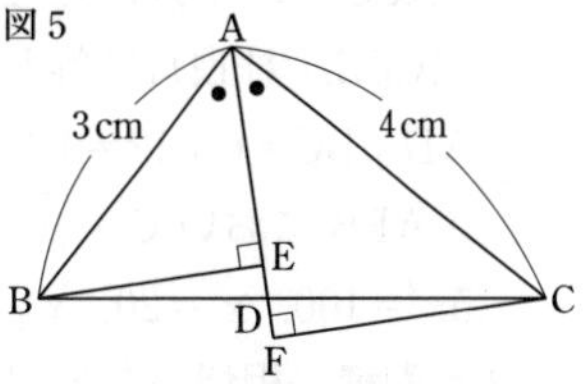

(15)＜図形―長さ＞右図6で，半円Oの直径の両端をA，B，円P，Qの中心をそれぞれ点P，Qとし，点QからOPに引いた垂線の交点をH，円Qと半円Oの接点をI，J，半円Oの$\overset{\frown}{AB}$と円Pの接点をK，円Pと円Qの接点をLとする。図形の対称性より，3点O，P，Kは一直線上にあるので，円Oの半径OKは円Pの直径と等しく4×2=8となる。線分ABは，円P，Qの接線なので，∠QIO=∠KOA=90°より，四角形OHQIは長方形となる。ここで，円Qの半径を$x$cmとおくと，

図6

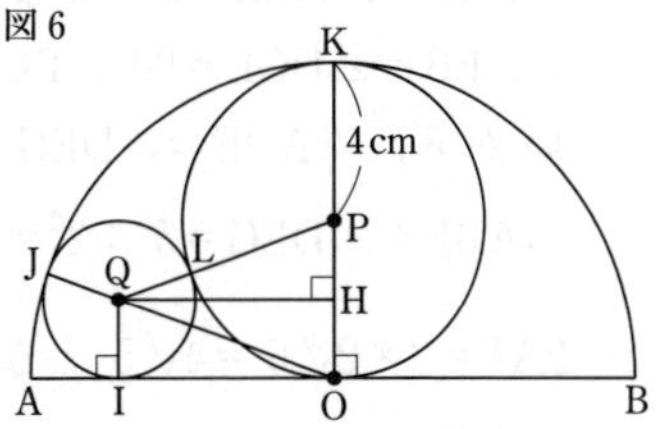

△OHQにおいて，3点O，Q，Jは一直線上にあるので$\mathrm{OQ}=\mathrm{OJ}-\mathrm{QJ}=8-x$，$\mathrm{HO}=\mathrm{QI}=x$だから，三平方の定理より，$\mathrm{HQ}^2=\mathrm{OQ}^2-\mathrm{HO}^2=(8-x)^2-x^2=64-16x+x^2-x^2=-16x+64$となる。また，△PHQにおいて，3点P，L，Qは一直線上にあるので$\mathrm{PQ}=\mathrm{PL}+\mathrm{LQ}=4+x$，$\mathrm{PH}=\mathrm{PO}-\mathrm{HO}=4-x$だから，三平方の定理より，$\mathrm{HQ}^2=\mathrm{PQ}^2-\mathrm{PH}^2=(4+x)^2-(4-x)^2=16+8x+x^2-(16-8x+x^2)=16x$となる。よって，$\mathrm{HQ}^2$について，$-16x+64=16x$が成り立ち，これを解くと$x=2$より，円Qの半径は2cmである。

2〔確率―色球〕

(1)<確率>袋の中には3個の球が入っているので，この中から1個取り出すとき球の取り出し方は3通りあり，これを3回繰り返すから，球の取り出し方は全部で$3\times3\times3=27$(通り)ある。このうち，青球に◯が3つ書かれるのは，3回とも青球を取り出すときで，(1回目，2回目，3回目)＝(青，青，青)の1通りである。よって，求める確率は$\frac{1}{27}$となる。

(2)<確率>3個の球に書かれる◯の個数が全て異なるのは，書かれる◯の個数が0，1，2個となるときである。このような◯の個数になる球の組合せは，(赤，青，青)，(赤，白，白)，(青，赤，赤)，(青，白，白)，(白，赤，赤)，(白，青，青)の場合で6通りある。(赤，青，青)のとき，1回だけ取り出す赤球を何回目に取り出すかに着目すると，3通りの取り出し方がある。他の組合せについても同様に3通りずつあるから，◯の個数が全て異なる取り出し方は，$6\times3=18$(通り)ある。よって，求める確率は$\frac{18}{27}=\frac{2}{3}$である。

3〔平面図形―円〕

≪基本方針の決定≫(1)　線分ABを直径とする円を考える。　(2)，(3)　相似な三角形に注目する。

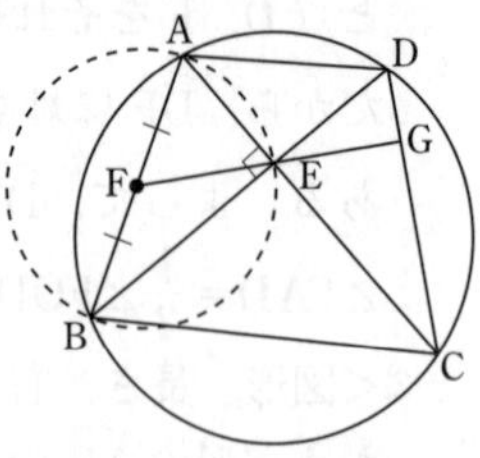

(1)<相似―論証>右図の△ABEで，点Fは線分ABの中点であり，$\angle\mathrm{AEB}=90^\circ$なので，3点A，B，Eは点Fを中心とする同一円周上にある。円Fにおいて，線分FA，FB，FEは半径で，AF＝BF＝EFとなるから，△FAEはFA＝FEの二等辺三角形である。よって，△ABEと△ECGにおいて，∠AEF＝∠EAF，対頂角より∠AEF＝∠CEGだから，∠EAF＝∠CEGとなる。また，$\overset{\frown}{\mathrm{AD}}$に対する円周角だから，∠ABE＝∠ACDである。したがって，2組の角がそれぞれ等しいことより，△ABE∽△ECGである。

(2)<長さ―三平方の定理>右上図で，△AEDと△BECにおいて，$\overset{\frown}{\mathrm{CD}}$に対する円周角より∠DAE＝∠CBE，対頂角は等しいので∠AED＝∠BECより，△AED∽△BECとなる。よって，AE：BE＝AD：BC＝6：12＝1：2より，2AE＝BEとなる。ここで，$\mathrm{AE}=x$とおくと，$\mathrm{BE}=2x$となるから，△AEBにおいて，三平方の定理$\mathrm{AE}^2+\mathrm{BE}^2=\mathrm{AB}^2$より，$x^2+(2x)^2=10^2$が成り立つ。これを解くと，$5x^2=100$，$x^2=20$，$x>0$より$x=\sqrt{20}=2\sqrt{5}$となるので，$\mathrm{AE}=2\sqrt{5}$(cm)である。

(3)<面積―相似>右上図で，△AEDにおいて，$\angle\mathrm{AED}=90^\circ$，AD＝6，(2)より$\mathrm{AE}=2\sqrt{5}$だから，三平方の定理より，$\mathrm{DE}=\sqrt{\mathrm{AD}^2-\mathrm{AE}^2}=\sqrt{6^2-(2\sqrt{5})^2}=\sqrt{16}=4$となる。(1)で△ABE∽△ECGより$\angle\mathrm{EGC}=\angle\mathrm{AEB}=90^\circ$となるから，$\angle\mathrm{DGE}=90^\circ$である。よって，△ABEと△DEGにおいて，$\angle\mathrm{AEB}=\angle\mathrm{DGE}=90^\circ$，BCに対する円周角より∠EAB＝∠GDEとなり，2組の角がそれぞれ等しいから，△ABE∽△DEGである。相似比はAB：DE＝10：4＝5：2となるから，面積比は$\triangle\mathrm{ABE}:\triangle\mathrm{DEG}=5^2:2^2=25:4$であり，$\triangle\mathrm{DEG}=\frac{4}{25}\triangle\mathrm{ABE}$となる。したがって，(2)より$\mathrm{BE}=2\mathrm{AE}=2\times2\sqrt{5}=4\sqrt{5}$となるから，$\triangle\mathrm{DEG}=\frac{4}{25}\times\frac{1}{2}\times\mathrm{AE}\times\mathrm{BE}=\frac{4}{25}\times\frac{1}{2}\times2\sqrt{5}\times4\sqrt{5}=\frac{16}{5}(\mathrm{cm}^2)$である。

2020年度／江戸川女子高等学校（Ｂ推薦）

国語解答

一 問１　a　封印　b　刺激　c　妥協
問２　四［苦］八［苦］
問３　Ａ…カ　Ｂ…ウ
問４　ならない。　問５　イ
問６　ウ　問７　ウ　問８　ウ
問９　エ
問10　憧れの御木元さんが下の名前で呼んでくれたことで，距離が近づいたように感じたから。(40字)

二 問１　a　ちんれつ　b　ぼうかん
c　あいがんぶつ
問２　ウ　問３　日常生活の
問４　垂直方向に　問５　ア
問６　イ　問７　生物の進化
問８　生と死を同
問９　新しい命が生まれる生のイメージと，首を落とされる死のイメージを併せ持つ存在。(38字)

三 問１　枕草子　問２　ころおい
問３　Ａ…イ　Ｂ…ア　問４　ウ
問５　イ　問６　エ

一〔小説の読解〕出典；宮下奈都『よろこびの歌』。

問１＜漢字＞ａ．中のものが表に出ないようにすること。　ｂ．外部からのはたらきかけによって心や感覚に反応を起こさせること。　ｃ．対立していることについて互いに譲り合うことで穏やかに解決すること。

問２＜四字熟語＞「四苦八苦」は，非常に苦労すること。級友たちを引っ張っていくのに，大変な苦労をしていた御木元さんは，「自分では歌わず，指揮と指導に徹していた」のである。

問３＜品詞＞「ぴたりと」と「たちまち」は，主に用言を修飾する副詞。「素晴らしい」と「美しい」は，終止形が「い」で終わる形容詞。「あらゆる」と「たいした」は，単独で体言を修飾する連体詞。「便利な」は，形容動詞「便利だ」の連体形。「こちら」は，代名詞。

問４＜文章内容＞「私」は，合唱コンクールの練習で，御木元さんの指導にかける情熱や歌声などに感動したことを思い出し，そして，御木元さんと比べて「なんにもない私」などと自分を見失ったような気持ちになったものの，「これからなんじゃないの」という千夏の言葉に賭けてみたいと思ったことなども思い出した。卒業生を送る会で，合唱コンクールの歌を披露することになった今，「私」は「あのときから，何が変わったのだろう」と改めて自分たちを見つめ直している。

問５＜文章内容＞「私」は，各パートの出だしや山場を示す御木元さんの「光輝くような」歌声に感動して，「ただ見つめていることしかできなかった」のである。

問６＜文章内容＞御木元さんは，音楽や歌に関しては「がっぷり四つに組む」ことしかできない人，つまり真面目に物事に向き合うことしかできない人であった。だから，自分の指導にクラスメイトたちがついてこられてなくても，御木元さんは，手を抜こうとしなかったのである。

問７＜文章内容＞御木元さんが，クラスメイトたちに明るく歌ってもらうために「自ら明るい笑顔をつくって」みせると，みんなもそれに従った。「私」は，その光景を見て，「音楽というのは，お互いの親密さと信頼があって育っていくもの」だと感じ，御木元さんの指導に感心した。

問８＜要旨＞御木元さんの歌声や合唱を導こうとする情熱に圧倒された「私」は，自分は「人間としてぜんぜん敵わない」と思っていたときに，千夏に「なんにもないんだから，これからなんじゃないの，あたしたち」と言われて，千夏と一緒にされたのは「なんだか面白くない」と感じたものの，「これから」という千夏の前向きな言葉に「賭けてみたい」と思った(ウ…○)。

問９＜表現＞卒業生を送る会の合唱の練習の場面では，「よろこびの歌がはじまる」，「重なっていく」，

「弾み，広がり，膨らんでいく」など短文の連続や「光の粒」などの比喩によって，その場の緊迫した雰囲気や熱心な様子が伝わってくるようになっている。

問10＜心情＞それまで御木元さんに「佐々木さん」と呼ばれていた「私」は，急に「ひかり」と呼ばれて驚いたが，そのことで御木元さんとの距離が縮まったように感じ，うれしくなった。

二〔論説文の読解―文化人類学的分野―文化〕出典；橋爪紳也『ニッポンの塔　タワーの都市建築史』。

≪本文の概要≫動物園は，それぞれの時代の人間が保有している世界観が投影されている。古代のアッシリアやバビロニアの動物園では動物の集合体そのものが楽園の象徴であったし，近代に至ると動物園は科学的研究の対象となった。さらに十九世紀には公共動物園が整備され，大衆が安価に楽しめる見世物となった。このような都市の動物園は，野生と都市を対比させることで文明の価値を意識させる装置となったが，同時にそれは，人間自身の姿を動物たちに重ね合わせることができるものでもあった。このように現状を見せる動物園に対して，これまでの進化の過程をわかりやすく伝える科学博物館のようなものが発明されたが，日本でも「太陽の塔」が過去と未来をつなぐ役割を果たすものとしてつくられた。「太陽の塔」では進化の過程が模型によって示されているが，そこには単に進化を肯定することだけではなく，いかなる動物もいずれ滅ぶという教訓が託されていた。「太陽の塔」は，生と死に関する根源的なメッセージを発しているものなのである。

問１＜漢字＞ａ．人に見せるために物を並べておくこと。　ｂ．ただそばで見ていること。　ｃ．かわいがることなどを目的とした物のこと。

問２＜文章内容＞人間は，動物園で檻《おり》に入れられている動物を見ているが，あるコマーシャルでは親子連れのペンギンが「人間動物園」で「まいっている人たち」を見てあきれるシーンがあった。また，人間は「多くの人間に包囲され，休む間もなく触られ」て，「過激な労働でストレスを溜め」ているペットショップの疲れきった動物たちの姿に，人間自身の姿を「重ね合わせること」もできる。つまり，動物園は「人と動物との『差異』を見せようとする」ものではあるが，一方でそこに両者の同じ性質を見てとることもできる。

問３＜文章内容＞「あわせ鏡」は，後ろ姿を見るために前の鏡に後ろからもう一つの鏡をかざすこと。人間は，「多くの人間に包囲され，休む間もなく触られ」て「生気」がなくなったペットショップの動物たちの姿に，「日常生活の檻のなかから逃げ出せていない自分たちの姿」を重ね合わせて見ることができるのである。

問４＜文脈＞「太陽の塔」の内部の「生命の樹」は，「生物の進化を体系化した系統図を立体にした」ものなので，根本には原生動物やアメーバの模型があり，上にいくにつれて「魚類」「爬虫類」「両生類」「哺乳類」の模型が順に展示されている。そして，哺乳類の中にも，木の幹にからみついたり，枝にぶら下がったり，枝の上に立ち上がったりするものなどがいるが，当然のことながらその「もっとも上の枝」には，類人猿や猿人や原人がいて，そして人類に至るのである。つまり，「生命の樹」は，「垂直方向に時間の経緯を示す軸がある」と設定されている。

問５＜要旨＞古代のアッシリアやバビロニアにおいて，動物園はパラダイスと呼ばれ，動物の集合体そのものが「楽園」の象徴であり，中世まで，動物は「神話的・想像的・魔術的な力」を持った存在であったが(イ…○)，近代に至ると，動物は「科学的研究の対象」となった(ア…×)。ルイ十四世がベルサイユ宮殿に開設した動物園は，「サイエンス・センター」となり(エ…○)，さらに十九世紀にはロンドン動物園のような公共動物園が整備され，動物園は，「異国の光景」を提供する，「大衆が安価に楽しめる見世物」となった(ウ…○)。

問６＜文章内容＞「恣意的」は，ルールや基準に則るのではなく勝手に判断するさま。メキシコの侵略者であるコルテスが訪れた「モンテズマが保有したという動物園」では，身体に障害を持つ人たちが檻に入れられ，飼い慣らされていた。このことは，「人間」と「動物」に境界を引くための基準やルールは明確ではなく，社会によって違うことを示している。

問７＜文章内容＞進化の過程をわかりやすく伝える科学博物館の例として，「太陽の塔」が挙げられている。「太陽の塔」の内部には，「生物の進化を体系化した系統図を立体にした『生命の樹』」があり，そこでは根本から上方にいくにつれて，さまざまな生物の模型が進化の過程に従って展示されている。

問８＜文章内容＞「太陽の塔」の内部にある「生命の樹」は，「生物の進化を体系化」したものだが，「いかなる動物もいずれ滅ぶという教訓」も託されていた。また，「太陽の塔」のデザインからは，「女性の身体から新しい生命が生まれているという造形に，生け贄の首を落とすというダブルイメージ」が想起されるという解釈もある。つまり，「太陽の塔」は，「生と死を同時に予見させつつ，内部に進化の過程を展示した」ものといえる。

問９＜文章内容＞「太陽の塔」には，「女性の身体から新しい生命が生まれている」という「生」の意味と「生け贄の首を落とす」という「死」の意味の二つがあると考えられる。

三〔古文の読解―随筆〕出典；清少納言『枕草子』。

≪現代語訳≫木の花は，濃い色のも薄い色のも紅梅(がよい)。桜は，花びらが大きくて，葉の色の濃いものが，枝は細い様子で咲いている(のがよい)。藤の花は，しなやかに曲がっている(花房が)長く(垂れていて)，色濃く咲いているのが，とてもすばらしい。／四月の下旬，五月の上旬の時分に，橘の葉が濃く青いときに，花がとても白く咲いているのが，雨が少し降っている早朝などは，またとなく風情のある様子で趣がある。花の中から(見える実が)黄金の玉かと思われてとても鮮やかに見えている様子などは，朝露に濡れている明け方の桜にも劣らない。ほととぎすが身を寄せる所とまで思うからだろうか，やはり全くいいようがない(ほどにすばらしい)。／梨《なし》の花は，非常に興ざめなものとして，身近で珍重せず，大したことのない手紙を結びつけることさえしない。魅力に欠けている人の顔などを見ては，(梨の花を魅力に欠けている顔の)たとえに出すのも，実に，葉の色をはじめとして，つまらなく見えるのに，中国ではこの上ないものとして，漢詩にもよむのは，やはりそうはいっても理由があるのだろうと，よくよく見ると，花びらの端に，趣のある色が，かすかについているようだ。(中国では)楊貴妃が，帝の使者に会って泣いた(といわれている)顔に似せて，「梨の花の一枝が，春に，雨を帯びている」などといっているのは，(楊貴妃の美しさは)並々ではないのだろうと思うと，やはり(梨の花が)たいそうすばらしいということは，比べるものがないのであろうと思われる。

問１＜文学史＞『枕草子』は，平安時代に成立した随筆で，清少納言によって書かれた。

問２＜歴史的仮名遣い＞歴史的仮名遣いの語頭以外のハ行は，現代仮名遣いでは，原則として「わいうえお」で読むので，「ほ」は「お」に，「ひ」は「い」にする。

問３＜古文の内容理解＞Ａ．桜は，「花びら大きに，葉の色濃きが，枝細く」咲いているのが美しい。Ｂ．「木の花」の中では，濃い色の花であっても薄い色の花であっても，「紅梅」が美しい。

問４＜古文の内容理解＞四月下旬や五月上旬の橘の白い花は，朝霧に濡れた桜の花に劣らないくらいに，言葉を尽くしても表現できないほどに美しいのである。

問５＜古文の内容理解＞花の中から黄色く丸い橘の実が，「黄金の玉」のように見えている。

問６＜古文の内容理解＞梨の花は，興ざめなものであり，「はかなき文つけなどだに」しないものである(エ…×)。また，「愛敬おくれたる人の顔」の「たとひ」にも用いられることがある(ア…○)。しかし，中国においては，梨の花は，「限りなきもの」とされているので(ウ…○)，理由があるのだろうと思って花をよく見てみると「花びらの端に，をかしきにほひ」があった(イ…○)。

Memo

高校を受験する生徒とご父母のための…

2025年度用 高校合格資料集

■首都圏有名書店にて今秋発売予定！

※表紙は昨年のものです。

内容目次

1. まず試験日はいつ？ 推薦ワクは？競争率は？
2. この学校のことは どこに行けば分かるの？
3. かけもち受験のテクニックは？
4. 合格するために大事なことが二つ！
5. もしもだよ！ 試験に落ちたらどうしよう？
6. 勉強しても成績があがらない
7. 最後の試験は面接だよ！

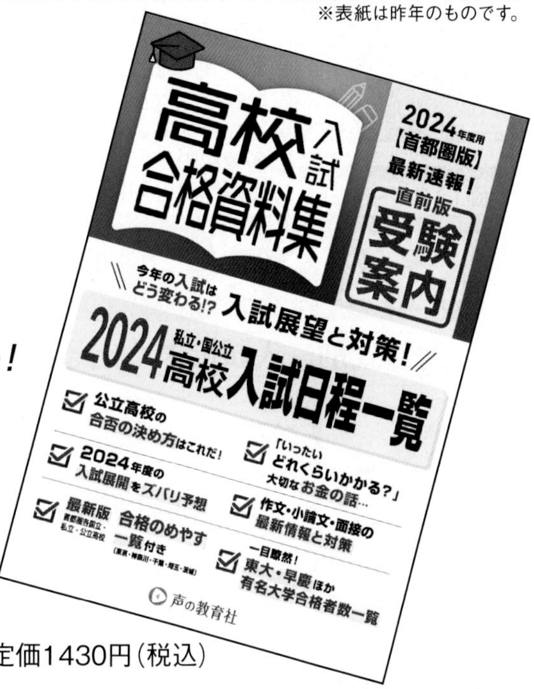

定価1430円（税込）

当社発行物の無断使用は固くお断りいたします。御使用の前はまずご相談ください。

当社発行物には500点余の首都圏中・高過去問をはじめ、6点の学校案内、そのほかいくつかの情報誌などがございます。その多くが年度版で、限られたスタッフが来るべき受験シーズン前に余裕を持って受験生へ届けられるよう、日夜作業にあたり出版を重ねております。

最近、通塾生ご父母や塾内部からの告発によって、いくつかの塾が許諾なしに当社過去問を複写（コピー）し生徒に配布、授業等にも使用していることが発覚し、その一部が紛争、係争に至っております。過去問には原著作者や管理団体、代行出版等のほか、当社に著作権がございます。当社としましては、著作権侵害の発覚に対しては著作権を有するこれらの著作権関係者にその事実を開示して、マスコミにリリースする場合や法的な措置を取る場合がございます。その事例としましては、毎年当社過去問の発行を待って自由にシステム化使用していたＡ塾、個別教室でコピーを生徒に解かせ指導していたＢ塾、冊子化していたＣ社、生徒の希望によって書籍の過去問代わりにコピーを配布していたＤ塾などがあります。

当社発行物の全部もしくは一部を無断使用することは固くお断りいたします。

当社コンテンツの中にはリーズナブルな設定で紙面の利用を許諾している塾もたくさんございますので、ご希望の方は、お気軽にご相談くださいますようお願いします。同時に、当社発行物を無断で使用している会社などにつきましての情報もお寄せいただければ幸いです。

株式会社 声の教育社

スーパー過去問の **解説執筆・解答作成スタッフ（在宅）募集！** ※募集要項の詳細は、10月に弊社ホームページ上に掲載します。

2025年度用
高校スーパー過去問

■編集人 声の教育社・編集部
■発行所 株式会社 声の教育社
〒162-0814 東京都新宿区新小川町8-15
☎03-5261-5061㈹ FAX03-5261-5062
https://www.koenokyoikusha.co.jp

カコを追いかけ
ミライをつかめ
「今の説明、もう一回」を何度でも
web過去問
ストリーミング配信による入試問題の解説動画
声の教育社
詳しくはこちらから

江戸川女子高等学校

別冊解答用紙

丁寧に抜きとって、別冊
としてご使用ください。

★合格者最低点

		2024年度	2023年度	2022年度	2021年度	2020年度
B推薦	Ⅱ類	165	145	140	165	155
	Ⅲ類	180	165	159	180	177
	英語科	175	160	142	172	168
一般	Ⅱ類	161	144	148	168	148
	Ⅲ類	180	167	168	183	172
	英語科	175	156	156	172	161

※英語科は、英・国・リスニング　各100点。

注意

○ 解答用紙は、収録の都合により縮小したものや、小社独自に作成したものもあります。
○ 学校配点は学校発表のもの、推定配点は小社で作成したものです。
○ 無断転載を禁じます。
○ 解答用紙を拡大コピーする場合、表示した拡大率に対応する用紙サイズは以下のとおりです。
101%～102%＝B5　103%～118%＝A4　119%～144%＝B4　145%～167%＝A3
（タイトルと配点表は含みません）

２０２４年度　　江戸川女子高等学校・Ｂ推薦・共通問題

英語解答用紙

番号		氏名		評点	／100

A

1		2		3		4		5	

B

1		2		3	
4		5			

C

1	ア	(w)	イ	(s)	ウ	(t)
	エ	(W)	オ	(z)	カ	(N)
	キ	(t)	ク	(d)	2	

D

1	?
2	.
3	Sri Lanka.
4	the office last.
5	of Japan.

E

1		2		3		4		5	
6		7		8		9			

F

1	(a)		(b)		(c)	
	(d)		(e)			
2	①		②		③	
	④		⑤		⑥	
3						
4						
5		6				
7						
8						

（注）この解答用紙は実物を縮小してあります。Ｂ４用紙に132％拡大コピーすると、ほぼ実物大で使用できます。（タイトルと配点表は含みません）

推定配点		計
	Ａ～Ｆ　各２点×50	100点

２０２４年度　江戸川女子高等学校・Ｂ推薦・普通科

数学解答用紙

番号		氏名	

評点	／100

1

(1)	(2)
(3)	(4)
(5)	(6)
(7)	(8) ア：　イ：　ウ：
(9)	(10)
(11)	(12)
(13)	(14)

2

(1)	(2)	(3)

3

(1)	(2)	(3)

（注）この解答用紙は実物を縮小してあります。Ａ４用紙に108％拡大コピーすると、ほぼ実物大で使用できます。（タイトルと配点表は含みません）

推定配点		計
	1～3　各５点×20	100点

二〇二四年度　江戸川女子高等学校・B推薦・共通問題

国語解答用紙

番号　　氏名　　評点　／100

一

問1　ⓐ　ⓑ　ⓒ

問2　問3　③　⑤

問4　問5　問6　問7

問8　（32）

二

問1　ⓐ　ⓑ　ⓒ

問2

問3　問4

問5　Ⅰ　Ⅱ

問6　(1)　～　(2)　～　という事例。

問7　(1)　(2)

問8　（36）

三

問1　問2

問3　④　⑥

問4　③　⑤

問5　問6

(注) この解答用紙は実物を縮小してあります。B４用紙に135％拡大コピーすると、ほぼ実物大で使用できます。（タイトルと配点表は含みません）

推定配点	計
一 問１～問３　各２点×６　問４～問７　各４点×４　問８　８点 二 問１、問２　各２点×４　問３～問７　各４点×７〔問５は完答〕　問８　８点 三 問１～問４　各２点×６　問５、問６　各４点×２	100点

２０２４年度　江戸川女子高等学校・共通問題

英語解答用紙

番号		氏名		評点	／100

A

1		2		3		4		5	

B

1		2		3		4		5	

C

1	We　　　　　way home from school.
2	Let's　　　　　.
3	I　　　　　start today.
4	I am　　　　　here in this village.
5	They hurried to the store, but　　　　　.
6	to live in, Okinawa or Hokkaido?

D

1		2		3	
4		5		6	
7		8		9	
10		11		12	

E

1		2		3		4		5	
6		7		8		9		10	

F

1	(1)		(2)		(3)		(4)	
	(5)		(6)		2		3	
4	→							
5								
6	1		2		3			
	4		5		6			
7								
8	→							

（注）この解答用紙は実物を縮小してあります。B４用紙に128％拡大コピーすると、ほぼ実物大で使用できます。（タイトルと配点表は含みません）

推定配点		計
	A, B　各２点×10　C　各３点×６　D　各１点×12 E　各２点×10　F　１～３　各１点×８　４　２点 ５　３点　６　各２点×６　７　３点　８　２点	100点

２０２４年度　江戸川女子高等学校・普通科

数学解答用紙

番号		氏名		評点	／100

1

(1)	(2)
(3)	(4)
(5)	(6)
(7) $x =$ 　　　, $y =$	(8)
(9)	(10) $a =$ 　　　, $b =$
(11)	(12)
(13)	(14)

2

(1)	(2)	(3)

3

(1)	(2)	(3)

（注）この解答用紙は実物を縮小してあります。Ｂ４用紙に123%拡大コピーすると、ほぼ実物大で使用できます。（タイトルと配点表は含みません）

推定配点		計
	1～3　各５点×20	100点

二〇二四年度　江戸川女子高等学校・共通問題

国語解答用紙

番号　　氏名　　評点 /100

一

問1　a　b　c　d

問2　問3　A　B　問4

問5　問6　問7

問8　a　b　ア　イ

問9

問10　24

二

問1　a　b　c　d　問2　問3

問4　a　b　c　d

問5

問6

問7

問8　28

三

問1　a　b　問2　問3　②　⑦　問4　問5

問6　問7

問8　～　問9　問10

（注）この解答用紙は実物を縮小してあります。Ｂ４用紙に135％拡大コピーすると、ほぼ実物大で使用できます。（タイトルと配点表は含みません）

推定配点

一　問1～問8　各2点×14　問9　4点　問10　8点

二　問1～問7　各2点×13　問8　4点

三　問1～問7　各2点×9　問8～問10　各4点×3

計　100点

２０２３年度　江戸川女子高等学校・Ｂ推薦・共通問題

英語解答用紙

番号		氏名	

評点	／100

A

1		2		3		4		5	

B

1		2		3		4		5	

C

1	French.
2	My .
3	us in the future.
4	I assignment.
5	There building.
6	the next match?

D

1		2		3		4	
5		6		7		8	
9		10		11		12	

E

1		2		3		4		5	
6		7		8		9		10	

F

1	(1)		(2)		(3)		
	(4)		(5)		(6)		
2	(a)		(b)		(c)		
	(d)		(e)		(f)		
3							
4							
5	(B)	→	(C)	→			
6		7	(1)		(2)		(3)

（注）この解答用紙は実物を縮小してあります。Ｂ４用紙に127％拡大コピーすると、ほぼ実物大で使用できます。（タイトルと配点表は含みません）

推定配点		計
	Ａ　各１点×５　　Ｂ，Ｃ　各２点×11 Ｄ　１　各１点×11　２　３点　　Ｅ　各２点×10 Ｆ　１　各１点×６　２，３　各２点×９　４　３点 ５～７　各２点×６	100点

２０２３年度　江戸川女子高等学校・Ｂ推薦・普通科

数学解答用紙

番号		氏名		評点	／100

1

(1)	(2)
(3)	(4)
(5)	(6)
(7)	(8)
(9)	(10)
(11) $a =$	(12)
(13)	(14)

2

(1)	(2)	(3)

3

(1)	(2)	(3)

(注) この解答用紙は実物を縮小してあります。Ｂ４用紙に123%拡大コピーすると、ほぼ実物大で使用できます。(タイトルと配点表は含みません)

推定配点		計
	1～3　各５点×20	100点

二〇二三年度　江戸川女子高等学校・B推薦・共通問題

国語解答用紙

番号		氏名	

評点	/100

一

問1 b　と　c　d

問2

問3 A　B

問4

問5　問6　問7

問8（24）

二

問1 a　b　c

問2

問3

問4 〜

問5

問6 Ⅰ　Ⅱ 〜

問7

問8

問9（36）

三

問1

問2

問3 ③　⑤

問4 ②　④　⑥

問5

問6

（注）この解答用紙は実物を縮小してあります。Ｂ４用紙に135％拡大コピーすると、ほぼ実物大で使用できます。（タイトルと配点表は含みません）

推定配点		計
一	問1〜問4　各2点×7　問5〜問7　各4点×3　問8　8点	
二	問1、問2　各2点×4　問3〜問8　各4点×7　問9　8点	
三	問1〜問4　各2点×7　問5、問6　各4点×2	100点

２０２３年度　江戸川女子高等学校・共通問題

英語解答用紙

番号		氏名		評点	／100

A

1		2		3		4		5	

B

1			2			3		
4			5					

C

1	.
2	.
3	for a long time.
4	on your way home.
5	.

D

1	ア		イ		ウ		エ		オ	
2	(　　　)(　　　)(　　　)(　　　)(　　　).									
3										

E

1		2		3		4		5		6		7		8	

F

1	①		⑥		⑧		2		
3		4	ア		イ		ウ		5
6	⑤		⑪						
7									
8	〔　　　〕の家は、〔　　　〕ので、〔　　　〕の家より長持ちする。								
9									

(注) この解答用紙は実物を縮小してあります。Ｂ４用紙に120%拡大コピーすると、ほぼ実物大で使用できます。(タイトルと配点表は含みません)

推定配点		計
	A～E　各２点×30 F　１～３　各３点×５　４　各２点×３ ５～８　各３点×５　９　４点	100点

２０２３年度　江戸川女子高等学校・普通科

数学解答用紙

番号		氏名		評点	／100

1

(1)	(2)
(3)	(4)
(5) $a =$ 　　　, $b =$	(6)
(7)	(8)
(9)	(10)
(11)	(12) AP : PC = 　　　:
(13)	(14)

2

(1) $A =$ 　　　, $B =$	(2)
(3)	

3

(1)（ア）	(1)（イ）	(2)（ウ）
(2)（エ）	(2)（オ）	(3)（カ）

(注) この解答用紙は実物を縮小してあります。Ｂ４用紙に123%拡大コピーすると、ほぼ実物大で使用できます。(タイトルと配点表は含みません)

推定配点		計
	1 (1)～(9)　各４点×９　(10)～(14)　各５点×５ 2 各５点×３ 3 各４点×６	100点

二〇二三年度　江戸川女子高等学校・共通問題

国語解答用紙

番号　　氏名　　評点　／100

一

問1　a　b　c
問2　問3　問4
問5　問6　問7　問8
問9　（36）

二

問1　a　b　c　d
問2　a　b
問3　・　・
問4　問5　問6
問7　（44）

三

問1　問2　a　b
問3　①　③　問4　a　b
問5　問6　問7　問8
問9　問10
問11

（注）この解答用紙は実物を縮小してあります。B4用紙に130％拡大コピーすると、ほぼ実物大で使用できます。（タイトルと配点表は含みません）

推定配点	
一 問1～問4 各2点×6 問5～問8 各4点×5 問9 6点 二 問1～問3 各2点×8 問4～問6 各4点×3 問7 6点 三 問1～問10 各2点×12〔問4は完答〕 問11 4点	計 100点

英語解答用紙

番号		氏名		評点	／100

A

1		2		3		4		5	

B

1		2		3	
4		5			

C

1	.
2	.
3	.
4	.
5	?

D

1	ア		イ		ウ		エ	
	オ		カ		キ		ク	
2	Do you (　　)(　　)(　　)(　　)(　　)?							

E

1		2		3		4		5		6		7		8	

F

1		2								
3	③		④		4	⑤		⑥	5	
6	ア									
	イ									
7										
8	(C)									
	(D)									

(注) この解答用紙は実物を縮小してあります。Ｂ４用紙に127%拡大コピーすると、ほぼ実物大で使用できます。(タイトルと配点表は含みません)

推定配点		計
	A～D　各２点×24　　E　各３点×８ F　１～４　各２点×６　５　３点　６　各２点×２　７，８　各３点×３	100点

２０２２年度　江戸川女子高等学校・Ｂ推薦・普通科

数学解答用紙

番号		氏名		評点	／100

1

(1)	(2)
(3)	(4)
(5)	(6)
(7)	(8) $a=$　　　　$, b=$
(9)	(10)
(11)	(12)
(13)	(14)

2

(1) ア	(1) イ	(1) ウ
(2) エ	(3) オ	(3) カ

3

(1)	(2)	(3)

(注) この解答用紙は実物を縮小してあります。Ｂ４用紙に123%拡大コピーすると、ほぼ実物大で使用できます。(タイトルと配点表は含みません)

推定配点		計
	1 各４点×14　2 各５点×６ 3 (1) ４点 (2), (3) 各５点×２	100点

二〇二三年度　江戸川女子高等学校・B推薦・共通問題

国語解答用紙

番号		氏名	

評点 ／100

一

問1　a　した　b　c

問2　A　B

問3　問4

問5

問6

問7

二

問1　a　b　わ　c

問2　問3

問4　問5　Ⅱ　Ⅲ

問6　問7

問8　A

問8　B

三

問1　問2　問3　②　④

問4　A　B

問5　問6　問7

（注）この解答用紙は実物を縮小してあります。B４用紙に133％拡大コピーすると、ほぼ実物大で使用できます。（タイトルと配点表は含みません）

推定配点		計
	一　問１、問２　各２点×５　問３〜問６　各４点×４　問７　８点 二　問１〜問３　各２点×５　問４〜問７　各４点×５ 問８　A　４点　B　８点 三　問１〜問４　各２点×６　問５〜問７　各４点×３	100点

２０２２年度　江戸川女子高等学校・共通問題

英語解答用紙

番号		氏名		評点	／100

A

1		2		3		4		5	

B

1		2		3	
4		5			

C

1		2		3	
4		5		6	
7		8			

D

1	The bag　　　　　　　　　　　　　　　　.
2	.
3	There　　　　　　　　　　　　　　　in the world.
4	.
5	It　　　　　　　　　　　　　　　　　a walk.

E

1		2		3		4		5	
6		7		8		9		10	

F

1	ア	イ	ウ	エ
2	(a)		(b)	
3				
4	（１つ目）			
	（２つ目）			
5	(A)			
	(B)			
	(C)			
	(D)			
6	オ	カ	キ	

（注）この解答用紙は実物を縮小してあります。Ｂ４用紙に127％拡大コピーすると、ほぼ実物大で使用できます。（タイトルと配点表は含みません）

推定配点		計
	A～E　各２点×33 F　１～３　各２点×７　４　各３点×２　５，６　各２点×７	100点

２０２２年度　江戸川女子高等学校・普通科

数学解答用紙

番号		氏名		評点	／100

1

(1)	(2)
(3)	(4)
(5)	(6)
(7) $x =$, $y =$	(8)
(9) $a =$, $b =$	(10)
(11)	(12)
(13)	(14)

2

(1)	(2)	(3)

3

(1)	(2)	(3)

(注) この解答用紙は実物を縮小してあります。Ｂ４用紙に123％拡大コピーすると、ほぼ実物大で使用できます。(タイトルと配点表は含みません)

推定配点		計
	1～3　各５点×20	100点

二〇二三年度　江戸川女子高等学校・共通問題

国語解答用紙

番号		氏名		評点	/100

一

問1	a		b		c		d
問2	～						
問3							

問4	であること。
問5	～

問6		問7		問8	

問9	36

二

問1	a		b		c		d	

問2	a	・ブランドを立ちあげている勝子さんは、
		・ブランドを立ちあげている勝子さんは、
	b	～

問3		問4		問5		問6	

問7		問8	

三

問1	児	中将	

問2	②		⑤		⑥		⑦		問3	③		④		⑧	

問4	

問5		問6	

（注）この解答用紙は実物を縮小してあります。B4用紙に130%拡大コピーすると、ほぼ実物大で使用できます。（タイトルと配点表は含みません）

推定配点		計
	一 問1～問3 各2点×7　問4～問8 各4点×5　問9 6点 二 問1～問6 各2点×11　問7、問8 各4点×2 三 問1～問3 各2点×9　問4～問6 各4点×3	100点

２０２１年度　江戸川女子高等学校・Ｂ推薦・共通問題

英語解答用紙

番号		氏名		評点	／100

A

1		2		3		4		5	

B

1		2		3	
4		5			

C

1		2		3	
4		5		6	
7		8			

D

1	She　　　　.
2	in the world?
3	saw you last.
4	I want　　　　as possible.
5	The　　　　aunt.

E

1	①	②	③	④	⑤
2	1	2	3		

F

1	ア	イ	エ	2 ウ	オ
3		4	5	6	
7					
8					
9					
10					

G

1			
2		3	
4			
5		6	
7			
8		9 (1)	(2)

（注）この解答用紙は実物を縮小してあります。Ｂ４用紙に133％拡大コピーすると、ほぼ実物大で使用できます。（タイトルと配点表は含みません）

推定配点		計
	A～D　各２点×23　E　各３点×８ F　１～６　各２点×９　７～10　各３点×４ G　各３点×10 ※F・Gはいずれか１題選択	100点

2021年度　江戸川女子高等学校・B推薦・普通科

数学解答用紙

番号		氏名		評点	／100

【必答問題】設問[1]，[2]は必ず解答して下さい。

[1]

(1)	(2)	(3)
(4)	(5) $x=$　　　, $y=$	(6)
(7) $a=$　　　, $b=$	(8)	(9) $a=$　　　, $b=$
(10)	(11)	(12)
(13)	(14)	

[2]

(1)	(2)	(3)

【選択問題】設問[3]，[4]のいずれかを選択して以下の解答欄に解答して下さい。
両方に解答を書いた場合，以下の得点は0点になります。

[3]

(1)	(2)	(3)

[4]

(1)	(2)	(3)

（注）この解答用紙は実物を縮小してあります。B４用紙に122%拡大コピーすると、ほぼ実物大で使用できます。（タイトルと配点表は含みません）

推定配点		計
	[1]，[2]　各５点×17　　[3]　各５点×３　　[4]　各５点×３ ※[3]・[4]はいずれか１題選択	100点

二〇二一年度　江戸川女子高等学校・B推薦・共通問題

国語解答用紙

番号　　氏名　　評点　／100

一

選択問題です。A、Bいずれかを選択して答えなさい。

A　①　②　③　④　⑤

B　①　意味　②　意味　③　意味　④　意味　⑤　意味

二

問1　問2　A　B

問3

問4　問5

問6　問7　問8

三

問1　A　B

問2　A　B　C　問3

問4　問5　問6

問7

四

問1　問2　問3　①　④　⑥

問4　問5　問6

問7　問8

（注）この解答用紙は実物を縮小してあります。B4用紙に128％拡大コピーするとほぼ実物大で使用できます。（タイトルと配点表は含みません）

学校配点		計
	一　各2点×5　※A・Bはいずれかを選択 二　問1、問2　各2点×3　問3　8点　問4～問8　各4点×5 三　問1～問3　各2点×6　問4～問6　各4点×3　問7　8点 四　問1～問6　各2点×8　問7、問8　各4点×2	100点

２０２１年度　江戸川女子高等学校・共通問題

英語解答用紙

番号		氏名		評点	／100

A

1		2		3		4		5	

B

1	→	2	→
3	→	4	→
5	→		

C

1	I　　　　breakfast.
2	at the station.
3	She has two PCs,　　　　often.
4	.
5	My mother　　　　.
6	They say　　　　forty.

D

1	1 a	2 b	3 f	4 s	5 f
2					

E

1		2		3		4		5	
6		7		8		9		10	

F

1	1	2	3	4	5	6	7
2							
3	25	30					
4							
5							
6							
7	1	2	3				

推定配点		計
	A～E　各２点×32 F　１，２　各２点×８　３，４　各３点×２ ５～７　各２点×７〔５は各２点×３〕	100点

（注）この解答用紙は実物を縮小してあります。B４用紙に133％拡大コピーすると、ほぼ実物大で使用できます。（タイトルと配点表は含みません）

2021年度　江戸川女子高等学校・普通科

数学解答用紙

番号		氏名	

評点	／100

【必答問題】 設問1，2は必ず解答して下さい。

1

(1)	(2)	(3)
(4)	(5) $x =$ 　　, $y =$	(6)
(7)	(8)	(9)
(10)	(11)	(12)
(13)	(14)	

2

(1)	(2)	(3)

【選択問題】 設問3，4のいずれかを選択して以下の解答欄に解答して下さい。
両方に解答を書いた場合，以下の得点は0点になります。

3

(1)	(2)	(3)

4

(1)	(2)	(3)

(注) この解答用紙は実物を縮小してあります。Ｂ４用紙に122%拡大コピーすると、ほぼ実物大で使用できます。(タイトルと配点表は含みません)

推定配点		計
	1，2　各５点×17　　3　各５点×３　　4　各５点×３ ※3・4はいずれか１題選択	100点

二〇二一年度　江戸川女子高等学校・共通問題

国語解答用紙

番号　氏名　評点 /100

一　選択問題です。A、Bいずれかを選択して答えなさい。

A ① ② ③ ④ ⑤

B ① ② ③ ④ ⑤

二　問1　問2 A B C　問3

問4

問5　問6 〜　問7

三　問1 Ⅰ Ⅱ　問2　問3

問4

問5

問6 1 2 3

問7

四　問1　問2 A B C

問3　問4　問5

（注）この解答用紙は実物を縮小してあります。B4用紙に128％拡大コピーすると、ほぼ実物大で使用できます。（タイトルと配点表は含みません）

推定配点	
一　各2点×5　※A・Bはいずれかを選択 二　問1〜問3　各2点×5　問4　8点　問5〜問7　各4点×3 三　各4点×10 四　問1、問2　各2点×4　問3〜問5　各4点×3	計 100点

２０２０年度　江戸川女子高等学校・Ｂ推薦・共通問題

英語解答用紙

番号		氏名		評点	／100

A

1		2		3		4		5	

B

1		2		3		4		5	

C

1	
2	
3	
4	
5	

D

1	ア		イ		ウ	
	エ		オ		カ	
2						

E

1		2		3		4		5		6		7		8	

F

1	ア	ウ	2	
3				
4				
5	30	40		
6	A（　　）→ B（　　）→ C（　　）			
7	1（　　）（　　）（　　）	2（　　）（　　）（　　）		
	3（　　）（　　）（　　）	8		

（注）この解答用紙は実物を縮小してあります。B4用紙に122％拡大コピーすると、ほぼ実物大で使用できます。（タイトルと配点表は含みません）

推定配点		計
	A～E　各２点×30 F　１～３　各３点×４　４～８　各４点×７	100点

２０２０年度　江戸川女子高等学校・Ｂ推薦・普通科

数学解答用紙

番号		氏名		評点	／100

1

(1)	(2)	(3)
(4) $x =$, $y =$	(5)	(6)
(7)	(8)	(9)
(10)	(11)	(12)
(13)	(14)	(15)

2

(1)	(2)

3

(1) (a)	(b)	(c)	(d)
(2)		(3)	

（注）この解答用紙は実物を縮小してあります。Ｂ４用紙に123%拡大コピーすると、ほぼ実物大で使用できます。（タイトルと配点表は含みません）

推定配点		計
	1～3　各５点×20〔3(1)は完答〕	100点

二〇二〇年度　江戸川女子高等学校・B推薦・共通問題

国語解答用紙

番号　　氏名　　評点 /100

一

問1 a　b　c

問2 苦　苦

問3 A　B

問4

問5　問6　問7　問8　問9

問10

二

問1 a　b　c

問2　問3

問4　問5　問6　問7　問8

問9

三

問1　問2

問3 A　B

問4　問5　問6

（注）この解答用紙は実物を縮小してあります。B4用紙に128%拡大コピーすると、ほぼ実物大で使用できます。（タイトルと配点表は含みません）

推定配点	
一	問1～問4　各2点×7　問5～問9　各4点×5　問10　8点
二	問1～問3　各2点×5　問4～問8　各4点×5　問9　8点
三	問1～問3　各2点×4　問4～問6　各4点×3
計	100点